Joachim Fuchsberger

DENN
ERSTENS
KOMMT
ES ANDERS ...

JOACHIM FUCHSBERGER

DENN ERSTENS KOMMT ES ANDERS...

Geschichten aus meinem Leben

GUSTAV LÜBBE VERLAG

Gustav Lübbe Verlag in der Verlagsgruppe Lübbe

Originalausgabe

Copyright © 2007 by Verlagsgruppe Lübbe GmbH & Co. KG,
Bergisch Gladbach

Bildvorlagen aus dem Fuchsberger'schen Familienalbum.

Einige Rechteinhaber konnten nicht mehr identifiziert werden. Rechteinhaber
der Fotos ohne Nachweis mögen sich bitte an den Verlag wenden.

Textredaktion: Sibylle Auer, München

Lektorat: Nicola Bartels
Satz: Bosbach Kommunikation & Design GmbH, Köln
Gesetzt aus der Adobe Caslon
Druck und Einband: Ebner & Spiegel, Ulm

Alle Rechte, auch die der fotomechanischen und elektronischen
Wiedergabe, vorbehalten.

Printed in Germany

ISBN 978-3-7857-2281-7

5 4 3 2 1

Sie finden uns im Internet unter: www.luebbe.de
Bitte beachten Sie auch: www.lesejury.de

VORWORT

»Was soll das werden?« Diese Frage höre ich, seit ich mich dazu überreden ließ, nun endlich auch meine Erinnerungen zu schreiben, mich einzureihen in die Riege derer, die ihren Mitmenschen erzählen wollen, wie interessant ihr Leben war, ob die Mitmenschen das lesen wollen oder nicht.

Memoiren? Sind gern geschwätzig und oft nur für den interessant, der seine Erinnerungen für erzählenswert hält.

Sir Peter Ustinov sagte kurz vor seinem großen Abschied: »Wir alten Männer sind gefährlich, wir haben keine Angst mehr vor der Zukunft. Wir können sagen, was wir wollen, wer will uns dafür bestrafen?«

Alt genug bin ich ja wohl. Also sage ich, was ich will, und erzähle Geschichten aus meinem Leben, so wie sie in meiner Erinnerung geblieben sind.

Ich widme dieses Buch meiner geliebten Frau Gundel, die nicht wollte, dass ich es schreibe, und noch weniger, dass es zu ihren Lebzeiten erscheint. Denn was ich für dichterische Freiheit halte, hält sie für Schwindelei.»Meine Geschichten sind wahr…«, sagt sie. Ich setzte dagegen:»Aber meine sind besser!«

Das Buch ist da – und meine Frau lebt noch, wofür ich unendlich dankbar bin. Das Ergebnis haben Sie vor, das Vorwort hinter sich. Vielleicht lesen Sie weiter…?

WAS LANGE WÄHRT

Es war im Juni 1926, im Schwarzwald, irgendwo in der Nähe von Freudenstadt. Zwei Paare, Feriengäste in einer kleinen Pension, taten nach dem Mittagessen die berühmten tausend Schritte. Das eine Paar waren Bruder und Schwester, Clement mit Familiennamen, aus Düsseldorf. Bruder Clement war die typische rheinische Frohnatur, immer einen Scherz auf den Lippen oder einen Gag im Hinterhalt. Das andere Paar waren Wilhelm Fuchsberger aus Ulm und seine Frau Emma Friederike, geborene Stengel, aus Hofen bei Stuttgart. Meine Eltern in spe.

Wilhelm Fuchsberger zog beim Gehen ein Bein nach, die Folge eines Sturmangriffs auf die russischen Linien am Dnjepr. Ein Kumpel von der anderen Feldpostnummer hatte ihm mit einer Maschinengewehrsalve das Bein zerfetzt. Aber so schlimm die Verwundung auch war, es war ein »Heimatschuss«. Nach zwei Jahren und vielen Operationen war Wilhelm Fuchsberger so weit wiederhergestellt, dass er das Lazarett in Nagold verlassen konnte.

Zur gleichen Zeit lag auf derselben Station ein schwer verwundeter Kamerad namens Karl Stengel. Er hatte eine Schwester, Emma Friederike, die ihn regelmäßig besuchte. Vermutlich galten diese Besuche ab einer gewissen Zeit nicht mehr nur dem Bruder, sondern auch dessen Kumpel Wilhelm Fuchsberger. So muss es wohl gewesen sein, denn Wilhelm Fuchsberger und Emma Friederike Stengel gaben sich im Sommer 1918 das Jawort.

Neun Jahre später also zockelten sie auf einem romantischen Wanderweg im Schwarzwald dahin. Am Rande einer Blumenwiese bückte sich der gewisse Herr Clement, pflückte ein Gewächs vom Wegesrand und überreichte es galant seiner Ferienbekanntschaft Emma Friederike. Es war ein vierblätteriges Kleeblatt. »Es soll ein Junge werden«, sagte er aufgeräumt. Aus Gesprächen an trüben Regentagen wusste er wohl um die vergeblichen Versuche der Fuchsbergers, Nachwuchs in die vorübergehend wieder friedliche Welt zu setzen. Das vierblätterige Kleeblatt hat seine Schuldigkeit getan. Am 11. März 1927, korrekte neun Monate später, erblickte ich das Licht der Welt. Nach Berichten der unmittelbar Beteiligten war dieses Licht ungewöhnlich grell, mit Blitz und Donner, denn es ging gerade ein heftiges Gewitter nieder. Schon mein erster Auftritt im Krankenhaus Charlottenhaus in Stuttgart war also ein ziemlich starker. Hätte ich schon denken können, hätte ich vermutlich gedacht: »Das hätte ich mir denken können…«

Meine Erinnerung setzt natürlich erst einige Jahre später ein. Zuvor sei gesagt, dass mein Vater seinen erlernten Beruf als Schriftsetzer nicht mehr ausüben konnte. Das zerschossene Bein hinderte ihn daran, den ganzen Tag beim *Stuttgarter Tagblatt* vor dem Setzkasten zu stehen, um mühsam Buchstabe für Buchstabe zusammenzusetzen. Er schulte um und wurde Maschinensetzer. Im selben Unternehmen saß er nun vor einer der großen Linotype-Setzmaschinen und hackte nach redaktioneller Vorlage den Text für die Zeitung in die Tasten. Zeile um Zeile fielen die Matrizen aus den Magazinen in den Sammelelevator, wurden vor den Bleikessel transportiert, mit flüssigem Blei ausgegossen, auf die Zahnstange des Elevators geschoben und in die Magazine zurücktransportiert. Die glühend heißen Bleizeilen reihten sich auf dem Sammelbrett, links von der Tastatur, aneinander. Von dort wurden sie abgeholt zum Umbruch, der Zusammenstellung der Spalten in der Zeitung.

Bei kleineren Störungen ließ mein Vater erkennen, dass er technisch einiges draufhatte, und behob die Pannen selbst, statt auf den Spezialmonteur der Mergenthaler Setzmaschinen-Fabrik zu warten. Das sparte der Zeitung Zeit und Geld, was angenehm auffiel. Im Jahr 1929 wurde er vom *Stuttgarter Tagblatt* abgeworben und verdiente künftig seine Brötchen als Untervertreter der Mergenthaler Setzmaschinen-Fabrik, dem deutschen Lizenzunternehmen von Linotype mit Sitz in Berlin. Damit begann seine Karriere. Er wurde nach Heidelberg versetzt, und hier beginnt auch meine Erinnerung, ziemlich klar und deutlich.

Die Mönchhofsiedlung im Heidelberger Vorort Handschuhsheim wurde unsere neue Heimat. Dort hatten wir eine bescheidene Dreieinhalb-Zimmer-Wohnung im dritten Stock eines lang gestreckten, kasernenartigen Gebäudes in der Rottmannstraße 32. Von diesen Wohnkasernen gab es vier, sie bildeten ein Quadrat. Der Innenhof hätte ebenso als Drillplatz dienen können, trotz spärlicher Bepflanzung mit kümmerlichen Buchsbaumhecken. Schon bald lernte ich, was der Begriff »verboten« bedeutete. Derart beschriftete gelbe Schilder machten unter anderem die Bewohner der Siedlung darauf aufmerksam, dass es »verboten« sei, den schlecht gepflegten Rasen des Siedlungshofs zu betreten.

Die Mönchhofsiedlung war ein Wohngebiet für die leicht gehobene Arbeiterklasse, solche mit festem Lohn und dem Wunsch, irgendwie und irgendwann auf der sozialen Leiter aufzusteigen. Soweit ich mich erinnere, war es in der Mönchhofsiedlung an bestimmten Tagen bunt und schön. An solchen Tagen flatterten aus vielen Fenstern rote Fahnen mit einem weißen Kreis in der Mitte. In diesem weißen Kreis war ein schwarzes Kreuz mit Haken an den vier Enden. Und an solchen Tagen sah man auch Menschen in Reih und Glied, alle gleich angezogen, mit Liedern auf den Lippen durch die Straßen marschieren.

Diese Lieder fragten die Menschen, die am Straßenrand solche Aufmärsche mehr oder weniger begeistert verfolgten, zum Beispiel: »Siehst du im Osten das Morgenrot, das Zeichen für

Freiheit und Sonne?« Oder es wurde gesungen, was man ohnehin sah: »Wir marschieren Seit an Seit« und ähnlich Poetisches. Aber auch Bedrohliches war dabei:

»Es zittern die morschen Knooochen
Der Welt vor dem großen Krieg.
Wir haben die Knechtschaft gebrooochen,
Für uns war's ein großer Sieg!
Wir werden weiter marschieren,
Bis alles in Scherben fällt;
Denn heute gehört uns Deutschland –
Und morgen die ganze Welt!«

Die Uniformen waren nicht sonderlich attraktiv: braunes Hemd, schwarzer Schlips, auf dem ein kreisrundes Hakenkreuzabzeichen festgesteckt war, ein Lederriemen quer über die Brust, hinten und vorne am Koppel befestigt, seitlich ausgestellte Kniehosen, dazu Schnürstiefel mit Gamaschen bis unters Knie. Einige hatten richtige Lederstiefel. Dazu kam eine kreisrunde, ziemlich hohe Uniformmütze und über dem linken Ellenbogen eine rote Armbinde mit weißem Kreis und Hakenkreuz. Eigentlich sahen die meisten ziemlich lächerlich aus, wie sie singend, aber mit todernsten Gesichtern, gestreckten Händen und angewinkelten Armen, die sie rhythmisch bewegten, durch die Gegend stolzierten.

Auch aus unserem Fenster hing eine solche Fahne. Eines Tages war ihretwegen die Aufregung bei meinen Eltern groß: Die Fahne hatte einen beachtlichen schwarzen Fleck von Tinte oder Farbe, der das neue Symbol deutschen Stolzes besudelte. Die gedämpft geführte Unterhaltung von Vater und Mutter ergab, dass zwei Fragen einer dringenden Klärung bedurften: »Wie ist der Fleck auf unsere Hakenkreuzfahne im dritten Stock gekommen, und wer war das?«

Beide Fragen blieben ungelöst, waren aber irgendwie von ausschlaggebender Bedeutung für mein Leben. Waren es Nachbarn von derselben Etage? Kam der Schandfleck als gut gezielter Wurf von der Straße? Es schienen also nicht alle der gleichen Meinung zu sein in der Mönchhofsiedlung, nicht alle marschierten Seit an Seit.

An der Straßenecke gab es eine Drogerie mit einem großen Schaufenster. Sie gehörte einem netten Herrn Heilmann, der mir ab und an eine Stange Lakritz zusteckte, wenn der mütterliche Einkauf entsprechenden Gewinn einbrachte. Vor Herrn Heilmanns Schaufenster stand ich eines Tages, zitternd vor Aufregung, einen schweren Backstein in der Hand, bereit, ihn ins Fenster der Drogerie zu werfen, mitten in die Auslage, in der auch ein gerahmtes Bild eines Mannes namens Adolf Hitler zu sehen war. Der war aber nicht der Grund meines abenteuerlichen Vorsatzes, ich hatte ja gar keine Ahnung, wer er war. Nein, mein Grund war viel profaner: Es war die verlockende Aussicht auf zehn Stangen Lakritz. Und Lakritz, egal in welcher Form, kann ich bis heute nicht widerstehen. Ob Schnecke, Stange, Pastille, mit oder ohne Salmiak, mit oder ohne Menthol, ich bin dem schwarzen, klebrigen »Bärendreck« einfach hörig, seit meiner Kindheit. Aber der Reihe nach.

Zwischen unserem Haus und Herrn Heilmanns Drogerie, im Haus Rottmannstraße 34, wohnte eine gewisse Familie Sydow mit vier Jungen. Sie waren der Schrecken der ganzen Siedlung, zumindest aber aller Parteien im Haus. Die Versuchung, es den Sydow-Brüdern gleichzutun, war für mich permanent und unwiderstehlich. Der Jüngste war mein bester Freund. Eigentlich hieß er Eckehart, doch alle nannten ihn »Brüderlein«, weil er halt der Jüngste der »Bande des Schreckens« war. Wie siamesische Zwillinge schlichen Brüderlein und ich durch die Gegend und überlegten, wie wir sie unsicher machen konnten. Unsere Eltern sehnten daher den Tag herbei, an dem wir in die Schule kommen sollten, in der man uns Zucht und Ordnung beibringen würde, doch das half wenig. Die Mönchhofschule war nicht weit entfernt, und auf dem Weg dorthin gab es genug Möglichkeiten,

Streiche auszuhecken. Wenn ein Kind im Siedlungssandkasten in einem künstlich angelegten Schlammloch versank oder die im Gemeinschaftswaschhaus zum Trocknen aufgehängte Wäsche mit schwarzen Teufelsfratzen beschmiert war, dann begann die Suche nach den Übeltätern meist bei den Familien Sydow und Fuchsberger in der Rottmannstraße – und endete nicht selten auch dort.

Wer nun in der Volksschule, bei dem geliebten Lehrer Ries – er hatte die längsten Augenbrauen, die ich je an einem Mann gesehen hatte –, auf die grandiose Idee eines täglichen »Klassen-Wettpinkelns« kam, lässt sich nicht mehr so genau sagen. Die Folgen waren allerdings von größter Tragweite. Das Wettpinkeln fand in der Pause statt, an der Schulhofmauer. In ungefähr drei Metern Entfernung wurde ein Strich in den Sandboden gezogen, hinter dem sich die Teilnehmer am Wettbewerb in Reih und Glied aufzustellen hatten. Zur Vorbereitung gehörte, dass keiner in den beiden letzten Unterrichtsstunden vor der großen Pause Herrn Ries bat, austreten zu dürfen. Die »Munition« wurde auf diese Weise für das Wettpinkeln zurückgehalten. Wer den Druck und die Richtung des Strahls im Griff hatte, hatte die Chance, die Mauer zu erreichen, und war gefeierter Tagessieger.

Brüderlein hatte sich an diesem Tag besonders gut vorbereitet.

»Heute gewinne ich!«, sagte er hoffnungsfroh auf dem Weg zur Schule. »Isch hab drei Gläser Wasser gsoffe!«

Aus welchem Grund auch immer kam jedoch Frau Sydow gänzlich außer der Reihe vor der Pause, um ihren jüngsten Sprössling zum Einkaufen mitzunehmen. Lehrer Ries gab die Genehmigung, und vor lauter Glück, dass er der Schulbank früher entkam, vergaß Brüderlein, sich seiner bis zum Hals aufgesparten Munition zu entledigen. Das Unheil nahm seinen Lauf.

Herr Heilmann begrüßte Frau Sydow, die mit Brüderlein an der Hand seinen Laden betrat, in der Hoffnung auf ein gutes Geschäft. Dabei übersahen beide, dass Brüderlein immer unruhiger von einem Bein aufs andere trat. Herr Heilmanns Geschäft war nicht nur eine Drogerie, sondern ein richtiger Tante-Emma-Laden, in dem es so ziemlich alles gab und in dem sich die Damen der Siedlung gerne zur Auffrischung der häuslichen Vorräte ebenso wie zum Austausch aktuellen Siedlungstratsches trafen. Und um die Kinder im Auge zu behalten, nahmen die Mütter sie eben mit zum Einkaufen.

Brüderlein muss gemerkt haben, dass die Mutter am Ratsch mit den anderen Kundinnen mehr interessiert war als an seinem guten Benehmen. So machte er sich los und suchte verzweifelt nach einer Gelegenheit, sich zu erleichtern. Die Schaufensterauslage war fast wie eine kleine Bühne, sie stieg nach oben leicht an und endete in einem Bord. Ganz oben auf diesem Bord stand schräg in der Ecke die gerahmte Fotografie des Mannes, den sie den »Führer« nannten.

Der Raum unter dieser Bühne war angefüllt mit Kartons, Kisten und Obststeigen, Säcken und anderen Behältnissen. Und dort, in der Ecke, das war's: eine offene Kiste mit Blumenkohl. Entschlossen griff Brüderlein in seinen Hosenschlitz und pinkelte mit größter Erleichterung in die Blumenkohlkiste.

»Ha, Frau Sydow, was macht denn Ihr Bub da grad?«

Den Rummel, der seiner Aktion folgte, verstand Brüderlein nicht ganz. Wie konnte so wenig Wasser so hohe Wellen schlagen? Die Reaktionen waren unterschiedlich: Mutter Sydow wurde von allen anderen bemitleidet, sie selbst riss, um ihre erzieherische Autorität an Ort und Stelle zu beweisen, Brüderlein von der Blumenkohlkiste weg und schmierte ihm eine.

Nur Herr Heilmann reagierte positiv, nach Brüderleins Ansicht wenigstens. Ganz königlicher Kaufmann, in der Erwartung eines dem Ereignis angemessenen, ausgedehnten Einkaufs, verteidigte er den Übeltäter und spielte das Ganze herunter. Aus einem hohen Glas auf der Theke, Blickfang für alle Kinder, die ihre Mütter begleiteten, nahm er zwei von den beliebten gedrechselten Lakritzstangen und reichte sie Brüderlein, wobei er ihm das Versprechen abnahm, so etwas nie wieder zu tun. Das war sehr nett von Herrn Heilmann, psychologisch aber grundfalsch. Als wir uns nach dem Ereignis trafen, rechnete mir Brüderlein messerscharf vor: Einmal in den Blumenkohl pinkeln brachte zwei Stangen Lakritz, wenn man versprach, es nicht mehr zu tun. Wie viele Stangen würde dann wohl eine größere Untat unter gleichen Bedingungen einbringen?

So stand ich jetzt vor Herrn Heilmanns Schaufenster, mit einem schweren Backstein in der Hand, und kalkulierte, was wohl geschehen würde, wenn ich den Stein warf. Neben mir stand Brüderlein, gewissermaßen als moralische Unterstützung, als Berater. Eigentlich brauchte ich jetzt nur den Stein zu werfen und abzuwarten, dass Herr Heilmann herauskam, um mir das Versprechen abzunehmen, so etwas nie wieder zu tun.

»Bringt er die Lakritze gleich mit?«, fragte ich Brüderlein.

Der zuckte nur die Schultern. Dann klirrte es furchtbar. Wir standen reglos da, wie erstarrt. Zunächst geschah gar nichts. Lähmende Stille. Dann schoss Herr Heilmann aus seinem Laden, ohne Lakritze, aber mit wirrem Blick, der über Brüderlein und mich hinwegging. Er schien uns überhaupt nicht wahrzunehmen. Rannte die paar Meter bis zur Ecke, um den Steinewerfer zu finden. Brüderlein ergriff die Gelegenheit zur Flucht.

»Mann, wirst du den Arsch vollkriegen!«, sagte er noch anerkennend, dann war er weg. Eine innere Stimme sagte mir, dass ich stehen bleiben müsse.

Herr Heilmann kam mit verzweifeltem Gesicht, aber ohne Argwohn auf mich zu: »Hast du gesehen, wer das war?«

Zu einer präzisen Antwort konnte ich mich in Kenntnis der Tatsachen so schnell nicht durchringen. Also schüttelte ich nur den Kopf. Es ging um meine Reputation. Hätte Brüderlein nicht die Flucht ergriffen, Herrn Heilmanns Verdacht wäre zweifellos auf uns gefallen.

»Ich kann mir schon denken, wer das war«, schnaubte er. »Immer diese verfluchten Kommunisten!«

Der Zusammenhang zwischen meiner Tat und den Kommunisten war mir nicht klar. Ich war bestimmt keiner und wusste nur so ganz vage, was das war. Das hatte auch mit dem Mann zu tun, dessen Bild in Herrn Heilmanns Schaufenster stand. Aber dem galt meine Attacke ganz bestimmt nicht. Gleichzeitig stellte ich erleichtert fest, dass es also jemanden gab, dem man die Schuld in die Schuhe schieben konnte. Man schrieb das Jahr 1932, und die Bevölkerung in der Siedlung war in verschiedene Lager geteilt. Die Menschen schrien ihre Meinung auf der Straße gelegentlich laut heraus. Es gab welche, die meinten, »Rot-Front!« sei das Richtige, andere schrien »Sieg Heil!«. Und immer hoben sie dazu die Arme, die einen mit geballter Faust, die anderen mit ausgestreckten Fingern.

Mein Vater gehörte zu denen mit den ausgestreckten Fingern. In Zivil trug er ein rundes Abzeichen mit einem Hakenkreuz in der Mitte am Revers. Neuerdings erschien er aber auch in einer Uniform, die ihm nicht besonders gut stand: braunes Hemd, schwarze Krawatte, Reiterhosen und schwarze Schaftstiefel aus weichem Leder, die seine Kriegsverletzung deutlich erkennen ließen. Nein, ich fand seinen Aufzug immer etwas peinlich. Keineswegs aus politischer Überzeugung. Ich hatte ja noch keine.

Ich glaube, Brüderlein hat nicht ganz dichtgehalten oder mit einem falschen Augenaufschlag auf die Frage seiner Eltern reagiert, ob er was mit der Sache zu tun habe. Vielleicht war auch mein schlechter Ruf derart gefestigt, dass es nicht allzu lange dauerte, bis Herr Heilmann vor meinem Vater stand, um ihm überschlägig die Kosten meines Frevels mitzuteilen. Mein Versuch, die Kommunisten ins Spiel zu bringen, scheiterte. Was mein Vater mir nach Herrn Heilmanns Besuch mitzuteilen hatte, war schmerzlich.

Auch sonst hatten Brüderlein und ich falsch kalkuliert. Mütterlicher Nachhilfeunterricht machte uns klar, dass wir für den angerichteten Schaden so um die zehntausend Lakritzstangen hätten kaufen können.

Zwei Eigenschaften sind mir bis heute von dieser Episode

geblieben: die Liebe zu Lakritz und eine tiefe Abneigung gegen Blumenkohl.

Die Liebe zu Lakritz hat noch einen anderen Grund. Unser Hausarzt hieß Dr. Hirsch. Er hatte für alles einen guten Rat und immer die richtige Medizin. Wenn er mich behandelte, schob er mir meistens ein Lakritzbonbon in den Mund.

Eines Tages hatte ich Fieber, und Vater entschied, den Arzt zu rufen. Es war nicht Dr. Hirsch. Statt Lakritz schob er mir einen Löffel Rizinusöl zwischen die zusammengebissenen Lippen und hielt mir die Nase zu. Ich hasste ihn dafür vom ersten Augenblick an. Nach seinem Abgang verlangte ich zu erfahren, warum Dr. Hirsch nicht mit Lakritz gekommen war. Vater setzte sich zu mir an den Bettrand, stotterte ziemlich lang herum und begann dann: »Der Doktor Hirsch darf nicht mehr kommen.«

»Warum nicht?«

»Weil – weil er, na ja, er ist halt ein Jude!«

»Was ist das?«

»Das ... Wie soll ich dir das erklären?«

Vater schien verunsichert, was ich sonst an ihm nicht kannte. Ich sah ihn wohl verständnislos an, während er mir über den heißen Kopf strich.

»Das ist so: Der Doktor Hirsch hat eine andere Religion.«

»Was ist das?«

»Er passt nicht zu uns!«

»Wieso passt Doktor Hirsch nicht zu uns? Der ist immer so nett und bringt mir Lakritz mit.«

Vater war vermutlich nicht nur in Erklärungsnot, sondern auch in einem Gewissenskonflikt. Auch er fand Dr. Hirsch nicht nur sehr nett, sondern hielt ihn, was viel wichtiger war, für einen guten Arzt. Wie hätte ich mit fünf Jahren begreifen sollen, dass mein Vater, Mitglied der NSDAP, noch vor Hitlers Machtergreifung im Jahr 1933 einen Juden nicht mehr akzeptieren durfte? Die Mergenthaler Setzmaschinen-Fabrik empfahl ihrem Angestellten dringend, der neuen Partei beizutreten, um gute Geschäfte zu machen. Die Nationalsozialistische Deutsche Arbeiterpartei wusste um die Macht der Medien und baute die NS-Presse mit sehr viel Geld auf. Und Vater lieferte die Setzmaschinen für die großen Druckereien und Zeitungsverlage. Er machte Karriere.

Bevor wir die Mönchhofsiedlung für immer verließen, um in eine bessere, dem Verdienst des Vaters angemessene Gegend zu ziehen, erlebte ich meine erste große Liebe, mit demütigenden, peinlichen, um nicht zu sagen katastrophalen Folgen.

Sie hieß Marion und wohnte direkt gegenüber, auf gleicher Höhe im dritten Stock, in vielleicht dreißig Metern Entfernung. Die Rückseiten der Wohnblöcke hatten schmale Balkone mit Eisengittern. Brüderlein war mit seiner Blumenkohlpinkelei gegen mein Schaufenster bei den Kumpels in der Schule abgestunken. Auch die blond bezopfte Marion wandte ihre Aufmerksamkeit merklich mir zu, was sich darin äußerte, dass sie jedes Mal auf ihrem Balkon erschien, wenn ich auf unserem das dringende Bedürfnis nach frischer Luft verspürte.

Oder war es vielleicht doch nur Zufall?

Eines Nachmittags starrte ich wieder mal vom Küchentisch erwartungsvoll nach drüben, um ja nicht zu verpassen, wenn sie auf ihren Balkon trat, um Seifenblasen in die Luft zu pusten wie beim letzten Mal. Da kam sie! Ihre blonden Zöpfe waren mit roten Bändern zusammengehalten, die im Wind flatterten. Sofort sprang ich auf und stürzte auf den Balkon. Doch in meinem Drang, Marion näher zu kommen, übersah ich die Küchenschwelle und lernte auf die schmerzlichste Weise, dass Liebe blind macht. Ich schlug der Länge nach hin und prallte mit dem Gesicht gegen die schmiedeeisernen Sprossen des Balkongeländers. Ich muss gebrüllt haben wie am Spieß. Nicht nur meine gleichaltrige Herzensdame, sondern die halbe Siedlung verfolgte die Bergungsaktion durch meine entsetzte Mutter. Der Arzt stellte einen mehrfachen Nasenbeinbruch und Blutergüsse unter den Augen fest. Ich bot ein solches Bild des Schreckens, dass es meiner armen Mutter peinlich war, mit mir auf die Straße zu gehen. Nach ungefähr zwei Wochen wurde der Kopfverband entfernt. Ich sah aus, als sei ich unter eine Dampfwalze geraten oder wie ein Opfer brutaler Kindesmisshandlung. Doch ich muss zu meiner Schande gestehen, dass ich die mitleidigen Blicke aller genoss, die mich an der mütterlichen Hand vorübergehen sahen.

Trotzdem war die Welt für mich rosarot. Wenige Tage nach dem Balkonsturz erkundigten sich Marions Eltern nach meinem Befinden. Der Kontakt war hergestellt, wir Kinder durften miteinander spielen. Doch Marion entwickelte bedauerlicherweise nicht die gleiche Leidenschaft, die ich für sie empfand, sondern verhielt sich eher reserviert. Warum, weiß ich nicht. Sie wollte weder Zigarettenbilder noch Glasmurmeln mit mir tauschen, auch von Spaziergängen mit Händchenhalten wollte sie nichts wissen, obwohl ich mir die größte Mühe gab. Sogar Zahnpasta schmierte ich mir auf die wackeligen Milchzähne. Es half alles nichts. Vielleicht wollte sie auch nur abwarten, wie ich ohne Kopfverband und blutunterlaufene Augen aussah. Wer kennt schon das Innere einer kindlichen Frau? Nur für eines interessierte sie sich: für meine Einkäufe beim Bäcker am anderen Ende der Rottmannstraße. Der hatte sich eine jugendliche Klientel mit einer süßen Idee erworben. Für fünf Pfennige verkaufte er eine Tüte »Bruch«, das waren Reste von Kuchen, Amerikanern, Zimtkringeln, Baumkuchen, Vanilleschnecken und was sonst in der Bäckerei vom Backblech fiel.

Auf diese Tüten war Marion scharf. Also entwarf ich einen Plan. Irgendwann vor Weihnachten hatte ich im Kellerverschlag, wo Kohlen und Kartoffeln lagerten, neben einer verschlossenen Weinsteige ein Paket entdeckt, das sich unschwer als Schlitten erkennen ließ. Da ich noch immer der einzige Sohn war, handelte es sich vermutlich um mein Weihnachtsgeschenk. Ich erzählte Marion davon, und sie wurde neugierig. Das und ihre Vorliebe für meine »Bruchtüte« ließ sie auf meinen hinterhältigen Plan reinfallen. Ahnungslos stieg sie hinter mir die Kellertreppe hinunter und betrachtete meine Entdeckung in der dämmrigen Ecke. Da muss es wohl über mich gekommen sein. Mit lauten Unmutsäußerungen wehrte sie sich gegen die frühreife Attacke. Der dadurch alarmierte Hausmeister kam die Treppe heruntergelaufen, um zu sehen, was los war. Seine eiserne Faust packte mich im Genick wie ein Karnickel und riss mich von meinem weinenden Opfer los. Erst im dritten Stock ließ er mich angesichts meiner verständnislos dreinblickenden Mutter aus seinem Zangengriff.

»Ich hab Ihr Früchtchen im Keller erwischt, mit der kleinen Marion von gegenüber!«

Die war immer noch an seiner anderen Hand und heulte wie ein Schlosshund. Dabei hatte ich ihr eigentlich gar nichts Böses angetan. Gut, einen Kuss wollte ich schon, nachfolgende Aktivitäten waren mir noch unbekannt. Meine spärliche sexuelle Aufklärung fand mehr oder weniger durch die dünne Tür statt, die das elterliche Schlafzimmer vom Kinderzimmer trennte. Am Abend dieses nicht sonderlich erfolgreichen Tages hörte ich, wie meine verzweifelte Mutter meinen erzürnten Vater fragte: »Helme«, das war die Koseform von Wilhelm, »Helme, was soll bloß aus unserem Bub werden?«

Da mein Vater das zu diesem Zeitpunkt unmöglich wissen konnte, blieb sie ohne Antwort.

Die Welt hatte sich verändert. Nicht nur meine kleine, Heidelberg-Handschuhsheimer Welt, nein, der ganze Globus. Die Menschen auf ihm wussten nur noch nicht, was ihnen bevorstand. Deutschland blühte auf. Im Januar 1933 hatte dieser Herr Hitler die Macht ergriffen und sollte sie nicht mehr loslassen, bis unser wundervolles Deutschland in Schutt und Asche versank.

Auch meine kleine Welt hatte sich dramatisch verändert. Vater war befördert worden. Im Beruf wie in der Partei übersprang er mehrere Karrierestufen und verdiente viel Geld. Die Folgen waren schmerzlich. Wir zogen um, von der Rottmannstraße in die

vornehme Bergstraße, aus einer hellhörigen Dreizimmerwoh-
nung im dritten Stock einer Siedlung in eine Zehnzimmervilla
mit Terrasse, weitläufigem Garten und Garage. Ich verlor meine
engsten Kumpels aus der Schule, auf die ich einen beträchtlichen,
wenn auch nicht besonders guten Einfluss hatte, wurde heraus-
gerissen aus meiner gewohnten Umgebung.

Voller Stolz erklärten die Eltern, das Haus sei früher von dem
weltberühmten Physik-Nobelpreisträger Professor Wilhelm Conrad Röntgen bewohnt worden. Der Erfinder der Röntgenstrah-
len hatte seinen Lehrstuhl an der Universität Heidelberg aufgegeben, ging nach München und starb dort 1923. Natürlich hatte
ich nicht die geringste Ahnung, wer das war.

>SA marschiert, die Reihen fest geschlossen,
Marschieren dahin mit ruhig festem Schritt,
Kameraden, die Rotfront und Reaktion erschossen,
Marschieren im Geist in unseren Reihen mit ...«

Mit solchem und anderem Liedgut zogen braune Kolonnen durch
die friedliche Stadt Heidelberg, vornehmlich durch die Hauptstraße, vom Bahnhof in Richtung Universität.

Auch Vater marschierte mit, jetzt immer öfter in Uniform.
Wenn ich mich recht erinnere, gefiel auch meiner Mutter dieser
martialische Ehemann nicht sonderlich. Er hatte sich zum Staf-
felführer der Motorsport-Organisation NSKK hochmarschiert.
Seit einiger Zeit war er begeistertes Mitglied im ADAC. Verfol-
gungsfahrten oder sogenannte Schnitzeljagden hatten es ihm
angetan. Sein erstes Auto war gleich ein amerikanisches Ungetüm der Marke Chevrolet. Vaters »Outfit« zu diesen gesellschaftlichen Veranstaltungen waren weiße Hose, dunkelblauer Blazer
mit goldenen Knöpfen, weißes Hemd mit dunkler Fliege, eine
Art Kapitänsmütze, die relativ schräg zu tragen war, und natürlich weiche Lederhandschuhe. Ich fand, dass er darin eine weit
bessere Figur abgab als in seiner Uniform.

Eigentlich war ich stolz auf meinen Vater. Wenn er von seinen ausgedehnten Geschäftsreisen für ein paar Tage nach Hause kam, nahm er mich gern überallhin mit. Eine Sache passte mir allerdings ganz und gar nicht. Als eigentlich recht gut erzogener Bub hatte ich gelernt zu sagen: »Guten Morgen«, »Guten Tag«, »Auf Wiedersehen«, »Guten Abend« und »Gute Nacht«. »Gute Nacht« durfte ich auch weiterhin sagen, alle anderen Grußformen wurden auf Wunsch meines Vaters geändert in »Heil Hitler!«.

Der Mensch musste wirklich für meinen Vater sehr wichtig sein. Ohne dass man mir erklärt hätte, warum, hing plötzlich im großen Herrenzimmer, so hieß damals das Arbeitszimmer, ein Bild von Adolf Hitler. Nicht nur eine große, gerahmte Fotografie, sondern ein richtiges Gemälde dieses Mannes mit dem kleinen Bärtchen unter der Nase. Ich mochte es nicht, weil einem der Kerl ziemlich grimmig in die Augen sah. Meinem Vater schien das besonders zu imponieren. Auch er hatte sich so eine Oberlippenbürste stehen lassen, sah damit aber weniger bedrohlich aus als »der Führer«. So wurde er in der Familie genannt, wenn man über das »erwachende Deutschland« sprach. Das geschah immer öfter.

Natürlich ging auch an mir der Sprung meiner Familie in der gesellschaftlichen Hierarchie nicht spurlos vorbei, und das »Heil Hitler« fiel mir immer leichter. Das mit diesem »Führer« schien eigentlich gar nicht so schlecht zu sein. Alle oder, sagen wir, sehr viele waren begeistert. Die Zeitungen und die Wochenschau im Kino stellten den neuen Reichskanzler in allen nur denkbaren positiven Situationen dar. Mit und ohne Uniform, mit und ohne Kinder, mit und ohne Auto. Dieses Auto war ein Mercedes 7,5 Liter Kompressor, ein Cabriolet, schwarz, mit silbernen Rohren, die seitlich aus der gewaltigen Motorhaube kamen. Ein fantastisches Auto, auch heute noch. Da wurde es Vater schmerzlich bewusst, dass er als Parteimitglied und Führer einer NSKK-Einheit ein amerikanisches Automobil fuhr. Zwar war er indirekt Angestellter des amerikanischen Unternehmens Linotype, aber er hielt es seiner Karriere für dienlicher, ein deutsches Produkt durch die Landschaft zu steuern. Und wenn schon, dann das richtige. Und was wäre richtiger gewesen als der Wagen, den der Führer fuhr?

Eines Tages stand dieses Traumauto vor unserem Haus in der Bergstraße. Nicht in vornehmem Schwarz, nein, in Beige mit schwarzen Kotflügeln. Die Nachbarschaft machte sich Gedanken und tuschelte über den offenkundigen Reichtum dieses technischen Bezirksvertreters Fuchsberger, der erst vor Kurzem hier sein Domizil aufgeschlagen hatte. Und ich machte mir Gedanken über diesen Herrn Hitler, der wohl sehr erfolgreich sein musste. Mindestens so erfolgreich wie mein Vater, wenn er sich das gleiche Auto leisten konnte.

Bei jeder Gelegenheit streifte ich um das beige-schwarze Ungetüm herum und setzte mich hinein, vornehmlich wenn das Verdeck offen war. Die Nachbarn sollten sehen, dass ich dazugehörte, das war auch mein Auto. Die Gelegenheit, dies besonders deutlich zu demonstrieren, kam an einem unglücklichen Vormittag. Vater hatte sich zur Ruhe gelegt, nach der langen Nacht einer »Tag-und-Nacht-Orientierungsfahrt« – ein sehr beliebter automobiler Wettbewerb, der bei Sonnenuntergang begann und beim ersten Morgenrot endete. Die Teilnehmer hatten großen Spaß an solchen Veranstaltungen, vor allem am abschließenden Frühstück mit Preisverleihung in einer Kneipe irgendwo am Neckar. Ich hörte ihn schnarchen. Mutter, im fünften Monat schwanger mit dem zu erwartenden Brüderchen oder Schwesterchen, hatte sich ebenfalls zurückgezogen mit der dringenden Bitte an mich: »Lass mich mal eine Stunde in Ruhe!«

Dieser Wunsch war Befehl. Also war ich für mindestens eine Stunde mir selbst überlassen, was meistens nicht gut ging. So auch an diesem Tag. Mein Zimmer lag unter dem Dach, es hatte schräge Wände, eine asymmetrische Decke und zwei von Efeu umrankte Fenster mit wunderbarem Blick auf die Bergstraße. Von dort oben sah ich immer, ob einer meiner neuen Kumpels um die Zäune strich. Weit und breit war keiner zu sehen. Vor dem Haus, genauer gesagt, auf der ziemlich steilen Abfahrt in die Garage, stand Vaters Wagen. Offen, prachtvoll anzusehen, verlockend. Eine Minute später war ich unten. Der Wagen war unverschlossen, und dann durchzuckte mich ein freudiger Schreck: Der Zündschlüssel steckte! Der Gedanke war ebenso abenteuerlich wie unwiderstehlich. Zunächst der Aufstieg über das gewaltige Trittbrett, hinters Steuer rutschen, Motor anlassen und dann mal sehen, wie viel von Vaters Fahrkünsten schon auf mich übergegangen war. Ich brauchte ja nur die Bremse zu lösen und in die offene Garage zu rollen. Dass dieser Gedanke schwerwiegende Folgen haben würde, war klar. Für das Vorhaben musste also ein guter Grund her, und den schickte im wahrsten Sinne des Wortes der Himmel. Regenwolken zogen auf, dunkel und schwer. Bald würde ein gewaltiges Unwetter losbrechen, und mein Vater lag ahnungslos im Bett. Sein beige-schwarzer Stolz mit den wundervollen Ledersitzen war in Gefahr, in Kürze überschwemmt zu werden, wenn sein Sohn nicht rettend eingriff und den 7,5-Liter Mercedes Kompressor in die Garage fuhr. Er würde stolz auf mich sein!

Das Gegenteil brach über mich herein, allerdings auch gewaltig. Schräg gegenüber wohnte der Polizeipräsident, der wohl vom Fenster aus beobachtet hatte, wie ich hinter dem gewaltigen Steuerrad verschwand. Als er die zwölf Zylinder aufheulen hörte, ahnte er wahrscheinlich, was der Knirps von gegenüber vorhatte. Doch bevor er einschreiten konnte, war es schon passiert. Die Kupplung war für meine kurzen Beine kaum erreichbar, also machte der Riesenkarren einen gewaltigen Satz. Vor Schreck brachte ich alles durcheinander.

Wie ein wild gewordener Mustang ruckte der Wagen unaufhaltsam Stück für Stück nach vorne. Als der Polizeipräsident endlich etwas atemlos am Tatort eintraf, konnte er nur noch zusehen, wie Kind und Auto in der Garageneinfahrt verschwanden. Es war ein Wunder, dass ich an die Bremse kam und den schweren Wagen ohne Schaden zum Stehen brachte. Sehen konnte ich nichts. Wenn ich mit den Füßen das Bremspedal erreichen wollte, musste ich meiner Anatomie zufolge gänzlich unter der Windschutzscheibe verschwinden. Die Größe der Garage war den Dimensionen der neuen Automobile nicht angemessen. Wollte man auf der Fahrerseite aussteigen, musste man mit der rechten Garagenwand fast auf Tuchfühlung gehen. Und so stand ich da, als sich die allseits sehr aufgeregten Beteiligten am Ort des Geschehens trafen. Der Polizeipräsident, in hastig über die Schultern geworfener Uniformjacke, mein blasser Vater im gestreiften Pyjama und der zitternde Delinquent, über den das zu erwartende Unwetter unverzüglich hereinbrach. Das vom Himmel folgte später.

Der erhoffte Dank für meine Rettungsaktion blieb aus. Das fand ich ausgesprochen ungerecht. Vielleicht wollte mein Vater, ein ausgeprägter Choleriker, dem Polizeipräsidenten von Heidelberg lediglich demonstrieren, wie man ein erzieherisches Exempel statuiert. Zwischen Vater und Sohn herrschte jedenfalls lange Zeit Funkstille.

Im Dezember 1933 veränderte ein schwerwiegendes Ereignis den Tagesablauf meiner Familie – zu meinen Ungunsten, wie ich fand. Der dreieinhalb Kilo wiegende Neuzugang war mein lang erwarteter »Bruder« und sollte Wilfried heißen. Alle Aufmerksamkeit richtete sich von Stund an auf ihn, ich fühlte mich vernachlässigt. Und nach Erkenntnissen bedeutender Psychologen hat Vernachlässigung zur Folge, dass den Betroffenen nahezu jedes Mittel recht ist, um Aufmerksamkeit zu erregen.

Tante Paula, die Schwester meines Vaters, und ihr Mann, Onkel Paul Haaga, ein fest angestellter unterer Finanzbeamter, wohnten in Heilbronn am Neckar. Tante Paula und Onkel Paul waren sehr lieb, vom gesellschaftlichen Standpunkt her aber wenig attraktiv. Ich hatte sie von Herzen gern, aber meine Cousinen Anni und Maria liebte ich ganz besonders. Sie waren wesentlich älter und daher reifer als ich. Ein Besuch in Heilbronn war für mich immer ein besonderes Ereignis. Jedes Mal empfand ich eine angenehme Erregung, die zunahm, je näher wir dem Ziel kamen. Die Wollhausstraße in Heilbronn mit ihren aneinandergereihten Häusern war nichts Besonderes: dunkler Sandstein, kleine Fenster, drei Stockwerke. Die Wohnungen waren dunkel, hatten winzige Zimmer und fensterlose Küchen mit einem überdimensionierten, aus Granit gehauenen Spülbecken, das am Wochenende der Familie auch als Badewannenersatz diente. Die wirkliche Attraktion des Hauses war die Tatsache, dass sich direkt davor die Ausweichstation für die alte, wackelige Straßenbahn befand, die ab da eingleisig den steilen Berg zum Friedhof hinauffratterte.

Eines Tages hatte ich wieder einmal die Geduld meiner leidgeprüften Eltern über das erträgliche Maß hinaus strapaziert. Deren ganze Liebe gehörte ohnehin dem Baby Wilfried. Vielleicht war es Eifersucht, die mich so erfindungsreich machte. Mutter hatte viel mit Windeln zu tun, Vater war als Vertreter unter der Woche fast immer unterwegs bei seinen Kunden. Ich sehnte mich nach Zuneigung. Dabei dachte ich oft an meine beiden Heilbronner Cousinen, besonders für Anni hegte ich angenehme Gefühle. Sie war blond, blauäugig und ausgesprochen mollig.

»Mir gefällt es zu Hause nicht mehr«, antwortete ich meiner traurigen Mutter, als sie mich nach irgendeiner Ungezogenheit fragte, was denn schon wieder los sei mit mir. Sie muss wohl sehr erschrocken sein, denn sie ließ nur einen Augenblick meinen kleinen Bruder aus den Augen, der fröhlich strampelnd auf dem Wickeltisch lag. Er strampelte etwas zu stark, denn während meine Mutter mich ansah und nach einer Antwort auf meine Bemerkung suchte, machte Wilfried einen Satz, wie ein auf dem Trockenen zappelnder Fisch, und flog in hohem Bogen von der Kommode auf den Fußboden. Dann schnappte er auch genauso nach Luft und blutete aus der winzigen Nase. Das war Mutter zu viel. Ungerechterweise gab sie mir die Schuld an diesem Fall und meinte, ich solle mich fortscheren, am besten dorthin, wo der Pfeffer wächst. Nun hatte ich zwar keine Ahnung, wo der Pfeffer wuchs, vielleicht ja in Heilbronn, und dorthin wollte ich.

Finster entschlossen klaute ich aus der Handtasche meiner Mutter die vorhandene Barschaft, holte meinen Tretroller aus der Garage und rollerte schnurstracks zum Bahnhof. Eine Fahrkarte zu bekommen war nicht schwierig, ich wusste präzise anzugeben, wohin ich wollte. Kompliziert wurde der abenteuerliche Ausbruch durch den Roller. Mithilfe eines mürrischen Beamten, der sich über Eltern ausließ, die ihre Kinder ohne Aufsicht verreisen ließen, wurde er mit Adressanhänger im Gepäckwagen verstaut. In einem Abteil dritter Klasse fuhr ich mit äußerst gemischten Gefühlen in Richtung Heilbronn. Ich fühlte die anklagenden Blicke der Mitreisenden im Abteil. Im Tunnel unter dem Schlossberg wurde mir langsam mulmig bei dem Gedanken, wie die Reise wohl enden würde. Aber jetzt war ich erst mal unterwegs, und die einzig tröstlichen Gedanken, die mich bewegten, waren die an Anni und Maria. An einem der Busen der beiden wollte ich mich ausweinen. Am liebsten an dem von Anni, der war molliger.

Die Sehnsucht trieb mich auf meinem Roller in Rekordzeit vom Bahnhof in die Wollhausstraße. Tante Paula war sprachlos, als ihr Neffe vor der Tür im zweiten Stock stand. Als ich auch noch behauptete, mit dem Roller gekommen zu sein, brach sie in lautes Wehklagen aus: »Oh du lieber Gott«, rief sie, »ja was isch denn dem Helme eigfalle, des Kind mit em Rolle daher fahre zu lasse?«

Mit »Helme« war mein Vater gemeint. Tante Paula war ehrlich empört. Erziehung zur Selbstständigkeit sei ja gut, meinte sie, aber das ginge doch entschieden zu weit. Mit weiteren Äußerungen hielt sie sich zurück, die wollte sie wohl Onkel Paul überlassen, wenn er vom Dienst im Finanzamt zurückkam. Bis dahin beruhigte sie ihre aufgewühlte Seele, indem sie den armen Buben aus Heidelberg mit einem Stück Streuselkuchen

26

und einer Tasse Kaba verwöhnte. Zum Glück gab es im Hause Haaga kein Telefon, sonst wäre meine Flucht schnell zu Ende gewesen.

In Heidelberg lief inzwischen eine umfangreiche Suchaktion. Als die übliche Zeit, zu der ich normalerweise zu Hause einlaufen musste, beträchtlich überschritten war, bekamen die Eltern es doch mit der Angst zu tun. Der Polizeipräsident von gegenüber wurde gebeten, seine Leute nach dem vermissten Früchtchen suchen zu lassen. Außerdem rief Vater seine Motorsportfreunde zusammen. So waren um die zwanzig Fahrzeuge unterwegs, um die bevorzugten Spielplätze abzusuchen. Den Eisenbahntunnel unter dem Schlossberg zum Beispiel, in dem man uns schon mal erwischt hatte, als wir feststellen wollten, wer der Mutigste von uns war. Wir stellten uns in dem stockdunklen Tunnel auf die Schienen, warteten, bis die Lokomotive mit glühenden Augen unheimlich auf uns zuschnaubte, und wer als Letzter wegsprang und sich neben die anderen angstvoll an die Wand presste, während die Waggons vorüberdonnerten, der war der Held des Tages. Alle Helden bekamen die Hintern voll, als man sie aus dem Tunnel holte, nachdem ein entsetzter Lokführer am Bahnhof Meldung gemacht hatte.

Als die Suchaktion auch nach Einbruch der Nacht erfolglos blieb, war man einigermaßen ratlos. Da erreichte den Polizeipräsidenten die Nachricht, der Schalterbeamte am Bahnhof erinnere sich an einen Jungen mit einem Roller, der eine Fahrkarte nach Heilbronn gelöst hatte. Dies sei ihm doch etwas ungewöhnlich erschienen. Sie hatten mich. Durch Amtshilfe stand am späten Abend ein Heilbronner Gendarm vor der Wohnungstür. Onkel Paul und Tante Paula sahen sehr unglücklich aus. Besonders meine Tante hatte Angst um mich, sie kannte ihres Bruders Jähzorn aus eigener leidvoller Erfahrung. Nach Auskunft des Gendarmen war mein Vater bereits unterwegs, um mich heimzuholen. Diese Heimholung wurde für mich eher zu einer Heimsuchung. Schließlich musste an mir wieder mal ein länger anhaltendes Exempel statuiert werden. Vermutlich hatte der Polizeipräsident keinen Hehl daraus gemacht, dass er von Vaters exemplarischen Strafmaßnahmen nicht ganz überzeugt war. Die so sehnlich erwartete Tröstung an Cousine Annis Busen musste für diesmal ausfallen.

Die Schule in Heidelberg war mir von Anfang an verhasst, denn ich hatte keine Sonderstellung bei den Kumpels, nachdem ich bisher weder schulisch noch in Bezug auf irgendwelche Streiche Nennenswertes geleistet hatte. Kaum diesem vormittäglichen Zwang entronnen, beschäftigte ich mich daher mit meinen Idolen: Es waren die Autorennfahrer Rudolf Caracciola, Hans Stuck und Bernd Rosemeyer sowie die berühmten Flieger Ernst Udet und Elly Beinhorn. Ihre Fotos schmückten die Wände meines Mansardenzimmers, gierig verschlang ich die Berichte über ihre Siege, Rekorde und Heldentaten. So etwas wollte ich auch werden. Was brauchte ich da die dämliche Schule?

Vaters gute Beziehungen verschafften uns eine Einladung zu einem Großflugtag auf dem Mannheimer Flugplatz. Angekündigt waren auch die Fliegerin Elly Beinhorn und Ernst Udet, Träger des Ordens Pour le Mérite und Jagdflieger aus dem Ersten Weltkrieg. Er zeigte mit einem Doppeldecker halsbrecherische Kunstflugfiguren. Tausenden von Zuschauern stockte der Atem, wenn er im Messerflug mit der Tragfläche seines Doppeldeckers ein zwischen zwei Stühlen aufgehängtes Handtuch erfasste und damit senkrecht in den Himmel stieg. Sie schrien auf, wenn er nach einem Looping, der erst knapp über dem Boden endete, die Maschine auf den Rücken legte und dicht über die Köpfe der Zuschauer auf der Tribüne hinwegraste.

Als er in seiner Lederkluft, mit Lederhaube und dicker Fliegerbrille aus dem Doppeldecker kletterte, kannte der Jubel keine Grenzen. Die Menschen winkten mit Taschentüchern zurück, als er seinen weißen Schal vom Hals nahm und der Menge zuwinkte. Nie werde ich diesen Tag vergessen. Mein Vater machte mir damit eines der schönsten Geschenke meines Lebens, zumindest das aufregendste. Wohl weil er sich über meine grenzenlose Begeisterung freute, kaufte er für uns drei Tickets für einen Rundflug. Das war damals noch eine tolle Sache. Es gab nicht viele Menschen, die bis dato geflogen waren. Und nun saß ich als kleiner Junge in einer Klemm 34, einem kleinen, einmotorigen, nur mit Stoff bespannten Flugzeug, und bestaunte die Welt von oben. Es war der gleiche Typ, mit dem Elly Beinhorn als erste Frau einen Flug 1932 um die Welt geschafft hatte.

Zu diesem Flugtag landete auch das größte Flugboot der Welt, die Dornier Do X, auf dem Rhein bei Mannheim. Da lag sie nun vor Anker, davor eine lange Menschenschlange. Alle wollten den Wundervogel besichtigen. Auch Vater, Mutter und ich reihten uns ein und warteten geduldig, bis wir endlich durch die schmale Luke ins Innere des Giganten kriechen durften. Ein langer Gang teilte den Rumpf. Links und rechts gab es Luxusabteile mit Tischen und Clubsesseln. An den Wänden hingen Bilder des spektakulären Trans-Ozean-Fluges von 1931 nach Rio de Janeiro und in die Karibik, bis Flugkapitän Horst Merz das Flugboot am 27. August 1931 vor der Skyline von New York landete.

Und nun stand ich voll sprachloser Bewunderung vor diesem berühmten Mann, starrte fasziniert auf seine vier goldenen Ärmelstreifen und wusste, was ich werden wollte: Flugkapitän, und sonst nichts! Oder vielleicht doch?

Rennfahrer wäre noch eine zweite Möglichkeit gewesen. Vater nahm mich mit auf den Nürburgring und zum Hockenheimring. Mit roten Ohren saß ich auf der Tribüne, durfte an die Boxen, sah meine Idole zu Lande aus nächster Nähe: Rudolf Caracciola in seinem Silberpfeil, Bernd Rosemeyer im heckgetriebenen Auto-Union-Rennwagen, Manfred von Brauchitsch im Mercedes Benz, Tazio Nuvolari im Alfa Romeo, Hermann Lang und viele andere. Es bleibt mir unvergesslich, wie ich mir vor Aufregung buchstäblich in die Hose machte, als der Silberpfeil von Manfred von Brauchitsch direkt vor unserer Tribüne beim Tanken Feuer fing. Der dicke, legendäre Rennleiter Alfred Neubauer, der immer mit seiner Signalflagge um sich schlug, wenn jemand im Weg stand, riss den eingeklemmten von Brauchitsch hinter dem Steuer hervor und warf ihn zu Boden, um den brennenden Overall zu löschen. Kaum hatten sich die Schwaden der Feuerlöscher verzogen, setzte sich von Brauchitsch wieder in den Wagen und brauste unter ohrenbetäubendem Jubel der Zuschauer dem davongefahrenen Feld hinterher. Ich heulte, als er nach zwei weiteren Runden aufgeben musste und mit dem Steuerrad in der Hand zu Fuß zu den Boxen zurückkehrte. Und ich brüllte mir mit hunderttausend anderen vor Begeisterung die Seele aus dem Hals, als Bernd Rosemeyer, der junge Nachwuchsfahrer auf Auto-Union, 1936 nach einem dramatischen Rennen als Sieger durchs Ziel ging. Ich freundete mich bei Bauchgrimmen sogar mit dem grässlichen Rizinusöl an, seit ich wusste, dass dies das Zeug war, das so aufregend aus den Auspuffrohren roch, wenn die auf Höchsttouren gebrachten Motoren qualmend und mit Höllengetöse auf die Strecke gingen. Alles, was mit Autos zu tun hat, begeistert mich noch heute, und es gibt für mich auch heute noch kaum etwas Aufregenderes, als den Start der Formel-1-Rennen mitzuverfolgen. Und nicht selten sitze ich mit meiner Frau auf der Tribüne, irgendwo in der Welt.

Inzwischen, genau gesagt im November 1935, hatte ich noch einen zweiten Bruder bekommen, der auf den Namen Otmar getauft wurde, nach Otmar Mergenthaler, dem Erfinder der Setzmaschinen, mit denen mein Vater so viel Geld verdiente. Neuerdings hatten wir zu Hause auch ein Dienstmädchen. Sie hieß Else und war sehr deutsch: blonder Haarknoten, groß, mit sonnengebräunter Haut und einem beachtlichen Busen, ähnlich dem von Cousine Anni. Kochen konnte sie weniger gut, was meiner Zuneigung keinen Abbruch tat. Ich verbrachte viel Zeit bei ihr in der Küche, um ihr zu erklären, was meine Lieblingsgerichte waren. Sie hatte dann immer ein seltsames Lächeln auf den Lippen, von dem ich nicht genau wusste, ob es meinen kulinarischen oder meinen pubertären Bemühungen galt. Die Ankunft von Brüderchen Otmar und der damit verbundene Krankenhausaufenthalt meiner Mutter sowie die bescheidenen Kochkünste von Else hatten dazu geführt, dass ich mich um die ersten Rezepte von Mutter bemühte, um sie selbst nachzukochen. Nach anfänglich haarsträubenden Ergebnissen hatte ich es dann doch langsam zu genießbaren Bratkartoffeln mit Spiegelei gebracht, ja sogar Spätzle gingen mir recht gut vom Brett, die mit einer Zwiebelsoße zu meinen Leibspeisen zählten.

Mit Else verstand ich mich also sehr gut, besonders wenn sie meine Bemühungen am Herd lobte. Nur eines brachte mich in Rage: wenn meine kleinen Brüder unvermittelt anfingen, um die Wette zu brüllen, der eine, weil er zahnte, der andere vermutlich aus Sympathie oder weil er Bauchweh hatte. Wenn Else sie dann an ihre Brust drückte, wurde ich wütend, verzog mich maulend in mein Zimmer und knallte die Tür hinter mir zu. Dann wartete ich sehnsüchtig, dass Else nach einer gewissen Zeit kam und mir über den Kopf strich. »Was hast du denn?«, tröstete sie mich. »Deine Brüder brauchen mich doch viel mehr als du. Du bist doch schon groß und selbstständig.«

Das war Balsam für meine geschundene Seele. Meinem Bruder Otmar also verdanke ich, dass im Laufe der Jahre letztlich ein passabler Hobbykoch aus mir wurde.

Unser Wohnzimmer war recht groß, mit einer imitierten Balkendecke und bleiverglasten Fenstern. An exponierter Stelle stand eine Chippendale-Vitrine, in deren oberstem Fach eine stählerne Sparbüchse von der Städtischen Sparkasse Heidelberg ihren Platz hatte. Der Schlüssel zur Vitrine befand sich in Vaters rechter Schreibtischschublade, zusammen mit anderen äußerst interessanten Utensilien, zum Beispiel einer stets geladenen Pistole vom Typ Walther PPK, Kaliber 7,65. Die Sparbüchse sollte mich, den Erstgeborenen, frühzeitig den richtigen Umgang mit

Kapital lehren. War Besuch angekündigt, wurde sie aus der Vitrine geholt und so aufgestellt, dass der Besuch kaum umhinkonnte, zu fragen, wem sie gehörte. Nachdem die Besitzfrage geklärt war, wurde meist eine genau in den Schlitz passende Fünf-Mark-Münze sichtbar eingeworfen und mit großer Freude und höflichen Dankesworten angenommen.

Irgendwann brachte mich etwas auf den unseligen Gedanken, der mein ganzes Leben beeinflussen sollte. Ein Teufel muss es gewesen sein, der mir den Plan ins Hirn tröpfelte, mich des Kapitals zu bemächtigen, das ich in der Kassette vermutete. Aber der Reihe nach.

Die Erzählungen in der Klasse über den Rundflug hatten eine gewisse Wirkung bei meinen Kumpels nicht verfehlt, aber so richtig hatte es nicht eingeschlagen. Da war vermutlich auch Neid dabei. Das war keine eigene Leistung, sondern Angeberei eines verwöhnten Sprösslings. Enttäuscht saß ich nach der Schule am Esstisch und stocherte lustlos in einer meiner Lieblingsspeisen herum, Pfannkuchen mit Spinat. Da fiel mein Blick auf die Stahlkassette in der Chippendale-Vitrine, und ich wusste, was ich zu tun hatte, um die Bewunderung meiner Klassenkameraden nachhaltig zu erringen. Überschlägig mussten in der Kassette um die vierhundert Reichsmark sein. Als ich sie das letzte Mal einem großzügigen Besucher dankbar entgegenstreckte, war sie schon ziemlich schwer gewesen. Der Plan nahm Formen an, eine gewisse kriminelle Energie machte sich in mir breit. Wo der Schlüssel zur Vitrine war, wusste ich. Der Diebstahl und die Durchführung des Planes mussten nur so koordiniert werden, dass das Fehlen der Kassette möglichst lange nicht auffiel.

Am nächsten Tag vertraute ich meinen engsten Kumpels in der Klasse an, was ich vorhatte. Alle wollte ich auf den Rummelplatz einladen, der zu der Zeit am Neckarufer aufgebaut war. Achterbahn, Hau den Lukas, Würstchen- und Eisbuden, Süßigkeitenstände mit Bergen von Lakritz, Magenbrot und türkischem Honig, Geisterbahn und Kettenkarussell. Großmäulig versprach ich jedem so viel Geld, dass er nach Herzenslust kaufen oder fahren konnte, was immer er wollte. Das funktionierte. Die Nachricht sprach sich wie ein Lauffeuer herum, das Interesse an mir nahm schlagartig zu, schon bevor ich die Tat begangen hatte.

Immer drängender wurden die Forderungen meiner Klassenkameraden nach Einlösung meines Versprechens, und ich begriff: Wenn ich nicht bald handelte, lief ich Gefahr, meine gerade im Werden begriffene Reputation für immer zu verlieren, als Aufschneider entlarvt und ausgelacht zu werden. Also ergriff ich die Gelegenheit und die Kassette. Eigentlich gehörte sie ja mir, zumindest der Inhalt. Die Kassette blieb, wie auf einem Klebeband schriftlich festgelegt, Eigentum der Stadtsparkasse Heidelberg. Daraus ließ sich doch wohl ein gewisses Recht ableiten, über meinen Besitz frei zu verfügen, oder nicht?

Neben unserem Haus lag ein kleiner, zur Philosophenhöhe ansteigender Park mit alten Bäumen, ein paar Bänken und wenigen Blumenrabatten. Der Park war fast immer leer und für die Kumpels und mich ein wundervoller Tummelplatz. In den Büschen wurden die ersten Zigaretten geraucht. *Gold Dollar* stand auf der Packung, die ich aus Vaters Schreibtisch geklaut hatte. Die Zigaretten waren für Besucher gedacht, doch da Vater überzeugter Zigarrenraucher war, fiel ihm der Abgang einer Zigarettenschachtel nicht auf.

Eine ungefähr zwei Meter hohe Mauer aus Sandsteinquadern begrenzte den Park nach oben. Vor dieser Mauer stand ich jetzt mit einigen wenigen Auserwählten aus der Klasse. Mit vereinten Kräften oder, besser gesagt, einer nach dem anderen schmetterten wir die Kassette dagegen. Das Ding war wirklich stabil. Endlich gab sie ihren Geist auf und das Kapital frei. Trotz unserer Erschöpfung kam ein gewisser Jubel auf, zumindest bei den Kumpels. Der Inhalt wurde gezählt: Da lagen an die dreihundertachtzig Reichsmark vor sechs Jungkriminellen, deren Boss ich war. Der Klassenbeste errechnete, dass jeder, wenn der Rest der Klasse mitgezählt wurde, ungefähr fünfundzwanzig Mark zu beanspruchen hätte. Doch die gierigen Blicke der Kumpels weckten in mir den Verdacht, dass jeder von ihnen den gleichen Anteil begehrte. So hatten wir nicht gewettet! Immerhin trug ich das hohe Risiko ganz allein. Um sie in Abhängigkeit von mir zu halten, stopfte ich mir daher so viel Geld in die Hosentaschen, wie hineinging. Noch am selben Nachmittag sollte die Aktion starten.

»Um vier Uhr treffen wir uns alle auf der Neckarbrücke!«

Die gesprengte Kassette flog von dort aus im hohen Bogen in den Fluss, und ich gab mich der trügerischen Hoffnung hin, die Tat bleibe dadurch für eine längere Zeit unentdeckt. Woran jeder der damals Beteiligten ein Leben lang denken wird, war der Rausch, der nun folgte. Mit für unsere Verhältnisse schier unbegrenzten Mitteln konnten wir auf dem Rummelplatz auf die Pauke hauen. Man bedenke, dass im Jahre 1935 kaum irgendetwas mehr als zehn Pfennige gekostet hat!

Anfänglich hatte ich Sorge, dass es Verdacht erregen würde, wenn wir Halbwüchsigen mit Fünf-Mark-Stücken für ein paar Runden Karussell bezahlten. Klar trafen uns fragende Blicke der Schausteller, aber warum sollten die sich derart solvente Kunden durch unangenehme Fragen verprellen? Sie nahmen das Geld und wechselten vermutlich nicht immer ehrlich, aber wir waren froh, dass uns keiner verpfiff. Nach einem unbeschreiblichen Siegeszug über alle vorhandenen Karussells, nach Unmengen von Türkischem Honig, gewaltig großen Portionen Eis, nach stummem Staunen im Zauberzelt und ängstlich-fröhlichem Gekreische auf der Geisterbahn kam schneller als erwartet die Stunde der Wahrheit.

Langsam wurde es dunkel. Die Lichter waren alles andere als romantisch, sie machten uns darauf aufmerksam, dass wir schon längst hätten zu Hause sein sollen. Einer nach dem anderen verduftete, bis ich allein dastand, mit einem kläglichen Rest von ein paar Reichsmark in der Hosentasche und der Erkenntnis, dass nun wohl der Fluch der bösen Tat über mich hereinbrechen würde. Es war ein Sturz aus den Höhen des *big spender* in den

Abgrund tiefster Verzweiflung des von sämtlichen schmeicheln-
den Schmarotzern und Mittätern Alleingelassenen. Auf dem
Heimweg rief ich mir alle bisher erfahrenen Strafen ins Gedächtnis und stellte mir vor, was passieren würde, wenn man meinen
Frevel entdeckte. Klar war, dass es wohl schlimmer werden würde
als alles, was ich bis dato zu erleiden gehabt hatte. Und so kam
es dann auch.

Der Diebstahl der Kassette war bald entdeckt worden. Meine
Eltern hatten sich zunächst zu eisigem Schweigen entschlossen,
ein unerträglicher Zustand. Vaters Augen ruhten stechend und
unausweichlich auf mir. Die Zigarre lag qualmend und stinkend
im Aschenbecher. Mir schien es eine Ewigkeit, bis er endlich tief
Luft holte und leise, mit einem leichten Beben in der Stimme
fragte: »Hast du mir was zu sagen?«

Ich schüttelte den Kopf.

Und dann legte er los: »Was hast du Saukerl dir dabei gedacht?«

Er tobte. Selbst den leisesten Versuch einer Entschuldigung
ließ mein cholerischer Vater nicht zu. Es war entsetzlich.

Er, der nachweislich nie in seinem Leben ein Pferd bestiegen
hatte, hielt plötzlich eine Reitpeitsche in der Hand, bog sie zwei-,
dreimal prüfend durch, kam drohend auf mich zu und schlug
zu. Es hagelte Hiebe. Schutz suchend verkroch ich mich unter
dem Rauchtisch. Aber auch dort trafen mich seine zielsicheren
Schläge.

Irgendwann, mir schien es wie eine Ewigkeit, machte meine
Mutter dem grausamen Spiel ein Ende. Weinend zog sie mich
unter dem runden Tisch hervor und schaffte mich aus dem
Raum.

Die nächsten Tage verbrachte ich in meinem Mansardenzimmer, freiwillig, so wie ich aussah. Nur ganz verstohlen zeigte
ich mich von Zeit zu Zeit am Fenster, um zu sehen, ob wenigstens mal einer meiner Kumpels das Bedürfnis hatte, den
Märtyrer zu sehen und ihn wissen zu lassen, dass alle hinter

ihm standen. Sie konnten sich doch denken, was los war, als ich mehrere Tage nicht in der Schule erschien, denn Vater hatte seinen missratenen Sohn auf unbestimmte Zeit krankgeschrieben. Doch langsam dämmerte es mir, dass Rädelsführer nur so lange Anerkennung finden, wie sie eine Gaunerei mit Erfolg abschließen. Geht sie schief, will keiner dabei gewesen sein. Allen übrigen Hausbewohnern war es strengstens verboten, Kontakt mit mir aufzunehmen. Einzelhaft! Mutter und Else wechselten sich beim Überbringen der von Vater kontrollierten, spärlichen Nahrung ab. Und natürlich gelang es beiden dann und wann, ein nicht genehmigtes Stück Schokolade, einen Apfel oder ein paar Kekse einzuschmuggeln.

Zur Schule wurde ich erst »freigelassen«, als ich wieder einigermaßen vorzeigbar war. Ohne die geringste Verzögerung hatte ich mich auf dem kürzesten Weg nach Hause zu begeben, in meine Mansardenbude, wo es penetrant nach essigsaurer Tonerde und Franzbranntwein roch. Else brachte mir das Essen, da ich vom Familientisch verbannt war. Ihr sonst verständiges Lächeln war einem vorwurfsvollen Blick gewichen, das schmerzte.

Nach einer Woche entschloss meine arme Mutter sich dazu, ihre Sprachlosigkeit mir gegenüber aufzugeben, wenn auch unter Einstreuung vieler Seufzer und nachfolgendem »Zzzzzz« sowie anhaltendem Kopfschütteln. Vater strafte mich dagegen mit konsequenter Verachtung. Für ihn existierte ich einfach nicht mehr. Ich war Luft, und zwar schlechte, wie ich an seinen Gesichtszügen bei wenigen unvermeidlichen Begegnungen ablesen konnte. Acht Monate hielt er das durch. Das war das Schlimmste von allem, nur gemildert durch seine Abwesenheit bei Geschäftsreisen.

Eines Tages erwartete er Besuch und stellte fest, dass sein Vorrat an Zigarren zu Ende gegangen war. Da ließ er mich endlich aus der Mansarde holen. Bewegungslos stand er hinter seinem Schreibtisch, hatte die Arme in die Hüften gestemmt und fixierte mich. Nach einer sehr wirkungsvollen Pause richtete er zum ersten Mal nach fast einem Dreivierteljahr das Wort an mich: »Ich hoffe, du hast aus dieser Sache gelernt und gibst dir Mühe, ein anständiger Mensch zu werden und kein Krimineller.«

Dann holte er aus seiner Hosentasche einen blinkenden Gegenstand hervor, den ich in einer Welle von Glücksgefühl als Schlüssel zu meinem Fahrrad erkannte, das die ganze lange Zeit im Keller angekettet vor sich hin rostete.

»Fahr zum Tabakgeschäft in der Hauptstraße, und hol mir eine Kiste Zigarren. Die wissen Bescheid!«

Als ich ihm nach einer halben Stunde mit hochrotem Kopf die Zigarrenkiste und das Wechselgeld brachte, gab er mir einen Klaps, vom Wechselgeld fünfzig Pfennig und sagte: »Ist gut.«

Er ließ es zu, dass ich ihm um den Hals fiel und einen Kuss gab. Er hielt mich fest, und ich heulte wie ein Schlosshund.

»Alt-Heidelberg, du feine, du Stadt am Neckarstrand …« Etwas Unheimliches ging vor in der feinen Stadt. Da stand ich, acht Jahre alt, mit dem Fahrrad an der Hand, und sah zu, wie zwei Männer in braunen Uniformen, einen Eimer weiße Farbe zwischen sich, mit einem dicken Malerpinsel in ungelenken Buchstaben »Jude« auf ein Schaufenster schmierten und dahinter etwas, das wie ein Stern aussah. Es war der kleine Spielwarenladen, an dem ich mir immer so gerne die Nase platt drückte, um die Modelleisenbahn, Spur oo, im Kreis herumfahren zu sehen. Menschen blieben stehen. Einige lachten und klatschten, andere protestierten verhalten, die meisten blieben stumm. Die Braunhemden mit ihren Farbeimern gingen weiter, die Menge folgte. Ein paar Häuser weiter der gleiche Vorgang.

Den Gesprächen zu Hause konnte ich entnehmen, dass mein Vater immer wichtiger für seine Firma wurde, dass er immer mehr Linotype-Setzmaschinen verkaufte. Es ging uns sehr gut. Eines Tages kam er aus Berlin zurück und erzählte ziemlich aufgeregt, dass er von der Firma in die »Reichskanzlei« geschickt worden sei. Dort habe er einiges erfahren, was unsere Zukunft beträfe, und wir würden uns noch wundern.

Ich wunderte mich schon sehr bald, denn zusammen mit meinen Brüdern wurde ich in ein Kinderheim verfrachtet. Wilfried und Otmar konnte das egal sein, der eine war zweieinhalb, der andere gerade ein Jahr. Aber mich traf es hart. Mutter versuchte uns zu erklären, dass unsere Else uns verlassen müsse, um zu anderen Leuten zu gehen. Das sei nun mal leider so, weil wir bald in eine andere Stadt umziehen würden. Aber ich verstand überhaupt nichts mehr, wollte weder in ein Heim noch in eine andere Stadt.

Eine letzte Heidelberger Erinnerung betrifft meinen Vater und seine Einstellung zur Nationalsozialistischen Deutschen Arbeiterpartei. Es war morgens, wir standen alle um ihn herum und betrachteten ihn in seiner Aufmachung. Else hatte seine Stiefel auf Hochglanz poliert, sein Braunhemd war akkurat gebügelt. Der Tornister war vorschriftsmäßig gepackt, die zur Ausrüstung gehörige Decke, zu einer steinharten Wurst gerollt, um den Tornister geschnallt. Vater war ausersehen, seine Heidelberger NSKK-Einheit zur größten Demonstration der Partei zu führen, zum Reichsparteitag nach Nürnberg. Wir begleiteten ihn zum Bahnhof, wo sich die Auserlesenen auf den Bahnsteigen aufstellten. Kommandos erschallten.

»Zur Meldung an den Gruppenführer – die Augen links!«

Stramme Kehrtwendung, Anmarsch zur Meldung, zusammengeknallte Hacken: »Melde die NSKK-Staffel Heidelberg zur Abfahrt zum Reichsparteitag angetreten!« Stramme Kehrtwendung, Abmarsch zur Einheit.

»Augen geradeaus! Rührt euch!«

Der ganze Vorgang wurde durch Vaters Kriegsverletzung irgendwie beeinträchtigt. Es sah nicht so vollendet aus, wie es sein sollte. Der vorgesetzte Gruppenführer kam heran und sprach mit Vater. Aufregung entstand. Plötzlich verließ Vater seine Einheit und gleich darauf den Bahnsteig.

Was war geschehen?

Der Gruppenführer hatte ihm klargemacht, dass er seine Einheit beim Vorbeimarsch vor dem Führer und Reichskanzler nicht hinkend anführen könne. Alle Einheiten mussten im Stechschritt am Führer vorbeiparadieren, und das würde er wohl nicht können. Er wurde ausgesondert, weil man ihm als Soldat in Russland, bei der Verteidigung seiner Heimat, das Bein zerschossen hatte.

Tagelang sprach er kaum ein Wort. Seine Uniform verschwand in einer Ecke des Kellers, er zog sie nie wieder an.

Zum Verheizen geboren

Die Uniform stehe mir gut, sagten die Leute und fanden, ich
sei mit meinen zehn Jahren ein richtiger deutscher Junge. Die
Organisation, der ich jetzt angehörte, besser gesagt, anzugehören hatte, hieß »Jungvolk« und war als erste militärische Ausbildung für Zehn- bis Vierzehnjährige gedacht. Mittwochs und
samstags war Dienst, was mir überhaupt nicht behagte. Etwas
erträglicher wurde er durch die Tatsache, dass das Dienstge-
lände auf dem Schulhof der höheren Augusta-Viktoria-Mäd-
chenschule und kaum hundert Meter von unserer neuen Wohnung entfernt lag. Die auf dem Schulhof errichteten Baracken
dienten gleichzeitig den Mädchen im »Bund deutscher Jung-
mädel«. Begegnungen von Zeit zu Zeit waren unvermeidlich.
Die Mädels sangen, tanzten nach den Richtlinien der Bewegung
»Glaube und Schönheit«, oder sie beschäftigten sich mit anderen weiblichen Dingen.

Wir Jungen marschierten in Dreier-, Sechser- und manchmal
in Zwölferreihen in Paradeformation, was besonders gut klappte,
wenn die Mädels verstohlen zusahen. Dann sangen wir auch aus
vollem Hals die vorgeschriebenen, recht idiotischen Lieder, von
denen sich einige bis heute gehalten haben:

> »Schwarzbraun ist die Haselnuss,
> Schwarzbraun bin auch ich, ja bin auch ich,
> Schwarzbraun muss mein Mädel sein,
> Gerade so wie ich!«

Es war mir völlig wurscht, welche Farbe Haselnüsse hatten. Da gefiel mir das Lied vom »Westerwald« sehr viel besser. Wir sangen es besonders gern und laut, wenn die »Jungmädels« in der Nähe waren und mit Medizinbällen in engen Trikots tänzerische Übungen vollführten, die ihre jungen Figuren besonders gut zur Geltung brachten. Dabei kamen wir uns ungeheuer stark vor. Und auf Stärke wurden wir ja gedrillt. Flink wie die Windhunde sollten wir sein, zäh wie Leder und hart wie Kruppstahl. So wollte es der Führer – und er gab uns jede Gelegenheit dazu. Geländespiele im Wald und auf den Straßen in der Stadt, Zeltlager in den Schulferien, Reichsjugend-Sportwettkämpfe.

An Sonntagen schickten sie uns mit Sammelbüchsen von früh bis spät am Abend in der Stadt herum. Gesammelt wurde für alles. Für »Mutter und Kind«, für den VDA (Verein der Auslandsdeutschen), den »Luftschutz«, die DAF (Deutsche Arbeitsfront), das »Winterhilfswerk« und viele andere Organisationen. Manchmal, wenn ich überschlägig abschätzte, welche Summe ich wohl in der verplombten Büchse hatte, dachte ich an Heidelberg und war versucht, das verdammte Ding an einer soliden Mauer zu zerschmettern. Aber ich widerstand, denn ich hatte meine Lektion gelernt.

Wir waren wieder umgezogen, diesmal nach Düsseldorf, in eine Riesenwohnung in der Lindemannstraße 27 im Zooviertel. Dieser Umzug war ein politischer Schachzug aller Beteiligten gewesen. Das herrschaftliche Haus gehörte dem Generalvertreter der Mergenthaler Setzmaschinen-Fabrik für das Gebiet Rheinland-Westfalen. Er war Jude, hieß Georg Schein und war bis dato eigentlich der Vorgesetzte meines Vaters gewesen. Im Souterrain des Hauses war eine permanente Ausstellung der wichtigsten Typen von Linotype-Setzmaschinen eingerichtet. Hier wurden die Vertreter der rheinisch-westfälischen Großdruckereien mit den technischen Feinheiten von »Simplex«, »Doppel«-, »Drei«- und »Vierdecker« vertraut gemacht. Diese Bezeichnungen richteten sich nach der Anzahl der Magazine, in denen die Matrizen der verschiedenen Schriftarten lagen.

41

Georg Scheins Geschäfte waren aufgrund seines jüdischen Glaubens auf null zurückgegangen. Erkennend, was kommen würde, schlug er dem Unternehmen vor, sein Haus zu kaufen und seinen Untervertreter Wilhelm Fuchsberger, mit dem er bisher geschäftlich wie menschlich gut zurechtgekommen war, als seinen Nachfolger einzusetzen. Und so geschah es. Einer gemeinsamen Anstrengung aller Beteiligten, einschließlich des Stammhauses Linotype in Brooklyn, war es zu verdanken, dass Georg Schein mit dem angemessenen Erlös für sein Haus in die USA auswandern konnte.

Ich erinnere mich genau an eine peinliche Szene, als Vater uns zum ersten Mal unser künftiges Domizil zeigte und uns Georg Schein vorstellte. Als ich an der Reihe war, wollte ich einen besonders guten Eindruck auf den Vorgesetzten meines Vaters machen, baute mich zackig vor ihm auf und schmetterte ihm ein »Heil Hitler!« entgegen. Georg Schein sagte nichts, lächelte und nahm mich in den Arm. Heute ahne ich, was der Mann damals gedacht haben mag.

Wir zogen als Mieter in die »Belle Etage« in der Mitte, die obere Etage wurde an eine Familie Kemmner vermietet, im Hochparterre wohnte bereits eine Familie Pieper. Piepers waren für mich geheimnisvolle Leute. Aus ihrer Wohnung kamen seltsame Düfte, es roch immer wie Weihnachten, und man hörte Orgelmusik. Mutter klärte mich auf, dass die Orgel nur ein Harmonium war. »Das sind Freimaurer«, sagte Vater nachsichtig, »und der Duft ist Weihrauch! Die halten da unten offenbar ihre Logensitzungen ab.« Von da an dachte ich, Kemmners spielten in ihrer Wohnung Theater, weil immer ziemlich viele Leute kamen.

Inzwischen hatte ich wegen unbefriedigender Ergebnisse zweimal die Schule wechseln müssen. Beim letzten Mal, in der Fürstenwallschule, erlebte mein Vater eine herbe Enttäuschung. Er hatte eine Zeit lang keine schlechten Nachrichten über mich erhalten und musste keine Sechsen im Heft für die Klassenarbeiten unterschreiben. Umso argwöhnischer machte er sich auf den Weg zu meinem Direktor. Einer der berüchtigten »blauen Briefe« hatte ihn um diesen Besuch gebeten.

Als man ihm eröffnete, dass ich zum zweiten Mal unmöglich versetzt werden könnte, fragte er erstaunt, warum ihm das nicht früher zur Kenntnis gebracht worden sei. Der Direktor legte ihm stumm meine Klassenhefte vor. Unter der besten Arbeit prangte eine große rote Fünf, unter allen anderen nur Sechser. Unter den Benotungen war vermerkt, dass das Heft mit der Unterschrift eines der Erziehungsberechtigten vorzulegen sei. Und alle waren sie von einem Elternteil unterschrieben. Vater sah mit einem Blick, dass alle Unterschriften von mir gefälscht waren.

Bis heute mache ich meinen Klassenlehrer Dr. Klotten für mein akademisches Desaster verantwortlich. Sein pädagogisches Handwerkszeug bestand aus einem Rohrstock, den er besonders gern und oft auf meinem Hintern auf seine Haltbarkeit hin überprüfte. Das einzige Mittel gegen diese schmerzhafte Erziehungsmethode war eine Lederhose. Als Uniformteil war sie sehr beliebt und geachtet, weshalb es nicht sonderlich schwierig war, meine Eltern davon zu überzeugen, dass ich ein solches Kleidungsstück brauchte.

Irgendwann entdeckte ich, dass Dr. Klotten mich seltener verdrosch, wenn ich die komplette Uniform trug. Bald erschien ich deshalb nur noch in Uniform in der Klasse, was mir den Ruf einbrachte, ein besonders eifriger Pimpf zu sein. Genau das Gegenteil war der Fall – immer öfter versuchte ich, mich vom Dienst zu drücken. Exerzieren hasste ich schon aus einem Grund: Mein »Vorgesetzter« war genauso alt wie ich, ein Streber und furchtbarer Angeber. Er kommandierte uns auf dem Mädchenschulhof herum und ließ uns von einem Zaun zum anderen rennen, bis uns die Zungen aus den Hälsen hingen. Proteste dagegen nannte dieser armselige Typ »Befehlsverweigerung« und bestrafte sie mit Sondereinlagen wie »Hinlegen«, »Auf, marsch-marsch«, »Kniebeugen mit vorgehaltenem Ziegelstein« und ähnlichen Übungen zur Leibesertüchtigung. Besonders gerne tat er das, wenn Mädchen in der Nähe waren.

Eine schulische Zwischenstation war für mich das sogenannte Café Crull, ein Privatgymnasium. Café Crull war die letzte Station für hoffnungslose Fälle, deren Eltern einfach nicht einsehen wollten, dass ihr Sprössling zu faul oder zu dumm war, um irgendetwas zu lernen. Zu meinen eigenen Gunsten gehe ich davon aus, dass es bei mir Ersteres war. Das Beste an Café Crull war die Tochter des Besitzers. Irmchen Crull war eine blond bezopfte Schönheit, in die die gesamte Schülerschaft verknallt war. Bevor meine Bemühungen um Irmchen Crull Ergebnisse zeitigen konnten, wurde die Schule jedoch geschlossen. Sie entsprach nicht mehr den akademisch-pädagogischen Vorstellungen des »Dritten Reiches«.

Die nächste Station meiner schulischen Laufbahn war die Lessing-Oberrealschule in der Ellerstraße hinter dem Düsseldorfer Hauptbahnhof, und es sollte auch meine letzte sein. Sie war keineswegs das, was man eine Eliteschule nennt, hatte aber die weitaus originellsten Lehrer, denen ich bis dato ausgeliefert war. Inzwischen hatte ich ja genug Vergleichsmöglichkeiten. Studienrat Schmitz unterrichtete uns in Deutsch. Er war eher klein, dick und mundfaul und kommunizierte mit uns fast ausschließlich durch Handzeichen. Grundsätzlich betrat er die Klasse mit dem Zeigefinger auf den Lippen. Das hieß unmissverständlich »Ruhe«. Er wartete geduldig, bis es still geworden war, und kramte dann aus einer zerknautschten Mappe den für diesen Tag vorgesehenen Stoff.

»Wir lesen heut ›Die heilige Johanna‹. Fuchsberger, du bist die Johanna!«

Dann verteilte er die anderen Rollen, schloss für den Rest der Stunde die Augen und ließ unsere Darbietungen wortlos über sich ergehen.

Dr. Nebel war das krasse Gegenteil. Er war lange in Ostafrika gewesen und hatte sich dort wohl die Malaria eingehandelt. Voller Spannung warteten wir immer darauf, dass er einen seiner Anfälle in der Lateinstunde bekam. Wenn er den Hemdkragen öffnete, wussten wir: Jetzt kam der Moment, wo er die Kontrolle über sich verlor. Dann konnte es schon mal passieren, dass sich dieser bärenstarke Mann einen von uns griff, ihn hochhob und mit dem Kopf auf den Boden stieß. »Das bringt die grauen Zellen durcheinander, ihr Troglodyten!«, schrie er dann und verließ das Klassenzimmer.

Oberstudienrat Dr. Wasserzieher unterrichtete Mathematik, war schlank, groß, hatte eine hohe, durchdringende Stimme, graue Haare und Magengeschwüre. Er versuchte verzweifelt und vergeblich, uns Gleichungen mit einer oder mehreren Unbekannten einzutrichtern. Stand ich an der Tafel wie der Ochs vor dem Berg, wandte er sich angewidert ab und zischte leise: »Ich schlage gleich fürchterlich zu.« Jeder wusste, dass er noch niemals die Hand gegen einen Schüler erhoben hatte.

Dr. Würtemberg war unser Klassenlehrer. Er genoss unseren uneingeschränkten Respekt. Seine Fächer waren Geschichte und Religion. Wenn er noch im Treppenhaus war, standen wir schon stramm wie die Ölgötzen zwischen den Bänken. Betrat er die Klasse, baute er sich vor uns auf, streifte den Haufen mit einem durchdringenden Blick und schmetterte uns wie eine Fanfare das vorgeschriebene »Heil Hitler!« entgegen. Dabei war er alles andere als ein Nazi. Meine Leistungen waren auch bei ihm katastrophal, aber aus unerfindlichem Grund erfreute ich mich seiner besonderen Zuneigung. Ich hatte nicht die geringste Ahnung, worauf die beruhte. Er sah einfach ein, dass Geschichtszahlen für mich böhmische Dörfer blieben.

»Ich schließe mit dir ein Abkommen«, sagte er eines Tages. »Ich lass dich in Ruhe, und du störst den Unterricht nicht. Dafür bekommst du bei mir eine Sechs. Einverstanden?« Ich war begeistert. Von da an setzte er sich auf meine Bank und fütterte mich mit Pfefferminzbonbons, während er die anderen abfragte.

Das war sehr angenehm, und die glatte Sechs in Geschichte fiel unter den anderen Sechsen in meinem Zeugnis nicht weiter auf. Was interessierte mich, wann die Schlachten bei Pydna oder Issos waren. Auch die im Teutoburger Wald war schon so lange her, dass ich kein sonderliches Bedauern über den Selbstmord des Publius Quinctilius Varus empfinden konnte. Es befremdete mich überhaupt, dass Geschichte vornehmlich dadurch gemacht zu werden schien, dass sich die Menschen rund um den Globus mit Vorliebe die Köpfe einschlugen.

Wesentlich beeindruckender als der normale Unterricht waren für uns die politischen Schulungsabende, bei denen man uns erklärte, wir seien Zeugen der Geburt des Tausendjährigen Reiches und dessen Garanten. »Auf diese Jugend kann ich mich verlassen!«, rief Adolf Hitler beim Reichsjugendtag angesichts der unübersehbaren Menge von Elite. Wie weit sich die Jugend auf ihren Führer verlassen konnte, sollte sich bald erweisen. Einen Tag nach meinem elften Geburtstag, am 12. März 1938, holte Hitler seine Heimat Österreich »heim ins Reich« und schrie vom Balkon der Wiener Hofburg: »Voll Stolz melde ich vor der Geschichte die Heimkehr meiner Heimat in das Großdeutsche Reich!« Und das Volk schrie: »Sieg Heil!«

Ein bis dahin völlig unbekannter Mensch namens Herschel Grynszpan war der vorgeschobene Grund für eine der scheußlichsten Untaten der Nazis, die sogenannte Reichskristallnacht. Im November 1938 brannten in Deutschland die Synagogen, wurde die Grausamkeit des Regimes so deutlich, dass niemand, aber wirklich niemand mehr behaupten konnte, er habe davon nichts gewusst. Die Flammen der jüdischen Gotteshäuser schlugen zum Himmel, und die Welt erstarrte in Schrecken. Braune Horden von Unmenschen drangen in jüdische Wohnungen ein und zerstörten, was sie fanden. Die verzweifelten Opfer waren diesem Gesindel hilflos ausgeliefert. Keine Beteuerung half, auch nicht die Tatsache, dass viele von ihnen im Ersten Weltkrieg für Deutschland gekämpft hatten. Zigtausende wurden verhaftet und landeten in Konzentrationslagern.

In den Straßen herrschte Chaos. Stumm sahen die Menschen zu, wie Einrichtungsgegenstände aus den Fenstern der jüdischen Wohnungen flogen. Weinend vor Zorn sah ich, wie aus dem dritten Stock eines Hauses ein Konzertflügel gestoßen wurde. Nie werde ich das Geräusch vergessen, mit dem das Instrument auf dem Pflaster aufschlug und zerschellte. Beim Kreischen der berstenden Saiten ist wohl auch in mir etwas gerissen. Ab da hasste ich Männer in braunen Uniformen mit schwarzen Stiefeln und war dankbar, dass Vater sie schon lange nicht mehr getragen hatte. Auch bei ihm, einem überzeugten Nationalsozialisten, hat die Reichskristallnacht etwas ausgelöst, worüber er nie mit mir sprach, aber ich konnte es spüren. Er ging allem aus dem Weg, was ihn mit der »Bewegung« hätte identifizieren können. Aus beruflichen Gründen war das oft nicht leicht, ja sogar von Nachteil. Als er zu irgendeinem Anlass ohne Parteiabzeichen erschien, wurde er darauf angesprochen und gerügt. Von da an trug er es wieder. Ich hätte später so gerne mit ihm über Zivilcourage gesprochen, aber wir fanden irgendwie nie Gelegenheit dazu.

Zu Hause war kaum etwas davon zu spüren, dass die Welt langsam, aber sicher einer Krise entgegensteuerte. Vielleicht freuten sich meine Eltern in diesem Jahr besonders auf die Ferien, in einer Art Verdrängungsmechanismus.

Der bayerische Kurort Schliersee am gleichnamigen See war unser Ferienparadies, an das sich einige meiner schönsten Erinnerungen knüpfen. Jedes Jahr verbrachten wir dort die Sommerferien. Die geräumige obere Etage des typisch bayerischen Landhauses der Familie Gagg war unser Reich für ganze sechs Wochen. Die Balkone rings ums Haus quollen regelrecht über von Geranien in allen Farben, der ganze Stolz der Besitzer. Eine besondere Attraktion des Hauses, speziell für mich, war der Blumen-, Kräuter- und Gemüsegarten. Nicht dass ich besonders an

Gartenarbeiten wie Unkrautzupfen, Beeteharken oder Gießkannenschleppen interessiert war. Aber in diesem Wundergarten für Selbstversorger gab es so ziemlich alles, was das Herz eines Jungen begehrte: Sträucher mit Himbeeren, Stachelbeeren, Johannisbeeren, Erdbeerbeete und Tomatensträucher mit köstlichen grünen und roten Tomaten, die schon von Weitem ihren würzigen Duft verströmten. Da brauchte ich nur an einem hellgrünen Kraut zu zupfen und hatte süße Karotten in der Hand. Die Erde wurde in einem Fass mit aufgefangenem Regenwasser abgespült. Bei der Erinnerung an diesen Garten läuft mir noch heute das Wasser im Mund zusammen.

Das Beste aber war der mit Brettern abgedeckte Komposthaufen. Es war eher ein Berg als ein Haufen, und er diente mir als Aussichtsplattform. Kaum fünf Meter hinter dem Staketenzaun verliefen die Rangiergleise des Schlierseer Bahnhofs. Es war ein Kopfbahnhof, an dem die Lokomotive ausgewechselt wurde, für die Weiterfahrt um den See herum, nach Fischhausen und Neuhaus. Stundenlang konnte ich auf dem Komposthaufen sitzen und warten, bis die Dampfungetüme direkt vor mir hielten, der Lokführer die Leiter herunterstieg, mit einer am Ende abgeflachten Eisenstange die Weiche umstellte und wieder in den Führerstand zurückkletterte. Obwohl außer mir im Garten weit und breit kein Mensch zu sehen war, zog der Lokführer dann jedes Mal an einem Hebel, die Lok stieß einen gewaltigen Pfiff aus, und gleichzeitig zischte eine weiße, heiße Dampfwolke unter den Rädern hervor. Vielleicht hatte er Spaß an dem Jungen auf dem Komposthaufen hinter dem Gartenzaun und tat es ihm zuliebe. Jedenfalls ließ er mich kurzzeitig darüber nachdenken, ob ich Lokomotivführer werden wollte.

Es war im August 1939. Auf dem reich gedeckten Frühstückstisch schmolz die Butter in der warmen Vormittagssonne. Die Badesachen für einen unbeschwerten Ferientag im geliebten Strandbad am See waren gepackt. Der Briefträger hatte eben noch freundlich meines Vaters Unterschrift für ein Einschreiben erbeten, die übliche Zigarre unter seiner Dienstmütze verstaut und sich nicht mit dem üblichen »Heil Hitler!« verabschiedet, sondern mit einem mir inzwischen vertrauten »Vergelt's Gott!«. Schon deswegen mochte ich ihn besonders gern, weil er nichts, aber auch schon gar nichts Martialisch-Nationalsozialistisches an sich hatte.

Das Frühstück auf der offenen Veranda war immer der schönste Teil des Tages. Familie Gagg tischte auf, was dieses herrliche Stück Erde zu bieten hatte. Das Geschirr mit dem Zwiebelmuster strahlte Gemütlichkeit aus, und es war immer eine fröhliche Runde, die die Pläne für den beginnenden Tag schmiedete. An diesem Morgen aber hatte es Vater offenbar die Petersilie verhagelt. Er hatte das eben erhaltene Einschreiben gelesen und wortlos auf den Frühstückstisch gelegt. Lange sprach er kein Wort, eine bedrückende Stille war eingetreten. Wir warteten auf einen Zornesausbruch wegen irgendetwas, was dem Rest der Familie offenbar entgangen war. Schlechte Nachrichten oder gar Kritik aus der oberen Etage seiner Firma konnten ihn in Rage bringen. Diesmal machte er jedoch eher einen sehr traurigen Eindruck. Mein schlechtes Gewissen regte sich: Hatte ich schon wieder etwas angestellt? Ausnahmsweise fiel mir aber nichts ein. Plötzlich atmete Vater tief durch, sah uns der Reihe nach an und sagte leise: »Packt eure Sachen, wir müssen nach Hause!«

Auf dem Briefumschlag prangte der Reichsadler mit dem Hakenkreuz. Ein Einberufungsbefehl konnte es wohl kaum sein, obwohl allen bewusst war, dass unser Land sich in einem außenpolitischen Krisenzustand befand. Vater war zu alt und kriegsversehrt, wir Kinder waren zu jung. Also musste ihn etwas anderes aus der Fassung gebracht haben. Er griff nach dem Brief, überflog ihn noch einmal und sagte ganz sachlich: »Unser Auto ist beschlagnahmt! In drei Tagen muss ich den Wagen in Düsseldorf abliefern.«

Wir Kinder begriffen gar nichts. Was sollte das heißen: beschlagnahmt?

»Das heißt, dass unser BMW zum Militär eingezogen wird, als Dienstfahrzeug!«

Ich bekam eine Stinkwut. Dieses Auto hatte eine Geschichte, für die ich Vater bewunderte, der Kauf war die erste Lehrstunde gewesen, die ich in Sachen Geschäftstüchtigkeit von ihm erhielt.

Er hatte mich mit in die Stadt genommen und im Schaufenster der BMW-Vertretung ein wunderschönes viersitziges 1,4-Liter-Cabriolet entdeckt, für das er sich interessierte. Wir betraten den Verkaufsraum, doch der Verkäufer erklärte uns, der Wagen sei ein Sondermodell und unverkäuflich. Vater überlegte einen Augenblick und meinte dann: »Dann gehe ich über die Straße und kaufe den Horch da drüben!« Im Laden der Horch-Vertretung gegenüber stand ein ausgesprochener Luxusschlitten, der vermutlich dreimal so viel kosten würde. Der Verkäufer wurde unsicher und versprach, seinen Vorgesetzten anzurufen.

»Bitte tun Sie das!«, sagte Vater ungerührt. »Ich sehe mir in der Zwischenzeit den Horch an.«

Er zog mich auf die andere Straßenseite, betrat den Horch-Laden und ließ sich über die Einzelheiten informieren. Dann marschierten wir zurück zu BMW.

»Mein Vorgesetzter sagt, Sie können den Wagen haben!«, erklärte der Verkäufer erleichtert. Zwei Tage später stand das Prachtstück vor dem Haus Lindemannstraße 27 und erregte zweifellos den Neid einiger Nachbarn.

Jetzt also saßen wir um den reich gedeckten Frühstückstisch wie die begossenen Pudel, und keiner rührte die Köstlichkeiten an. Es dauerte eine Weile, bis ich begriff, was das alles zu bedeuten hatte. Mutter fing an zu weinen, was mich besonders zornig machte. Da hatte jemand nicht nur meinem Vater und der Familie das Auto weggenommen, sondern meiner Mutter offensichtlich sehr wehgetan.

»Das sind Dreckschweine!«, heulte ich los und wusste nicht so recht, wohin mit meinem Zorn. Die ganze Familie Gagg war ebenso entsetzt, dass wir Hals über Kopf aufbrechen wollten.

50

Aber es war nichts zu machen. Ich war zu jung, um zu begreifen, was da geschehen war. Hätte ich es verstanden, wäre mir klar gewesen, was der Brief mit dem Reichsadler wirklich zu bedeuten hatte. Er bedeutete das Ende eines schönen Tages, kaum dass er begonnen hatte, das Ende unserer Ferien, das Ende des Friedens und den Anfang vom Ende des »Tausendjährigen Reiches«.

»Sondermeldung des Deutschlandsenders! In wenigen Minuten spricht der Führer über alle Reichssender!«

Marschmusik stimmte das deutsche Volk seit einer halben Stunde auf das kommende Ereignis ein. Alle wussten, was das zu bedeuten hatte. Seit Tagen brachten die Nachrichten Meldungen über Zwischenfälle an der polnischen Grenze. Dann ertönte der »Badenweiler Marsch«, der Lieblingsmarsch des Führers. Bedeutungsvolle Pause. Schließlich die Ansage: »Hier ist der Deutsche Reichssender mit allen angeschlossenen Sendern. Es spricht der Führer und Reichskanzler Adolf Hitler!«

»Deutsche Volksgenossen und Volksgenossinnen …!«

So begannen alle seine Reden. Was dann kam, war eine Vorbereitung der Volksgenossen und -genossinnen auf die beiden Sätze, die mir ungefähr so in Erinnerung geblieben sind: »Seit fünf Uhr fünfundvierzig wird zurückgeschossen! Unsere Wehrmacht wird den unerträglichen Provokationen ein Ende machen …!«

»Es ist Krieg«, sagten die Erwachsenen, und viele von ihnen wussten, wovon sie sprachen und wovor sie Angst hatten. Ansonsten war die Begeisterung groß. Irgendwie schienen alle um ein paar Zentimeter gewachsen zu sein. Eine andere Art nationaler Erhebung war spürbar. Man demonstrierte Haltung. Das war Ehrensache, nachdem die deutschen Truppen unaufhaltsam nach Osten vordrangen. Die Sondermeldungen im Radio überschlugen sich, die Wochenschau im Kino berichtete ausführlich über den Vormarsch unserer Soldaten.

Auch zu Hause war plötzlich vieles verändert. Wir durften

länger aufbleiben, weil meine kleinen Brüder ohnehin aufgewacht wären, wenn ich oft spät am Abend vom »Dienst« nach Hause kam. Den ganzen Tag verteilten wir befehlsgemäß kleine Blumensträuße an Männer mit Koffern oder Pappkartons, die Mädchen rannten mit Kaffee- und Teekannen an den Zügen entlang, die die zum Dienst für das Vaterland Einberufenen in die Kasernen der Garnisonsstädte brachten. Wie Trauben hingen die Männer aus den Abteilfenstern und riefen und winkten, als ob sie mit »Kraft durch Freude« in den Erholungsurlaub verfrachtet würden.

Der Krieg schien überhaupt etwas Lustiges zu sein. Beim Jungvolk exerzierten wir nicht mehr in Paradeformation, sondern hatten größten Spaß beim Erlernen des Gebrauches von »Feuerpatschen«. Das waren Besenstiele mit nassen Lappen am Ende. Damit löschten wir in Kisten mit Stroh und Benzin angefachte Feuer. Warum wir das taten, war uns egal, es war einfach mal was anderes. Doch bald sollten wir erfahren, wozu das gut sein sollte.

An den Litfaßsäulen prangten Plakate, auf denen der Schatten eines unheimlichen Mannes mit tief in die Stirn gezogenem Hut zu sehen war. Quer über diese dunkle Gestalt stand in großen Lettern geschrieben: »Achtung! Feind hört mit!«

Damit waren, so brachte man uns bei, die Agenten und Spione unserer Feinde gemeint, die offenbar unter uns waren. Bald aber schon fragten böse Zungen: »Meinen die damit vielleicht auch die Nachbarn?«

Während der organisierten »Heimabende«, einer äußerst beliebten Gemeinschaftsgaudi zwischen »Jungbuben« und »Jungmädchen«, sangen wir nicht mehr das alberne Lied von der schwarzbraunen Haselnuss, sondern:

»Rot scheint die Sonne, fertig gemacht!
Wer weiß, ob sie morgen für uns auch noch lacht?«

Ein Trupp Männer in grauen Overalls untersuchte unser Haus vom Dach bis zum Keller auf Tauglichkeit gegen Bombenangriffe. Warum eigentlich? Hermann Göring hatte doch laut und deutlich versichert, dass kein feindliches Flugzeug je deutsches Hoheitsgebiet erreichen würde! Die Männer in den grauen Overalls schienen da anderer Meinung. »Das Haus«, sagte der oberste graue Overall, »entspricht nicht den Luftschutzbedingungen! Sie müssen die einzelnen Etagen gegen Brandbomben absichern und den Keller ausbauen!« Die einzelnen Etagen wurden mit Sandsäcken versehen, gefüllte Wassereimer verteilt, Kisten mit Feuerpatschen aufgestellt. Jetzt verstanden wir, wozu die Dinger dienen sollten, mit denen wir uns beim Jungvolk vergnügten.

Aus der permanenten Linotype-Ausstellung im Souterrain sollte ein Luftschutzkeller werden, wenigstens dem Namen nach, denn Souterrain und Keller befanden sich auf einer Ebene. Nur der Heizungskeller mit dem riesigen Heizkessel und dem fast ebenso großen Boiler für die Heißwasserversorgung sowie einem beachtlichen Berg an Anthrazit-Koks lag ein paar Stufen tiefer.

»Als Luftschutzkeller völlig ungeeignet!«, stellte der oberste Overall fest. »Wenn da was reinfällt, brennt das alles wie Zunder…!«

Was, zum Beispiel, sollte denn da reinfallen? Für mich war das alles unverständlich. Die Blicke der Eltern aber wurden immer besorgter.

»Die Ausstellungsräume und der Wein- und Vorratsteil müssen umgebaut werden!«

»Was heißt das?«, wollte Vater wissen.

»Die Decken müssen mit Balken verstärkt und nach unten abgestützt werden!«

»Das geht nicht, wegen der Maschinen!«

Der oberste Overall zuckte die Achseln.

Dann mauerten sie den Schacht zur Straße hin zu, durch den die Kohlen in den Keller geschaufelt wurden.

»Und wie sollen wir den Koks für die Heizung in den Keller bringen?«

»In Säcken durchs Treppenhaus runtertragen.« Der Overall kannte kein Mitleid.

Vater war jetzt viel weniger zu Hause. Er war stocksauer, dass man ihm seinen geliebten BMW »gestohlen« hatte, wie er gerne sagte, allerdings nur, wenn er wusste, dass kein Fremder mithörte. Oft blieb er länger als eine Woche weg, weil der Fahrplan der Deutschen Reichsbahn mit seinen Reiseplänen einfach nicht zusammenpasste. Wenn er dann heimkam, beklagte er sich heftig über den »Fraß«, den man in den Hotels auf Lebensmittelmarken bekam.

Auch meine Aufenthalte zu Hause wurden immer kürzer. Morgens Schule, nachmittags Sonderdienste und, von der Schule eingerichtet, sogenannte Brandwachen in und auf öffentlichen Gebäuden.

Die Schule wurde immer mehr zur Farce. Gelernt wurde kaum noch. Dr. Würtemberg hatte immer seltener Pfefferminze für mich, und der nach wie vor maulfaule Oberstudienrat Schmitz demonstrierte mit dem Zeigestock auf der Erdkundekarte den Vormarsch unserer siegreichen Truppen.

Äußerst beliebt bei uns Schülern waren die ständigen Unterbrechungen des Unterrichts durch Luftschutzübungen. Schrilles Läuten der Schulglocke signalisierte den fiktiven Anflug feindlicher Bomber. Schnell und in mustergültiger Ordnung hatten wir die Klasse zu verlassen, ohne Panik die Treppen hinunterzulaufen und die als Luftschutzkeller ausgewiesenen Räume aufzusuchen.

Das sah dann in der Praxis so aus, dass eine Horde von Schülern aller Stufen unter ohrenbetäubendem Getöse die Treppen hinunterstürzte. Dazwischen die Lehrer, vergeblich um Ruhe bemüht, machtlos, gestoßen, geschubst und über den Haufen gerannt. Bis diese Übungen beendet und an die tausend Schüler wieder in den Klassen zur Ruhe gekommen waren und bis die um Autorität bemühten Lehrkräfte ihre Manöverkritik los waren, war meistens auch der Schultag beendet. Nicht wenige von uns vertraten leichtfertig und unwissend die Meinung, es wäre noch viel interessanter, wenn das Ganze mal nicht nur zum Spaß, sondern richtig passieren würde. Wir sollten nicht lange darauf warten.

Das deutsche Volk wurde also auf Verteidigung eingestellt, obwohl wir bis dahin eigentlich nur selber angriffen, vom Wasser, aus der Luft und auf dem Land. Die Propaganda aber, allgegenwärtig, unüberhörbar, es sei denn, man hielt sich die Ohren zu, machte uns klar, dass wir ständig auf der Hut sein müssten. Gefahr drohe uns von überall. Dabei war so vielen damals schon klar, dass eigentlich wir die drohende Gefahr für unsere Nachbarn waren. Die Eltern meines Freundes Karl-Heinz Delil gehörten zu denen, die trotz ihres Wissens, dass ich Sohn eines Parteigenossen und einflussreichen Pressemenschen war, deutlich, wenn auch vorsichtig ihre Meinung zu unserem Führer und dessen »Drittem Reich« äußerten.

Karl-Heinz war ein besonderer Charakter, schon als Junge. Wir kannten uns seit vier oder fünf Jahren, jetzt war er vierzehn und ein Jahr älter als ich. Im Freundeskreis hatte er den Spitznamen »Kater«. Er war rothaarig, hatte ungeheuer viele Sommersprossen, war klein und enorm schnell auf den Beinen. Und er war unglaublich zäh.

Den Zeichen der Zeit folgend, füllten Karl-Heinz und ich die Aufnahmeanträge für einen Judo-Club aus, damit wir auch privat gegen jeden Feind gewappnet sein würden. Von nun an waren wir unzertrennlich: Bankgenossen in der Schule, Kampfpartner auf der Matte und in unserer großen Wohnung in der Lindemannstraße. Karl-Heinz wohnte ganz in der Nähe, aber seine Eltern erlaubten derartige Kapriolen in ihrem vornehmen Haus nicht. So musste eben Familie Pieper unter uns leiden, wenn wir in der geräumigen Diele unserer Wohnung Fallübungen absolvierten. Ich bin sicher, dass bei den Piepers die Deckenlampen wackelten und das Poltern aus dem oberen Stockwerk manchmal unerträglich war. Doch sie haben sich nie beschwert.

Karl-Heinz war sehr erfindungsreich, besonders beim Schuleschwänzen. Ausreden gab es genug, selten wurden sie überprüft. Die erschwindelte Freizeit verbrachten wir gerne damit, harmlose Leute zu ärgern. Besonders infam war unsere Idee, einen langen Blumendraht aus dem Kellerfenster auf den Gehweg vor dem Haus zu ziehen und in einer Ritze des Pflasters zu verstecken. Am Ende des Drahtes befestigten wir eine Brieftasche, aus der die Ecke eines Lebensmittelbezugscheins heraushing, das Wertvollste, was es damals gab. Dann warteten wir geduldig, bis ein hungriger Volksgenosse des Weges kam, den wertvollen Fund entdeckte, sich vorsichtig nach allen Seiten umsah, um dann entschlossen nach dem sprichwörtlich »gefundenen Fressen« zu greifen. In dieser Sekunde zogen wir am Draht und ließen die Zusatzmahlzeit vor der Nase der erschrockenen Menschen verschwinden. Ein Heidenspaß, dachten wir damals.

Für uns war es nichts Besonderes, als das »Großdeutsche Reich« durch die Nachricht erschüttert wurde, dass die Vereinigten Staaten von Amerika ihre bis dahin gewahrte Neutralität aufgaben und Deutschland den Krieg erklärten. Ich erinnere mich nur, dass Vater seine gern zur Schau getragene Zuversicht zu verlieren schien.

»Das bedeutet, dass wir diesen Krieg verlieren werden!«, sagte er eines Tages beim Mittagessen.

Noch nie hatte ich ihn so deprimiert gesehen. Er war wie ausgewechselt, nicht wortkarg, eher nachdenklich, sorgenvoll. Uns Junge kümmerte das wenig.

Karl-Heinz und ich machten Fortschritte im Judo-Verein. Hugo Roschanz, unser bewunderter Trainer, Träger des Sechsten Dan, der zweithöchsten Stufe des Meistergürtels, in Japan erworben, war Spezialist in Fallübungen. Damit traktierte er uns bis zum Umfallen. Eines Tages nahm er uns mit in ein kleines

Kino in der Nähe, auf dessen Bühne er schon einige Schaukämpfe gezeigt hatte.

Er platzierte seine Schüler links und rechts vom Mittelgang, unterhalb des vielleicht vier Meter hohen Ranges, dann verschwand er. Plötzlich erschien er oben auf dem Balkon, stand eine Sekunde unbeweglich auf der Brüstung und stürzte sich dann zu unserem Schrecken mit einem gellenden Schrei in die Tiefe. Wie eine Katze landete er mit einer Art Kopfsprung im Mittelgang, als sei der ein wohlgefülltes Schwimmbecken, genau zwischen uns: die Arme ausgestreckt, die Hände nach innen, den Kopf zwischen den Schultern, kugelte sich zusammen, machte eine Rolle vorwärts und stand schließlich kerzengerade auf den Beinen und verneigte sich.

Unsere Bewunderung und der Jubel kannten keine Grenzen. Wir wurden seine begeisterten Anhänger und folgten bedingungslos seiner Forderung nach Disziplin und Hingabe an den Judo-Sport.

»Das Schwache überwindet auf Dauer das Stärkste!« war sein Lehrsatz, den er uns eintrichterte. »Macht die Kraft eures Gegners zu eurer eigenen! Lasst ihn nie erkennen, was ihr vorhabt!«

Wir übten, wo immer wir Gelegenheit dazu fanden. Ich fand eine recht ausgefallene, als ich mich so weit fühlte, dass mir nichts passieren konnte.

Auf dem Heimweg von der Schule stiegen wir immer an der Haltestelle Matthäuskirche aus, genau in der Mitte zwischen unseren Wohnungen.

»Lass uns heute eine Haltestelle weiterfahren, bis zum Zoo«, sagte ich eines Tages zu Karl-Heinz. Wir standen auf der Plattform des hinteren Wagens.

»Warum dat denn?«, wollte Karl-Heinz wissen.

»Das sag ich, wenn wir da sind!«

Direkt hinter unserer gewohnten Haltestelle wurde die Lindemannstraße zu einer wunderschönen Allee mit alten, hohen

Lindenbäumen. Sie standen in Abständen von zehn Metern links und rechts der Straßenbahntrasse, die in der Mitte der Straße verlief.

Karl-Heinz schien zu ahnen, was ich vorhatte.

»Du spinnst wohl«, sagte er, als die Bahn losfuhr und Geschwindigkeit aufnahm. Nach dem dritten Baum sprang ich, Hände voraus, Kopf zwischen den Schultern, zwischen zwei Bäumen durch, auf den Seitenstreifen, rollte nach vorne ab, wie gelernt, und stand. Ich sah noch den grinsenden Karl-Heinz in Richtung Zoo verschwinden und rannte so schnell wie möglich in unser Haus direkt gegenüber, auf der anderen Straßenseite. Von ein paar Schrammen abgesehen war ich unversehrt und idiotisch stolz.

Nach einiger Zeit kam Karl-Heinz und meinte: »Bist du denn völlig verrückt geworden? Der Schaffner wollte wissen, wie du heißt und wo du wohnst!«

»Was hast du gesagt?«

»Ich hab gesagt, dass ich dich nicht kenn, wat denn sonst? Und dann bin ich auch en bisskin früher abgesprungen! Der konnt ja nich hinter mir her!«

Unsere Bemühungen auf der Judomatte trugen Früchte. Bei einem Jugendwettbewerb 1942 belegte ich den dritten Platz im Halbschwergewicht und erhielt den Ersten Dan, die unterste Stufe der sieben Meistergürtel.

Die erste »Krise« zwischen Karl-Heinz und mir kam im Sommer 1942. Er war sechzehn, ich fünfzehn. In der Klasse wurden Freiwillige geworben für die nächtliche Brandwache auf dem aus Holzstämmen errichteten Beobachtungsturm über dem Dach des Düsseldorfer Rathauses. Die Sache war ganz nach meinem Geschmack. Für eine Sonderration Kommissbrot, vierzig Gramm Margarine und eine dicke Scheibe westfälischer Schinkenwurst hatten wir unter dem Kommando eines Offiziers des Sicherheits- und Hilfsdienstes (SHD) die Nacht auf dem Turm zu verbringen. Ich meldete mich, Karl-Heinz nicht.

»Ich brauch die Wurst nicht, wir ham genug davon, und dat Kommissbrot mag ich sowieso nicht!«

Kunststück, sein viel älterer Bruder besaß in Köln eine Lebensmittelfabrik, in der er Brühwürfel herstellte, die immer noch zum Teil auch Bestandteile von Fett aufwiesen, und seine ebenfalls wesentlich ältere Schwester »Lis« war in Flensburg mit dem Besitzer einer Spirituosenfabrik verheiratet. Beide ließen ihre Familie in Düsseldorf nicht darben. Bei uns dagegen war doch schon manchmal Schmalhans Küchenmeister, obwohl Mutter immer wieder aus wenig etwas Gutes zauberte.

Die Nächte auf dem Turm waren lang und oft kalt. Vier Stunden dauerte eine Wache, dann kam Ablösung. Das Einsatzkommando bestand aus ungefähr zwanzig Freiwilligen beiderlei Geschlechts. Die Mädels sollten im Ernstfall helfen, Verwundete zu pflegen, die Jungs hatten die Aufgabe, vom Turm aus den Luftraum über Düsseldorf zu überwachen und über Funk die Einsatzzentrale im Keller auf dem Laufenden zu halten. Im Falle von Luftangriffen sollten wir als Kuriere und Melder eingesetzt werden oder den Löschmannschaften des SHD helfen, sollte das Rathaus in Brand geraten.

Alle zusammen waren wir in einem Kellergewölbe untergebracht. Geschlafen wurde während der Wachpausen in übereinandergestellten Holzbetten mit Strohsäcken als Matratzen. Die Mädchen hausten im hinteren Teil des Gewölbes, die Jungs im vorderen, weil wir beim Wachwechsel die Nachtruhe der jungen Damen möglichst wenig stören sollten. In einem kleinen, mit Funk ausgerüsteten Raum, der sogenannten Einsatzleitung, wachte ein bedauernswerter Mann namens Dabberich. Er sorgte für Zucht und Ordnung, wenn auch mit wenig Erfolg.

Herr Dabberich war kaum höher als einsfünfundsechzig und kaum weniger breit, mit einem sehenswerten Spitzbauch, der durch das Uniformkoppel in zwei Hälften geteilt wurde. Seine unglaublichen O-Beine steckten in viel zu großen Breeches und genagelten Schaftstiefeln, sogenannten Knobelbechern. Die waren oft unsere Rettung, wenn er sich in unregelmäßigen Abständen während der Nacht um unsere Moral sorgte. Das Geräusch seiner Stiefel meldete uns früh genug sein Auftauchen, sodass wir rechtzeitig verschwinden konnten, nicht selten unter der Decke in einem der Mädchenbetten. Da befehlsgemäß ab Zapfenstreich nur noch die blaue Notbeleuchtung an der Decke des Gewölbes brennen durfte, war es angenehm schummerig, und Herrn Dabberichs Taschenlampe war kaum dazu geeignet, ans Licht zu bringen, was sich da so tat.

Vielleicht wollte er es auch nicht so genau wissen? Er war, im Gegensatz zu seinem martialischen Auftreten, ein wirklich gütiger Mensch. Er lispelte und sprach unverfälschten rheinischen Dialekt, erkennbar unter anderem am konsequent falschen Gebrauch von mein und dein, von mich und mir und dich und dir.

»Unjehorsam un solche Faxen jibbet bei mich nit«, warnte er uns bei jeder Gelegenheit. »Bei mich wird jehorcht, lass dich dat jesacht sein, Jung!«

Wir ließen uns das gesagt sein.

»Jawoll, Herr Dabberich!«, brüllten wir im Chor. Damit war er zufrieden, machte kehrt und ließ uns in Ruhe.

In unserer »Blauen Grotte«, wie das Gewölbe bei uns bald hieß, ertönte dann aus verschiedenen Richtungen zunächst leises Gemurmel und Gekicher. Als nächste Stufe konnte man ein »Lass das!« oder »Nein, nicht doch!« hören. Das Gemurmel ging schließlich in leises Stöhnen und wohlige Seufzer über.

In so einer Nacht geschah es. Meine Vaterlandsverteidigerin hatte aufgegeben, sich angemessen zu wehren. Sie entfernte unter allen möglichen Verrenkungen den unserem Vorhaben hinderlichen, ganzteiligen Luftschutzanzug, wobei ich ihr ungelenk zu helfen versuchte, dann kam ich an die Reihe. In Anbetracht der Umstände legten wir unsere Bekleidung nicht wie gelernt ordentlich gefaltet auf den Hocker neben dem Bett. Sie landete, wie sie fiel, auf dem Boden.

Auf jeden Fall hatte sie Erfahrung. Ich nicht. Nach einer kurzen, verwirrenden Einführung half sie mir gekonnt, das Paradies zu finden.

»Schön«, sagte sie, und ich wusste nicht genau, ob das eine Frage oder eine Feststellung war. Der Höhepunkt fiel allerdings brutal zusammen mit dem festen Schritt der genagelten Knobelbecher des Herrn Dabberich. Sie kamen schnell näher, dann öffnete sich die Tür. Wir lagen unter der Decke, immer noch glücklich vereint, und rührten uns nicht, abgesehen vom heftigen Atmen. Was würde jetzt geschehen?

Vermutlich hatte der Lichtstrahl seiner Taschenlampe unsere Kleider am Boden erfasst.

»Wat is dat denn?«, bellte er ins Gewölbe. »Dat hab ich mich doch beinah jedacht, dat ihr so wat macht! Hinter mein Rücken! Dat find ich en ausjesprochene Sauerei! Ich will jar nit wissen, wer et is, aber ich komm drauf, da könnt er euch drauf verlassen!«

Die Knobelbecher marschierten Richtung Tür. Dann kam noch mal seine empörte Stimme: »Dä junge Mann unter der Decke, wo de Klamotten am Boden liegen, mach dat de de Hosen anjezogen kriss, dat de einsatzbereit bis, wenn de Bomber kommen!« Und mit der bekannten und üblichen Drohung: »Mer spreche uns noch, darauf kannste Jift nehmen!« verließ er den Ort des Geschehens.

Wir haben uns nie gesprochen. Langsam und entspannt lösten wir uns voneinander. Unter dem Gekicher und Gelächter der erwachten Mitbewohner zogen wir uns an und trennten uns für diese Nacht. Die Bomber kamen nicht. Noch nicht. Meiner Gefährtin werde ich nie vergessen, wie schön und gekonnt sie mich in dieser Nacht zum Bewunderer und Verteidiger des weiblichen Geschlechts werden ließ.

Meine Mannwerdung verschwieg ich allenthalben. Nur Karl-Heinz weihte ich in das süße Geheimnis ein. Nun bedauerte er es doch sehr, dass er sich nicht auch freiwillig gemeldet hatte. Ein Schulkamerad, dem unser besonderes Interesse galt, weil er Belgier war, wurde mein Beobachtungspartner auf dem Rathausturm. Mit Harry Back stand ich so manche Nacht auf dem Turm und beobachtete mit dem Nachtfernglas völlig sinnlos den Himmel. Außer den Sternen in klarer Nacht war nichts zu sehen. Ab und an ein paar Flak-Scheinwerferkegel, die den Himmel übungshalber nach nicht vorhandenen Feindflugzeugen absuchten. Es war stinklangweilig. Wegen der Anwesenheit des SHD-Offiziers konnten wir uns nicht einmal richtig unterhalten. Der Mann war streng und sehr alt, mindestens sechzig, schätzten wir.

»Drahtfunk« hieß der Nachrichtendienst im Radio, der die Feindbewegungen in der Luft meldete. Das Erkennungszeichen war ein scharfes Ticken vor der Meldung. An diesem Abend schien es so weit zu sein.

»Weitere starke Feindverbände aus Planquadrat sieben – Flugrichtung Raum Essen, Duisburg und Düsseldorf – weitere Bomberverbände über der Zuyder See – mit Angriffen muss gerechnet werden!«

Es knackte im Drahtfunk. Unter uns lag die Altstadt. Kaum ein Laut. Kein Licht in den dunklen Fensternischen, leere Straßen. Ein Luftschutzwart drehte seine Kontrollrunde und brüllte Befehle, wenn er irgendwo auch nur einen winzigen Spalt entdeckte, aus dem Licht fiel. Ein Hund, der den Mond ankläffte. Hinter uns der nächtlich glitzernde Rhein, Deutschlands Schicksalsstrom, wie man uns beigebracht hatte. Über ihm spannten sich die stählernen, dunklen Bogen der Skagerak-Brücke vom Rathausufer hinüber nach Oberkassel. Ein herrlicher Blick, ein friedliches Bild.

»Die kommen ja doch wieder nicht!«, meinte Harry.

»Ich hoffe, Sie haben recht!«, antwortete der SHD-Offizier.

Er siezte uns grundsätzlich, trotz unserer gerade mal fünfzehn Jahre. Täuschten wir uns, oder zitterte seine Stimme wirklich?

»Weitere Verbände von schweren Bombern, Typ Bristol-Blenheim, Halifax und B-29, im Anflug auf den Großraum Düsseldorf…«, kam die nüchterne Stimme aus dem Drahtfunk.

Ganz weit am nordwestlichen Horizont suchten Flakscheinwerfer den Himmel ab. Wenn sich die gebündelten Strahlen an einem Punkt überschnitten und dieser Lichtpunkt langsam in eine Richtung wanderte, bedeutete das, dass sie einen feindlichen Bomber erfasst hatten und ihn für die Zieleinrichtungen der Flugabwehrkanonen festhielten. Ein Bild, das unvergesslich ist für jeden, der es erlebt hat. Noch war es totenstill.

Dann, zeitlich versetzt, in der Ferne ein leises Grollen. Es näherte sich und schwoll mit der Geschwindigkeit der anfliegenden Bomber an. Am Himmel, noch weit weg, explodierten die ersten schweren Flakgranaten wie Blitzlichter.

»Sie kommen, diesmal wird's ernst!«

Unser SHD-Offizier wurde sichtlich nervös. Bei Harry und mir regte sich so etwas wie Abenteuerlust. Endlich war die nächtliche Langeweile auf dem Holzturm beendet. Endlich war mal was los.

In breiter Front kam die erste Welle hinter dem Rhein aus dem Raum Venlo–Roermond–Sittard direkt auf uns zu. Das erst leise, dann immer drohender schwingende Dröhnen der Motoren in großer Höhe steigerte sich und klang bald wie die Basspfeifen einer Orgel, gemischt mit dem Bellen der Flakgeschütze. 3,7-Schnellfeuerkanonen schossen ganze Bahnen von Leuchtspurgranaten in den Himmel. Die Hölle öffnete sich. Plötzlich, von einer Sekunde auf die andere, war es taghell. Die »Pfadfinder«, kleine, leichte Bomber, setzten ihre »Christbäume«. Das waren gebündelte Leuchtkugeln, die langsam zur Erde sanken und die Dächer der Altstadt in gespenstisches Licht tauchten. Dann das anschwellende Pfeifen und Jaulen der herabregnenden Bomben. Das Gefühl, als drückte uns eine schwere, unsichtbare Decke zu Boden. Dann krachte es, Feuersäulen schossen in den Himmel, dazwischen sahen wir ganze Hausdächer durch die Luft segeln. Der erste Bombenteppich ging auf Düsseldorf nieder. Die Nacht wurde zu einem infernalischen Gekreische. Ein ohrenbetäubendes Crescendo, das in einem Feuerball zerplatzte. Minuten später gab es einen Teil der Altstadt nicht mehr. Die erste Welle war vorbei. Überall brannte es.

Der Lautsprecher aus der Einsatzzentrale riss uns aus unserer Erstarrung.

»Wat is los da oben?«, brüllte Herr Dabberich.

»Alles brennt!«, schrie ich zurück.

»Wat heißt alles? Ich will präzise Angaben!«

»Alles, die ganze Altstadt ist weg!«

Mehr konnte ich vor Schreck nicht sagen.

»Verdammt, wo ist der Oberst vom SHD? Ich will ihn sprechen!« Der saß am Boden, Harry kümmerte sich um ihn.

»Ich glaub, dem ist nicht gut!«

»Ich schick jemanden rauf!«

»Nicht nötig!«, schrie ich zurück. Was sollten wir mit noch jemandem auf der engen Plattform?

»Dann mach endlich Meldung, wat los is, Jung!« Dabberichs Stimme klang drohend.

Ich versuchte zu schildern, was wir sahen.

»Einschläge in Zwozehn, in Drei, in Sechs und in Neun!«

Die Zahlen waren Flakdeutsch und bedeuteten die Himmelsrichtung nach der Uhr.

»Das Mannesmannufer brennt direkt hinter uns, die Bolkerstraße auch. Auf der Brücke brennt es, und drüben in Oberkassel. Am Hindenburgwall und direkt unter uns, in der Flingerstraße, ist ein Riesenloch …!«

Harry half dem Oberst auf die Beine. Der war nicht mehr zu gebrauchen.

»Meine Frau, meine Kinder, mein Haus …!«, stammelte er und zeigte auf den Krater unter uns in der Flingerstraße. Er hatte gesehen, wie sein eigenes Haus in die Luft flog. Einen Moment lang dachte ich an meine Leute im Zooviertel.

»Schwerer Angriff auf das Stadtgebiet von Düsseldorf… Neue Einflüge über der Zuider See …!«

»Ach du Scheiße«, sagte Harry und kümmerte sich, so gut er konnte, um den verzweifelten Oberst, der im Schock am Boden saß.

Da unten war Chaos. Über Funk meldeten wir, was sich unseren Augen an Schrecklichem bot. Plötzlich herrschte Stille. Was heißt Stille? Während einer Pause zwischen der ersten und der zweiten Angriffswelle, die der Drahtfunk ankündigte, rannten schreiende Menschen durch die brennenden Trümmer, suchten nach Angehörigen, versuchten vergeblich aus den Flammen zu retten, was nicht mehr zu retten war.

Die Männer vom SHD legten Schlauchleitungen in den Rhein, Hydranten in der Altstadt gab es keine mehr, sie waren verschüttet, oder sie hatten kein Wasser. Rohre ragten zerrissen in die heiße Luft. Dann brach der Feuersturm los, zog den Sauerstoff weg.

Geborstene Decken, bröckelnde Mauerreste und einstürzende Wände trieben die Menschen in Todesangst aus den Luftschutzkellern ins Freie, wo ihnen der Feuersturm die Luft zum Atmen nahm. Mitten hinein in diese Hölle hagelten die Phosphor- und Stabbrandbomben der zweiten Welle.

Eine Sekunde lang fiel mir der Geschichtsunterricht von Dr. Würtemberg ein. So muss Nero wohl aus der Höhe der kaiserlichen Gärten das brennende Rom gesehen haben.

Es gibt viele Zeugen, die verbrannte, ausgeglühte Städte gesehen haben, aber sicher nur wenige, die von oben zusehen mussten, wie ein jahrhundertealtes Stadtviertel von einer Minute zur anderen in die Luft flog. Ausgelöscht, ausradiert, wie Hitler nach dem Bombenangriff der deutschen Luftwaffe auf Coventry getönt hatte.

Dann war es, als ob ein Tonband rückwärtslief. Das Motorengedröhn der Bomber entfernte sich, das Gebell der Flakgeschütze wurde spärlicher, hörte schließlich ganz auf. Scheinwerfer bündelten ihre Strahlen und wanderten nach Nordwesten zurück. Es hörte auf, wie es begonnen hatte.

»Kommt runter von da oben, der Turm brennt!«

Aufgeregte Stimmen kamen vom Fuß der Hühnerleiter, die vom Rathausdach auf unsere Plattform führte. Stabbrandbomben waren auf dem Rathausdach gelandet, und ein Phosphorbrandkanister hatte seinen Inhalt beim Aufschlag im Umkreis von zwanzig Metern verspritzt. Die Flammen züngelten an den Stützbalken des Turmes nach oben. Harry und ich versuchten, den völlig apathischen Oberst über die Leiter nach unten zu bugsieren, wo ihn zwei Sanitäter in Empfang nahmen. Ich habe von dem armen Mann nie wieder etwas gehört.

Unser Weg in die Einsatzzentrale im Keller, zu Herrn Dabberich, war ein Hindernislauf über Berge von Glassplittern, aus den Angeln gerissene Türen, vom Luftdruck der Minen umgerissene Aktenschränke, deren Inhalt über das ganze Treppenhaus verteilt war. SHD-Männer rannten uns entgegen, die Treppen rauf, zogen Schläuche hinter sich her.

Dabberich war wie ein Vater zu uns. Er war sichtlich erleichtert, dass wir heil heruntergekommen waren. In der Hand hielt er eine Flasche Schnaps.

»Isch glaub, ihr könnt jetz einen vertrajen …!« Er selbst nahm sich zwei.

»Isch brauch euch jetz als Melder, is dat klar?«

»Jawoll, Herr Dabberich!«

»Wo wohnt ihr denn …?«

Er drückte Harry und mir je eine Meldung in die Hand.

»Die bringt ihr jetz zur Einsatzzentrale in eurem Viertel und jebt se dort ab. Danach habt ihr Urlaub, zwei Tage! Wenn et länger sein soll, will isch aber irjendwann wissen, wat los is – klar? Haut ab!«

Der Weg aus der Altstadt war entsetzlich. Bombenkrater, zerrissene Straßenbahn-Oberleitungen, halb eingestürzte Häuser, Fensterhöhlen, aus denen Flammen schlugen. Der einsetzende Feuersturm machte alles noch schlimmer, riss den Sauerstoff aus den Straßen nach oben. Menschen, die in den Trümmern herumirrten, japsten nach Luft. Erst jenseits der Königsallee, in der

Schadowstraße, wurde es etwas leichter. Die Bomben waren offenbar gezielt auf die Altstadt abgeworfen worden.

Das Haus in der Lindemannstraße war relativ gut weggekommen, aber alles war mit Eimern, Besen und Schaufeln auf den Beinen. Fenster waren durch den Luftdruck entfernt heruntergekommener Luftminen zersplittert, das Glas lag überall im Treppenhaus verstreut. Ein Teil der Verdunkelungsrollos war zerfetzt. Sonst war alles heil geblieben.

»Noch mal davongekommen!«, sagte Herr Pieper vom Hochparterre. »Aber wie lang noch?«

Harry Back und ich waren überrascht, als wir einige Zeit später von Dabberich in sein abgetrenntes Verlies gerufen wurden. Er baute sich vor uns auf, in voller Uniform, und war ungewöhnlich ernst und fast ein bisschen feierlich.

»Jungens«, sagte er, »nach 'em ersten Bombenangriff hab isch euch für 'nen Orden einjereicht. De Gauleitung hat mich mitjeteilt, dat ihr vielleicht et Kriegsverdienstkreuz bekommt!«

Seine Stimme bebte leicht, er war ergriffen und stolz, dass sein Einfluss so groß war, dass zwei Schüler seiner Dienststelle im Namen des Führers und Obersten Befehlshabers einen relativ hohen Orden verliehen bekamen.

Ein paar Wochen später standen fünfzig frisch einberufene Luftwaffenhelfer stramm, Pobacken zusammengekniffen, Hände an der Hosennaht.

»Zur Meldung an Herrn Hauptmann – die Augen links!«

Der Unteroffizier vom Dienst marschierte auf Hauptmann Hippler, den Chef der 7,5-cm leichten Flakbatterie, zu und salutierte.

»Melde Herrn Hauptmann – Luftwaffenhelfer der Batterie zur Ordensverleihung angetreten!« Hauptmann Hippler grüßte wortlos zurück. Der UvD machte eine vollendete Kehrtwendung und entfernte sich drei Meter vom Batteriechef in unsere Richtung. Wir standen immer noch da wie die Ölgötzen.

»Luftwaffenhelfer Fuchsberger – vortreten!«

Ich trat vor, knallte die vorgeschriebenen zwei Meter vor dem Hauptwachtmeister, der »Mutter der Batterie«, die Hacken zusammen und baute mein Männchen – so hieß die Ehrenbezeigung durch Erheben des rechten Armes mit ausgestreckter Hand im Winkel von circa sechzig Grad zum Körper. Hauptmann Hippler, typischer Etappenhengst, trat auf mich zu, ein schwarzes Kästchen in der rechten Hand. Einen Meter vor mir blieb er stehen und sah mich aus seinen stechenden Schweinsäuglein mit erkennbarer Verachtung an.

»Im Namen des Führers und Obersten Befehlshabers überreiche ich Ihnen das Kriegsverdienstkreuz Zweiter Klasse mit Schwertern!«

Seine Stimme klang, als käme sie aus einem Nachttopf. Sie klang immer so. Tiefste Missbilligung über das, was er da gerade tun musste, schwang mit. Dass man ihm, einem Offizier der deutschen Luftwaffe, im vierten Kriegsjahr immer noch gänzlich undekoriert, zumutete, einem minderjährigen Luftwaffenhelfer einen Orden an die Brust zu heften, erfüllte ihn mit tiefster Empörung. Er war während des Krieges aus dem Unteroffiziersstand zum Offizier befördert worden – an der Heimatfront. Zu seiner Schande hatte man ihm das Kommando über Kinder an der Kanone aufgehalst. Mit seinem Kriegsschicksal höchst unzufrieden, schikanierte er uns, wo immer er konnte. Ein Sadist. Jetzt stand er dicht vor mir, blics mir seinen unangenehmen Atem ins Gesicht, der wie ein kalter, voller Aschenbecher stank, während er mir den Orden im dritten Knopfloch von oben an die Brust steckte.

»Sie haben die Auszeichnung vierundzwanzig Stunden am Band zu tragen. Melden Sie sich in der Schreibstube. Gratuliere! Wegtreten!«

In der Schreibstube händigte man mir einen Sonderurlaubsschein über vierundzwanzig Stunden aus.

»Auf Anweisung des Batteriechefs!«, sagte der Schreibstubenhengst, der meinen Orden am Band grinsend betrachtete. »Der Alte will dich wohl mit dem Ding nicht in der Gegend herumstolzieren sehen!«

Heute geniere ich mich für das, was dann kam. Flankiert von meinen stolzen Eltern, nahm ich auf der Königsallee die Ehrenbezeigungen hochdekorierter Fronturlauber entgegen. Die Vorschrift bestimmte, dass der Orden am Band zuerst zu grüßen war. Auch von Offizieren. An diesem Nachmittag schaffte ich Angeber es, die »Kö« dreimal rauf und runter zu gehen.

Zu den unergründlichen Geheimnissen der obersten Kriegsführung gehörte die Anweisung, dass wir während unserer vierwöchigen Grundausbildung als Halbsoldaten zum Tanzunterricht in der Hubbelrather Kaserne, zwischen Düsseldorf-Grafenberg und Mettmann, zusammengezogen werden sollten. Wir hielten das Ganze für ein Gerücht, bis eines Nachmittags der Hauptwachtmeister vor der angetretenen Kompanie verkündete: »Dienstplanänderung – von 14 bis 16 Uhr Putz- und Flickstunde. 16.15 Uhr Kleiderappell in Ausgehuniform – 16.30 bis 18.30 Uhr Tanzstunde im Offizierskasino!« Unruhe brach bei uns aus.

»Wer hat denn was von Unterhaltung gesagt?«, brüllte der Spieß. »Putzt eure Hufe, und kratzt euch den Krokant aus dem Hintern, damit die Damen nicht umfallen vor Gestank, wenn sie in eure Nähe kommen!«

So wurden wir verbal auf die Tanzstunde eingestimmt. Der Spieß fand eben immer den richtigen Ton.

Von 14 bis 16 Uhr schrubbten wir an unserem Zeug und an uns herum, dass es eine wahre Pracht war. Punkt 16.15 Uhr stand die Kompanie auf dem Kasernenhof. Die unter den Matratzen gebügelten Hosen wiesen abenteuerliche Falten auf, Stiefel und Koppel waren mit Wichse und Spucke auf Hochglanz poliert. Auch der Spieß erschien in Gala.

Unteroffiziere kontrollierten Uniform, Fingernägel und sauberes Taschentuch. Was für den Tanzunterricht besonders wichtig zu sein schien, war die Vollzähligkeit und Sauberkeit der sechskantigen Nägel unter den Sohlen der Schnürstiefel.

Schließlich bogen drei Omnibusse um die Ecke und hielten vor dem Eingang zum Offizierskasino. Zuerst wurde ein fein gekleideter Zivilist sichtbar, vermutlich der Tanzlehrer. Dann ergoss sich die kichernde Fracht von ungefähr hundertzwanzig Backfischen aus den Bussen. Unruhe in der Kompanie.

»Ruhe im Glied!«, brüllte der Spieß.

»Wie meint der denn das?«, kam es von hinten.

Unterdrücktes Gelächter. Bevor der Spieß weitere Stilblüten militärischen Sprachgebrauchs absondern konnte, brüllte der Hauptwachtmeister: »Die Luftwaffenhelfer-Ausbildungskompanie Eins begrüßt die Damen mit einem dreifachen ›Zicke-zacke – Zicke-zacke‹…«

»Heu-heu-heu!«, donnerte die Antwort aus hundertzwanzig Kehlen über den Platz, und die Damen fuhren wie verschreckte Hühner zusammen.

Um uns aus der immer noch befohlenen Starre zu erlösen, gab der Spieß endlich den Befehl:

»Ausbildungskompanie – Augen geradeaus – rührt euch! Kompanie zur Tanzstunde mit viel Vergnügen auf die Damen – weggetreten!«

Das war klar und deutlich – und blieb noch lange geflügeltes Wort.

Der anschließende Tanzunterricht blieb der einzige in meinem Leben. Meine Kenntnisse auf dem Gebiet rhythmischer Bewegungen zum Zwecke des Lustgewinns sind absolut mangelhaft. Einige Male war ich zu derartiger Tätigkeit gezwungen. Ich wurde jedoch nie das Gefühl los, sechskantige Nägel unter den Sohlen zu haben, sobald ich eine Tanzfläche betrat.

Mehr und mehr erkämpften sich die britischen und amerikanischen Bomber und Jagdflugzeuge die Luftherrschaft. Längst hieß Reichsmarschall Hermann Göring nur noch »Hermann

Meier«, nachdem er irgendwann über die deutschen Volksempfänger getönt hatte: »Wenn ein einziges feindliches Flugzeug das Deutsche Reich erreicht, will ich Hermann Meier heißen!«

Angriffe bei Tag und Nacht hielten die Menschen auf Trab. Das Leben spielte sich treppauf, treppab zwischen den Alarmen und in den Luftschutzkellern ab.

Wir Luftwaffenhelfer marschierten vormittags nach an den Geschützen durchwachten Nächten in unseren graublauen Uniformen, mit der Hakenkreuzbinde am linken Ärmel und einem Lied auf den Lippen, zum Schulunterricht. Dort schliefen wir geschlossen in den Bänken, bis wir nach ein paar Stunden wieder an die Kanonen zurückkehrten.

Nach der Trennung in der Brandwachenzeit hatten Karl-Heinz und ich uns mit Erfolg bemüht, als Luftwaffenhelfer zusammenzubleiben. Es war uns sogar gelungen, bei derselben Einheit zu landen und in derselben Baracke zu hausen. Die Besatzung einer Baracke war gleichzeitig die Mannschaft für zwei ungefähr zwanzig Meter voneinander getrennt liegende Geschützstellungen. Eine Geschützmannschaft bestand aus jeweils acht Kanonieren, die die fortlaufenden Bezeichnungen K1 bis K8 trugen. K1 war der Richtkanonier, der auf dem hinter der Zieleinrichtung angebrachten Sitz saß und feuerte. K2 führte die schweren Munitionsmagazine in die Verschlusshalterung ein. K3 beobachtete mit dem Zielfernglas Entfernung, Höhe und Flugrichtung.

Karl-Heinz und ich waren abwechselnd K2 und K3. Ein gewisser Wolfgang Gardeweg, ein großer, starker Kumpel aus unserer Schulklasse, war der K1. Als Box-Jugendmeister im Halbschwergewicht genoss er besonderen Respekt. Zwischen uns herrschte eine ständige Rivalität wegen unserer verschiedenen Sportarten. Jeder behauptete, mit seiner Kunst der Selbstverteidigung dem anderen überlegen zu sein.

»Wenn ich euch eine gerade Rechte in die Visage haue, habt ihr mit eurem Judo keine Chance, ihr kippt um wie leere Säcke!«, prahlte Wolfgang.

Es war abzusehen, dass irgendwann die Stunde der Wahrheit kommen würde. Und sie kam.

Seit Langem planten Karl-Heinz und ich einen gemeinsamen Urlaub. Seine ältere Schwester Lis hatte uns nach Glücksburg eingeladen, in die Villa neben der Spirituosenfabrik. Ihr Mann war Offizier im Generalstab irgendwo in Frankreich. Für Karl-Heinz und mich war das die Aussicht auf vierzehn Tage im Schlaraffenland. Die Schwierigkeit war, dass wir auf verschiedenen Urlaubslisten standen. Und es gab nur eine Lösungsmöglichkeit: mit einem Kumpel zu tauschen. Der Einzige, der hierfür in Betracht kam, war der K1, Wolfgang Gardeweg.

»Ihr spinnt wohl? Da könnt ihr lange warten. Dat kommt überhaupt nich in de Tüte!«

»Warum denn nicht?«

»Weil ich nit will!«

»Wat willste dafür haben?«

»Nix, lasst mich in Ruh, verpisst euch!«

Da hatte Karl-Heinz eine perverse Idee: »Wenn de mit mir tauschst, darfste mir eine grade Rechte verpassen!«

Wolfgang grinste. Das war eine wirkliche Verlockung, unseren Streit mit einem »schlagenden Beweis« aus der Welt zu schaffen. Er überlegte.

»Also jut. Dat mache mer so! Du stellst dich hin, ich scheuer dir eine vors Kinn. Wenn de stehen bleibst, tausch ich mit dir!«

»Und wenn nich?«

»Bleibt et, wie et is!«

»Einverstanden!«, sagte Karl-Heinz. Ich war entsetzt.

»Das kannst du nicht machen, der haut dich glatt um!«

»Dat wollen wir erst mal sehen, oder?«

Ich sah unseren gemeinsamen Urlaub in weite Ferne entschwinden. Die Barackenbesatzung aber sah dem Ereignis mit Begeisterung entgegen. Die einen wetteten auf den Boxer, die anderen hofften auf Judo und die Zähigkeit von Karl-Heinz. Einzige Schwierigkeit: Wie konnte der Wettbewerb durchgeführt

72

werden, ohne dass der UvD Wind davon bekam? Der ungleiche Kampf sollte also nach dem Zapfenstreich stattfinden, bei Kerzenschein.

Wir warteten sicherheitshalber zehn Minuten, dann setzte hektische Aktivität ein. Hindenburglichter wurden angezündet, Schemel verrückt, Tische beiseite geschoben.

»Also los!«, sagte der Boxer grinsend. Er wollte die Sache so schnell wie möglich hinter sich bringen, seinen Ruf als K.-o.-Schläger festigen. Karl-Heinz stand im dreiviertellangen Nachthemd in der Mitte der Baracke.

»Stell dich lieber an die Wand, dann fällste nich so hart auf die Fresse!«, meinte der Boxer voller Mitgefühl. Karl-Heinz war ruhig, gefasst, wenn auch blass um die Nase. Die Kontrahenten einigten sich auf die Ecke, in der die dreistöckigen Betten aneinanderstießen.

»Lass deine Wichsgriffel unten, festhalten gilt nicht!«

»Arschloch!«, sagte Karl-Heinz laut und deutlich. »Mach schon, du kriegst mich doch nit klein!«

Er streckte provozierend sein Kinn vor, atmete tief durch und wartete mit geschlossenen Augen auf den Schlag. Der Boxer nahm Maß, boxte ein paarmal zischend durch die Luft, dann ging er in Stellung. Atemlose Stille. Schließlich kam ein kurzer, trockener Schlag aus der Schulter heraus, präzise auf das Kinn von Karl-Heinz. Es klang ein bisschen, wie wenn man eine leere Streichholzschachtel zerdrückt. Karl-Heinz' Augen waren jetzt weit aufgerissen, glasig starrten sie ins Leere. Sein Kopf war beim Volltreffer nach hinten an die Bettkante gekracht, die Arme hatte er in einer Reflexbewegung angewinkelt. Er wackelte, aber er stand. Hielt sich nicht fest, schüttelte sich in den Schultern und schnaufte wie ein Walross.

»Bleib stehen! Mensch, bleib stehen!«, brüllte die ganze Baracke.

Logisch gehörten dem Geschlagenen alle Sympathien. Der Boxer starrte ungläubig auf sein Opfer, immer noch hoffend, dass es umkippen würde. Dann kam seine moralische Vernichtung.

»War das alles?«, fragte Karl-Heinz und setzte noch eins drauf: »Ziemlich schwach!«

Da gab's kein Halten mehr. Ganz egal, ob der UvD etwas hörte oder nicht, alle sprangen aus den Betten, umringten den neuen Helden, gratulierten ihm. Der entthronte Boxer kletterte still auf seinen Strohsack und drehte sich zur Wand.

Der Zug für Fronturlauber zockelte nach Norden, Richtung dänische Grenze. Die Abteile waren zum Bersten voll mit Soldaten aller Waffengattungen. An ihren Uniformen prangten Eiserne Kreuze Erster und Zweiter Klasse, Nahkampfspangen, Panzervernichtungs- und Verwundetenabzeichen in Schwarz, Silber und Gold. »Frontschweine«, die vier Jahre Krieg hinter sich hatten und wer weiß wie viele noch vor sich.

Karl-Heinz und mir gegenüber saßen ein paar Infanteristen aus Schwaben. Sie waren auf dem Weg zurück an die Ostfront und wollten wissen, was wir waren und woher wir kamen. Als sie die Antwort hörten, schüttelten sie die Köpfe.

»Wie alt seid ihr?«

»Sechzehn!«

Ein hochdekorierter Unteroffizier betrachtete mein Ordensband.

»Was ist das? Und was ist das für 'ne Uniform?«

»Wir sind Luftwaffenhelfer, und das ist das Kriegsverdienstkreuz Zweiter Klasse, mit Schwertern.«

»Wofür?«

Ich erklärte es und fühlte mich unbehaglich.

»Jetzt brauchen sie schon Kinder, um die Heimat zu verteidigen! Und wir liegen da draußen in der Scheiße. Wozu verrecken wir eigentlich beim Iwan, wenn wir das zu Hause genauso können?« Er war höchstens vier Jahre älter als wir. Wenn ein NSFO, ein Nationalsozialistischer Führungsoffizier, in der Nähe gewesen wäre, wäre der Unteroffizier wegen dieser Worte mit Sicherheit von einer deutschen Kugel gestorben.

In Glücksburg bei Karl-Heinz' Schwester Lis fühlten wir uns wie im siebten Himmel, sie verwöhnte uns nach Strich und Faden. Ein paar glückliche Tage lang waren wir weit weg von nächtlichen Alarmen, weit weg vom Sadisten Hippler, weit weg vom Geschützgebell, weit weg vom sinnlosen Schulunterricht. Es gab Köstlichkeiten zu essen, die wir lange vermisst oder noch nie gesehen hatten. Wir genossen die Tage und die Nächte nach dem Motto: Wer weiß, ob die Sonne morgen für uns auch noch lacht ...? Täglich bedrückte uns die Aussicht auf den unausweichlichen Abschied mehr, doch der Traum war irgendwann zu Ende. Lis winkte zum Abschied und wurde auf dem Bahnsteig immer kleiner, bis sie schließlich unserem Blick entschwand.

Der Urlauberzug war voll mit verwilderten Soldaten von verschiedenen Frontabschnitten. Sie kamen aus Norwegen, aus Polen, aus Russland. Viele waren voll wie die Strandhaubitzen, denn zum Heimaturlaub bekam jeder ein sogenanntes Führerpaket mit Köstlichkeiten für die hungernden Angehörigen in der Heimat. Und Schnaps. Diese Züge waren berüchtigt, weil es unter den betrunkenen Soldaten ständig zu Prügeleien und Messerstechereien kam. Panzergrenadiere gegen Fallschirmjäger, Infanteristen gegen U-Boot-Fahrer.

Karl-Heinz und ich hockten irgendwo im Gang auf unseren Rucksäcken mit aufgeschnalltem Stahlhelm, Gasmaske und Brotbeutel und hörten zu, was die Frontschweine von Stalinorgeln, Panzerangriffen und Nahkämpfen Mann gegen Mann erzählten. Alles Helden, die froh waren, für kurze Zeit der Todesgefahr entronnen zu sein.

Plötzlich machte der Zug eine Vollbremsung, alles wirbelte durcheinander. Gewehre, Tornister, Gasmasken, Stahlhelme, Flaschen, Soldaten. Draußen krachte und blitzte es. Tieffliegerangriff! Durch den gewaltigen Ruck flog ich durch den Gang in ein schmales Fenster neben der Ziehharmonika zum nächsten Waggon. Ich spürte einen stechenden Schmerz im Rücken.

»Mann, bleib stehen, du hast 'nen Dolch im Kreuz!«, sagte einer neben mir. »Aus Glas!« Ich spürte, wie etwas Warmes mir den Rücken runterlief.

»Zieh das Ding raus«, bat ich.

»Halt still!«

In der Hand hielt er einen zwanzig Zentimeter langen, dreckigen Glassplitter, scharf wie ein Rasiermesser.

Von Karl-Heinz keine Spur. Den musste es woandershin katapultiert haben. Von draußen bellten Befehle. Feldgendarmen, wegen ihrer Brustschilde, die sie an einer Kette um den Hals trugen, »Kettenhunde« genannt und mit besonderen Vollmachten ausgestattet, liefen am Zug entlang. Wahrscheinlich um zu verhindern, dass irgendwelche Übermütigen den Angriff zur Flucht nutzten. Endlich kam Karl-Heinz.

»Was ist los?«

»Ich hab 'nen Dolch im Kreuz.«

»Du spinnst!«

Langsam setzte sich der Zug wieder in Bewegung, Richtung Hamburg. Aus allen Ecken suchten wir unser Zeug zusammen. Karl-Heinz wollte das mit dem Dolch genauer wissen und entdeckte eine ziemlich tiefe Schnittwunde neben der Wirbelsäule.

»Scheiße, wir müssen in Hamburg raus, du musst zum Arzt, du blutest wie ein Schwein!« Er gab mir die Flasche Rum, die ihm Lis eingepackt hatte.

»Nimm 'nen Schluck, dat tut jut. Noch einen!«

Der Feldwebel in der Bahnhofswache musterte erst mich von oben bis unten, dann Karl-Heinz.

»Aha«, grinste er hinterhältig, »Messerstecherei im Dänemarkurlaub, kennen wir!«

»Nein, Herr Feldwebel, Glassplitter vom Tieffliegerangriff!«

»Hauchen Sie mich mal an, Mann!«

Er roch den Rum.

»Na, sag ich doch! Gesoffen habt ihr Säcke, wie immer. Das gibt Knast, Mann! Ihr Soldbuch!«

»Ich hab keins.«

»Was …?« Seine Stimme überschlug sich fast und bekam einen gefährlichen Unterton. »Kein Soldbuch? Wo ist Ihre Einheit?«

Karl-Heinz schaltete sich ein.

»Bitte Herrn Feldwebel melden zu dürfen, wir sind Luftwaffenhelfer. Mein Kumpel braucht einen Arzt, er hat einen Glassplitter im Rücken!«

Der Blick des Feldwebels streifte das Ordensband an meiner Uniformbluse. Er schien verunsichert. »Ausweise? Urlaubsschein?«

Wir gaben sie ihm.

»Die behalte ich hier! Meldet euch unten in der Sanistation. Wenn Sie verarztet sind, melden Sie sich wieder bei mir in der Bahnhofswache, verstanden?«

Der diensthabende Sanitätsoffizier im Rang eines Stabsarztes sah sich die Wunde an. »Messerstich?«

»Glassplitter, Herr Stabsarzt!«

Er sah mich durchdringend an, dann griff er nach einem Instrument in einer Schale. »Na, dann wollen wir mal sehen!«

Mit einer langen Sonde fuhr er in die Wunde. Er spürte einen Widerstand, ich einen stechenden Schmerz.

»Da ist ja doch was drin!«

»Ein Stück abgebrochenes Glas vom Zug, Herr Stabsarzt!«

»Langsam glaube ich Ihnen die Geschichte.«

Karl-Heinz beobachtete den Vorgang interessiert. Plötzlich juckte ihn offenbar das Fell: »Dürfen wir Herrn Stabsarzt etwas zu trinken anbieten?«

Er hielt ihm die Flasche Rum entgegen. Das war ungeheuer. So was stand in keiner Dienstvorschrift. Wir hatten Glück.

»Luftwaffenhelfer sind Sie? Aha, und wo kommen Sie her?«

Wir erzählten es. Dabei nahm er ein Reagenzglas und füllte sich etwas vom Rum ab.

»Ich kann Sie hier nicht behandeln, Sie müssen ins Lazarett, der Splitter muss operativ entfernt werden. Schaffen Sie's bis Düsseldorf?«

»Jawohl, Herr Stabsarzt!«

»Ich versorge die Wunde und tamponiere sie. In Düsseldorf melden Sie sich sofort im Lazarett, Einweisungsschein gebe ich Ihnen mit!«

Der Feldwebel auf der Bahnhofswache gab uns die Papiere zurück. Er war fast freundlich. »Hab mich erkundigt. Das mit dem Angriff stimmt. Schwein gehabt!«

Wie ich mit einem Splitter im Kreuz und einer Operation vor mir »Schwein« gehabt haben sollte, war mir allerdings nicht klar. Nach zwei Wochen zusätzlichem Krankenurlaub meldete ich mich ohne Glassplitter zum Dienst in der Stellung zurück.

Zu Ehren des Genesenen war in unserer Baracke ein beliebtes Spiel angesetzt, dessen Schilderung mir etwas peinlich ist, das aber zeigt, wie weit unter gegebenen Umständen Moral, Sitte und Geschmack auf den Hund kommen können.

Schon der Name »Leuchtfurzspiel« verspricht nichts Gutes. Das Spiel funktionierte nur, wenn die Verpflegungsholer einmal in der Woche mit frischem Kommissbrot kamen. Nach dem Zapfenstreich achtete jeder in der Baracke auf sein durch das frische Brot erzeugtes, heftiges Innenleben. Um möglichst schnell reagieren zu können, wurden zum »Leuchtfurzspiel« weder Turn- noch Unterhosen getragen. Das Spiel hing von Schnelligkeit und Konzentration ab. Sobald ein Kandidat den nötigen Druck verspürte, stieg er auf den in der Mitte aufgestellten Tisch und nahm die »Hundestellung« ein.

»Licht aus!«

Dicht hinter dem Mann auf dem Tisch stand ein Kumpel seines Vertrauens. Der hielt zündbereit ein Streichholz in der Hand. In völliger Dunkelheit und gespannter Stille lief das Timing, alle warteten auf das Kommando: »Achtung! Feuer!« Dann entzündete der Vertrauensmann das Streichholz und hielt es so nah wie erträglich an den entblößten Hintern. Stimmte das Timing, war der sichtbare Erfolg des Experiments eine bläuliche Stichflamme, die mit donnerndem Applaus begrüßt wurde. Um diesem anrüchigen Spiel einen gewissen Wettbewerbscharakter zu verleihen, wurde der Sieger durch Akklamation gekürt. Kriterien waren Helligkeit und Länge der Flamme.

Keiner wird den Abend vergessen, an dem das Spiel einen völlig unerwarteten Verlauf nahm. Der Mann auf dem Tisch hatte zu früh das Kommando »Achtung! Feuer!« gegeben. Sein Vertrauensmann wartete mit dem entzündeten Streichholz vergeblich vor der Mündung. Um den Schuss nicht zu verpassen, kam er der Mündung zu nahe, und die in dieser Körpergegend von der Natur vorgesehenen Haare fingen Feuer.

»Pass doch auf, du Arschloch!«, brüllte der in Brand Gesetzte und sprang mit einem gewaltigen Satz vom Tisch. Mit hochgeschürztem Nachthemd rannte er mit brennenden Sackhaaren durch die Bude. Seine Rettung fand er in einer vorschriftswidrig nicht entleerten Waschschüssel, in der er längere Zeit fluchend sitzen blieb.

Wenn ich von meinem Vater etwas geerbt habe, dann einen manchmal gefährlichen Hang zum Jähzorn. Der bricht bei Willkür durch Obrigkeit, bei Dummheit und vor allem bei Ungerechtigkeiten aus, gleich ob sie mir zugefügt werden oder einem Menschen, für den ich mich irgendwie verantwortlich fühle.

Im Sommer des Jahres 1943 brachte dieser Jähzorn mich und meinen Vater in eine gefährliche Situation.

Die silberne Hochzeit meiner Eltern stand an. Vater hatte die Idee, meine beiden Brüder in ein vor Luftangriffen sicheres Landschulheim und den Rest der bombengestressten Familie nach Heilbronn am Neckar zu verfrachten. Als Zwischenstation auf dem mühsamen Weg dorthin in überfüllten Zügen war ein mehrtägiger Besuch in Heidelberg geplant. Ich hatte zwei Wochen Urlaub mit Zivilerlaubnis, ein besonderes Privileg.

Die erste Nacht im Hotel Roter Hahn bescherte uns einen seit langer Zeit nicht mehr erlebten, durch keinen Fliegeralarm gestörten Schlaf. Der Morgenspaziergang durch unzerstörte

Straßen, am Ufer des Neckars entlang zur alten Karl-Theodor-Brücke und an der Stadthalle vorbei zurück ins Hotel war angefüllt mit Erinnerungen an unsere Heidelberger Zeit.

Beinahe zum Unglück für die ganze Familie wurde eine verhängnisvolle Entdeckung meines Vaters. An einer Litfaßsäule klebte ein überdimensionales Plakat mit dem Bildnis eines besonders beliebten Zeitgenossen, des Reichsministers für Volksaufklärung und Propaganda, Dr. Joseph Goebbels. In großen Lettern stand zu lesen, dass dieser rheinische Gewaltkomiker am nächsten Tag in der Heidelberger Stadthalle zum »verbrecherischen Bombenkrieg« im Westen des Reiches sprechen wolle. Die Bevölkerung wurde zur Teilnahme an dieser Kundgebung aufgefordert. Eintritt frei!

Der Teufel muss Vater geritten haben. Er beschloss an Ort und Stelle, dass die Familie an dieser Kundgebung teilnehmen werde. Mutter versuchte zaghaft, ihn davon abzubringen. Vergeblich.

»Ich will wissen, was der den Leuten hier erzählt!«

Der Unterton in Vaters Stimme war alles andere als nationalsozialistisch.

Am nächsten Tag machten wir uns befehlsgemäß auf den Weg zur Stadthalle. An den eisernen Absperrgittern herrschte heftiges Gedränge. Wie die Schafe zum Scheren drängten die Massen in Richtung der Eingänge. Dort war plötzlich Ende der Fahnenstange. Kontrolleure in Zivil verlangten irgendeine Art von Eintrittskarte oder Einladung. Vater merkte das früh genug und zog mich zur Seite, bevor wir im Laufgang eingepfercht wurden. Mutter aber war leider schon drin. Sie kam gegen den Strom nicht mehr an und landete vor zwei streng dreinschauenden Zivilisten, die ihr den Zutritt verweigerten. Zurück konnte sie nicht. Was tun? Vater und ich beobachteten den Vorgang. Mit aufkommendem Jähzorn sah ich, wie Mutter in Panik geriet. Die Kontrolleure in Zivil wurden immer unangenehmer und schubsten Mutter in der Gegend herum. Da passierte es. Mit einem Satz war ich über die Absperrung und bahnte mir mit Gewalt einen Weg zu meiner weinenden Mutter.

»Mutti, komm raus!«, rief ich. »Wir wollen mit dem Scheißverein hier sowieso nichts zu tun haben!«

Um mich herum war es plötzlich still. Einer der Zivilisten griff nach mir. Da schlug ich zu, mit einem oft geübten Handkantenschlag gegen die Halsschlagader des Angreifers, der tödlich sein kann. Wozu hatte ich den schwarzen Meistergürtel im Judo? Der Kerl ging zu Boden. Der zweite Zivilist griff ein.

»Sie sind verhaftet wegen Angriffs auf einen Staatsbeamten!«

Inzwischen hatte sich auch Vater zu uns durchgeboxt.

»Lassen Sie gefälligst meine Familie in Ruhe!«, brüllte er. »Und benehmen Sie sich wie Menschen, und nicht wie wilde Hunde!«

Der Erste kam vom Boden hoch, zückte einen Ausweis.

»Geheime Staatspolizei, Sie sind beide verhaftet. Die Frau kann gehen!«

Die Umstehenden, die das Geschehen mit Interesse verfolgten, machten Mutter Platz. Vater und ich wurden abgeführt und landeten im Keller der Stadthalle.

»Drehen Sie sich zur Wand, Hände auf den Rücken!«

Klare Befehle von SS-Leuten in Uniform. Was nun geschehen sollte, wusste keiner so recht. Endlich erschien einer, vor dem die anderen die Hacken zusammenknallten und Meldung machten.

»Ah ja!«, sagte der nur zu mir, und nach einer längeren Pause: »Sie haben also einen meiner Leute zusammengeschlagen und die NSDAP als ›Scheißverein‹ bezeichnet?«

Der Mann kämpfte offenbar mit unterschiedlichen Gefühlen. Dass ein Siebzehnjähriger einen seiner Leute außer Gefecht gesetzt hatte, schien ihm irgendwie zu imponieren. Andererseits war ihm klar, dass eine verbale Diffamierung der Partei den Tatbestand staatsfeindlicher Äußerungen in der Öffentlichkeit erfüllte. Das bedeutete damals leicht Konzentrationslager. Nach einem warnenden Blick in meine Richtung ergriff Vater die Initiative, nannte einflussreiche Namen, erklärte seinen frühen Eintritt in die Partei und prahlte schließlich auch noch mit meinem vom Führer und Reichskanzler verliehenen Orden. Es zeigte Wirkung. Wir kamen noch einmal ungeschoren davon.

Ein paar Tage später fand in Heilbronn mit Onkel Paul, Tante Paula und den Cousinen Anni und Maria die silberne Hochzeit mit Sonderzuteilungen von Lebensmittelmarken und Wein aus den umliegenden Weinbergen statt. Ein Jahr danach wurde Heilbronn zerstört. Das Haus in der Wollhausstraße wurde von einem Volltreffer pulverisiert. Onkel Paul machte Überstunden im Finanzamt und überlebte. Von Tante Paula, Anni und Maria fand man bei den Aufräumungsarbeiten ein paar Kleiderreste, sonst nichts.

Der Druck nahm zu. »Deutschland braucht jeden Mann!«, erklärten NS-Führungsoffiziere bei Schulungsabenden, wobei der Begriff »Mann« immer dehnbarer wurde. Militärisch gesehen war ein Mann zwischen achtzehn und vierzig Jahre alt. Inzwischen begann die Verwertbarkeit von »Menschenmaterial« aber schon bei fünfzehn und endete bei sichtbarem Eintreten von Senilität.

Auf diesen Schulungsabenden wurden Meldeformulare verteilt für den freiwilligen Eintritt in Hitlers Elitetruppe »Waffen-SS«. Man ließ den Umworbenen eigentlich nur zwei Möglichkeiten: nachgeben und unterschreiben oder die Flucht nach vorne antreten. Ich entschied mich für Letzteres als kleineres Übel.

»Ich melde mich freiwillig als Reserve-Offiziersbewerber bei den Fallschirmjägern!«, erklärte ich Karl-Heinz. Der zweifelte an meinem Verstand.

»Da hängste in der Luft, und se schießen dich ab wie 'ne lahme Ente! Nee, da geh ich lieber zu de Panzer, da haste wat um dich rum!«

»Da kriegste 'nen Volltreffer und wirst gegrillt wie 'ne Ölsardine!«

Karl-Heinz' Argument war zwar irgendwie logischer, aber

was war in diesem Krieg schon logisch? Erst ein Jahr nach Kriegsende sahen wir uns endlich wieder. Er war schwer verwundet, ich war fast ungeschoren davongekommen.

Die Folge der freiwilligen Verpflichtung bei den Fallschirmjägern war die Einberufung zu drei Monaten Reichsarbeitsdienst, um den keiner herumkam. Idiotisches Exerzieren statt mit Karabiner 96 mit dem Spaten. Danach folgte das Schaufeln gewaltiger Mengen von schleswig-holsteinischem Sand für den Bau eines Feldflughafens in der Nähe von Jagel.

Das Positive am Reichsarbeitsdienst war für mich die Begegnung mit Manfred Droste, dem Sohn einer Düsseldorfer Verlegerfamilie. Natürlich war der Droste-Verlag, in dem später die *Rheinische Post* erschien, meinem Vater bestens bekannt. Das Unternehmen sollte nach dem Krieg von besonderer Bedeutung für mich werden.

Jetzt saß ich jede der wenigen freien Minuten, die wir hatten, mit Manfred zusammen und bewunderte seine Fähigkeit, einer Ziehharmonika wohlklingende Töne zu entlocken. Mit ungewöhnlich schrägen Akkorden machte er mich mit der Welt des im Nationalsozialismus verpönten, teilweise verbotenen Jazz bekannt. Diese Liebe hält bis heute unvermindert an. Unvergesslich aber ist mir auch ein langer Abend in der Gemeinschaftsbaracke vor dem Volksempfänger. Manfred und ich waren die Einzigen, die sich für die Übertragung eines Konzerts der Berliner Philharmoniker unter Wilhelm Furtwängler interessierten. Wir hörten die 8. Sinfonie von Anton Bruckner und waren tief beeindruckt. Sonst war an Kultur in dieser Zeit wenig geboten.

Mit meiner Meldung als freiwilliger Reserve-Offiziersbewerber landete ich im Fallschirmjäger-Ausbildungsregiment in Wittstock an der Dosse, rund sechzig Kilometer nördlich von Berlin. Der Ausbilder stand breitbeinig vor der Ausbildungskompanie. Goldenes Verwundetenabzeichen, EK1, silberne Nahkampfspange, Fistelstimme.

»Bevor ihr irgendwas denkt oder gar lacht, zeig ich euch, warum meine Stimme so hoch ist!« Er öffnete das Koppelschloss, zog mit einem Ruck Hose und Unterhose auf Kniehöhe herunter und stand entblößt vor uns. Wo die Natur den Stolz des Mannes vorgesehen hat, war nichts mehr.

»Kreta, am Schirm, hundert Meter hoch, zwei Zentimeter Leuchtspur, Zielschießen. Findet irgendwer das vielleicht komisch?«

Die Kompanie stand wie versteinert da. Nein, den Anblick fand keiner komisch. Seelenruhig zog der Ausbilder die Hose wieder hoch, er wusste, wie man sich Respekt verschafft. Dann unterzog er uns einer näheren Prüfung. Als er mein Ordensband entdeckte, verengten sich seine Augen zu Schlitzen.

»Aha, schon einen Orden? Mal sehen, ob wir einen wirklichen Helden aus dir machen können! Oder muss ich Sie zu dir sagen?«

»Nein, Herr Unteroffizier, Sie nicht!«, brüllte ich zurück und versuchte unbefangen zu lächeln. Er grinste mich an und nickte. Irgendwie schienen wir uns zu verstehen.

Die Ausbildung war hart, aber die Fallübungen am Boden waren die gleichen wie beim Judo. Da war ich im Vorteil.

»Wo hast du das gelernt?«, wollte der Ausbilder wissen.

Ich sagte es ihm.

»Dann kannst du ja Ausbilder für Nahkampf werden!«

Ich wurde es.

Nach drei Wochen ging es in die Sprunghalle. Wir mussten von einem rund vier Meter hohen Podest auf eine Matte springen, nach vorne abrollen und stehen. Nächste Stufe: Sprungturm unter freiem Himmel, in voller Ausrüstung. Springerschnürstiefel, unten gebundene Springerhosen, Knochensack – so genannt, weil man in dieser nach unten offenen, zwischen den Beinen zugeknöpften Tarnjacke mit unendlich vielen Taschen weggetragen werden konnte, falls sich der Schirm aus irgendwelchen Gründen nicht öffnete –, und Springerstahlhelm mit zwei Riemen, die unterhalb der Ohren zusammenliefen.

Der Sprungturm war an die zehn Meter hoch, mit einer Plattform, die Platz für zwanzig Springer bot. Ein Drahtseil spannte sich von der Plattform nach unten bis drei Meter über den Boden. Dort löste eine Ausklinkvorrichtung den Haken, an dem der Springer hing. Die letzten drei Meter waren freier Fall. Der Aufprall am Boden entsprach der Fallgeschwindigkeit am Schirm, ohne Waffen ungefähr vier Meter in der Sekunde. Danach war das Gelände zu sichern. Nach Dienstschluss zogen wir uns am Geländer die Treppen hoch, grün und blau am ganzen Körper, jeder Knochen im Leib tat weh.

Endlich war es so weit, wir fieberten unserem ersten Sprung entgegen. Unsere Enttäuschung war unbeschreiblich, als wir erfuhren, dass wir nicht aus der berühmten Ju 52, sondern aus einer dafür umgebauten, alten italienischen Caproni, einem ehemaligen Bomber, abspringen würden, und auch nicht aus einer offenen Luke an der Seite wie bei der Ju 52, sondern aus dem Bombenschacht. Auf dem saßen wir nun aufgereiht, die Haken der Reißleinen am Drahtseil über uns eingeklinkt, und warteten, vor Aufregung und Angst zitternd, darauf, dass sich der Bombenschacht endlich über dem Absprunggebiet öffnete. Wie Fallobst purzelten wir aus dem Flugzeug, bis uns der heftige Ruck des sich öffnenden Schirmes aus der angstvollen Starre des freien Falles erlöste. Der Rest war Schweben, und niemand schoss auf uns. Die Landung war hart, Rolle vorwärts, wie gelernt, Lösen vom Schirm, Deckung suchen. Es gab ein paar verstauchte Füße, aber keine ernsthaften Verletzungen. Wir waren Helden, befreit von der Angst vor dem ersten Sprung. Und keiner kann mir erzählen, er habe keine gehabt.

Der zweite Sprung war aus einem Fesselballon. Flugzeuge waren knapp, Sprit noch knapper. Ein blödes Gefühl, ins Leere zu fallen, aus nur knapp hundert Metern Höhe. Kein Luftwiderstand durch die Fluggeschwindigkeit. Beim Fallen kam die Erde verdammt schnell auf einen zu.

Es folgte die Vorbereitung auf den ersten Einsatzsprung an

der Front. Neuerdings sprangen wir nur noch aus achtzig Metern Höhe, um dem Feind weniger Zeit zum Zielschießen auf den wehrlosen Mann am Schirm zu lassen.

Der krönende Abschluss unserer Ausbildung war der Einsatzsprung aus der Ju 52. Die Angst wie beim ersten Sprung war weg, das Gefühl, am Schirm zu hängen und auf die Erde zuzuschweben, war fast berauschend. Keiner dachte daran, wie es sein würde, als Zielscheibe für den Feind in der Luft zu hängen.

Dann ging es zum Fallschirmjäger-Regiment in der Garnison Halberstadt. Wir lernten Nahkampf Mann gegen Mann und Panzernahkampf. Ab jetzt waren wir Fallschirmjäger ohne Fallschirm, Luftlandeeinheiten ohne Flugzeuge, will heißen, Spezialeinheit am Boden, Infanterie für Himmelfahrtskommandos.

Der erste, sicherlich grausamste Einsatz für uns alle kam in Halberstadt selbst. Von der Anhöhe des Kasernengeländes aus sahen wir sie kommen: an die hundert oder mehr viermotorige Bomber, vornehmlich Boeing B-17 Flying Fortress. Wie silberne Vögel kamen sie in Formation direkt auf die Stadt zu. Es gab kaum Flugabwehr, nur ein paar vereinzelte Wölkchen von explodierenden Flakgranaten waren zu erkennen. Das Dröhnen der Motoren schwoll zum singenden Orgelton. Wir sahen die Bomben aus den Bäuchen der Maschinen herausquellen, ein dichter Teppich am Anfang. Im Fallen zog er sich zu einer grauen Schliere auseinander, die Tod und Verderben auf Halberstadt herabregnete. Zum zweiten Mal erlebte ich, wie eine Stadt explodierte, diesmal am helllichten Tag.

Wenig später standen wir verstört vor einem rauchenden Trümmerhaufen. Alle verfügbaren Einheiten der Garnison waren im Einsatz, um zu helfen. Doch da, wo wir jetzt waren, gab's nichts mehr zu helfen. Der provisorische Schutzbunker war unter einem Volltreffer zerborsten. Sechshundert Menschen lagen angeblich unter den Trümmern begraben. Mit leichtem und schwerem Gerät wurde versucht, Teile der eingestürzten, eisenarmierten Betondecke zur Seite zu räumen. Wir gruben uns mit Hacken und

Schaufeln durch den Schuttberg. Zwischen und neben uns arbeiteten Gestalten in gestreiften Sträflingsanzügen. Und dann bemerkten wir Wachtposten, die, statt ebenfalls zu schaufeln und zu graben, mit Karabinern dastanden und die Gefangenen bewachten. Die da mit uns buddelten, waren offenbar KZ-Häftlinge. Sie bewegten sich wie Automaten, sprachen nicht, antworteten nicht, wenn wir sie ansprachen. Ich hörte nur, wie einer neben mir leise vor sich hin murmelte: »Die haben's hinter sich.«

Was wir fanden, waren grotesk verrenkte Leichen von Frauen und Kindern. Säuglinge mit eingedrückten Schädeln sahen aus wie kaputte Puppen. Was wir fanden, legten wir nebeneinander. Eine Strecke des Grauens. Vielen von uns wurde schlecht. Es gab Schnaps, damit wir ertrugen, was wir sahen. Wir teilten mit den Gestreiften. Am nächsten Tag kamen sie nicht mehr.

Damals begann ich an der Existenz Gottes zu zweifeln. Was war das für ein Gott, dessen Allmacht es zuließ, dass Männer, Frauen und Kinder auf beiden Seiten den Wahnsinn des Krieges mit dem Leben bezahlen mussten? Was war das für ein Gott, in dessen Namen die Waffen gesegnet wurden, mit denen man sich dann gegenseitig umbrachte?

Ein langer Güterzug, Fahrtziel unbekannt. Wir hockten in offenen Viehwaggons, damit wir schneller rauskonnten bei Tieffliegerangriffen. Wir fuhren eine Nacht, einen ganzen Tag und wieder eine Nacht. Lazarettzüge kamen uns entgegen. Auch offene Viehwaggons, in denen zu sehen war, was uns bevorstand. Am Nachmittag hielt der Zug.

»Alles aussteigen, in Marschkolonne antreten!«

Es sprach sich langsam herum, wo wir waren: östlich der Oder, in der Gegend von Greifenhagen. Wir hörten das Grummeln der Geschütze von der nahen Front. Die Stimmung in der Truppe entsprach der aktuellen Situation. Der 20. Juli war vorbei, die Attentäter gerichtet. Unser Oberster Befehlshaber lebte. Rückzug an allen Fronten. Kaum eine Stadt in der Heimat war mehr unversehrt. Gerüchte machten die Runde: Rommel tot, von Kluge tot, die Amerikaner bei Arnheim gelandet. Aachen sei bereits besetzt. Was sollte das alles noch?

Wir bezogen Stellung, ein frisch gebildetes Fallschirmjäger-regiment aus Jugendlichen neben einer schlecht ausgerüsteten Einheit von Volkssturmsenioren. Und damit sollte der erwartete Großangriff auf die Reichshauptstadt abgewehrt werden?

Mit drei Armeekorps brachen die Russen durch. Wir verteidigten nicht mehr, sondern rannten wie die Hasen. Dobberzin, Angermünde, Oderbruch. Zum Heldentum blieb keine Zeit. Mit einem Splitter in der Schulter landete ich im Lazarett Stralsund. Kein Heimatschuss, dafür war die Verwundung zu gering. Ein neuer Einsatz, der schwachsinnige Versuch, eine Sabotageeinheit auf die Beine zu stellen, die hinter den feindlichen Linien im Westen abspringen sollte, um Brücken und andere wichtige Ziele in die Luft zu sprengen.

Ein Feldflugplatz irgendwo in der Nähe von Stettin. Dort hatte sich ein wild zusammengewürfelter Haufen von Fallschirm-jägern aus verschiedenen Einheiten zusammengefunden, abgefangen auf dem Weg zurück aus dem Urlaub, aus dem Lazarett, versprengt oder Restposten aufgeriebener Fronteinheiten. Die Bedingung für einen Sondereinsatz unbekannter Art waren eine Sprungausbildung und halbwegs vorhandene Kenntnisse der englischen Sprache. Wir wurden eingekleidet mit amerikanischen Uniformen und Stahlhelmen. Keine Ahnung, woher die kamen. Es folgte eine Ausbildung an amerikanischen Sturmgewehren und Handfeuerwaffen, vornehmlich Pistolen von Smith & Wesson, sowie der Unterricht im Gebrauch von amerikanischen Zigaretten und Kaugummis. Wir erhielten amerikanische Erkennungs-marken und Decknamen. Ich hieß plötzlich Jack Connolly und war Mitglied einer absurden »Partisaneneinheit«. Wir fühlten uns großartig, hatten plötzlich genug zu essen, Beute aus den Beständen der amerikanischen Armee: Corned Beef, Cookies, Teabags aus kleinen Paketen. *24 Hour Rations* hießen diese Wundertüten.

Es dauerte nicht lange, bis das Sabotagekommando selbst sabotiert wurde. Der Haufen unfreiwilliger Abenteurer wurde aufgelöst. Alles schien in Auflösung begriffen: Angriff der Russen auf Berlin, die Ardennenoffensive gescheitert, meine Einheit verschollen. Ungeordneter Rückzug auf Schwerin. Vereinzelte Schießereien. Seit Tagen auf der Flucht, ohne Verpflegung. Gerüchte gingen um in dem desolaten Haufen: Hitler tot, Berlin gefallen, Admiral Dönitz Nachfolger und neuer Oberbefehlshaber. Stumpfsinnig, kaputt, mit Hunger bis unter die Arme torkelten wir durch die Gegend. Vor uns wildes Geschrei, ein paar Schüsse, Rasseln von Panzerketten. Landser schmissen die Waffen weg, hoben die Arme, wir auch. Vor uns ein T-34 mit rotem Stern am Turm. In der offenen Luke erschien ein Mann mit Lederhaube, die Maschinenpistole im Anschlag. Es war der 2. Mai 1945. Ich war achtzehn Jahre alt. Der Zweite Weltkrieg war zu Ende.

Was mir blieb, war der Vorname Jacky. Daraus wurde später an einem feuchtfröhlichen Abend durch einen Versprecher einer Freundin der Name »Blacky«. Sie wollte eigentlich sagen: »Jacky, bleib doch noch!« Ihre schwere Zunge machte daraus aber »Blacky, jeib doch noch!«. Die Düsseldorfer Freunde übernahmen den neuen Namen mit Vergnügen.

ZWISCHEN GESTERN UND MORGEN

Was nach dem Ende des Krieges geschah, vollzog sich wie hinter einem Schleier. Vollkommene Leere. Alles war zu Ende. Das »Tausendjährige Reich« hatte nach zwölf Jahren den Geist aufgegeben. Das war das Einzige, was wir begriffen. Wir saßen auf der blanken Erde und hatten brüllenden Hunger. Die letzten Tage waren wir vor den Russen hergerannt, nur ein Ziel vor Augen: die amerikanischen Linien. Jetzt war alles aus, die Russen hatten uns doch noch erwischt. Was würde mit uns werden? Zwangsarbeit in Sibirien? Vielleicht würden wir auch gleich erschossen? Die Russen gaben uns etwas zu essen, ein halbes Brot für jeden und ein bisschen Butter. Damit sperrten sie uns im Keller unter einem kleinen Siedlungshäuschen ein, fast eine Woche lang. Die Zustände waren entsprechend. Wir waren zwar gewohnt, in der Scheiße zu liegen, aber nicht in unserer eigenen.

Irgendwann hörten wir von draußen Musik und Geschrei. Dann wurde die Kellertür geöffnet.

»Dawai, dawai!«

Mit Kalaschnikows trieben sie uns nach oben. Die Helligkeit brannte in den Augen. Zunächst sahen wir nichts, dann erkannten wir zwei Reihen Panzer, die sich ausgerichtet gegenüberstanden. Die einen hatten einen roten Stern am Turm, die anderen einen weißen. Offiziere redeten miteinander. Kommandos wurden gebrüllt. Wir verstanden nichts. Erst später wurde klar, dass das vielleicht der glücklichste Augenblick in unserem Leben war. Wir wurden ausgetauscht. Nach welchen Überlegungen, habe ich mir später zusammengereimt: Die russische Eisenbahn hatte eine andere Spurbreite als das deutsche Schienennetz. Die Russen hatten daher Probleme, Nachschub für ihre Besatzungstruppen heranzuschaffen. Als Luftwaffenangehörige waren wir unbrauchbar für Pionierarbeiten, also tauschten sie uns aus gegen Pioniereinheiten. Wir wurden Richtung Westen in Marsch gesetzt, uns entgegen kamen zerlumpte Kolonnen, die nach Osten stolperten. Wohin? Sibirien? Zwangsarbeit? Jahrelange Gefangenschaft, die viele, vielleicht die meisten, nicht überleben würden?

Gerüchte machten die Runde. Es hieß, wir kämen nach Amerika, als billige Arbeitskräfte. Zunächst landeten wir in einem amerikanischen Kriegsgefangenenlager auf einem Kartoffelacker in der Nähe von Gadebusch, lagen dort einfach im Dreck. Die Zeit stand still. Zu essen gab es nichts. Wir kratzten die letzten verschrumpelten Kartoffeln aus der Erde und vertilgten sie roh. Die Läuse vertilgten uns. Tagsüber, es war immer noch Mai, rissen wir uns die Kleider vom Leib und zerquetschten die kleinen weißen Blutsauger zwischen den Nähten der Uniform.

Langsam setzte sich eine gewisse Ordnung durch, und man konnte erkennen, wer aus der hoffnungslosen Lage etwas zu machen versuchte und wer sich widerstandslos ergab. Viele legten sich hin und gaben den Löffel ab, starben wie die Fliegen, wurden von Arbeitskommandos aus dem Lager geschafft und irgendwo verbuddelt. Nach und nach organisierten die Amerikaner Nahrungsmittel, setzten die Gefangenen zu Arbeiten für sich ein. Wer das Glück hatte, im Verpflegungsdepot zu landen, klaute unter Einsatz seines Lebens, was er am Körper verstecken konnte. Wenige teilten, was sie ergattert hatten, mit hungernden Kameraden. Wer noch etwas von Wert bei sich hatte, einen Ring, ein Zigarettenetui, ein Taschenmesser, tauschte es gegen ein Stück trockenes Brot, eine halb leere, von den Amis weggeworfene Dose Corned Beef, ein paar Zwiebeln.

Nach ein paar Wochen, es war vielleicht Ende Juni, wurden wir auf Lastwagen verfrachtet und landeten bei den Briten im größten Gefangenenlager, das es je gab. Hunderttausende deutsche Kriegsgefangene wurden nach Schleswig-Holstein gekarrt. Irgendwo bei Malente ging unsere Reise zu Ende. Ordnung wurde befohlen, meist von ehemaligen deutschen Offizieren, die von den Amerikanern mit beschränkter Befehlsgewalt ausgestattet worden waren. Langsam, aber sicher regten sich die Lebensgeister. Bald waren wir nicht mehr eine geschlagene, im Schlamm der Felder verdreckte Masse, langsam wurden wir wieder, was wir einmal gewesen waren: Bauern, Arbeiter, Buchhalter, Bäcker, Schüler, Bayern, Schwaben, Berliner, Rheinländer. Rund um die Uhr fanden Verhöre statt. Schwarze Schafe wurden gesucht und gefunden.

»Schmeißt die Soldbücher weg!«, hieß es. »Die können die Kampfeinsätze daraus erkennen.« Wie ein Lauffeuer verbreitete sich die Nachricht, dass die Engländer mit den ersten Entlassungen begonnen hatten, nach Besatzungszonen geordnet. Bauern würden zuerst entlassen, hieß es, dann Bergleute aus dem Kohlenpott. Und Kinder! Kinder? In unserem Waldstück war einer, der Tag und Nacht heulte. Er war zwölf, hatte an seiner Jungvolkuniform zwei aufgenähte Panzervernichtungsabzeichen. War das noch ein Kind?

Und da war eine Gruppe von Napola-Schülern, alle in Waffen-SS-Uniformen, leicht erkennbar, auch wenn die Runen am Kragen und der Adler am Ärmel abgetrennt waren. Sie waren sechzehn. Waren das noch Kinder? Was würde mit ihnen geschehen? Wir hörten, dass die Amerikaner bei den Verhören nach den tätowierten Blutgruppen-Nummern unter den Armen suchten.

Mit achtzehn war ich kein Kind mehr, also musste ich mir etwas ausdenken. Mein Soldbuch als Fallschirmjäger war vergraben, ich war beim Verhör einfacher Infanterist, Wohnort Düsseldorf. Beruf konnte ich keinen angeben, meldete mich aber als Bergarbeiter. Es klappte. Ich kam in ein Zwischenlager an der holländischen Grenze. Britische Lastwagen standen dort bereit zur Fahrt zurück in die Heimat. Als letzte Amtshandlung entlauste man uns mit DDT-Pulver und drückte uns einen Stempel auf den Handrücken.

Oktober 1945. Aus Rees an der holländischen Grenze kommend, bahnte sich die Lastwagenkolonne den Weg durch zerstörte Straßen in Düsseldorf. Menschen winkten uns zu. Der letzte Akt des Dramas spielte auf dem Hof der Lessing-Oberrealschule in der Ellerstraße. Von hier war ich als Fünfzehnjähriger ausgezogen, als Brandwache auf den Rathausturm der Stadt. Meine alte Penne war von Bomben unversehrt geblieben und diente nun als offizielle Entlassungsstelle der englischen Besatzungsmacht. An langen Tischen saßen Männer und Frauen in englischen Uniformen, füllten Formulare aus, stempelten sie und händigten sie uns wortlos aus.

»Hiermit wird Joachim Fuchsberger, geb. am 11. 3. 1927, aus der Luftwaffe und aus Kriegsgefangenschaft entlassen!«

Der Kreis hatte sich geschlossen. Ich war ein achtzehn Jahre und sieben Monate alter Überlebender und Veteran des Zweiten Weltkriegs.

Mit dem Entlassungsschein in der Tasche, entbunden vom Eid auf Adolf Hitler, begann für mich das zweite Leben. Mein erster Weg führte mich vom Schulhof nach Hause. Die kleine Biegung der Lindemannstraße an der Matthäus-Kirche verdeckte den Blick auf das Haus meiner Eltern. Ich begann zu rennen. Das Haus stand noch! Das Treppenhaus musste gebrannt haben, das Geländer war weg, die Wohnungstür verschlossen. Ich hämmerte dagegen. Schritte. Ein Schlüssel wurde gedreht, die Tür öffnete sich. Otmar, mein jüngster Bruder, erkannte mich nicht. Fast zwei Jahre waren vergangen, seit ich das letzte Mal auf Urlaub war. Damals war er acht. In einer Bombennacht zog ich ihn unter dem Sofa in der Diele hervor, wohin ihn der Luftdruck einer Mine geschleudert hatte. Jetzt war er zehn, stand wortlos vor mir und staunte mich an. Ich hatte mich seit sechs Monaten nicht mehr rasiert und wog nur noch knapp über fünfzig Kilo.

»Ich bin's, Kleiner, ich bin wieder da!«

Er flog mir an den Hals.

»Wo sind die anderen?«

»Mutti schläft!«

»Und Vater?«

Er fing an zu heulen.

»Wo ist Vater?«

»Im Gefängnis, er muss Trümmer schaufeln!«

Er zog mich in die Wohnung.

»Wilfried ist noch in Schleiz in Thüringen, beinah wäre er tot, weil das Schwimmbad in den Keller gelaufen ist!«

Ich wusste nicht, wovon er sprach, hatte ja keine Ahnung, dass Wilfried seit einem halben Jahr in einem Landverschickungsheim war. Bei einem Angriff britischer Bomber wurde das Schwimmbad getroffen. Das Wasser überschwemmte den Luftschutzkeller, viele Kinder ertranken, unter ihnen der Sohn meines Lehrers Gustav Würtemberg. Wilfried war zufällig an dem Tag mit ein paar anderen Dreizehnjährigen heimlich abgehauen, um in Schleiz dem ewigen Einerlei wenigstens einen Nachmittag lang zu entfliehen, und so dem sicheren Tod entronnen.

Mutter lag im Wohnzimmer auf der Couch. Schneeweißes Haar umrahmte ihr auch im Schlaf von Sorgen gezeichnetes Gesicht.

»Mutti, der Achim ist wieder da!«

Otmar rüttelte sie wach. Sie kam nur langsam zu sich, sah mich lange, fast ungläubig an. »Endlich bist du wieder daheim, dem Herrgott im Himmel sei Dank!«, sagte sie und fing leise an zu weinen.

Das Leben fing für die meisten bei null an. Es wurde gewerkelt und getan. Die einen begannen wieder ganz klein, die anderen gleich ganz groß. Es war die Zeit des Schuftens und Schacherns, des Tauschens und Täuschens. Die einen klopften Steine, die anderen Sprüche. Über die Runden kommen, lautete die Devise. Wer Devisen hatte, war fein heraus. Wir hatten keine. Vater war anderweitig »gebunden«, die Familie hatte Hunger. Meine Verpflichtung auf Zeche Ludwig II in Recklinghausen war das Ende des Hungers und der Anfang meiner Schwarzmarktkarriere. Für eine Doppelschicht erhielten wir eine *24 Hour Ration* von der Militärregierung. Das war ein kleines Paket mit Keksen, Tee, Zucker, Zigaretten, Klopapier, Kondomen und Kaugummi. Ich schob Doppelschichten, so viel ich konnte, und zog mit den Paketen auf den Schwarzmarkt. Einen Tag für die Selbstversorgung, einen Tag für Kompensationsgeschäfte, einen Tag für die Familie, die damit gut über die Runden kam.

Die Arbeit als Hilfshauer im Streb war schlimmer als alles, was ich an der Front erlebt hatte. »Streb« nennt man einen flach ansteigenden Stollen, kaum höher als einen halben Meter, als Wetterführung im Gewirr der Stollen in mehreren hundert Metern Tiefe. Auf dem Rücken liegend mussten wir mit einer kurzen Hacke die Kohle aus der Erde fördern. Es war heiß, die Luft war knapp. Nie im ganzen Krieg hatte ich so eine Scheißangst wie da unten, lebendig begraben unter unvorstellbaren Mengen von Erde und Gestein. Wenn der Berg »arbeitete«, die Decke des Strebs sich bewegte und ein Geräusch wie das Donnern eines fernen Gewitters losbrach, bekam ich Panik. Bis heute leide ich unter einer ausgeprägten Klaustrophobie. In engen Aufzügen bekomme ich Platzangst und Atemnot und fange an zu schnaufen wie eine alte Dampflok. Was ich aus dieser Zeit mitgenommen habe, ist eine grenzenlose Hochachtung vor dem Beruf der Bergleute vor Ort. Mit keinem noch so hohen Lohn ist ihre Arbeit zu bezahlen.

Die Befreiung aus der Tiefe des Bergwerks verdanke ich meinen unzulänglichen technischen Kenntnissen von Setzmaschinen und einem jungen englischen Captain namens Kish, ein Neffe des berühmten »rasenden Reporters« Egon Erwin Kisch. Der junge Mann saß als Presseoffizier in dem schönen Barockbau von Schloss Benrath bei Düsseldorf, der von der Zerstörung verschont geblieben war und der britischen Besatzungsmacht als Headquarter diente. Auf einer der täglichen Besprechungen fragte Captain Kish nach Wilhelm Fuchsberger, dem Vertreter von Linotype, und erhielt die Auskunft, dass der auf der Ulmer Höhe sitze, wegen seiner Nazivergangenheit.

»Ich will den Mann sprechen!«, sagte Captain Kish.

Seiner Meinung nach hatte er genug Schutt geschaufelt, Captain Kish hatte eine bessere Verwendung für ihn. Vater, dessen Arbeitsstelle in der Mergenthaler Setzmaschinen-Fabrik in Berlin nicht mehr existierte, wurde zum Beauftragten der Militärregierung für den Wiederaufbau des Zeitungswesens in Rheinland-Westfalen berufen. Ein alter Opel P4 wurde ihm als Dienstfahrzeug zugewiesen, mit Gutscheinen für Sprit an Militärtankstellen.

Die Zeit in der Zelle hatte Vater verändert. Er war sich keiner Schuld bewusst, sah sich immer als Typ des »königlichen Kaufmanns«, solide und korrekt bis in die Knochen, das Gegenteil dessen, was derzeit zum Überleben notwendig war. Er war aus der Bahn geraten, fand keinen Weg durch die Wirren der Nachkriegszeit. Seine Ideale waren über den Haufen geworfen, seine Berufslaufbahn gewaltsam beendet. Geblieben waren nur seine technischen Kenntnisse und seine Verbindungen zu den Druckereien, die er in den letzten Jahren mit Maschinen beliefert hatte. Und genau das war es, was Captain Kish brauchte. Seine Aufgabe als britischer Presseoffizier war die Auflösung der ehemaligen NS-Presse und der Aufbau eines neuen, demokratischen Zeitungswesens.

Vater hatte die Idee, eine kleine Firma zu gründen, die sich mit dem Ankauf und der Reparatur beschädigter oder total unbrauchbarer Setzmaschinen aus bombengeschädigten Druckereien beschäftigte. Dazu brauchte er einen Mitarbeiter, der sich mit der Materie ein bisschen auskannte – mich. Also veranlasste Captain Kish meine vorzeitige Entlassung aus der Bergwerksverpflichtung.

Auch Bruder Wilfried war inzwischen heimgekehrt. Unsere Familie war wieder vollzählig zusammen, es war fast ein Wunder. Aber wie sollte es weitergehen? Die Resignation des Alters und Sturm und Drang der Jugend passten nicht zusammen. Sich den Gegebenheiten anzupassen hieß, im Sinne des Gesetzes zumindest ein bisschen kriminell zu sein. Vater war durch seine Inhaftierung ängstlich geworden, die Möglichkeiten, den Lebensstandard der Familie durch Schwarzmarktgeschäfte aufzubessern, waren ihm zu gefährlich. Ich war da bedenkenloser. Eines Tages lud ich ohne Wissen meines Vaters eine reparierte Setzmaschine auf einen Lastwagen, dessen Besitzer ich versprach, ihn an dem zu erwartenden Geschäft angemessen zu beteiligen. Ich wusste, dass eine Druckerei im Raum Dortmund dringend eine Simplexmaschine suchte. Aber statt sie, wie Vater, für wertlose Reichsmark zu verkaufen, verschacherte ich sie für ein paar Zentner Koks, eine halbe Sau, einige Kilo Kaffee und zehn Stangen Senior-Service-Zigaretten. Ein Schatz, mit dem man eine Familie lange über Wasser halten konnte. Vaters Empörung war groß. Ob sie echt oder gespielt war, weiß ich bis heute nicht. Von Vertrauensbruch war die Rede und von der Schande, die ich über die Familie bringen würde. Andererseits war er nicht abgeneigt, den unerwarteten Segen im Eisschrank mit uns zu teilen.

Eine andere Möglichkeit, illegal an Lebensmittel zu kommen, hatte sich für mich durch den Erwerb des zivilen Führerscheins ergeben. Vater drückte oft ein Auge zu, wenn ich seinen mit britischer Sondergenehmigung ausgestatteten Opel P4 durch eine Spritztour »zweckentfremdete«. Dabei entdeckte ich, dass vor meiner ehemaligen Tanzstunden-Kaserne in Hubbelrath oft englische Soldaten aufgereiht am Straßenrand warteten, um eine außerplanmäßige Fahrgelegenheit nach Düsseldorf zu ergattern, zum Fahrpreis von fünf bis zehn Zigaretten pro Nase, je nach Laune und Großzügigkeit der Gäste. Bei dreien waren das bis zu dreißig Zigaretten. Drei Fahrten an einem Nachmittag brachten ein Vermögen. Aber jede barg auch das Risiko, durch eine Mili-

97

tärstreife kontrolliert zu werden. »Fraternisation« war streng verboten, meine Zigarettenfuhren wären unter den Tatbestand eines Vergehens gegen Anordnungen der Militärregierung gefallen.

Auf dem Schwarzmarkt waren die Glimmstängel höchst begehrt. Sieben Reichsmark bekam ich pro Stück, oder ich tauschte sie gegen Butter, Mehl, Salz oder was Mutter sonst so brauchte, um fünf hungrige Mäuler zu stopfen. Doch Vater erklärte eines Tages, er habe die ständige Angst satt, dass ich geschnappt und eingesperrt würde. Er beschloss, dass sein ältester Sohn doch noch eine akademische Laufbahn beginnen solle. Gemessen an meinen bisherigen schulischen Leistungen erschien mir das allerdings ein höchst fragwürdiges Unterfangen.

Professor Falck, ein reaktivierter und politisch unbelasteter Oberstudiendirektor, stand Achtung heischend vor der Sonderklasse für Kriegsteilnehmer. Diese Klassen sollten uns junge »Frontschweine« auf ein sogenanntes Notabitur vorbereiten. Der strenge Oberstudiendirektor alter Schule nahm allerdings keinerlei diplomatische Rücksicht auf unsere militärische Vergangenheit, er bestand in erster Linie auf Zucht und Ordnung. Dazu gehörte, dass ihn die Klasse vor dem Unterricht in strammer Haltung neben den Bänken stehend zu erwarten und mit einem militärisch knapp herausgebrüllten »Guten Morgen, Herr Professor!« zu begrüßen hatte. Und es gehörte auch dazu, dass der Schüler aufzuspringen und Haltung anzunehmen hatte, wenn er angesprochen wurde. Die Klasse lehnte das strikt ab. Konfliktstoff gab es also genug für jeden Tag, der morgens um 8 Uhr begann und um 13 Uhr mit einem Haufen Hausaufgaben endete. Die Katastrophe war vorprogrammiert.

»Warum stehen Sie nicht auf, wenn ich mit Ihnen spreche?«

Professor Falck stand vor meiner Bank und starrte mich herausfordernd von oben herab an.

»Weil das meiner Meinung nach zur militärischen Ausbildung gehört, nicht aber zur akademischen, Herr Professor! Erstere haben wir hinter uns!«

In mir stieg etwas hoch, das ich kannte und fürchtete: meine ausgeprägte Neigung zum Jähzorn.

»Sie wollen mich provozieren?«, bellte der Professor.

»Nein, Herr Professor, lediglich Manieren beibringen, die Sie uns gegenüber vermissen lassen!«

Falck schluckte und schnaubte: »Wenn Sie glauben, dass Ihre Orden vor Ohrfeigen schützen, täuschen Sie sich!«

Ich stand auf, betont langsam, und schaute den Professor herausfordernd an.

»Ich verbitte mir Ihren Verbrecherblick!«, schrie er.

»Herr Professor, wir sind im dritten Stock. Wenn Sie glauben, Sie kennen den kürzesten Weg auf den Schulhof, täuschen Sie sich. Der geht durchs Fenster!«

Während dieser, wie ich fand, wohlgesetzten Worte drängte ich den Professor, ohne ihn anzufassen, in Richtung Fenster.

Die Klasse verfolgte grinsend den Vorfall. Das war das Ende der Autorität des Oberstudiendirektors a. D. und das Ende meiner Schulzeit. Im Abgangszeugnis stand: »Der Schüler verlässt die Schule auf eigenen Wunsch, um in die Firma seines Vaters zurückzukehren.« So war's mit dem Direktorat vereinbart, auch wenn es nicht ganz den Tatsachen entsprach.

In angemessener Haltung stand ich vor dem Zeitungsverleger Heinrich Droste, der seit 1946 die angesehene *Rheinische Post* herausgab und druckte.

»Sie waren mit meinem Sohn zusammen im Arbeitsdienst. Ihr Vater hat mich gebeten, Ihnen in unserem Verlag eine Volontärstelle zu geben, damit Sie lernen, wie eine Zeitung gemacht wird. Wollen Sie das auch?«

»Jawohl, Herr Droste!«

»Also wird mein Betriebsleiter, Herr Sommer, Sie unter seine Fittiche nehmen. Er soll Sie zunächst mal in die Chemigrafie stecken.« Dann fügte er noch etwas hinzu, das mich ungeheuer freute: »Werden Sie ein so guter Mann wie Ihr Herr Vater!«

Die Begegnung mit Herrn Sommer war nicht unbedingt von Sympathie getragen. Er war mir gegenüber ablehnend, unzugänglich, unfreundlich, manchmal fast feindselig. Warum, wusste ich nicht. Vielleicht wegen der Protektion durch den Verleger? Also musste ich von Anfang an Augen und Ohren offen halten, um zu sehen und zu hören, was wichtig war.

Die Techniker und Arbeiter in der Chemigrafie waren das Gegenteil von Betriebsleiter Sommer. Sie zeigten und erklärten mir geduldig den Unterschied zwischen Autotypie und Strichätzung, zwischen Offset und Lithografie und machten mich mit Pottasche und Blutlaugensalz bekannt. Faszinierend war das. Weniger gerne saß ich am Schreibtisch, um auszurechnen, was ein Bild oder eine Anzeige in der Zeitung kostete. Im Übrigen befand sich die Chemigrafie der *Rheinischen Post* in einem desolaten Zustand. Eigentlich fehlte es an allem. An Glühbirnen, Fensterscheiben, Papier, Chemikalien, Kameras und Ersatzteilen für die komplizierten technischen Einrichtungen. Der Krieg hatte seine Spuren hinterlassen.

Auf meinem Schreibtisch klingelte das Telefon.

»Kommen Sie mal in mein Büro«, sagte Herr Sommer.

Dort saßen zwei Herren, denen er mich vorstellte.

»Sprechen Sie mit unserem Volontär über Ihr Vorhaben, er kennt sich da am besten aus. Ich bin eher skeptisch, ob wir technisch dazu in der Lage sind.«

Ich hatte keine Ahnung, worum es ging, aber irgendwie schrillten bei mir die Alarmglocken.

»Führen Sie die Herren mal durch die Chemigrafie!«

Die Herren waren Vertreter der Firma Henkel & Cie., die unter anderem Persil herstellte. Ihr Problem war schnell erklärt: Das weltbekannte Waschmittel-Unternehmen war in Gefahr, teilweise oder ganz demontiert zu werden. Deshalb wollten sie eine Dokumentation drucken lassen, vierfarbig, auf hochsatiniertem Kunstdruckpapier, die den Militärregierungen der vier Besatzungsmächte und dem Vatikan deutlich machen sollte, wie wichtig und unverzichtbar das Unternehmen für die Hygiene im zerstörten Deutschland war.

Was sich die Herren von Henkel wohl gedacht haben, als ihnen ein junger Mann gegenübersaß, der erkennbar keine Ahnung hatte von dem, was da gemacht werden sollte?

»Henkel könnte Ihnen bei der Beschaffung von Chemikalien behilflich sein!«, erklärten sie.

Jetzt kam mir meine Schwarzmarkterfahrung zugute.

»Mit Chemikalien allein schaffen wir das nicht. Es fehlt an Papier und technischen Einrichtungen!«

»Stellen Sie uns eine Liste zusammen, wir werden sehen, was wir tun können! Vielleicht besuchen Sie uns in den nächsten Tagen in Holthausen?«

Damit verabschiedeten sich die Herren. Betriebsleiter Sommer war ziemlich erregt.

»Sind Sie übergeschnappt? Ich sollte Sie fristlos rauswerfen!«

Man konnte ihn auch in den umliegenden Büros recht gut hören. Als ich sein Zimmer verließ, hatte ich das Gefühl, mitleidvolle Blicke streiften einen zum Tode Verurteilten. Kaum war ich zurück in meinem Verschlag in der Chemigrafie, erreichte mich die Nachricht, ich solle sofort zum Verleger kommen. Jetzt ging es mir an den Kragen. Der nette Herr Betriebsleiter hatte mich wohl hingehängt.

»Was haben Sie sich eigentlich dabei gedacht?«

Des Verlegers Stimme war sanft.

»Wobei, Herr Droste?«

»Dass Sie den Verlag in eine Verpflichtung gebracht haben, die wir nicht erfüllen können!« Er sah mich lange an, seine Stimme war immer noch sanft. Das machte mir Mut.

»Ich dachte, dass die Leute von Henkel vielleicht eher an die Sachen kommen, die wir in der Chemigrafie brauchen. Die waren damit einverstanden.«

Der Verleger strich sich die Haare zurück und räusperte sich.

»Da haben Sie sich ja was vorgenommen! Na gut, damit Sie

beim Auslöffeln der Suppe, die Sie sich eingebrockt haben, nicht dauernd Ihre Kompetenzen überschreiten, mache ich Sie zum kommissarischen kaufmännischen Leiter der Chemigrafie. Viel Glück, junger Mann!« Bevor ich die Türe erreichte, sagte er fast väterlich: »Ich glaube, Sie haben wirklich was von Ihrem Vater!«

Die Dokumentation wurde fertig, die altehrwürdige Firma Henkel & Cie. nicht demontiert, ich wurde vom Verleger mit einem Buch samt Widmung belohnt, alle waren zufrieden. Nur das Verhältnis zwischen Volontär Fuchsberger und Betriebsleiter Sommer sank unter den Gefrierpunkt und taute für die Dauer meiner Tätigkeit im Droste Verlag auch nicht mehr auf. Deren Ende kam unerwartet und unausweichlich im Jahr 1947.

Trotz aller Beschränkungen durch die Besatzungsmächte ging es im Westen spürbar aufwärts. Mr. Morgenthau, der amerikanische Finanzminister, hatte sich mit seinem Plan, die deutsche Industrie zu zerstören und aus Deutschland einen reinen Agrarstaat zu machen, nicht durchsetzen können. Ein anderer Plan der Amerikaner half uns aus der Not: der Marshallplan.

Die Menschen konnten wieder atmen, und sie arbeiteten wie besessen, um wiederzubekommen, was ihnen der Krieg genommen hatte. Allmählich verschwanden die Trümmer, der Verkehr kam wieder in Gang, Straßenbahnen und Züge fuhren, wenn auch unregelmäßig. Zu essen gab es nach wie vor zum Sterben zu viel und zum Leben zu wenig. »Hilf dir selbst, dann hilft dir Gott« – das war die Devise. Einigen hat Gott besser geholfen als anderen, man nannte es später den »Erfolg der Gründerzeit«. Verlage wurden aufgebaut, Zeitungslizenzen vergeben, Radios durften wieder gebaut werden, allerdings nur Empfänger, keine Geräte, mit denen gesendet oder gefunkt werden konnte. Auch der Droste Verlag erweiterte seine Aktivitäten, und ich hätte mit meiner Arbeit zufrieden sein können oder sollen. Aber wieder kam es anders.

Am Rheinufer hinter dem Planetarium lagen die lang gestreckten Hallen der ehemaligen Ausstellung Gesolei. Hier sollte die *Deutsche Presseausstellung* 1947 stattfinden.

»Kannst du ein paar Tage Urlaub nehmen und mir helfen, eine Maschine auf unserem Ausstellungsstand zu montieren?«, fragte mich mein Vater. Er sagte auf »unserem« Stand, die Firma hieß immer noch »Wilhelm Fuchsberger & Sohn, Aufbereitung und Modernisierung von Setzmaschinen«.

Der Urlaub wurde bewilligt, und Vater und Sohn montierten eine wie neu aussehende »Doppeldecker Linotype«. Es war eine Riesenfreude für mich, meinem Vater helfen zu dürfen. Außerdem faszinierte mich der Ausstellungsbetrieb um uns herum. Es gab unzählige Stände mit verschiedenen Produkten. Während der Arbeitspausen ging ich durch die Hallen und redete mit den Leuten, die ihre Stände dekorierten: Verlagsleute, Farbenvertreter, Papiermühlen, Buchhändler, Druckereibedarf. Meine Begeisterung fiel auf.

»Wollen Sie bei uns anfangen?« Der Mann vor mir war der legendäre Generaldirektor Helmuth Könnecke, Chef der Arbeitsgemeinschaft für Ausstellungen GmbH (AFAG). »Ich habe Sie am Stand Ihres Vaters beobachtet. Der Trubel bei uns scheint Ihnen Spaß zu machen. Überlegen Sie sich das, und sagen Sie mir Bescheid.«

Vater sah mich lange an und zuckte die Achseln.

»Das ist ein bisschen wie Zirkus hier. Beim Verlag hast du Zukunft. Überleg dir das gut!«

Das tat ich, aber nicht allzu lange. Es war allemal besser, als tägliche Mühen darauf zu verwenden, dem griesgrämigen Betriebsleiter aus dem Weg zu gehen. Und es gab keine langweilige Schreibtischarbeit, um die Kosten für Zeitungsbilder nach Raster zu berechnen. Vater und der alte Droste hatten Verständnis für meinen Entschluss zu kündigen. Ich war jetzt im »Showbusiness«!

Der uneingeschränkte Herrscher der AFAG war Generaldirektor Helmuth Könnecke. Dann kamen seine fast gleichberechtigten Partner, unter ihnen eine besonders faszinierende Persönlichkeit: Victor Bogo-Jawlensky, der Leiter der grafischen Abteilung. Er war dünn wie ein Strich, und wenn er redete – was er nur tat, wenn er es für unbedingt notwendig hielt –, sprach er mit einem hinreißenden baltischen Akzent und gewaltig rollendem R. Angeblich war er Russe, erschöpfende Auskunft über sich gab er jedoch nie und niemandem.

Ebenfalls aus dem Baltikum stammten Edgar Sacce, ein Riesen-Organisationstalent, und der eher bescheidene Geschäftsführer, Dr. Joachim Lorenz. Die »Großen Vier«, wie sie intern genannt wurden, hatten nach dem Krieg in kürzester Zeit ein florierendes Unternehmen geschaffen, das nun mit dem Bau und der Organisation der ersten *Deutschen Presseausstellung* nach dem Krieg beauftragt war.

»Ich will, dass Sie den Laden von der Pike auf kennenlernen«, sagte Helmuth Könnecke. Mir war klar, das bedeutete harte Arbeit, Fron, Sklavendienst. »Und wenn Sie was taugen, können Sie später mal mein Assistent werden!«

Der Weg zum Assistenten begann mit Aufbauarbeiten. Ich musste Pappwände für die Ausstellungsstände mit Packpapier kaschieren, anstreichen, durch die Hallen schleppen, aneinanderreihen, fixieren, nageln.

Das alles unterstand Victor Bogo-Jawlensky. Schon die üblichen Arbeitsbesprechungen am Morgen waren ein Erlebnis. Bogo-Jawlensky schwang sich auf die Kante der Stuhllehne und verbrachte in dieser Stellung die gesamte Zeit der Besprechung, ohne umzukippen. Dabei betrachtete er uns von oben herab durch die randlosen Gläser seiner Nickelbrille und hörte zu, was wir zu berichten hatten. Er war ein hinreißender Geschichtenerzähler und zudem ein gesuchter Astrologe. Wie ich später erfuhr, hatte Helmuth Könnecke ihn beauftragt, mein Horoskop zu erstellen und die Sterne zu fragen, ob ich überhaupt in das Unternehmen und zu ihm passen würde. Dabei ergab sich etwas Erstaunliches.

»Die Angaben der Uhrzeit Ihrer Geburt können nicht stimmen!«, sagte Bogo-Jawlensky. »Gibt es irgendeine Möglichkeit, die genaue Uhrzeit festzustellen?«

Die gab es: die Bibel meiner religiösen Mutter. Das nach der neuen, präzisen Zeitangabe geänderte Horoskop schien ihn zufriedenzustellen.

Was mich jedoch am meisten an ihm interessierte, war seine Assistentin, Antje Carstens, ein wahrhaft liebenswertes Geschöpf. Sie war eine hochbegabte Grafikerin, ihre Spezialität waren gestochene Schriften. Bei jeder sich bietenden Gelegenheit zeigte ich ihr meine Bewunderung und konnte nicht genug betonen, dass ich im Zeichnen höchst unbegabt war. In anderer Beziehung muss ich wohl begabter gewesen sein, denn einige Zeit später erlaubte sie mir, bei ihren Eltern offiziell um ihre Hand anzuhalten. Als Verlobte sahen wir einer gemeinsamen Zukunft im Unternehmen entgegen.

Das Jahr 1948 war das Jahr, das mein noch relativ junges Leben vollständig umkrempeln sollte. Die *Deutsche Presseausstellung* zog nach München um, in die ziemlich heruntergekommenen Ausstellungshallen der Landeshauptstadt auf der Theresienhöhe, oberhalb der Oktoberfest-Wiese. Mit der Renovierung und der Organisation der *Deutschen Presseausstellung* war wiederum die AFAG betraut. Mit Unterstützung der Amerikaner wurde das gewaltige Projekt durchgezogen.

Mitten in den Bauarbeiten überraschte uns die Währungsreform. Der Tag der Wahrheit kam am 19. Juni 1948. D-Mark hieß das neue Geld, und es sollte ab sofort die bis dahin gültige »Zigarettenwährung« ersetzen. Die Militärregierungen der Trizone, Amerikaner, Briten und Franzosen, gaben bekannt, dass am 20. Juni jeder Deutsche in der Trizone ein »Kopfgeld« von vierzig D-Mark erhalten solle. Alle Sparvermögen wurden weitgehend entwertet, die gute alte Reichsmark war keinen Schuss Pulver mehr wert. Wer Immobilien und Wertgegenstände besaß, war dagegen fein raus, denn sie behielten ihren Wert.

Am 21. Juni waren alle Schaufenster wieder voll mit den verlockendsten Dingen, von cleveren Geschäftsleuten zurückgehalten oder nur gegen entsprechenden Gegenwert getauscht. Der Schwarzmarkt fand ein rapides Ende, das weltweit bestaunte deutsche »Wirtschaftswunder« begann.

Mein erster Einkauf war eine Packung Zigaretten für sieben D-Mark, statt wie bisher hundertvierzig Reichsmark. Gespannt warteten wir auf die erste Gehaltszahlung der Firma. Zu unser aller Überraschung bekamen wir Löhne und Gehälter in gleicher Höhe. Bei mir waren das knappe tausend D-Mark. Über Nacht war ich wohlhabend, und Generaldirektor Könnecke war der Meinung, ich hätte genug gesehen und gelernt, um die Aufgaben eines Assistenten zu bewältigen. Einer Karriere stand offenbar nichts mehr im Wege.

In München kam mir während der Vorbereitung für die Ausstellung die Idee, dass einer Presseausstellung, bei der die Besucher nicht hautnah miterleben konnten, wie eine Zeitung entstand, etwas fehlte.

»Wir müssen eine Zeitung drucken«, schlug ich Helmuth Könnecke vor.

»Und wie wollen Sie das hinkriegen?«

»Mein Vater hat eine gebrauchte Rotationsmaschine ausfindig gemacht, die in einer Druckerei bei Augsburg steht. Sie ist für achtunddreißig Seiten ausgelegt und gut erhalten. Er wäre bereit, sie dort ab- und in der Halle auf der Theresienhöhe in München wieder aufzubauen, wenn wir ihm bei der Montage helfen.«

»Was kostet das?«

»Keine Ahnung.«

»Finden Sie's raus! Wenn Sie das schaffen, steigen Sie bei mir eine Stufe rauf, mit Mappe!«

Bogos Grafiker entwickelten einen genialen Entwurf für den geplanten Titel: *Die Ausstellungszeitung.* Aus einer Bodenvertiefung der riesigen Halle auf der Theresienhöhe wuchs die acht-

unddreißigseitige Rotationsmaschine. Sie war gute sechs Meter
hoch, gute vier Meter breit und an die zwanzig Meter lang. Allein dieses Monstrum sollte eine der Attraktionen der *Deutschen
Presseausstellung* 1948 in München werden.

In Trauben standen die Besucher um das ratternde Ungetüm
herum und beobachteten fasziniert, wie die halbrund geform-
ten Bleimatern mit dem gegossenen Zeitungstext auf die Rollen montiert wurden, das Papier von Hand in die Halteklam-
mern eingefädelt und die Maschine langsam in Gang gesetzt
wurde. Schneller und schneller drehten sich die Zylinder, die
Papierbahnen rasten über die mit Druckerschwärze überzogenen
Walzenbahnen, wurden beim Durchlauf gefaltet, auf mehreren
Bahnen zu einer achtunddreißigseitigen Zeitung zusammenge-
führt und am Ende der Maschine auf ein Laufband geschoben.
Zwischendurch prüften Männer die Qualität des Druckes. Mit
fast artistischem Schwung nahmen sie Stichproben der fertig ge-
druckten Zeitung vom Band und überflogen die Spalten, um sie
dann den Besuchern hinter der Absperrung zu überreichen. Ein
voller Erfolg!

Das musste auch der große Werner Friedmann so gesehen
haben. Während der Ausstellung in München fragte er Helmuth
Könnecke, ob er anschließend unsere Zeitung übernehmen könnte.
Er plante eine Stiftung zur Ausbildung junger Journalisten und
wollte in München eine Boulevardzeitung zum gleichen Zweck
gründen. So wurde aus unserer *Ausstellungszeitung* die berühmte
Münchner *Abendzeitung*.

Nürnberg, 1949: Die AFAG blühte und gedieh mit dem bis
dahin größten Auftrag ihrer Firmengeschichte. Könnecke hatte
schon die Reichsausstellung »*Schaffendes Volk*« 1937 zu einem Erfolg geführt. Jetzt hatte seine Firma den Auftrag, auf dem Gelände des ehemaligen Reichsparteitags in Nürnberg die *Deutsche
Bauausstellung* 1949 aus dem Boden zu stampfen. Teil der Ausstellung war der Ausbau der unvollendeten, gewaltigen Kongresshalle. Dieses architektonische Monster sollte vermutlich, in

Anspielung auf das »Tausendjährige Reich«, an das Anno 82 n.
Chr. vollendete Kolosseum in Rom erinnern.

Nun hatten unsere leitenden Herren die Idee, einen Ausstel-
lungsfunk zu unterhalten, der Informationen für die Hunderttausende von Besuchern ausstrahlen, verloren gegangene Kinder
zu den Eltern zurückbringen und fröhlich stimmende Musik
dudeln sollte.

»Das wäre doch was für Sie!«, meinte der Boss.

Von Stund an saß ich von früh um 9 Uhr bis nachmittags um
17.30 Uhr am Mikrofon und teilte den Besuchern mit, wohin sie
gehen, wo sie was sehen, essen und trinken, wo sie sich ausruhen
oder einen Film sehen konnten. Weinende Kinder saßen bei mir
in der Kabine, und ich suchte die Eltern, nachdem ich aus den
verschreckten Zwergen mühsam Namen und Adressen heraus-
gefragt hatte. Am besten löste ein Stückchen Schokolade oder
ein Zitronenbonbon die Zungen.

Die Ausstellung war ein riesiger Erfolg. Täglich strömten
Tausende von Menschen aus ganz Deutschland auf das Gelände
und in die Kongresshalle. Die Bauausstellung bot den Menschen
im zerbombten Deutschland zum ersten Mal nach dem Krieg einen umfassenden Überblick über Möglichkeiten, Finanzierungen
und Materialien für den Wiederaufbau ihrer zerstörten Städte,
Häuser und Wohnungen.

Eines Tages klopfte das Schicksal an meine Kabinentür, in
Person meines Bosses. Er war sehr in Eile, da er zu einer Besprechung mit dem Nürnberger Oberbürgermeister Urschlechter
musste.

»Da kommt jemand vom Radio in München«, rief er mir nur
zu, »führen Sie ihn durch die Ausstellung, und beantworten Sie
seine Fragen!«

Das tat ich, mit dem Ergebnis, dass ich einige Wochen später
einen Brief in Händen hielt, mit dem Angebot, Probeaufnahmen
als Rundfunksprecher beim Sender in München zu machen.

Gut bei Stimme

Ein kalter Tag im Dezember 1949. Seit geschlagenen zwei Stunden saß ich in einer Art Foyer in der ersten Etage des alten Funkhauses in der Marsstraße in München und wartete auf den »großen Zampano«, den Chefsprecher des Bayerischen Rundfunks, Hannes Stein.

Das Foyer war spärlich eingerichtet, aber es war warm, in diesen Tagen keine Selbstverständlichkeit. Also machte ich aus der Not eine Tugend und wartete geduldig auf das, was kommen würde.

Plötzlich stand ein Mann vor mir. Viel Papier unter dem Arm. Massig, fast kahlköpfig. Spitze, sehr spitze Nase, eine randlose Nickelbrille in einer Position, die befürchten ließ, dass sie jeden Moment herunterfallen würde.

Da er, ohne sich vorzustellen, mich nur unangenehm lange musterte, wusste ich nicht so recht, wie ich mich verhalten sollte. Warum sollte ich aufstehen, wenn der Kerl mich keines Wortes würdigte?

»Also Sie sind das Arschloch, das bei uns Sprecher werden will?«

Es war, als habe mir jemand im warmen Foyer einen Kübel eiskaltes Wasser über den Kopf gegossen. Diese Form der Begrüßung versetzte mich vorübergehend in einen Zustand totaler Sprachlosigkeit. Ich starrte den Mann nur an und rührte mich nicht.

»Ich bin der Chefsprecher. Haben Sie eine Sprachausbildung?«

»Nein –«

»Sind Sie Schauspieler?«

»Nein –«

»Irgendeine Ausbildung, die Sie Ihrer Meinung nach qualifiziert, bei uns Sprecher zu werden?«

Dabei musterte er mich die ganze Zeit mit unverhohlenem Missbehagen.

»Was haben Sie bis jetzt gemacht? Waren Sie überhaupt schon mal vor einem Mikrofon?«

Jetzt erst fiel mir ein, dass es wohl angebracht war aufzustehen. Befriedigt konnte ich feststellen, dass ich ein paar Zentimeter größer war als er. Wenigstens etwas.

»Jawohl, Herr Stein!« Kaum hatte ich dieses verdammte, eingedrillte, unterwürfige »Jawohl« herausgeschmettert, war mir klar, dass das entschieden zu servil war, und ich versuchte, es durch eine betont selbstbewusste Mitteilung zu kompensieren: »Ich war als Werbeleiter bei einer Ausstellungsgesellschaft in Nürnberg und Sprecher des Ausstellungsrundfunks!«

Sein Gesicht verzog sich wie in großem Schmerz. Vermutlich hielt er mich jetzt für einen Jahrmarktschreier vor einem Zelt, in dem Damen ohne Unterleib oder mit über zweihundert Kilo Lebendgewicht präsentiert wurden.

»Wie alt sind Sie?«

»Zweiundzwanzig.«

Wieder dieser unangenehme, verächtliche Blick.

»Nachdem wohl kaum was dagegen zu machen sein wird, melden Sie sich morgen früh, Punkt 5.30, im Sprecherzimmer. Ich werde jemanden einteilen, der sich mit Ihnen abplagen wird!«

Damit drehte er sich um und ging. Gerne hätte ich mich bei ihm bedankt, aber sichtlich froh, meinen Anblick nicht länger ertragen zu müssen, verschwand er hinter einer Tür am Ende eines schmalen Ganges, an der stand: *Regieraum C – Studio 3*.

Nach diesem Schock hinreichend motiviert, erschien ich am nächsten Morgen pünktlich vor dem Sprecherzimmer. Ich klopfte an, nicht zu forsch, aber auch nicht zu bescheiden. Nichts rührte sich. Sollte ich noch mal klopfen, vielleicht doch etwas fordernder? Nichts.

Was mir in solchen Situationen auch später immer geholfen hat, war die schon beim Militär entwickelte Überzeugung: Hürden sind dann zu überspringen, wenn sie sich direkt vor einem aufbauen, nicht schon lange vorher. Trotzdem war es ein blödes Gefühl, morgens um halb sechs vor einer verschlossenen Tür zu stehen. Um 4 Uhr war für mich die Nacht zu Ende gewesen. Ich wohnte möbliert im Vorort Gräfelfing, Akilindastraße 7. Von dort waren es zehn Minuten strammer Marsch zum Bahnhof und zwanzig Minuten mit dem Zug bis zum Münchner Hauptbahnhof.

Glücklicherweise befand sich das Sprecherzimmer auf derselben Etage wie das Foyer, in dem ich meinen verunglückten Antrittsbesuch erlebt hatte. Was lag also näher, als mich auf demselben Stuhl niederzulassen und der Dinge zu harren, die da kommen sollten?

Es sah ganz so aus, als ob es keine ganz leichte Probezeit werden sollte. Was hatte ich nur getan? Einen wirklich interessanten, mit tausend D-Mark gut bezahlten Job aufgegeben, eingetauscht gegen eine unsichere, schlecht bezahlte Zukunft auf Probe für knapp vierhundert D-Mark, unter einem Chef, der von meiner Überflüssigkeit absolut überzeugt war. Schöne Aussichten.

»Sie warten wohl auf mich?«

Eine sanfte Stimme riss mich aus meinen nicht sonderlich optimistischen Gedanken. Vor mir stand ein gepflegter Herr mittleren Alters, leicht angegraute Schläfen, dunkler Anzug, weißes Hemd, sorgfältig gebundene Krawatte. Ich stellte mich vor.

»Ich weiß, Sie sind der Neue auf Probe. Ich heiße Richard Storck. Herr Stein bat mich, mich um Sie zu kümmern.«

Zunächst führte er mich ins Sprecherzimmer, zu dem er einen Schlüssel besaß.

»Den werden Sie auch bekommen, damit Sie ungehindert ein- und ausgehen können.«

III

Das Zimmer war bemerkenswert groß, mit drei Fenstern zur Marsstraße. Eine Couch, ein langer Tisch, mehrere halbrunde, mit rötlichem Leinen bezogene Sessel, Nachkriegsmodelle, ein Waschbecken in der Ecke, ein großer Lautsprecher an der Decke darüber. Ein farblich undefinierbarer Teppich bedeckte den ebenso undefinierbaren Boden.

»Tut mir leid, dass Sie warten mussten«, sagte Richard Storck, »der Fahrer hatte etwas Verspätung. Aber keine Aufregung, die erste Stationsansage ist um 5.58 Uhr, dann kommt der Nachrichtensprecher um 6 Uhr. Am besten, Sie kommen gleich mit ins Studio, damit Sie lernen, wie das abläuft. Übrigens, auf gute Zusammenarbeit!«

Richard Storck reichte mir die Hand. Der Mann war ein Gentleman.

Wir gingen durch die Tür, durch die am Vortag Hannes Stein verschwunden war. *Studio 3*. Ich war im Allerheiligsten.

Der Regieraum war voll gepackt mit Bandabspielmaschinen, Bandschneidemaschinen, Plattentellern zum Abspielen der Schellackplatten und einem riesigen Mischpult, vor dem drei Metallstühle mit Rollen standen. Über dem Mischpult gab eine schalldichte Glasscheibe, die über die ganze Breite der Wand ging, den Blick ins Studio frei. Hier saßen der Sendeleiter, eine recht hübsche Tontechnikerin und ein Tontechniker, Herrscher nicht nur über das gewaltige Mischpult, sondern über die gesamte Technik im Raum. Er hieß Gerhard Lehner, sprach Sächsisch, hatte wasserblaue Augen und einen ausgeprägten Sinn für Humor.

Richard Storck betrat das Studio durch eine schalldichte Stahltür. Ich beobachtete ihn durch die Glasscheibe. Lautlos setzte er sich an den runden Tisch, in der Mitte ein nach allen Seiten bieg- und drehbares Schwanenhals-Mikrofon. Hinter dem Mikro gab es ein längliches Metallgestell mit drei farbigen Lampen. Grün bedeutete: Mikro zu, Gelb: Achtung!, Rot: Mikro offen, Sendung läuft.

Er drückte einen Knopf, und seine gepflegte Stimme erfüllte den Regieraum.

»Ist der Nachrichtensprecher schon da?«

»Auf dem Weg«, sagte der Toningenieur.

Im selben Augenblick öffnete sich die Studiotür, und ein molliger Mann trat ein, in der Hand ein Manuskript, in dem er angestrengt las. Er setzte sich neben Richard Storck, zog ein kleines, mit grünem Samt bezogenes Tischpult zu sich heran und legte sein Manuskript zurecht.

»Wieder unleserlich zusammengeschmiert«, hörten wir ihn durch das Mikrofon räsonieren. »Wie soll unsereins das anständig lesen?«

Die gelbe Lampe leuchtete auf, Richard Storck hob warnend die Hand, der Nachrichtensprecher zuckte nur die Schultern. Rot!

»Guten Morgen, verehrte Hörerinnen und Hörer, hier ist der Bayerische Rundfunk mit seinen Sendern. Heute ist Freitag, der 21. Januar.«

Mit einem Handzeichen übergab er das Mikrofon seinem Kollegen und verließ so schnell er konnte das Studio. Der Nachrichtensprecher drückte einen Knopf, auf der großen Studio-Uhr sprang der Zeiger auf 6 Uhr.

»Beim Gongschlag war es 6 Uhr, Sie hören Nachrichten.«

Richard Storck kam zurück in den Regieraum.

»Das ist unser Frühnachrichtensprecher Beppo Riehl. Er liest meistens von 6 Uhr bis 13 Uhr. Der Erste Nachrichtensprecher liest von 17 bis 1 Uhr. Mit dem müssen Sie sich gut stellen.«

Auch mit einigen anderen Kollegen stellte man sich tunlichst gut. Manche waren in ihren Funktionen vielleicht nicht die Idealbesetzung. Dafür prädestinierte sie ihre Freude am Intrigieren für eine erfolgreiche Mitarbeit in einer großen Sendeanstalt.

Schon bald war ich als jüngster Kollege in den Kreis der erlauchten Sprecher aufgenommen und hatte meine Aufgabe gefunden. Die bestand zur Freude aller anderen darin, für eine unbestimmt lange Zeit den Frühdienst als Stationsansager übernehmen zu dürfen. Nach einiger Zeit wurde ich für würdig befunden, auch kleinere Meldungen zu lesen, zum Beispiel an Sonntagen den Börsenbericht der Landwirtschaft, in dem den staunenden Zuhörern mitgeteilt wurde, dass derzeit Schweine und Hühner lustlos verkehrten. Es dauerte eine Zeit, bis ich in der Lage war, solche Meldungen ohne erkennbare Anteilnahme durch das Mikrofon zu geben.

Treffpunkt für den Austausch hauseigener Skandale, Sensatiönchen und allerlei übler Nachreden war die Kantine im Keller. Sie war von zwei Seiten durch eine Treppe zugänglich, sodass keiner ungesehen den Raum betreten oder verlassen konnte. Da wurde gelästert, was das Zeug hielt.

Eines Tages verbreitete sich wie ein Lauffeuer die amüsante Nachricht, dass plötzlich auf allen Toiletten die endlich wieder eingeführten Papierrollen am Rand der fortlaufenden Blätter den Aufdruck »Bayerischer Rundfunk« trugen. Da Toilettenpapier damals zu den Raritäten in der Welt der Hygiene gehörte, wurden die Rollen von den Mitarbeitern in beachtlichen Mengen geklaut. Also hielt es die Verwaltung für angebracht, den deutlichen Eigentumshinweis aufdrucken zu lassen. In Blau. Irgendjemand setzte in der Kantine den dazu passenden Kommentar in die Welt: »Damit die Arschlöcher wissen, wo sie angestellt sind!«

Nachdem ich die Probezeit erfolgreich absolviert hatte, wurde mein Vertrag in eine Festanstellung umgewandelt. Das hieß zwar weiterhin Frühdienst, aber mit dem entscheidenden Vorteil, dass ab sofort ein Wagen der Fahrbereitschaft jeden Morgen um 4.30 Uhr vor der Tür stand. Damit war ein spürbarer sozialer Aufstieg verbunden. Meine Vermieter fragten mich, ob sie mir nicht vielleicht doch einen Tee in einer Thermosflasche und ein paar Kekse bereitstellen dürften. Ein junger Mann wie ich könne doch nicht mit leerem Magen zur künstlerischen Arbeit im Rundfunk fahren. Mit dem Hinweis, dass ich das bisher ja auch können musste, nahm ich das Angebot natürlich dankend an.

Dass ein junger Mann wie ich noch andere Bedürfnisse hatte, schien ihnen weniger einleuchtend. Nach der Aufwertung im BR, mit der auch eine finanzielle Verbesserung verbunden war, lud ich meine Braut Antje an einem dienstfreien Wochenende nach Gräfelfing ein. Und selbstverständlich bot ich ihr Obdach in meiner möblierten Bude – zum Entsetzen meiner Vermieter. Damenbesuch war nicht erwünscht, so konsequent, dass wir aufgefordert wurden, das ehrenwerte Haus schnellstmöglich zu verlassen.

So saßen wir beide in aller Herrgottsfrüh mit unseren Koffern auf der Straße und warteten gedemütigt auf den Wagen des BR. Der Fahrer konnte nur mühsam ein Grinsen unterdrücken, als ich den Versuch unternahm, den Sachverhalt zu erklären, ohne meine Braut zu kompromittieren. Die Konsequenz dieser unwürdigen Behandlung durch die prüden Wirtsleute war ein Umzug in ein hübsches kleines Mansardenzimmer in einem Haus mit Garten in Lochham, eine Bahnstation vor Gräfelfing. Die Wirtin hatte Verständnis für ein junges Brautpaar.

Das Sprecherzimmer war so etwas wie das Nervenzentrum des BR. Hier war versammelt, was in der Lage war, vor dem Mikrofon zu lesen, zu sprechen und zu kommentieren. Ob Sport, Wirtschaft, Politik, Religion, Literatur, Unterhaltung – im Studio 3 wurde direkt gesendet. Es war faszinierend, die Großen ihrer Zeit bei der Arbeit zu beobachten. Josef Kirmaier, der Sportchef, und Rudolf Mühlfenzl, der als »Rufus Mücke« seine oft bissigen Wirtschaftskommentare abgab. Fritz Benscher, der frechste und intelligenteste Moderator und Entertainer der Fünfzigerjahre, Helmuth M. Backhaus, der brillante Conférencier, Abt Hugo Lang, der Prior des Klosters Andechs, Walter von Cube, hochgeschätzter politischer Kommentator und viele andere. Mit den meisten durfte ich im engen Studio am runden Tisch zusammensitzen und sie bei der Arbeit beobachten.

Josef Kirmaier, prinzipiell mit Zigarre und Atemnot, legte besonderen Wert darauf, dass ich neben ihm sitzen blieb, während er die Sportnachrichten verlas.

»Gell, bleiben's da, falls was passiert«, sagte er in seinem markanten Bayerisch. Was passieren konnte, sollte ich eines Tages zu meinem Schrecken erfahren. Plötzlich, mittendrin, schob er sein Manuskript zu mir herüber und machte mir in Zeichensprache klar, dass ich weiterlesen sollte. Etwas verständnislos starrte ich ihn an und sah, dass er aus der Nase blutete. Ganz langsam legte er den Kopf an meine Schulter, schnaufte heftig und hörte zu, wie ich seine Meldungen verlas. Dabei hielt er sich ein Taschentuch unter die blutende Nase und nickte ab und zu beifällig. Das schien den Kollegen im Regieraum nicht neu zu sein, denn nach einiger Zeit öffnete sich die schalldichte Stahltür und ein Mitarbeiter kam mit einem nassen Handtuch, das er dem Kirmaier Josef in den Nacken praktizierte. Der lag weiterhin an meiner Schulter und war ganz zufrieden. Die Sendung ging ohne Unterbrechung weiter. Ich weiß nicht, ob die Hörer den Wechsel von unverfälschtem Bayerisch zu leicht rheinischem Akzent überhaupt bemerkt haben.

Beim BR als Stationssprecher am frühen Morgen unnatürlich fröhlich Belangloses in den bayerischen Äther zu schmettern schien mir allerdings bald die langweiligste Tätigkeit zu sein, die es in einem an sich aufregenden Metier gab.

Bei einem Besuch bei meinen Eltern in Düsseldorf schwätzte ich irgendwann meinem gütigen Vater sein Opel-P4-Vorkriegsmodell ab, mit dem ich in München einiges Aufsehen erregte. Bei Regenwetter drang Nässe durch den durchgerosteten Boden ins Innere, was Regisseur Kurt Wilhelm inspirierte, mein Fahrzeug umzubenennen in »Opel Bidet«. Mit diesem Gefährt versuchte ich vergeblich, meine Vorgesetzten zu beeindrucken und mit der dringenden Bitte zu belagern, die stupide Eintönigkeit meiner Tätigkeit durch interessantere Aufgaben zu ersetzen.

»Was wollen Sie denn?«, fragte eines Tages der Verwaltungsdirektor des BR. »Sie haben doch einen hervorragenden Job!«

»Ich möchte gern Reportagen für den Sender machen. Was gut ist, nehmen Sie, was Ihnen nicht gefällt, werfen Sie weg! Ich brauche vom Sender nur ein Magnetofon, ein Auto hab ich schon.«

»Aber Sie sind doch jetzt fest angestellt, das bedeutet Sicherheit!«

»Schon, aber ich finde, dafür bin ich noch zu jung. Jeden Tag der gleiche Ablauf, vor allem am Wochenende: katholische Morgenfeier, evangelische Morgenfeier, Andacht der israelitischen Kultusgemeinde, Blick über den Zaun, Stimmen der Dichter. Ich würde gerne selber Programm machen!«

Die Antwort des Verwaltungsdirektors war verblüffend: »Ihr jungen Leute mit eurem Programm. Ich hab ganz andere Sorgen. Ich muss die Hörergebühren mündelsicher anlegen!«

Das war im Jahr 1950. Einige Jahre später sagte Henning Venske zum Programm der öffentlich-rechtlichen Sendeanstalten: »Wenn wir so weitermachen, senden wir unsere Verwaltung demnächst live!«

Es wurde leider nichts aus meiner Reporterkarriere. Also musste ich mit anderen Ideen versuchen, aus dem täglichen Einerlei hinter dem Mikrofon auszubrechen. Dabei half ein kleines Kofferradio, das mir ein befreundeter Toningenieur auf dem Schwarzmarkt besorgt hatte. Es hatte einen vorzüglichen Empfang. Besonders gut bekam ich den amerikanischen Soldatensender AFN (American Forces Network) rein. Der Sprecher, Mark White, war wegen seiner Stimme berühmt, und er wurde mein Vorbild, ohne dass ich es je zu der orgelgleichen Tiefe seines Organs brachte. Schon allein das Zuhören war ein Genuss, mehr aber noch die Musik, die den amerikanischen GIs das Leben in der Besatzungszone auf der anderen Seite des Ozeans versüßen sollte. Es war eine Musik, nach der wir gierten und die wir schon zu einer Zeit gehört hatten, als darauf die Todesstrafe stand, weil sie mit Parolen gegen das Naziregime gespickt war und die Moral der deutschen Soldaten wie auch der Zivilbevölkerung untergraben sollte. Da spielten alle Orchester und Formationen aus der Welt des Jazz rund um die Uhr – und das wurde mir eines Tages zum Verhängnis.

Kaum hatte ich morgens um 5.30 Uhr die erste Stationsansage hinter und dreißig freie Minuten bis zur ersten Nachrichtensendung vor mir, schaltete ich mein Kofferradio ein und hörte nicht wie vorgeschrieben unser eigenes Programm, sondern lauschte begeistert Duke Ellington, Tommy Dorsey oder Stan Kenton.

Der Ablauf des Sprecherwechsels, der sogenannte »Stationbreak«, war reine Routine: »Sie hörten unsere Musik zum Tagesbeginn – wir schalten um in unser Nachrichtenstudio«, hatte ich zu sagen.

Danach verließ ich das Studio, um dem Nachrichtensprecher Platz zu machen, der gewöhnlich erst in allerletzter Sekunde mit seinem Manuskript aus der Redaktion im dritten Stock des Hauses einlief, als Erstes den Knopf für den Gong bediente, sich hinsetzte und zwei-, dreimal tief durchatmete, weil er drei Treppen im Laufschritt hinter sich hatte. Er wartete auf das Lichtzeichen Rot, der Gong ertönte, und er wollte gerade mit seiner Zeitansage beginnen, als an diesem Tag mein Missgeschick über ihn hereinbrach.

Ich hatte vergessen, das Kofferradio abzuschalten! Beim AFN war genau zur gleichen Zeit »Stationbreak«, also Funkstille auf beiden Sendern. In der Sekunde, als mein armer Kollege erklärte: »Beim Gongschlag war es 6 Uhr – hier ist der Bayerische Rundfunk…«, kam über mein Kofferradio laut und deutlich die Stimme des amerikanischen Kollegen vom AFN: »This is the American Forces Network. Good Morning to all of you…«

Der Erste Nachrichtensprecher war derart geschockt, dass ihm das Wort buchstäblich im Halse stecken blieb. Außerdem waren ihm die Knöpfe an meinem Kofferradio gänzlich unbekannt, sodass er das kleine Monster nicht ausschalten konnte. Das schrie inzwischen munter weiter seine amerikanische Begrüßung in den weiß-blauen Äther.

Toningenieur Gerhard Lehner im Regieraum hatte keine andere Wahl, als die Regler an seinem Mischpult auf null herunterzuziehen. Stille. Später hörte ich, dass man im Schaltraum im Keller dachte, eine Kabelüberschneidung hätte den Zwischenfall verursacht. Die Techniker waren verzweifelt bemüht, den Fehler zu finden.

Erst als mir im Sprecherzimmer das unheimliche Schweigen des Kontrolllautsprechers auffiel, wurde mir die Tragweite meiner Vergesslichkeit bewusst. Ich raste zurück ins Studio, schnappte den kleinen Koffer vor der Nase meines entsetzten Kollegen weg und verschwand mit einem Gefühl, als hätte ich dem armen Kerl gerade einen Dolch in den Rücken gerammt.

Damals bin ich mit einem blauen Auge davongekommen, mit einer Verwarnung und der Drohung, beim nächsten Beweis meines bedauerlichen Desinteresses am Programm meines Heimatsenders würde dies Konsequenzen nach sich ziehen.

Die vorwurfsvollen Blicke des Ersten Nachrichtensprechers waren mir über längere Zeit recht unangenehm, umso mehr, als ich ihn bewunderte. Er hatte eine ruhige, absolut sichere Art, die Nachrichten zu lesen. Selbst bei schwierigsten Wortkonstruktionen aus Politik und Wirtschaft, bei oft unaussprechlichen Namen aus fernen Ländern behielt er die Ruhe und verhaspelte sich fast nie. Das imponierte mir. So wäre ich auch gerne geworden. Zu Hause übte ich, versuchte ihn zu kopieren. Seine Atemtechnik, die perfekt gesetzten Pausen zwischen den Sätzen, seine Art, selbst die schlimmsten Nachrichten so zu lesen, dass keine emotionale Beteiligung, aber doch anteilnehmendes Interesse hörbar wurde. Der Mann war der perfekte Nachrichtensprecher, unsere unangefochtene Nummer eins. Niemand wäre je auf die Idee gekommen, an seinem Stuhl zu sägen. Bis zu jenem Tag, an dem die Ordnung des Bayerischen Rundfunks, die Hierarchie im Sprecherzimmer und die Stellung des Ersten Nachrichtensprechers in ihren Grundfesten erschüttert wurden.

Es war die Nachkriegszeit. Nichts war mehr so, wie es war.

Wir lernten Demokratie, wir lernten eine neue Sprache, wir hielten alles für möglich, auch das Unmögliche. Es gab die unterschiedlichsten Ansichten zu fast allem, es gab wenig zu essen und viel zu überlegen, wie man sich über die Runden brachte. Selbst die gewagtesten Ideen fanden Gehör.

Ein findiger Mensch aus Österreich machte sich den Umstand zunutze, dass Menschen nur allzu gerne glauben, was man ihnen vorgaukelt, wenn man es geschickt anstellt. Und Fritz Strobl aus Österreich machte es wohl besonders geschickt. Als Magier reiste er durch die Lande und veranstaltete sogenannte Séancen, bei denen er seine erstaunlichen Fähigkeiten auf dem Gebiet der Hypnose demonstrierte. Für München hatte er sich etwas ganz Besonderes ausgedacht.

Am Promenadeplatz gab es damals noch das renommierte »Regina Palast Hotel«. Dessen im Krieg unversehrt gebliebener Ballsaal wurde Schauplatz einer Demonstration des Herrn Strobl vor einer sprach- und atemlosen Menge von Besuchern seiner »Séance«.

Er bat einen mutigen Zuschauer auf die Bühne, auf der nur ein Tisch mit einem Radiogerät stand, und hielt ihm ein Kartenspiel wie einen ausgebreiteten Fächer unter die Nase.

»Würden Sie bitte eine Karte ziehen?«

Der Mann zog die Karo-Dame. Strobl hielt sie in die Höhe, damit jeder der mehr als vierhundert Zuschauer sie sehen konnte.

»Es ist jetzt 19.55 Uhr«, sagte Magier Strobl mit bedeutungsvollem Tremolo in der Stimme. »In fünf Minuten bringt der Bayerische Rundfunk die Abendnachrichten.«

Er hob die Stimme.

»Ich werde mich jetzt konzentrieren und bitte um absolute Ruhe! Per Fernhypnose werde ich den Sprecher dazu bringen, während der Nachrichten die Spielkarte zu nennen, die Sie eben gesehen haben!«

Das Publikum verstummte gespannt.

Es war ein Abend wie jeder andere im BR. Ich hatte Stationsdienst am Abend, was schon eine Art von Beförderung war. Der Erste Nachrichtensprecher hatte gerade das Sprecherzimmer verlassen, in Richtung Nachrichtenredaktion im dritten Stock. Weisungsgemäß konzentrierte ich mich am Sprecherpult auf die laufende Sendung und wartete auf die Absage, um danach den Platz am Mikrofon für die Nachrichten frei zu machen. Die Tür zum Studio öffnete sich. Der Sprecher kam herein, wie gewohnt das Nachrichtenmanuskript vor der Nase, ich ging zurück ins Sprecherzimmer, um die Nachrichten zu verfolgen. Alles war wie immer.

Im Saal des »Regina Palast Hotels« vergrub währenddessen der Magier Strobl den Kopf in den Händen und ließ von Zeit zu Zeit ein leises Stöhnen hören. Aus dem Radio kam, worauf alle mit äußerster Spannung warteten. Der Gong! Dann die Stimme des Sprechers: »Beim Gongschlag war es 20 Uhr. Guten Abend, verehrte Hörerinnen und Hörer. Hier ist der Bayerische Rundfunk – Sie hören Nachrichten.«

Es ging um den Koreakrieg.

»Der Sprecher des Weißen Hauses in Washington hat am Morgen bekannt gegeben…« Plötzlich stockte die Stimme und erzeugte eine Art Vakuum im Sender, im Regieraum, im Sprecherzimmer und im »Regina Palast Hotel«.

Im Regieraum starrten alle Anwesenden durch die Glasscheibe ins Studio. Der Toningenieur wusste nicht, ob er das Mikrofon offen lassen oder abschalten sollte. Auch der Sendeleiter war ratlos.

Ich rannte rüber in den Regieraum. Dort herrschte totale Erstarrung. Der Nachrichtensprecher saß hinter dem Mikrofon, schnaufte wie ein Walross, wurde immer blasser, von seiner Stirn rannen Schweißtropfen.

»Der kippt gleich vom Stuhl!«, sagte der Sendeleiter und befahl mir: »Gehen Sie rein, und übernehmen Sie die Nachrichten!«

In diesem Augenblick streckte sich der Sprecher und sagte

mit glasigen Augen ins immer noch geöffnete Mikrofon: »Regina! Karo Dame!«, dann sackte er halb in sich zusammen.

So schnell und so leise wie möglich öffnete ich die Stahltür zum Studio, setzte mich neben meinen desolaten Kollegen und gab ihm durch Zeichen zu verstehen, dass er gehen solle, bevor er umkippte.

Im Saal des »Regina Palast Hotels« brach Jubel los. So was hatte man noch nicht erlebt. Eine Sensation! Magier Strobl sonnte sich im Glanze seiner Tat und ließ sich feiern.

Im Funkhaus glühten währenddessen die Drähte zwischen Regieraum, Sendeleitung, Sprecherzimmer, Intendanz, Technik und jeder nur denkbaren Abteilung im Haus, die man für den Vorfall irgendwie verantwortlich machen konnte.

Nach Beendigung der Nachrichten eilte ich ins Sprecherzimmer, um nach meinem Kollegen zu sehen. Der lag auf der Couch, umringt von besorgten Kollegen. Er atmete schwer und schien sich an nichts zu erinnern.

»Auf einmal wurde mir schwindelig«, flüsterte er angestrengt, »ab da weiß ich nicht, was passiert ist.«

Inzwischen war auch Hannes Stein, der Chefsprecher, eingelaufen.

»Sie bleiben jetzt erst mal hier liegen, bis ein Arzt kommt. Sie sehen zum Kotzen aus!«

Da war sie wieder, diese überwältigend liebenswerte Art unseres Chefs.

»Der Fernsehdirektor kommt noch und will mit Ihnen reden! Auf jeden Fall sind Sie für heute vom Dienst suspendiert. Die 22-Uhr und die 24-Uhr-Nachrichten liest …« Er stockte, sah sich um und stellte nicht gerade erfreut fest, dass es ein Damenabend war. Lieselotte Klingler war da, seine Frau und Stellvertreterin, Maria Poll war für eine Dichterlesung eingeteilt, Maria Sigg für eine klassische Musiksendung. Was blieb ihm anderes übrig? Sein Blick fiel auf mich.

»Also gut, Sie lesen heute die Nachrichten bis Dienstschluss!«

Pause. Dann gab er sich einen Ruck: »Bis auf Weiteres! Für Ihren Stationsdienst teile ich jemand anders ein. Sie übernehmen ab morgen Mittag, 13 Uhr!«

Es fiel mir schwer, unter den gegebenen Umständen meine Freude zu verhehlen. Von einer Minute zur anderen war ich Nachrichtensprecher. Mein Traumziel! Dafür brauchte man normalerweise Jahre an Geduld, Arschkriecherei, unzählige Kantinenabende mit eingebauten Kopfschmerzen und ein unverdientes Maß an Glück. Mein Glück lag jetzt wie ein Häufchen Elend auf der Couch und erinnerte sich an nichts.

Die Untersuchung des Vorfalles war intensiv und ging recht schnell. Den Verhören durch Polizei und Sicherheitsdienst hielt der Gedächtnisverlust des Kollegen nicht lange stand. Es stellte sich heraus, dass der Magier Strobl sich an unseren Kollegen mit dem Vorschlag herangemacht hatte, für eine Summe X während der Nachrichtensendung die manipulierte Karte aus dem Kartenspiel zu nennen, die er seinen Zuschauern auf der Bühne zeigte. Später erfuhren wir, dass Strobl unserem Kollegen außerdem eine Hauptrolle in einem geplanten Film angeboten hatte, in dem es um Magie und Hypnose gehen sollte. Und er war von Haus aus Schauspieler. Er wurde vom BR entlassen und erhielt drei Wochen Gefängnis wegen »groben Unfugs«.

Die Auswirkungen seiner Tat waren beträchtlich. Außer der Begeisterung im Saal des Regina Palast Hotels hatte seine gespielte *absence* zur Folge, dass Hörer im Grenzbereich zur Tschechoslowakei in Panik gerieten, weil sie glaubten, »Regina Karo Dame« sei eine verschlüsselte Nachricht an die Grenzpolizei oder amerikanischen Truppen gewesen. Einige sollen ihre Koffer gepackt haben, weil sie glaubten, die Russen kämen.

Hannes Steins »Bis auf Weiteres!« war zur Regel geworden. Vielleicht war es ihm auch nur zu mühsam, einen neuen Dienstplan aufzustellen. Ich las die Nachrichten und war im siebten Himmel.

Die »Regina Karo Dame«-Geschichte beförderte natürlich meinen Ruf im Sender, was sich vornehmlich durch häufigere Einladungen in die Kantine äußerte. Als »Mann der Stunde« fühlte ich mich geschmeichelt und schwebte auf Wolke sieben. Im Sprecherzimmer war mir der Status des Ersten Nachrichtensprechers zuerkannt worden, selbst Hannes Stein konnte nicht umhin zu zeigen – wenn auch verhalten –, dass er mit mir keine größeren Probleme mehr hatte.

»Sie machen das eigentlich ganz gut«, sagte er eines Tages, was einem Ritterschlag gleichkam. Seine Frau, Lieselotte Klingler, lud mich sogar wiederholt ein, am Wochenende während der Nachrichtenpausen als Zuhörer beim *Kabarett am Wochenend*, das sie ansagte, in der ersten Reihe zu sitzen. Das war eine ausgesprochene Ehre, die noch keinem meiner Kollegen zuteil geworden war.

»Soll ich dir heute Abend einen Platz reservieren?«, fragte sie eines Tages. »Vielleicht an der Seite, falls du später kommst? Wir fangen um 20 Uhr an zu senden.«

»Wer ist denn im Programm?«

»Fritz Benscher moderiert, eine Sängerin aus Hamburg, Gitta Lind, die Isarspatzen, die Josinders, Max Greger und Hugo Strasser mit dem Enzian Sextett.«

Die Josinders gaben den Ausschlag. Ein Damen-Quartett von besonderer Güte und bemerkenswerter Schönheit, durch die Bank. Gründerin war Josi Wendland, die Frau des später so populären Schmusesängers. Die anderen drei Damen waren Marie Adelheid von Aretin, die nachmalige berühmte Annette aus Lembkes *Was bin ich?*, Ajo Fitz aus der bekannten bayerischen Künstlerfamilie und eine gewisse Gundula, mit der mich seit einiger Zeit eine platonische, auf Musik beruhende Freundschaft verband, denn wir waren beide Mitglieder im »Club der Brüder und Schwestern«.

Der Club ging zurück auf Gerhard Lehner, einen hochbegabten Toningenieur des BR, der als Nebenjob ein Tonstudio für die amerikanischen Soldaten in der McGraw-Kaserne im

Münchner Stadtteil Giesing eingerichtet hatte. An Technik stand ihm alles zur Verfügung, was er für Programmproduktionen brauchte. Seine »Schatztruhe« aber war sein damals wohl einzigartiges Archiv amerikanischer U-Musik. Alles, was Ohren und Herz begehrten, stand in den Regalen und war dazu angetan, nicht nur den GIs, sondern allen Jazzliebhabern die grauen Tage zu erhellen.

Gerhard Lehner versammelte einen Kreis Musikbegeisterter beiderlei Geschlechts um sich, zu dem auch Gundula Korte gehörte. So entstand der »Club der Brüder und Schwestern«. Seine Satzung war kurz und unmissverständlich: Die Zusammenkünfte sollten dem ungestörten Genuss amerikanischer Musik dienen. »Intime Beziehungen unter den Clubmitgliedern verstoßen gegen die Satzung, da sie den Frieden in der Gemeinschaft beeinträchtigen können.«

Und wir hielten uns daran. Zugegeben, manchmal fiel es mir sehr schwer, dem Charme dieser Gundula zu widerstehen. Sie machte es mir leichter, nachdem sie erfahren hatte, dass ich offiziell verlobt war. Von diesem Moment an war ich für «Gundel» als Mann tabu, ja geradezu inexistent.

Als ich an dem Abend den Sendesaal betrat und zu meinem reservierten Stuhl schleichen wollte, waren die Proben für die Livesendung von *Kabarett am Wochenend* noch in vollem Gang. Der Star des Abends, die Schlagersängerin Gitta Lind, stand am Mikrofon in der Mitte der Bühne, das Josinders-Quartett im Halbkreis um sie herum. Gundel, die zweite Stimme, stand in der Mitte, genau hinter der Lind. Sie war vom Saal aus nicht zu sehen.

Für den Abend nach der Sendung war ein Treffen des »Clubs der Brüder und Schwestern« angesetzt. Dies wollte ich Gundel zur Sicherheit signalisieren, aber sie sah es nicht. Überhaupt schien sie Dinge, die sie nicht von vornherein als zumindest interessant betrachtete, gern zu übersehen. So war es auch bei unserer allerersten Begegnung auf dem Münchner Bahnhof gewesen. Sie war dem Vorortzug aus Gräfelfing entstiegen, direkt vor meiner Nase. Ich stand auf dem Bahnsteig, regungslos, wie vom Blitz, genauer gesagt, von Amors Pfeil getroffen, doch sie nahm mich überhaupt nicht zur Kenntnis, sondern verschwand hocherhobenen Hauptes, mit dazugehöriger kleiner Nase, in Richtung Ausgang Arnulfstraße.

Ihr Gesicht hatte sich meinem Gedächtnis regelrecht eingebrannt. Sie ging mir nicht mehr aus dem Kopf, trotz meiner mir anverlobten teuren Antje in Nürnberg. Nach drei Monaten erst sahen wir uns wieder, und diese Begegnung sollte über einige Schicksale entscheiden.

Meine Signale auf die Bühne blieben also weiter unentdeckt. Aber Gitta Lind fielen meine Hampeleien auf, und sie machte eine fragende Geste. Ich gab ihr zu verstehen, dass die Adressatin meiner Bemühungen direkt hinter ihr stand. Sie drehte sich um, zwinkerte mir anerkennend zu, und damit war der Fall zunächst erledigt.

»Du hast eine Eroberung gemacht«, sagte Gundel später. »Die Lind hat gefragt, ob wir Geschwister sind!«

Am nächsten Tag im Sprecherzimmer. Ich hatte gerade die Frühnachrichten am Sonntag gelesen und überlegte jetzt, was ich bis zu den nächsten Nachrichten um 12 Uhr machen sollte. Da klopfte es energisch an der Tür. Ich öffnete. Vor mir stand ein fast bodenlanger Waschbärmantel.

»Guten Morgen! Entschuldigen Sie die Störung, aber ich glaube, wir kennen uns!«

Die Stimme aus dem Waschbärmantel gehörte Gitta Lind, dem Star vom Vorabend

»Kann es sein, dass wir uns im Krieg getroffen haben, in einem Lager in Norwegen?«

Ich war im Krieg nicht in Norwegen gewesen. Überhaupt hatte ich das Gefühl, dass sie nur einen Vorwand suchte. Was sonst hatte ein Schlagerstar im Sprecherzimmer des Bayerischen Rundfunks zu suchen? Ein Schlüssel drehte sich im Türschloss, der Stationssprecher Richard Storck kam herein und grinste verwundert.

»Oh, wir haben hohen Besuch am Sonntagmorgen!«

Er erkannte die Lind sofort und zeigte nicht den leisesten Zweifel, dass ihm klar war, dass der Besuch der Dame mir galt.

»Ich glaube, die Kantine hat schon geöffnet, darf ich Sie zu irgendetwas einladen?«

Ich durfte. Etwa sechs Monate später, um präzise zu sein, am 17. April des Jahres 1950, heirateten der Star Gitta Lind und der kleine Nachrichtensprecher Joachim Fuchsberger auf dem Standesamt in der Au, am Mariahilfplatz in München. Trauzeuge war ein junger, begabter Komponist, Rolf Wilhelm, mit dem mich eine enge Freundschaft verband. Als wir das Standesamt verließen, überraschte uns der gewaltige Tusch einer Big Band, die auf einem Lastwagen stand und dort oben so laut amerikanisch jazzte, dass der ganze Platz mit der schönen Kirche und alles, was in der Au wohnte, etwas davon hatte. Es war Max Greger mit seiner neuen Formation, die später in der ganzen Welt bekannt und bejubelt wurde.

Die Hochzeit mit Gitta Lind hatte mein junges Leben total verändert. Wie hätte es anders sein können? Schmerzlich war die Trennung von Antje, peinlich mein Abschiedsbesuch bei ihren Eltern in Düsseldorf und fast traurig mein Abschied aus dem »Club der Brüder und Schwestern« gewesen. Dort hatte man mir die Heirat übel genommen, vor allem Gundel entzog mir ihre Sympathie und kündigte mir die Freundschaft. Meine Wahl fand bei niemandem Verständnis. Jeder schien etwas Nachteiliges über meine Frau zu wissen, aber keiner sagte klar und deutlich, was. Es kamen nur Andeutungen, die mich langsam, aber sicher in Harnisch brachten und meinen Stolz verletzten. Ich wurde bockig und benahm mich falsch. Doch ich konnte auch verstehen, dass man meine Hochzeit mit sehr gemischten Gefühlen betrachtete.

Andererseits war ich als Erster Nachrichtensprecher offiziell anerkannt und hatte inzwischen sehr interessante und gut bezahlte Nebenjobs. Der später so berühmte Robert Lembke engagierte mich für seine neue, sehr amüsante Show *Unsere kleine Spätlese – aus dem Papierkorb der Weltpresse*. Ingrid Howe, eine äußerst attraktive junge Dame, Klaus Havenstein, einer der späteren Stars der Münchner Lach- und Schießgesellschaft, Kollege Horst Fischer und ich lasen abwechselnd lustige Meldungen oder Stilblüten aus Zeitungen aus aller Welt und unterlegten sie mit dazu ausgesuchter, passender Musik. Die Sendung war sehr beliebt und kam einmal wöchentlich im Abendprogramm.

Der Filmbeauftragte der amerikanischen Militärregierung, George Salmoni, entdeckte dann meine Stimme für die Wochenschau *Welt im Bild* in den Kinos. Jeden Freitag fuhr ich mit dem Statussymbol des Paares Lind-Fuchsberger, einem nagelneuen grasgrünen Porsche, hinaus nach Geiselgasteig, einem Ortsteil der Gemeinde Grünwald, wo in den riesigen Hallen der Bavaria-Filmstudios die Wochenschau produziert wurde.

Zu den Privilegien des Nachrichtensprechers gehörte damals, dass ich einmal im Monat in den Englischen Garten zum Chinesischen Turm fuhr. Dort gab es einen PX-Store, eine Verkaufsstelle der Amerikaner, wo man alles kaufen konnte, was unsere Herzen ansonsten vergeblich begehrten. Der für den BR zuständige amerikanische Kontrolloffizier, wegen seines rosigen Aussehens »Porky« genannt, hatte die überaus menschliche Idee gehabt, uns Gutscheine auszugeben, mit denen wir im PX alles erstehen konnten, was es auf dem zivilen Markt immer noch nicht gab. Intern war es Bedingung, dass der jeweilige Einkäufer für alle Kollegen eine Party schmiss. Nach den letzten Nachrichten um 1 Uhr morgens wurde dann aus dem Sprecherzimmer eine Art Privatbar, ach was, ein Orgientempel, in dem gefeiert wurde, dass die Wände wackelten. So auch in jener denkwürdigen Nacht, in der ich wieder an der Reihe war. Am nächsten Tag hatte ich frei, also tat ich mir keinen Zwang an.

(oben) Vater, Mutter und erstgeborener Fuchsberger im Schlosspark von Schwetzingen, 1932. Foto: privat

(links) Als Rennleiter beim Tretrollerrennen, Wiblingen, 1932. Foto: privat

(oben) Erster Passagierflug auf dem Flugplatz Mannheim, 1933, mit Vater Wilhelm (weißes Hemd) und Mutter Emma (oben Mitte). Foto: privat

(unten) Zweifelnder Sextaner am Fürstenwall-Gymnasium in Düsseldorf, 1937. Foto: privat

(oben) Familie Fuchsberger 1938 in der Düsseldorfer Lindemannstraße (v. r. n. l.): Wilhelm Fuchsberger, Joachim, Wilfried, Otmar, Mutter Emma. Foto: privat

(links) Fallschirmjäger an der Springerschule Wittstock an der Dosse, 1944. Foto: privat

(oben) In der Sprecherkabine der Bauausstellung 1949 in Nürnberg. Foto: privat

(unten) Vor dem ersten Alleinflug, Segelfliegerschule Zell am See, 1952. Foto: privat

(oben links) 08/15 mit Paul Bösiger, 1954. Foto: Karl Beyer, Garmisch

(oben rechts) Gundula, meine Braut, 1954. Foto: Karl Beyer, Garmisch

(links) Hochzeit mit Gundula, 1954. Foto: Pit Seeger

(oben links) Wieder Boden unter den Füßen: Nach bestandener Pilotenprüfung, 1956. Foto: privat

(oben rechts) Gewogen und für gut befunden: Thommy, 1957. Foto: unbekannt

(unten) Thommys erster Geburtstag: Tanz mit Alice und Ellen Kessler, Meran, 1958. Foto: Seitz-Film

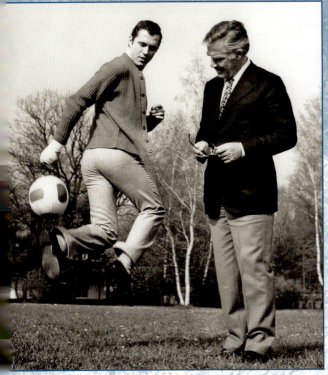

(oben) Promotion-Foto für *Bande des Schrecken* (1960) mit Karin Dor, Dieter Eppler und Eddi Arent (am Boden). Foto: unbekannt

(links) Der junge Franz Beckenbauer verrät mir seine Tricks, um 1960. Foto: Bayerischer Rundfunk/Rolf Gonter

(oben) Mit Eddi Arent in einem der ersten Wallace-Filme, um 1961. Foto: Constantin Film

(rechts) Als Gegenspieler von Lex Barker in dem Kinofilm *Wer ist Johnny Ringo?*, 1965. Foto: unbekannt

(oben) Mit Nachwuchs im Studio, um 1966. Foto: unbekannt

(unten) Mit Udo Jürgens beim Verfassen des Textes für *Was ich dir sagen will*, 1967. Foto: unbekannt

(rechts) Thomas Michael (Thommy) mit zehn Jahren, 1967.
Foto: Bayerischer Rundfunk/Rolf Gonter

(rechts) Kampfszene aus dem Fernsehfilm *Hotel Royal*, 1969.
Foto: Neue Münchner Fernsehproduktion

(links) **Als Jeff Barlow im Fernsehfilm** *Heißer Sand*, 1970.
Foto: unbekannt

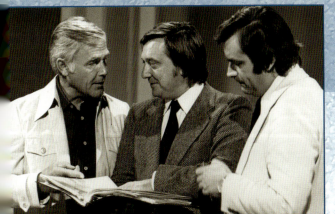

(links) Der heiße Draht: Samstagabend-Show des Südwestfunks mit Dieter Pröttel und Wolfgang Penk, 1973.
Foto: Südwestfunk Baden-Baden

inke Seite) Meine Inspiration: Gundel und
hommy, 1974. Foto: Walter Sahm, München

ben) Vater und Sohn, um 1975.
oto: unbekannt

nten) Zufrieden nach getaner Arbeit: Mit
hommy auf der Terrasse in Grünwald, um 1980.
oto: Ingo F. Meier, München

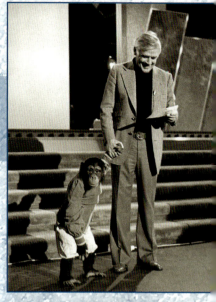

Auf los geht's los: Probe mit dem Schimpansen Charly, 1982.
Foto: Südwestfunk Baden-Baden

Auf los geht's los mit Klaus Kinski.
Foto: Südwestfunk Baden-Baden

Auf los geht's los mit Arnold Schwarzenegger.
Foto: Südwestfunk Baden-Baden

Auf los geht's los mit Sean Connery und Klaus Maria Brandauer.
Foto: Südwestfunk Baden-Baden

Auf los geht's los mit Barbra Streisand. Foto: Südwestfunk Baden-Baden

Auf los geht's los mit Robert De Niro. Foto: Südwestfunk Baden-Baden

Mit Christopher Lee bei meiner berühmt-berüchtigten Nachthemd-Moderation von *Auf los geht's los*, 1983: Ich hatte in *Wetten, dass* … meine Wette verloren. Foto: Südwestfunk Baden-Baden

Auf los geht's los mit Peter Ustinov: Die letzte Sendung 1986 war UNICEF gewidmet. Foto: Südwestfunk Baden-Baden

Auf los geht's los:
Mit dem jüngsten Clown in der Sendung für UNICEF. Foto: unbekannt

Während im Sprecherzimmer gefeiert wurde, fand im Zuchthaus Straubing in Niederbayern eine Revolte statt. Die Gefangenen hatten zwei Wärter als Geiseln genommen, um gegen die damals unerträglichen hygienischen Missstände zu protestieren.

Als diese Meldung in den frühen Morgenstunden in der Nachrichtenredaktion eintraf, war die Stimmung im Sprecherzimmer gerade auf dem Höhepunkt angelangt. Die Flaschen waren leer und wir voll wie die Strandhaubitzen.

Es war, wie immer, gegen 5.30 Uhr, als der Chauffeur aufgeregt im Sprecherzimmer erschien. Angesichts der besoffenen Besatzung, wusste er nicht so recht, was er tun sollte.

»Der Herr Riehl ist krank!«, meldete er. »Der krächzt nur noch, der kann keine Nachrichten lesen! Unten in der Fahrbereitschaft haben sie mir gesagt, dass Herr Fuchsberger noch im Haus ist. Kann der die Nachrichten lesen?«

Nein, der konnte nicht, denn er war voll bis oben hin, und es war nur noch eine knappe halbe Stunde bis zu den Nachrichten um 6 Uhr. Die Kollegen versuchten angestrengt, durch gewaltsames Einflößen von Kaffee den Ersten Nachrichtensprecher halbwegs nüchtern zu kriegen. Wie ich in die Redaktion kam, das Manuskript abholte, die Treppen hinunterwankte und im Studio vor das Mikrofon sackte, ist mir nicht mehr in Erinnerung. Was danach kam schon, denn mein Zustand führte direkt in die Katastrophe.

Das rote Licht leuchtete, der Gong ertönte, ich war dran.

»Guten Morgen, verehrte Hörer! Es ist«, kleine Pause, »6 Uhr«, kleine Pause, »Sie hören Nachrichten!«

Die Köpfe im Regieraum hoben sich, sahen etwas irritiert zu mir herein.

»Wie unsere Nachrichtenredaktion soeben erfahren hat, hat in der Justizvollzugsanstalt« – Mann, war das ein schwieriges Wort – »vor wenigen Stunden die erste Geiselnahme in Bayern stattgefunden!« Kleine Pause. Weiter. »Der Bayerische Minister Prof. Dr. Dr. Alois Hundhammer erklärte den Gefangenen vor

Ort …, er werde für die Beseitigung der hygienischen Missstände sorgen!«

Bei »hygienisch« kam das Y schon als I aus meinem Mund, was irritierte. Und wenn man während der Livenachrichten gedanklich vom Skript abgelenkt weiterliest, passiert unter Garantie ein Versprecher. Meiner wurde zum Politikum.

»Minister Hundhammer erklärte jedoch gegenüber den Gefangenen, dass sie mit der Geiselnahme ihre Situation nur verschlimmerten!«

Die Meldung hätte weiter lauten sollen, die Gefangenen hätten sich bewusst zu machen, dass sie in einer Strafvollzugsanstalt saßen und nicht in einem Erholungsheim. Aus meinem Suffkopf kam aber das Gegenteil: »Der Minister erklärte den Gefangenen, sie hätten kein Recht, Geiseln zu nehmen. Sie müssten sich immer bewusst bleiben, dass sie hier nicht … in einer Vollzugsanstalt … sitzen, sondern … in einem Erholungsheim …!«

Hinter der Glasscheibe gingen alle auf Tauchstation, mit Ausnahme des Sendeleiters. Der starrte zunächst entsetzt zu mir herein, dann fing er an zu lachen. Aber nur kurz. Ich sah, wie er den Hörer ans Ohr hob und sehr ernst wurde, und las weiter. Zunächst hatte ich nicht die geringste Ahnung, was ich da angerichtet hatte. Der Versprecher war noch nicht bis in mein benebeltes Hirn vorgedrungen, aber mir dämmerte, dass wohl etwas danebengegangen war. Erheblich verunsichert, verhaspelte ich mich immer öfter, sodass es jedem Hörer auffallen musste: Der Kerl am Mikrofon ist besoffen! Und das beim Bayerischen Rundfunk.

»Na servus«, sagte Gerhard Lehner anschließend am Mischpult im Regieraum, »da hast dir aber was eingebrockt!« Dabei konnte er sich das Lachen nicht verkneifen.

»Programmdirektor Schneider-Schelde hat angerufen«, meldete der Sendeleiter, »Sie sollen in einer Stunde beim Intendanten sein!«

Im Sprecherzimmer wartete Richard Storck mit einem Becher Kaffee.

»Extra stark, aus deinem PX-Paket«, grinste er, »den kannst du jetzt brauchen! Zum Verhör musst du nüchtern sein!«

Es war mein erster Besuch im Allerheiligsten, in der Chefetage, beim Intendanten. Gut möglich, dass es auch der letzte würde. Rudolf von Scholz, ein gütiger, alter Gentleman, hatte einige der leitenden Herren des Senders zum Gericht geladen. Ich hatte beachtliches Fracksausen, als ich mich der geballten Hausmacht gegenübersah. Alle waren zurückhaltend freundlich, kein gutes Zeichen. Am nettesten begrüßte mich der Intendant.

»Jetzt nehmen Sie mal Platz, und dann erzählen Sie uns, was Sie sich dabei gedacht haben …«

Er wies auf einen Stuhl rechts von seinem Schreibtisch. Ihm gegenüber, um einen Couchtisch herum, saßen Sendeleiter Otto Freundorfer, Chefsprecher Hannes Stein, Programmdirektor Rudolf Schneider-Schelde und ein mir unbekannter Mann aus der Nachrichtenredaktion. Aller Blicke waren bohrend auf mich gerichtet. Mit trockenem Hals saß ich auf dem Anklagestuhl. Auch dem Intendanten schien nicht ganz wohl in der Haut zu sein. Er versuchte zu helfen.

»Wie kam es denn überhaupt zu Ihrem unglücklichen Auftritt? Sie haben ja wohl nicht ganz nüchtern die Nachrichten gelesen, richtig?«

»Ja, das ist richtig, aber es war außerhalb der Dienstzeit. Ich wollte eigentlich nur helfen!«

Dann nahm der Intendant, offensichtlich hatte er noch nie etwas vom Privileg des Einkaufs von PX-Köstlichkeiten gehört, staunend meinen detaillierten Bericht über den Hergang des Falles zur Kenntnis. Als ich fertig war, schien es mir, als spielte ein Schmunzeln um seine Lippen. Keiner im Raum sagte etwas. »Ah ja – so war das also! Und was machen wir jetzt?« Er schaute sich fragend unter den anwesenden Entscheidungsträgern um, erhielt aber keinerlei Unterstützung. So blieb ihm nichts anderes übrig, als den Ausweg aus der festgefahrenen Situation allein zu suchen. Er tat es auf eine sehr persönliche Art.

»Wie alt sind Sie?«

»Zweiundzwanzig, Herr Intendant.«

»Wissen Sie, dass Sie der jüngste Nachrichtensprecher an einer deutschen Sendeanstalt sind?«

Er hatte sich also über mich erkundigt. Ich sagte nichts.

»Da haben Sie doch eine bemerkenswerte Karriere vor sich – in dem Alter! Warum trinken Sie da?«

Ein fast väterlicher Vorwurf.

»Es war eine Party, Herr Intendant, einmal im Monat!«

»Erinnern Sie sich, was Sie da getrunken haben?«

»Whisky!«

»Aha, dieses Black-and-White-Zeugs!«

Dann kam ihm eine Idee, und er lächelte.

»Eigentlich sehen Sie ja ganz gut aus!«

Ich muss ihn ziemlich blöd angeschaut haben.

»Wissen Sie denn nicht, dass Whisky impotent macht? Wenn Sie weiterhin dieses Black-and-White-Zeugs trinken und mit Ihrer Frau im Suff Kinder zeugen, dann kommen die mit einem Kainsmal auf der Stirn zur Welt. Sie bekommen lauter kleine ›Blackys‹!«

Ich war sprachlos. Nicht nur wegen des wirklich originellen Gedankengangs meines obersten Chefs, sondern fast noch mehr deshalb, weil in diesem Moment zum zweiten Mal in meinem Leben, völlig unabhängig voneinander, der Name Blacky auftauchte – inzwischen hörte ich längst wieder auf meinen schönen, alttestamentarischen Namen Joachim.

Rudolf von Scholz machte der Sitzung ein versöhnliches Ende.

»Ich war entschlossen, Sie fristlos zu entlassen. Nach dem, was Sie berichtet haben, ist das ja wohl kaum möglich. Dank werden Sie hoffentlich nicht erwarten, also lassen wir alles beim Alten. Sind die Herren damit einverstanden?«

Sie waren es, und ich durfte gehen. Im Foyer wartete ein Journalist der Friedmann-Schule auf mich. Am nächsten Tag berichtete die *Abendzeitung*: »Gnade vor Recht für den betrunkenen

Nachrichtensprecher Joachim ›Blacky‹ Fuchsberger.« Der Spitzname sollte mir bleiben.

Bei meiner Frau allerdings hieß ich aus nicht nachvollziehbarem Grund »Dicker«, obwohl ich damals dünn wie ein Strich war. Das lag nicht zuletzt daran, dass wir eine Ehe auf räumliche Trennung führten. Gitta war ein erfolgreicher Star, mit Engagements auf allen Bühnen des Landes, bei allen Rundfunkstationen. Sie tourte mit den großen Orchestern durch die Städte, mit Max Greger, Erwin Lehn, Werner Müller, Willy Berking, Kurt Edelhagen, Herbert Beckh, mit Stars wie Helmut Zacharias, Bully Buhlan, Gerhard Wendland, dem Quartett Friedel Hensch und die Cyprys, Sven Asmussen, Peter Frankenfeld, Lys Assia und wie sie alle hießen. Ein Leben im Hotel, auf der Straße und auf den Bühnen. Ein Leben mit viel Erfolg, aber ohne mich. Ich saß im Funkhaus in München und sehnte mich nach dem freien Tag im Dienstplan, an dem ich nach der letzten Sendung in »ihren« Porsche stieg und ein paar hundert Kilometer in irgendeine Tournee-Stadt raste, um zu tun, wozu ein liebender Ehemann in der Lage ist. Das war oft mühsam und manchmal von Umständen begleitet, die mich nachdenklich machten. Konnte man so eine Ehe führen? Die meiste Zeit voneinander getrennt, jeder mit seinen Aufgaben beschäftigt, ohne die Hilfe, ohne den manchmal nötigen Zuspruch des anderen? Konnte das auf Dauer gut gehen?

Hin und wieder fiel mir auf, dass ich, nach anstrengender Fahrt zu meiner Frau, bemerkenswert lange im Foyer ihres Hotels warten musste und dem jeweiligen Empfangschef erst klarmachen musste, dass ich ihr Mann war, bevor er mir ihre Zimmernummer verriet.

Wenn ich dann meiner Frau unerwartet gegenüberstand, hatte ich nicht immer das Gefühl, willkommen zu sein. Auch nicht, dass ich sie aus erschöpftem Schlaf gerissen hätte. Natürlich litten die Begegnungen darunter. Was trotzdem stattfand, hinterließ eher den schalen Eindruck von Pflichterfüllung. Es musste zu einer Lösung des Problems kommen. Aber wie?

Gitta war der Hauptverdiener, der Star. Keiner von uns hätte auch nur einen Augenblick daran gedacht, dass sie ihre Karriere aufgeben sollte, um bei mir in München zu bleiben, in unserer entzückenden, gemieteten Dachwohnung in Putzbrunn. Bei einem Nachrichtensprecher mit relativ bescheidenem Gehalt. Also war es an mir, den entscheidenden Schritt zu tun.

»Du kannst mich auf Tournee begleiten«, meinte Gitta nach einem ernsten Gespräch und einem guten Essen. »Du könntest meine Verträge machen, wenn du dir das zutraust, und wenn du willst, kannst du mich fahren, ich hab die Busfahrerei ohnehin satt.«

Wollte ich das wirklich? Und wenn ja, wie würde es enden? Würde ich zum Kofferträger und Chauffeur? Zum Watschenmann oder Blitzableiter für einen ehrgeizigen Star, launisch gelegentlich und nicht selten aufbrausend? Andererseits, eine Ehe ist doch so was wie das Zusammenführen zweier Kräfte, die Bündelung unterschiedlicher Talente zu gemeinsamem Erfolg. So dachte ich und handelte danach.

»Sind Sie sich darüber im Klaren, was Sie da tun?«, fragte Programmdirektor Rudolf Schneider-Schelde, als er meine Kündigung las. »Sie sind dreiundzwanzig und können bei uns aufsteigen bis wer weiß wohin! Was haben Sie denn vor?«

»Ich weiß es noch nicht. Ich glaube, ich gehöre an die Seite meiner Frau. Sie arbeitet hart und ist ständig auf Achse. Vielleicht kann ich ihr helfen.«

»Sie müssen wissen, was Sie tun, aber überlegen Sie sich das gut!«

Die Würfel waren gefallen, und alle hielten mich für verrückt. So einen Job gab man nicht auf. Gitta war überrascht. Offenbar hatte sie nicht mit dieser konsequenten Haltung gerechnet. Auch aus finanziellen Gründen schien sie nicht begeistert zu sein, sie war jetzt der Haushaltsvorstand, mit einem Mann ohne Beruf und wenig Einkommen.

Es störte mich nicht, wenn man mir unterwegs manchmal meinen Namen verweigerte und mich freundlich mit »Guten Tag, Herr Lind« begrüßte. Es störte mich aber gewaltig, wenn meine Frau, nach einer rasanten Fahrt über ein paar Hundert Kilometer zu einem kurzfristig anberaumten Termin, monierte, dass ich neue Reifen für den Porsche wollte.

»Was, schon wieder? Wie viel kosten die denn?«

Bei solchen Gelegenheiten krachte es im Gebälk. Ich fühlte mich beschissen und benahm mich so. Manchmal hatte ich den Eindruck, dass die Kollegen meiner Frau und das Tourneepersonal hinter meinem Rücken Despektierliches tuschelten. Langsam, aber sicher manövrierte ich mich selber ins Abseits, wurde zum gemiedenen Meckerer in einem betont lebenslustigen Kreis.

Peter Frankenfeld, der große Entertainer, moderierte die gerade laufende Tournee. Er war, oft zum Ärger der Interpreten, der Star des Abends. Auf Ansagen beschränkte er sich nicht, er baute sich ein eigenes Programm aus Sketchen und genialen Gags, mit denen er das Publikum regelrecht von den Stühlen riss. Ich stand in der Bühnengasse, wo ich immer stand, und bewunderte ihn. Fand es aufregend, wenn er seine festgelegte Zeit unbekümmert überzog, einen Gag nach dem anderen abspulte und die Leute im Saal zum Jubeln brachte, während sich die Kollegen auf der Hinterbühne ärgerten und auf ihren Auftritt warten mussten. Er sah mich oft da stehen, grinste zu mir herüber und zwinkerte mir zu. Vermutlich spürte er meine Bewunderung und behandelte mich deshalb auffallend nett. Außerdem liebte er es, seine Kollegen zu verkohlen, und dafür kam ich gerade recht.

Eines Abends, kurz vor Beginn der Vorstellung, irgendwo im Hessischen, nahm er mich in der Ecke der Künstlergarderobe, in der die Stars in ihren durch Vorhänge abgeteilten Kabinen saßen und alles mithören konnten, zur Seite.

»Stell dir vor«, verkündete er mir laut und deutlich, »stell dir vor, der geizige Hoffmeister hat mir heute freiwillig die Gage erhöht!«

Natürlich kannte ich Heinz Hoffmeister, den damaligen Tourneegiganten aus Mannheim, bekannt sparsam, um nicht zu sagen knauserig. Dass der freiwillig die Gage eines Künstlers erhöhte, war höchst unwahrscheinlich.

»Das glaube ich nicht«, sagte ich und sah Peter in sein grinsendes Gesicht.

»Aber wenn ich dir's doch sage. Er meinte sogar, ich arbeite länger als auf dem Plan, habe mehr Beifall als die anderen, deswegen zahlt er mehr!« Er zwinkerte mit einem Auge und grinste in Richtung der Vorhänge.

»Gratuliere.« Jetzt grinste ich zurück.

»Aber behalt's für dich«, sagte Peter, »sonst gibt's hier Stunk!«

Noch vor Beginn der Vorstellung kam der Stunk. Der Tourneeleiter wunderte sich, wieso plötzlich alle wissen wollten, wann Heinz Hoffmeister komme, sie müssten ihn so schnell wie möglich sprechen.

Peter liebte solche Geschichten, aber irgendwann fiel niemand mehr darauf herein. Deshalb reagierten wir auch alle recht gelassen, als er eines Nachmittags erschien, sehr aufgeregt, und mich zur Seite nahm.

»Du musst heute für mich ansagen!«

»Wie bitte?«

»Ich hab völlig vergessen, dass ich heut Abend eine Sendung beim Hessischen Rundfunk hab, live! Wenn ich da nicht antrete, bin ich geliefert! Machst du's?«

»Das kann ich nicht. Ich bin kein Conférencier!«

»Aber du kennst mein Programm auswendig. Du kannst alle meine Gags verwenden!«

»Verscheißern kann ich mich selber!«

Der große Peter Frankenfeld sah aus wie ein Bernhardiner, mit hängenden Lefzen und traurigen Augen.

»Dann bin ich beim HR ab heute Abend in Verschiss! Die nehmen mich nie wieder!«

Am Abend sahen die Zuschauer einen jungen Mann auf die

Bühne kommen, den keiner kannte. Er stellte sich in die Mitte der Bühne und verbeugte sich etwas linkisch.

»Guten Abend, meine Damen und Herren! Ich heiße Joachim Fuchsberger und wurde von Peter Frankenfeld gebeten, für ihn einzuspringen!«

Totenstille im Saal.

»Ich weiß, dass Sie Peter Frankenfeld sehen und hören wollen, aber er hat gesagt, er hätte heut Abend was Besseres vor!«

Unruhe im Saal. He, Leute, das sollte ein Witz sein!

»Er hat mir erlaubt, sein Programm zu benutzen, Ihnen mit einem schönen Gruß seine Witze zu erzählen!«

Keine Reaktion – sie ließen mich sterben. Am liebsten wäre ich in der Bühnenversenkung verschwunden. Ich versuchte es trotzdem: »In Berlin sieht eine Frau auf dem Ku'damm einen grade mal vielleicht sieben Jahre alten Jungen rauchend an einer Laterne stehen. Sie geht zu ihm und fragt: ›Weiß deine Mutter eigentlich, dass du auf der Straße rauchst?‹ Sagt der Junge zu der Dame: ›Und weeß Ihr Oller, det Se junge Männer uff de Straße ansprechen?‹«

Kaum Reaktion. Die wollten mich nicht!

»Also gut! Ich hab dem Peter versprochen, ihn heute Abend zu vertreten, weil er vergessen hat, dass er eine Sendung in Frankfurt beim Hessischen Rundfunk hat. Er hat Angst, dass sie ihn rausschmeißen!«

Erster Lacher.

»Ich weiß, dass man ihn nicht ersetzen kann, aber ich kann Ihnen vielleicht ein paar Sachen erzählen, die sich hier bei uns so während der Tournee abspielen.«

Ein Blick in die Bühnengasse. Da standen bereits die Cyprys und starrten mich an. Gitta in ihrem weißen Tüllkleid, neben ihr Bully Buhlan, hinter ihm Helmut Zacharias, den Kopf an den Hals seiner Geige gestützt.

»Helmut Zacharias zum Beispiel – Sie kennen alle sein Lied ›Wie ein Roman fängt oft die Liebe an ...‹, das er nachher auch für Sie spielen wird – konnte vor ein paar Tagen die Nummer vor Lachen nicht zu Ende geigen, weil Bully Buhlan und Gerhard Wendland an der romantischsten Stelle des Liedes ein paar alte, vergammelte Chaplin-Stiefel an Klavierdrähten vor seiner Nase vorbeizogen.«

Gelächter. Blick in die Bühnengasse. Zacharias drohte mit dem Geigenbogen, Bully grinste. Gitta hielt den Daumen hoch. Ich erschrak, neben ihr stand plötzlich Heinz Hoffmeister, der kleine, dicke Superboss mit der Fistelstimme. Der war nicht angesagt. Und jetzt war Peter nicht da – an seiner Stelle stand ich Greenhorn vor dem Mikro. Wieder mal bahnte sich eine Katastrophe an.

»Der Wendland singt nachher für Sie ›Das machen nur die Beine von Dolores‹.« Zwischenapplaus. »Er hat die Angewohnheit, seine rote Smokingjacke erst im allerletzten Moment anzuziehen, weil sie sehr warm ist. Sie muss direkt in der Bühnengasse an einem Garderobenständer hängen, gerade so, dass Sie sie von da unten nicht sehen können. Bei seinem Auftritt kommt er gerne mit einem Satz auf die Bühne, tänzelt wie vor einem Boxkampf – und im Sprung zieht er die Jacke über. Nur neulich klappte das nicht! Da hat ihm der Bully einen der Jackenärmel zugenäht. Aber das merkte er erst, als er wie der Glöckner von Notre-Dame auf der Bühne stand und das Orchester bereits seinen Einsatz spielte!«

Lachen, Applaus. Und so machte ich weiter und merkte, dass es ungeheuren Spaß macht, Menschen zum Lachen zu bringen. Am Ende der Vorstellung nahm mich Heinz Hoffmeister auf der Hinterbühne in Empfang.

»Sie kriegen bei mir einen eigenen Abend als Moderator!«, flötete er mit seiner Fistelstimme. »Ich zahle Ihnen fünfzig Mark pro Vorstellung«

Es war der erste Schritt aus der selbst gewählten Abhängigkeit von meiner berühmten Frau. Der zweite kam ganz überraschend, an einem gemütlichen Abend zu Hause in Putzbrunn, nach einem köstlichen Candle-Light-Dinner. Ottilie, unsere Hilfe, eine waschechte Schlesierin, flink und fleißig und lustig, hatte wieder einmal wunderbar gekocht.

Nach dem Essen soll man ruhn oder tausend Schritte tun. Meine Frau war in vielen Dingen unvernünftig, unorthodox könnte man sagen, und tat etwas ganz anderes: Sie nahm ein Vollbad! Gern nutzte sie die Akustik im Bad für ihre Stimmübungen, so auch an diesem Abend. Ich hatte mich mittlerweile daran gewöhnt und schenkte dem weiter keine Beachtung.

Plötzlich machte sie eine Pause. Dann stieg ihre Stimme in die Höhen des dreigestrichenen F – der höchste Ton der Arie der »Königin der Nacht« – und verharrte dort. Ottilie und ich bekamen Angst, dass die Gläser zerspringen würden.

Ich rannte ins Badezimmer. Da saß Gitta mit hochrotem Kopf und grinste mich an.

»Na, was sagst du?«

»Gar nichts! Aber ich frage mich – warum singst du mit dieser wunderbaren Stimme immer nur solche läppischen Schlager?«

»Weil ich keine guten Texte kriege! Denk an Heinz Gietz und ›Veilchen zu verkaufen‹. Eine super Melodie, aber den Text kann man nicht singen. Englisch kommt viel besser aus dem Hals!«

Heinz Gietz war einer der Toparrangeure und -komponisten der Fünfzigerjahre. Für meine Frau hatte er *Veilchen zu verkaufen* komponiert. Das Lied erzählt die Geschichte eines Blumenmädchens, das nachts durch die Restaurants zieht und Blumen anbietet. Warum er dem Lied den Titel *Veilchen zu verkaufen* gab, war sein Geheimnis. Vielleicht hat er es so erlebt, in einer romantischen Situation?

»Veilchen zu verkaufen!«, schmetterte Gitta jetzt zum Beweis in der Badewanne. Es klang tatsächlich irgendwie gepresst.

»Dann sing doch ›Blumen für die Dame‹ – so kenn ich den Spruch, wenn die Blumenfrauen an den Tisch kommen.«

»Schreib mir den Text!«, sagte Gitta und stieg aus der Wanne. »Schreib mir offene Vokale, so viele wie möglich! Ich brauche As und Os und Aus – auch Üs gehen noch, aber keine Is. Ich bin keine I-Sängerin, ich brauch so was wie ›Roter Mohn‹ von Rosita Serrano!«

Aus *Veilchen zu verkaufen* wurde nach einigen schlaflosen Nächten also:

»Blumen für die Dame«

Wenn nachts schon viele schlafen
Und tausend Lichter glühn,
Dann muss ich durch die Straßen
Und viele Häuser ziehn –

Blumen für die Dame
Blumen für die Dame

Wenn dunkelrote Rosen
Auf weißen Tischen stehn
Und Hände sich liebkosen,
Dann muss ich weitergehn –

Blumen für die Dame
Blumen für die Dame

Allein in einer großen Stadt,
Und niemand der mir auch nur einmal Blumen schenkt.
Das Glück mich wohl vergessen hat,
Kein Mensch, der in Liebe an mich denkt
Ich bin allein …

So zieh ich durch die Straßen,
Wie lang – ich weiß es kaum.

Und darf ich endlich schlafen,
Dann ruf ich noch im Traum:

Blumen für die Dame
Blumen für die Dame.«

Im instrumentalen Mittelteil baute Heinz Gietz die Möglichkeit
für Gittas hohes F ein. Das Blumenmädchen wurde ein Welterfolg,
aus mir ein fest verpflichteter Textdichter beim Verlag August
Seith in München, und ich startete eine Karriere als Übersetzer
vieler amerikanischer Erfolge.

Drum prüfe, wer sich ewig bindet

Azurblau mit kleinen weißen Kumuli, der viel besungene baye-
rische Himmel. Die Luft war wie Seide, manche klagten über
Föhn. Auf jeden Fall war es ein Tag, an dem man Menschen
grüßt, ohne sie zu kennen, ein Tag, an dem man sich auf einen
Abend mit Freunden unter Kastanien im Biergarten freut. Ein
»Münchner Tag«.

Ich schlenderte durch die Stadt, in der ich inzwischen seit
vier Jahren lebte und der meine ganze Liebe gehörte, obwohl
sie die ziemlich lange unerwidert ließ. Jetzt war ich hier daheim,
mochte es nirgendwo sonst sein, war angenommen und fühlte
mich sauwohl. Die Briennerstraße mit dem wundervollen Wit-
telsbacherplatz, die Feldherrnhalle, die Theatinerstraße mit der
Theatinerkirche, die Residenz. Und natürlich das Herz: der
Marienplatz und das neugotische Rathaus mit dem Glockenspiel
der tanzenden Schäffler. Aber der Krieg hatte auch hässliche
Lücken geschlagen, die mit zahlreichen nicht besonders gelungenen Neubauten gefüllt wurden.

Am Himmel kreiste ein Segelflugzeug und versuchte, in der
Thermik der Stadt an Höhe zu gewinnen. Plötzlich wusste ich,
was ich mit dem angebrochenen Tag anfangen würde. Eine halbe
Stunde später saß ich in der Zirbelstube des Flughafengebäudes
in Riem und fragte den Kellner nach dem Segelflugzeug.

»Fragen Sie doch in der Flugleitung, die wissen sicher was.
Möchten's was trinken?«

In der Flugleitung erfuhr ich, was ich wissen wollte. Der

Pilot des Segelflugzeugs hieß Ernst Jachtmann und flog eine Kranich II mit dem Namen *Scandinavia*. Er war Weltrekordler mit vierundfünfzig Stunden Dauerflug im Krieg, irgendwo an der Ostseeküste. Da war er bereits oberschenkelamputiert.

Hier in München-Riem flog er die Kapitäne der *Pan American Airways* und der *Scandinavian Airways* zum Spaß in der Gegend herum. Er startete mit der Seilwinde und landete immer an der gleichen Stelle. Nach den Flügen kam er regelmäßig in die Zirbelstube.

Dort wartete ich auf ihn. Er hatte kurz geschnittene blonde Haare, wasserhelle blaue Augen, Adlernase, Lippen wie ein Strich und war erkennbar mundfaul.

»Kann ich bei Ihnen fliegen lernen?«

Er kaute bedächtig an seinen Nürnberger Bratwürsten, acht auf Kraut.

»Leider nein! Das geht nicht, solange Deutschland keine Lufthoheit hat. Gehen Sie in die Schweiz, dort können Sie fliegen lernen, oder nach Österreich! Bei mir können Sie als Gast mitfliegen. ›Käses Rundflug‹ nennen wir das, weiß auch nicht, warum.«

»Geht das gleich?«

»Ja, warum nicht?« Er trank seinen Kaffee aus.

»Also los!«

Auf dem Weg zur Anmeldung in der Flugleitung schlug mir das Herz bis zum Hals. Aufgeregt erzählte ich dem Weltrekordmann meine fliegerische Vergangenheit, vom Flugtag in Mannheim, von Ernst Udet und Elly Beinhorn, von meiner Kriegszeit bei den Fallschirmjägern und von meinem unerfüllten Traum, fliegen zu lernen.

In der Flugleitung wurde ich als Gast eingetragen, zahlte 7 DM gegen Quittung und folgte Jachtmann über das Vorfeld auf die Grasstartbahn zur *Scandinavia*, die weiß und elegant auf die linke Fläche geneigt im Gras lag.

»Sie sitzen vorne, eine Runde dauert ungefähr fünf Minuten, wenn wir Aufwind kriegen, vielleicht etwas länger!«

Es hieß einsteigen und den Fallschirm anschnallen. Ein Mann mit einer Signalflagge klinkte das Seil am Bug des Segelflugzeugs ein. Das Glasdach über dem Cockpit wurde geschlossen, der Mann mit der Flagge gab Signal Richtung Motorwinde am anderen Ende des Platzes. Ein leichter Ruck, noch einer. Das Bugrad rumpelte auf dem Gras, dann ein leises, schnell anschwellendes Rauschen. Plötzlich schwebten wir, dann wurde das leichte Flugzeug fast senkrecht nach oben gerissen, direkt in den weiß-blauen Himmel, in den ich erst vor wenigen Stunden vom Marienplatz aus geschaut hatte.

Nach dem Ausklinken eine leichte Rechtskurve auf die Alpenkette zu, vierhundert Meter hoch. Nur der Wind rauschte durch das kreisrunde Loch neben mir in der Plexiglashaube. Ein unbeschreibliches Gefühl überkam mich. Der Magen war wieder an der richtigen Stelle, der Blutdruck normal, ganze Wellen gingen durch den Körper. Doch die *Scandinavia* stieg nicht.

»Nichts los!«, rief Jachtmann von hinten. »Das gibt Käses Rundfahrt, wir müssen landen, in zwei Minuten sind wir unten!«

Plötzlich rumpelte etwas laut und deutlich. Ich versuchte mich zu Jachtmann umzudrehen.

»Keine Aufregung, das sind die Landeklappen, wir gehen steil runter, damit Sie sehen, was der Vogel kann!«

Das Rauschen wurde zum Pfeifen, der Fahrtmesser vor mir sprang auf hundertsiebzig Stundenkilometer, der Boden raste uns entgegen, obwohl wir noch weit außerhalb des Platzes flogen.

»Klappen rein!«, rief Jachtmann und zog die Maschine in die Waagerechte. Links lagen die Flughafengebäude, das Restaurant, der Turm und die Hangars. Fast laut- und schwerelos schwebten wir ganz dicht über den Rasen. Ein leichtes Scharren unter dem Rumpf, stärker werdendes Gerumpel und Gehopse, ich wurde nach vorne in die Gurte gedrückt, wir wurden langsamer, die linke Fläche neigte sich dem Boden zu, berührte ihn, zog die Maschine leicht nach links, dann standen wir. Stille. Die Erde hatte uns wieder.

144

»Na, hat's Spaß gemacht?«

Erst mal tief durchatmen, nichts sagen, was denn auch? Wie sollte ich Jachtmann sagen, was ich in diesem Moment empfand? Dann hatte ich eine Idee.

»Kann ich Ihnen eine Anzahlung von siebzig Mark geben, für weitere zehn Flüge?«

Jachtmann lachte nur. »Aussteigen, zurückschieben in Position. Gehen Sie an die rechte Fläche!«

Inzwischen war der Windenhelfer mit der Flagge da und sah seinen Herrn und Meister an.

»Das Ganze noch mal!«, sagte der, und: »Einsteigen, Gurte an. Wenn Sie wollen, nehme ich Sie als Dauerpassagier mit und bringe Ihnen das Fliegen bei. Was wir da oben machen, geht ja keinen was an!«

Am Abend saß ich mit Ernst Jachtmann in einem Biergarten, hatte sieben Starts hinter mir, war inoffizieller Segelflugschüler, hatte der alliierten Militärregierung ein Schnippchen geschlagen und war rundherum glücklich. Jachtmann war es offenbar auch, er erzählte mir die Geschichte seines Weltrekords.

Am 22. September 1943 war er an einer Steilküste irgendwo in Vorpommern gestartet und 55 Stunden, 52 Minuten und 50 Sekunden ununterbrochen in einem einsitzigen Segelflugzeug in der Luft geblieben. Kameraden versorgten ihn währenddessen von einem offenen Motorflugzeug aus mit Wurst und Brot, die sie an einer Schnur zu ihm herabließen. Nach einer durchwachten Nacht schlief er vor Müdigkeit ein, verlor an Höhe und wäre mit seinem Segler fast in die Ostsee gestürzt, aber eine Möwe zeigte ihm, wo sich der nächste Bart – der Fliegerausdruck für thermischen Aufwind – befand. Das rettete ihm das Leben, er wäre sonst zweifellos ertrunken.

Jachtmann war es auch, der mich zur Alpinen Segelfliegerschule nach Zell am See in Österreich brachte, wo mich Otto Lienherr bis zum »LI«, dem Luftfahrtschein für Segelflieger, schulte. Hier lernte ich, unter alpinen Wetterbedingungen im

Hochgebirge zu fliegen. Die Prüfung flog ich an einem besonders schönen Tag am Großglockner.

Mehr und mehr führte ich ein »Strohwitwer-Dasein«, kam mir in meiner Ehe immer öfter vor wie ein fünftes Rad am Wagen. Als Kofferträger und Chauffeur fühlte ich mich häufig wie bestellt und nicht abgeholt, eine schmerzliche Erfahrung und ein Grund für zunehmend längere Perioden schlechter Laune.

In diesem Zustand machte ich die Bekanntschaft eines Tontechnikers. Wir kamen ins Gespräch über neue Aufnahmetechniken.

»Das würde sicher auch Ihre Frau interessieren. Warum besuchen Sie mich nicht mal zu einem Gedankenaustausch?«

»Gern, wann?«

»Wann Sie wollen. Hier ist meine Adresse. Ich wohne bei einer Dame mit einer Tochter, die übrigens auch beim Rundfunk arbeitet, als Tontechnikerin.« Auf dem Zettel stand eine Adresse, die ich bestens kannte: Gräfelfing, Akilindastraße. Das Haus von Gundula Korte.

Nun wurde ich wirklich neugierig.

»Wie wär's gleich mit heute Abend?«

Er war verblüfft ob meiner schnellen Entscheidung, war aber einverstanden.

»Na gut, gegen 20 Uhr, wenn es Ihnen passt?«

Und wie es passte! Nach einem unruhigen Nachmittag machte ich mich viel zu früh auf den Weg nach Gräfelfing. Ich konnte es immer noch kaum glauben. Was für ein Zufall! Seit über drei Jahren hatte ich Gundel nicht mehr gesehen, nur gehört, dass sie inzwischen im Rundfunktechnischen Institut in Nürnberg das schwierige Handwerk einer Tontechnikerin erlernt hatte und beim BR arbeitete. War das wirklich »meine« Gundel? Meine kleine Schwester aus dem Club?

In der Akilindastraße wurde ich freundlich empfangen. Ohne Dame des Hauses und ohne deren Tochter.

»Sie hat heute Dienst im Funk«, sagte mein Gastgeber etwas

erstaunt, als ich ihn fragte, ob die Tochter des Hauses vielleicht anwesend sei.

»Wissen Sie zufällig, wann sie vom Dienst nach Hause kommt?«

»Wohl erst nach Mitternacht!«

Also musste ich unsere Fachsimpelei so in die Länge ziehen, dass ich noch erlebte, wie Gundel auf meine Anwesenheit in ihrem Haus reagieren würde.

Gegen 1 Uhr morgens ging endlich die Haustür.

»Würden Sie Gundel fragen, ob ich sie noch kurz begrüßen darf?«

Er ging hinaus, kam wieder.

»Sie kommt gleich noch auf einen Sprung herein, aber sie ist sehr müde, sagt sie!«

Dann stand sie da, sah unglaublich frisch und bildschön aus. Aber sie blieb reserviert.

Oberflächliche Konversation – Small Talk, sagt man heute –, und dann veränderte sich mit einem Schlag mein Leben.

»Übrigens«, sagte mein Gastgeber plötzlich, »neulich habe ich Ihre Frau getroffen, am Bahnhof in München.«

»Das kann eigentlich nicht sein«, sagte ich. »Sie ist seit vier Wochen in Hamburg und macht Aufnahmen mit dem Orchester Harry Hermann Spitz!«

»Nein«, erwiderte er, »das war letzte Woche, ich kam gerade an, und Ihre Frau war in Begleitung von Herrn …!«

Ein bekannter Schauspieler … Es war wohl besser, das Thema zu wechseln.

Mit dem Gefühl, dass etwas Entscheidendes geschehen war, verbrachte ich den Rest dieser Nacht schlaflos im leeren ehelichen Bett.

Die Tage danach waren die Hölle. Anreise und Geständnis einer durcheinandergeratenen Frau, Scherben einer kaputten Ehe, Verletzung von Eitelkeiten und Stolz, ziemlich viel sinnloses Gerede, aber mit einem Ergebnis: Wir würden uns scheiden lassen.

Seltsamerweise tat nach dem Entschluss nichts mehr weh, beinahe im Gegenteil. Ich empfand Erleichterung, blickte zurück ohne Zorn. Die räumliche Trennung von Tisch und Bett, wie es so schön heißt, wurde sofort vollzogen. Praktischerweise gingen einige Freunde in Urlaub und überließen mir ihre Häuser zur Bewachung. Ich wurde zum gesuchten und angesehenen Wach- und Schließmann.

Die Zeit war gut zum Nachdenken, zum Ordnen der Gefühle, zur Besinnung auf möglichst gesittetes Verhalten bei der vielleicht bevorstehenden Schlammschlacht. Doch es sollte glücklicherweise keine geben.

Gitta tauchte total in ihre Welt ein und arbeitete mehr denn je. Und mir wurde plötzlich klar, was ich wollte, so klar, dass es fast wehtat: Ich wollte Gundula, und das gleich, total.

Der Mann, von dem ich glaubte, er könne mir den Weg zu Gundel ebnen, war Kurt Wilhelm, Erfinder der später berühmt gewordenen »Synchron-Oper« und Bruder meines Intimfreunds Rolf Wilhelm. In der Synchron-Oper, einer frühen Form des Playbacks, spielten exzellente Schauspieler die Rollen, die Sänger selbst blieben im Hintergrund. Dass zum Beispiel ein schlanker und ranker Radames eine dicke und feiste Aida auf der Bühne nicht sieht, weil sie sich hinter einem dünnen Baum versteckt, oder ein fetter Tenor die Schönheit seiner magersüchtigen Sopranistin in den höchsten Tönen bejubelt – solche Diskrepanzen wurden durch Kurts Erfindung vermieden.

Kurt Wilhelm hatte größtes Verständnis, als ich ihn bat, wenn sich die Gelegenheit ergebe, Gundula zu einem Kantinenessen einzuladen, zu dem ich dann, ganz zufällig, dazukäme. Eines Tages war es so weit.

Kurt saß am reservierten Tisch im Kantinengarten und harrte der Dinge, die da kommen würden. Zuerst kam ich, weil ich es nicht erwarten konnte. Das war ein taktischer Fehler. Als Gundel erschien, war ihr anzumerken, dass ihr die Zusammensetzung zutiefst missfiel. Es war fast peinlich still am Tisch. Die Bestellungen kamen, mit dem günstigen Ergebnis für Kurt, dass weder Gundel noch ich unser Essen anrührten, während er, der offizielle Gastgeber – notabene war ausgemacht, dass ich die Zeche zahlte –, sich alle drei Gerichte genüsslich grinsend einverleibte.

Gundel fiel sehr bald ein, dass sie einen Schnitt-Termin hatte, und verabschiedete sich kurz angebunden, an weiteren Begegnungen demonstrativ desinteressiert. Da ging sie hin, in einem weißen Technikermantel, um die Taille einen Gürtel aus zusammengedrehtem Magnettonband. Modisch fraglich, aber als Symbol der Zugehörigkeit zu einer geballten weiblichen Macht im Funk offenbar unerlässlich. Alle Tontechnikerinnen trugen einen solchen Magnettonband-Gürtel.

Kurt und ich schauten ihr hinterher, beeindruckt von ihrem Abgang.

»Das war's wohl nicht ganz«, meinte Kurt kauend und machte angesichts der vollen Teller um sich herum einen zufriedenen Eindruck. Meine Enttäuschung schien ihn zu amüsieren. »Was willst du eigentlich von ihr?«

»Ich will sie heiraten«, entfuhr es mir, »und wenn der ganze Schnee verbrennt!«

»Sollte dir entgangen sein, dass du noch verheiratet bist?« Er schüttelte ungläubig den Kopf. »Mann, du bist noch nicht mal mit dem Hals aus der einen Schlinge, da lässt man sich doch nicht schon die nächste umlegen!«

Aber ich wünschte mir nichts sehnlicher und benahm mich entsprechend. Das alte Funkhaus war für den Fall, dass man jemanden abholen, jemandem auflauern, jemanden überraschen wollte, wie geschaffen. Das große Haus hatte nur einen einzigen kleinen Eingang mit einer Drehtür, durch die jeder musste, ob raus oder rein. Vor dieser Drehtür stand ich ein paar Tage später und wartete. Es wird schon einige Stunden gedauert haben, bis die schmale Tür jene junge Dame herausdrehte, die ich nun auf irgendeine möglichst originelle Weise dazu bringen musste, mir eine gewisse Aufmerksamkeit zu schenken.

»Darf ich dich nach Hause bringen?«

Etwas Besseres fiel mir in dem Moment nicht ein.

»Wozu?«, war denn auch die Antwort. »Ich komm schon allein nach Hause!«

»Dann wenigstens bis zum Bahnhof?«

»Der ist gleich um die Ecke!«

»Es muss doch möglich sein, bei unserer alten Freundschaft, ein paar Worte mit dir zu reden!«

»Worüber?«

»Das sag ich dir im Auto!«

»Sag's jetzt! Ich hab keine Zeit, mein Zug geht, und ich hab eine Verabredung!«

»Also, dann steig ein, ich fahr dich vor zum Bahnhof!«

Sie gab nach. Am Bahnhof angelangt, fand ich die Bremse meines Porsche nicht, fuhr einfach weiter in Richtung Stachus, ohne Ziel, immer weiter, unter ihrem immer heftiger werdenden Protest. Irgendwann auf der linken Seite der Maximilianstraße entdeckte ich ein Café Meyer und davor genügend freie Parkplätze. Ich trat auf die Bremse.

»Bitte komm auf einen Kaffee oder eine Tasse Tee mit herein, damit ich dich was fragen kann. Danach fahre ich dich zu deiner Verabredung, wohin du willst!«

Was sollte sie machen? Das war ja fast eine Entführung.

Der Kaffee kam, sie nahm Tee. Kuchen wollte sie keinen. Wir waren die einzigen Gäste und rührten in den dampfenden Tassen, die Löffel klimperten leise. Endlich brach Gundel das Schweigen.

»Also?«, fragte sie und sah mich mit ihren blaugrauen Riesenaugen an. »Damit das hier ein Ende hat, was willst du mich fragen?«

»Ob du mich heiratest.«

Sie sah mich unverwandt an, blieb ganz still sitzen, zeigte kaum eine Regung, sah nur einmal auf ihre Tasse hinunter.

»Ja!«, sagte sie. »Und jetzt bring mich bitte zum Bahnhof!«

Bis zum Zug sprachen wir kein Wort. Da war etwas geschehen, das uns beide sprachlos machte, außerdem bedurfte es keiner Worte mehr. Was hätten wir einander im Porsche, zwischen Café Meyer und Bahnhof, nach Gundels Ja denn auch sagen sollen?

Der letzte Wagen des Vorortzugs nach Gräfelfing, in dem sie saß, wurde immer kleiner und verschwand schließlich hinter einer leichten Kurve. Ich stand da und wusste, dass ich die Frau gefunden hatte, mit der ich den Rest meines Lebens zu verbringen entschlossen war. Und es kam nicht anders, als ich dachte...

Zwei Menschen mussten nun ihre Welt neu ordnen, mit sich und den anderen ins Reine kommen. Es war nicht leicht, besonders für Gundel nicht. Sie stand mit ihrem Entschluss plötzlich allein da, musste einem Menschen wehtun, der sie ebenso liebte wie ich.

Bei mir war das etwas anderes. Ich war im Hochgefühl meiner Eroberung. Jeden Tag klopfte ich mir selber auf die Schulter und konnte es nicht fassen, dass ich vorher so blind gewesen war, nicht zu erkennen, was für ein Menschenkind mir da vom Schicksal zugedacht war.

Mit einem großen Besen den Scherbenhaufen einer kaputten Ehe zusammenkehren und auf den Müll damit – das wäre gut, geht aber nicht. Was auch war, was auch einer dem anderen gegeben oder genommen hat, zu Ende ist noch nicht vorbei, aus den Augen ist noch nicht aus dem Sinn.

Unsere Besitzverhältnisse waren ziemlich einfach. Meiner Frau gehörte alles, außer den Anzügen, die sie mir geschenkt hatte, und dem Porsche, für den sie mangels Führerschein und auch sonst keine Verwendung hatte.

Die Bestandsaufnahme des Innenlebens fiel dagegen ziemlich beschissen aus. Keine Frau, keine Wohnung, gehörnter Ehemann, verletzte Eitelkeit. Ich war sechsundzwanzig und gewaltig neben der Spur. Es gab viele Gründe für mich, darüber nachzudenken, was war, was ist und was kommen würde.

Vielleicht war bis jetzt alles etwas zu glattgegangen. Ich hatte viel Glück gehabt, ohne auf Dauer besonders tüchtig gewesen zu sein. Die Dinge schienen mir in den Schoß zu fallen, und ich nahm sie, wie sie kamen, ohne lange darüber nachzudenken. Dass ich Erfolg hatte, war für mich selbstverständlich.

Auf einmal war alles anders. Gescheitert, belächelt oder mit einem »Wir haben das kommen sehen…« bedacht, von guten Freunden, die alles wussten, aber nichts sagten.

Das Wichtigste aber war die Erkenntnis, dass ich plötzlich wieder mir gehörte. Nicht in den Tag hineinzuleben, sondern nach vorne zu denken, zu planen, was ich tun konnte mit dem Geschenk, den Zweiten Weltkrieg überlebt zu haben. Und den Blick nicht nur auf mich selbst zu richten, sondern zu sehen, was um mich herum geschah. Es gab Menschen, denen das Glück nicht so hold war wie mir.

Wilfried, mein mittlerer Bruder, war schwer erkrankt, vor einiger Zeit schon, aber wir hatten es verdrängt. Die Diagnose lautete: Schrumpfniere. Anfang der Fünfzigerjahre war das wie ein Todesurteil. Nierentransplantationen gab es noch nicht. In unserer Not kamen wir auf einen Wunderheiler namens Georg Cornielje, der nahe der holländischen Grenze, quasi auf freiem Feld, in einem Siedlungshäuschen durch Handauflegen angeblich Menschen half. Wilfrieds Ärzte hatten resigniert. Auf meine drängenden Fragen zuckten sie lediglich die Schultern. Sie gaben ihm noch ein halbes Jahr, höchstens ein ganzes.

Wilfried war gerade zwanzig geworden. Er war groß, schlank, blond, ein ausgesprochener Sportstyp, Einserschüler, ohne ein Streber zu sein, Klassensprecher, Jugendmeister im Tennis. Ein streitbarer Geist, den man zu nichts überreden konnte, ohne ihn vorher davon überzeugt zu haben. Wo immer er konnte, widersetzte er sich meiner Autorität, wenn ich mir einbildete, für meine Brüder Vaterersatz spielen zu müssen.

Jetzt lag er vor mir, vom Tode gezeichnet.

»Bring mich zu Cornielje«, bat er, »ich hab ja sonst keine Möglichkeit mehr!«

Meinen Protest wehrte er lächelnd ab.

»Gib dir keine Mühe. Ich habe eine der Schwestern hier gefragt, ob sie aus Mitleid mit mir geschlafen hat!«

Mir verschlug es die Sprache. Mein kleiner Bruder!

»Und?« war alles, was ich herausbrachte.

Er sah mich lächelnd an. »Sie meinte, wir hätten nicht mehr viel Zeit, und als ich ganz harmlos fragte, wann ich entlassen würde, rannte sie heulend aus dem Zimmer! Der Rest war nicht mehr schwer aus ihr herauszubringen.«

Das kleine Siedlungshäuschen bei Venlo, kurz vor der holländischen Grenze, sah aus wie der Mittelpunkt eines gewaltigen Heerlagers. Ein paar aufsehenerregende Artikel in Zeitschriften und Magazinen hatten eine Flut von Kranken zu Bauer Cornielje gebracht. Zelte waren auf den umliegenden Wiesen und Äckern aufgestellt, oft waren es nur zwei in den Boden gerammte Stangen mit einer gespannten Schnur, darüber eine Decke oder Zeltplane, nicht selten bloß eine Wachstuch-Tischdecke als Schutz vor Regen, vor sengender Sonne oder vor Kälte in der Nacht. Die Belagerung des Häuschens dauerte nun schon einige Wochen und ging Tag und Nacht. Wir sahen unzählige Autos mit Nummernschildern aus allen Teilen der Niederlande, aus Skandinavien, aus Deutschland und Österreich. Es herrschte ein babylonisches Sprachgewirr aus Holländisch, Schwedisch, Dänisch, Deutsch, Französisch und Italienisch. In einer endlos langen Schlange standen die Menschen, die in den Händen dieses Bauern ihre letzte Rettung sahen, vor dem kleinen Haus und warteten geduldig, bis ein Ordner die Tür für den Nächsten freigab.

Nach wochenlangem Krankenhausaufenthalt hatte Wilfried kein großes Stehvermögen mehr. Ich stützte ihn, so gut ich konnte.

»Gehen Sie vor!«, sagte ein Mann am Ende der Schlange nach einem Blick in das gezeichnete Gesicht meines Bruders. Wir schoben uns auf das Haus zu. Natürlich wollten einige protestieren, die vielleicht schon eine Nacht hinter sich hatten. Sie unterließen es, als sie meinen Bruder sahen, winkten uns weiter, machten Platz. Eine Gemeinschaft, die Leid und Not duldsam machte. Sie redeten nicht viel, und wenn, nur ganz leise, viele beteten.

Endlich standen wir vor dem »Wunderdoktor«. Ein kleiner, gedrungener Mann, schütteres Haar, um die vierzig. Ich hielt meinen Bruder im Arm, er wankte. Cornielje blickte ihn fest an.

»Was fehlt Ihnen?«

»Mein Bruder ist nierenkrank!«, sagte ich.

»Lassen Sie ihn reden«, schnitt er mir das Wort ab und ließ Wilfried nicht aus den Augen. »Ziehen Sie die Hemd runter«, befahl er mit stark holländischem Akzent. »Kannst du stehen bleiben?«

Wilfried nickte. Cornielje schob mich sanft zur Seite und legte seine Hände flach auf Wilfrieds Bauch und Rücken.

»Keiner soll was sagen für die nächste zwanzig oder dreißig Sekunde!« Er atmete tief und ruhig mit geschlossenen Augen.

»Wenn Sie schlecht werde oder swindelig, sagen Sie das!«

Cornielje gab mir mit dem Kopf ein Zeichen, dass ich auf meinen Bruder achten solle. Ich erschrak. Plötzlich hatte Wilfried tiefe schwarze Schatten unter den geschlossenen Augen, er atmete schwer, stoßweise. Cornielje löste seine Hände und rieb sie aneinander, als schmerzten sie.

»Das ist genug, mehr ist nicht gut!«

Er hielt Wilfried an den Schultern, sah ihm ins Gesicht und ließ ihn los.

»Sollen wir wiederkommen?«

»Später vielleicht, in paar Wochen.«

»Was bin ich schuldig?«

»Nichts. Auf Wiedersehen.«

Im Vorraum stand ein Tisch mit einem Teller, daneben ein handgeschriebenes Schild: »Die Behandlung ist kostenlos!« Der Teller war voll mit Münzen und ein paar Scheinen, ich legte einen dazu. Wenn es half, wollte ich geben, was ich besaß.

Auf der Fahrt zurück nach Düsseldorf, in die Golzheimer Klinik, schlief Wilfried die ganze Strecke in tiefer Erschöpfung. Sein Gesicht war eingefallen, er atmete flach. Als die Ärzte hörten, wo wir waren, zuckten sie bedauernd die Achseln.

»Vielleicht ist es besser, Sie nehmen Ihren Bruder mit nach Hause«, sagte einer von ihnen, »es wird wohl nicht mehr viel länger dauern als einen Monat!«

Die Untersuchung am nächsten Tag ergab eine Besserung seines Zustands, den die Ärzte sich nicht erklären konnten. Sie sprachen sogar von einem Wunder. Eine Niere war total geschrumpft und ausgeblutet, die andere hatte sich regeneriert und arbeitete fast normal.

Aber die Krankheit war stärker. Heute würde man transplantieren, damals gab es das noch nicht. Wieder saß ich an Wilfrieds Bett. Er wusste, dass ihm nicht mehr viel Zeit blieb.

»Was glaubst du, was mir alles erspart bleibt!«, sagte er mit einem Lächeln auf den Lippen.

In den letzten Wochen im Krankenhaus bat er um seine Verlegung in die Abteilung, in der alte Menschen ihrer Erlösung entgegendämmerten. Seine Krankenschwester erzählte mir später, wie er den alten Menschen die Angst vor dem Tod zu nehmen versuchte, indem er ihnen erklärte: »Was wollt ihr denn? Ihr habt ein erfülltes Leben hinter euch. Meins hat noch gar nicht richtig angefangen, und ich muss mit zweiundzwanzig schon gehen. Ich habe keine Angst vor dem Tod!«

Die letzten Wochen seines kurzen Lebens verbrachte er zu Hause bei unseren Eltern in der Düsseldorfer Lindemannstraße. Ohne zu klagen, als die Krankheit seinen Körper und seinen Geist zu zerstören begann. Wilfried Fuchsberger starb am Nachmittag des 16. März 1955.

Eigentlich gibt es nur vier Tage in meinem Leben, an die ich mich immer und verlässlich erinnere: der Todestag meines Bruders Wilfried; der 2. Dezember 1954, der Tag, an dem Gundel versprach, mich zu lieben, bis dass der Tod uns scheidet; der 5. August 1957, der Geburtstag unseres Sohnes Thomas Michael; und der 22. Dezember 1953.

Es war ein kalter, regnerischer Tag. Der riesige Bau des Münchner Justizpalastes am Münchner Stachus war so kurz vor Weihnachten fast menschenleer. Nur hinter einigen wenigen Fenstern brannte Licht. Ein paar Angestellte arbeiteten an einem Fall, der wegen seiner wirtschaftlichen Bedeutung noch vor den Feiertagen und vor allem vor dem Jahreswechsel vom Gericht entschieden werden musste. Es fügte sich trefflich, dass mein Anwalt den Vorsitzenden Richter kannte, der diesen Prozess leitete.

»Wenn es eine rein konventionelle Scheidung wird, ohne gegenseitige Ansprüche, vor allem aber ohne Überraschungen, könnte ich sie in einer der Verhandlungspausen durchführen. Das ist eine Sache von maximal zehn Minuten«, hatte der Richter meinem Anwalt versprochen.

Jetzt saßen sich die Anwälte der beiden Parteien und deren Mandanten an einem Tisch in der Kantine gegenüber und warteten darauf, dass der Gerichtsdiener sie in den Sitzungssaal rief. Die Unterhaltung war, dem Anlass entsprechend, gedämpft und ein bisschen gequält, wurde aber mit der Dauer des Wartens zunehmend lockerer.

Endlich erschien der Gerichtsdiener und verkündete: »Die Parteien Fuchsberger gegen Fuchsberger werden im Sitzungssaal erwartet!«

Wir beeilten uns, ihm zu folgen. Gitta und ihr Rechtsanwalt blieben jedoch noch vor der Kantinentür auf dem Gang stehen und redeten aufeinander ein. Was das wohl werden sollte?

Der Gerichtsdiener wollte gerade den Sitzungssaal betreten, als die Stimme von Gittas Anwalt laut und deutlich durch den Gang hallte: »Halt! Einen Augenblick bitte!«

Sie kamen langsam auf uns zu. Mir schwante Übles.

Dann sagte Gittas Anwalt in die erwartungsvolle Stille hinein: »Meine Mandantin hat soeben vorgeschlagen, auf eine Scheidung zu verzichten. Sie möchte die Versöhnung mit Ihnen!« Dabei sah er mich an, als ob mir gar keine andere Wahl bliebe, als zu diesem wundervollen Vorschlag Ja zu sagen.

»Zu spät«, sagte ich, weil mir nichts anderes einfiel. Ich drückte die Türklinke zum Sitzungssaal hinunter und marschierte hinein, gefolgt vom Gerichtsdiener, den Anwälten und meiner etwas verstörten Frau.

Heute denke ich, mein Benehmen war so rüde, dass sie während der wenige Minuten dauernden Verhandlung keinen Versuch mehr unternahm, zu verhindern, weswegen wir vor dem hohen Gericht erschienen waren.

»Im Namen des Volkes und in Übereinstimmung mit den vor diesem Gericht erschienenen Personen erkläre ich die Ehe zwischen Joachim Karl Fuchsberger und Rita Maria Fuchsberger, geborene Gracher, Künstlername Gitta Lind, für geschieden.«

Damit war die Verhandlung beendet, der Vorsitzende wünschte den Beteiligten alles Gute und ein frohes Fest.

Ebendieses bevorstehende »Frohe Fest« bewog mich, am 23. Dezember noch einmal im Justizpalast zu erscheinen, um auf der Treppe in der Halle einen Briefumschlag in Empfang zu nehmen. Darin steckte eine Kopie des Scheidungsurteils in Sachen Fuchsberger gegen Fuchsberger.

Diese Kopie war das Hauptgeschenk für meine zukünftige Frau. Bis ans Ende meiner Tage werde ich ihren Blick nicht vergessen, der sich mir unter dem Weihnachtsbaum am Heiligen Abend des Jahres 1953 in die Seele brannte.

Einer, den keiner kennt

»Wie die Jungfrau zum Kind!«, antworte ich immer auf die Frage, wie ich zum Film gekommen bin oder überhaupt zur Schauspielerei.

Paul May, einer der besten und wichtigsten Regisseure der Nachkriegszeit, hatte mit *Duell mit dem Tod* Aufsehen erregt, denn ein Film über die Verfolgung jüdischer Bürger in Nazi-Deutschland war nicht gerade nach dem Geschmack des Publikums im Jahr 1952. Für seinen neuen Film *Menschen hinter Masken* suchte er die passende Besetzung. Eine junge, Erfolg versprechende Schauspielerin, Lore Frisch, war schon engagiert und hatte die ersten Gespräche mit Paul May, vor allem aber mit dessen Frau Ille geführt. Denn ohne Ille ging im Hause May gar nichts.

Lore Frisch war der Meinung, dass für mich vielleicht ebenfalls eine Rolle in *Menschen hinter Masken* dabei wäre, und erklärte mir ziemlich genau, wie ich mich bei den Mays dafür zu bewerben hätte.

»Und eigentlich geht alles über die Hunde!«, sagte sie.

»Was für Hunde?«

»Zwei kleine Scotchterrier, Mick und Muck, und ein Schäferhund. Wenn du mit denen klarkommst, hast du bei beiden gewonnen. Sie werden dich testen.«

»Was heißt das?«

»Die haben bestimmte Zeichen oder ein Stichwort. Auf jeden Fall werden sie dich nach einiger Zeit unter einem Vorwand allein lassen. Und dann werden sie die Hunde aus der

Bibliothek hereinlassen und beobachten, wie ihr aufeinander reagiert.«

Nun wäre es unehrlich, wenn ich behauptete, ein Hundeliebhaber zu sein. Aber ich hatte schon einige Male feststellen können, dass Hunde sich zu mir hingezogen fühlen. Heute könnte ich fast Wetten abschließen, dass ein irgendwo vorhandener Hund nach kurzer Zeit vor mir liegt und mich anhechelt oder es sich gleich auf meinen Füßen unter dem Tisch bequem macht. Von daher hatte ich also wenig zu befürchten.

Solchermaßen vorbereitet erschien ich vor der Villa May in Grünwald, stellte mich auf Zehenspitzen, um über den hohen Holzzaun zu schauen, der das Anwesen umgab, und fragte mich, was mich dahinter wohl erwarten würde und ob ich vielleicht Gnade vor den Augen des berühmten Filmregisseurs, seiner Frau und deren drei Hunde finden würde.

Das Haus lag in einem parkähnlichen Grundstück, in der Mitte befand sich ein Brunnenbecken mit einer Skulptur. Eine breite, geschwungene Freitreppe führte auf eine Terrasse mit tief gezogenen französischen Fenstern. Irgendwie fühlte ich mich angesichts dieser Pracht nicht ganz wohl in meiner Haut. Schließlich fasste ich mir ein Herz und läutete.

»Wer ist da?«, tönte eine Männerstimme aus dem Lautsprecher am großen Tor.

Ich nannte meinen Namen und den Zweck meines Besuchs.

»Einen Augenblick bitte, ich hole Sie ab!«

Mit einem elektrischen Brummton öffneten sich beide Flügel des hochherrschaftlichen Tores und gaben den Blick auf einen geschwungenen Kiesweg frei, auf dem mir ein Mann schnellen Schrittes entgegeneilte.

»Ich heiße Zott«, sagte der Mann, »Herr May erwartet Sie in seinem Arbeitszimmer!«

Er führte mich nicht über die Freitreppe ins Haus, sondern durch die bescheidener gehaltene Haustür auf der Rückseite, vorbei an einer Person weiblichen Geschlechts, die mich interessiert anstarrte und von Herrn Zott als »Tinchen« vorgestellt wurde. Dass Herr Zott und Fräulein Tinchen die ersten Lebewesen auf meinem Weg ins Glück sein sollten, wurde mir erst später bewusst. Jetzt hieß es, einen möglichst guten Eindruck zu machen.

Das Arbeitszimmer von Paul May hatte etwas vom Oval Office im Weißen Haus in Washington. Schallschluckende Teppiche, schwere, oben geschlossene und an den Seiten geraffte Vorhänge vor den französischen Kassettenfenstern, die den Blick in den Park freigaben. In einem erkerartigen Vorbau ein gewaltiger Schreibtisch, auf dem sich Bücher, Akten und auffallend viele Aschenbecher stapelten. Um die Aschenbecher herum lagen Tabakspfeifen, überall, in allen Größen und Formen.

An den Wänden Bücherregale bis zur Decke, in den oberen Reihen ordentlich die gesammelten Klassiker, darunter eine beeindruckende Fülle aktueller Literatur.

In der Mitte des Raumes gab es eine Sitzgruppe mit vier Chippendale-Sesseln und einer Couch, auf der sehr elegant die Dame des Hauses saß. Paul May erhob sich hinter dem mächtigen Schreibtisch, und ich erschrak, wie klein er war. Fast kahl, eisgrauer Spitzbart, eine bemerkenswert große Nase, sehr flinke blaue Augen, die hin und her huschten und ihr Gegenüber doch keinen Moment losließen. Er kraulte unablässig seinen Spitzbart. An der Hand hatte er unübersehbar gelbe Nikotinspuren, er war außer Pfeifen- also auch Zigarettenraucher. Jetzt steckte er sich eine an.

»Also, Fräulein Frisch meinte, Sie würden zu einer Rolle in meinem nächsten Film passen«, begann er das Gespräch.

Ab da verlief es fast genau so, wie Lore Frisch es vorausgesagt hatte. Das Zeichen oder Stichwort war gefallen, Paul und Ille May verließen kurz nacheinander den Raum, und ich saß allein in einem Sessel. Das war wohl keine Runde für mich. Was hatte Paul May aus mir herausgeholt? Viele Auftritte als Conférencier, Nachrichtensprecher im Rundfunk, aber keine Schauspielausbildung, keine Erfahrung vor der Kamera oder auf einer Bühne. Ob das seinen Ansprüchen wohl genügte?

Jetzt mussten die Hunde kommen – und tatsächlich: Eine Tür öffnete sich, nur einen Spaltbreit, und herein drängten »Mick«, »Muck« und der Schäferhund, dessen Name mir entfallen ist.

Alle drei blieben an der Tür stehen und beäugten mich.

Leise ansprechen, damit sie nicht erschrecken, dachte ich. Die Hundesprache schien zu wirken. Die Stummelschwänzchen bewegten sich freundlich. Der Schäferhund verhielt sich skeptischer. Einer der beiden Scotties – keine Ahnung, ob es Mick war oder Muck – bewegte sich zwei Meter auf mich zu und drehte dann wieder ab. Jedenfalls schien er der Mutigere der beiden zu sein.

Jetzt bist du dran, dachte ich, stand auf und ging der Menagerie leise redend entgegen. Während sich die Kleinen schnuppernderweise mit meinen Füßen beschäftigten, begutachtete mich die Nase des Größeren etwas höher, und alle schienen sich dafür zu entscheiden, mich riechen zu können.

So fanden mich die Mays bei ihrer Rückkehr. Wenn Lore Frisch recht behielt, musste Paul May jetzt seine Frau fragen, ob noch ein Exemplar des Drehbuchs für den neuen Film im Haus sei.

»Sag mal, haben wir noch ein Buch hier?«

»Es liegt vor dir, auf deinem Tisch«, sagte Frau Ille und lächelte.

Er gab es mir.

»Lesen Sie das mal, und rufen Sie mich in zwei Tagen an.«

Die Freude über den gelungenen Auftritt dauerte nicht lange. Der Film wurde wegen Finanzierungsschwierigkeiten nie gedreht. Aber aus der ersten Begegnung mit Paul und Ille May sollte eine tiefe Freundschaft werden.

Das riesige Hotel »Edelweiß« in Obergurgl in den Ötztaler Alpen war Schauplatz für den Spielfilm *Der Haflinger Sepp,* ein Kunstwerk aus der Blütezeit der Heimatfilme. Hauptdarsteller waren Bernhard Wicki, Armin Dahlen und Lore Frisch, die sich schon in der Verfilmung vom *Brandner Kaspar*, an der Seite des knorrigen Carl Very, einen Namen gemacht hatte.

Die Mays hatten mir angeboten, bei den Dreharbeiten zuzusehen. Paul May hatte die Idee, mich in seiner Orbis-Filmproduktion zum Produktionsleiter ausbilden zu lassen. Eigentlich wollte ich ja als Schauspieler Karriere machen, nicht als Bürohengst. Andererseits war der Umgang mit organisatorischen Fragen nicht abhängig von der unberechenbaren Publikumsgunst, was sicherlich von Vorteil war.

Je länger ich die Dreharbeiten verfolgte, desto klarer wurde es mir: Einen Spielfilm zu planen, zu organisieren und trotz unzähliger Schwierigkeiten mit Menschen und Material über die Runden zu bringen war doch sinnvoller, als vor der Kamera zu lieben und zu leiden, zu kämpfen und über reißende Gebirgsbäche zu springen, um ein geliebtes Weib zu retten.

Unzählige Gespräche mit Paul und Ille May, mit Wicki, Dahlen und Lore Frisch verstärkten meinen Gewissenskonflikt nur noch.

»Du musst wissen, was du willst« sagte Lore, »da kann dir keiner helfen.«

Eines herrlichen Morgens saß ich allein mit meinen Gedanken auf einem Felsbrocken und schaute in die Ferne.

»Manchmal ist die Scheiße ziemlich dick«, sagte eine Stimme hinter mir. Armin Dahlen war mir unbemerkt gefolgt. Wahrscheinlich hatte er bemerkt, dass mich Entscheidungsqualen plagten, und wollte helfen. Er setzte sich neben mich und begann, dem Himmel da oben wesentlich näher, wie in seiner Rolle als Pfarrer mit mir zu reden.

Die Feuerglocke aus dem Ort unter uns riss uns aus unseren Überlegungen. Wir konnten erkennen, wie aus einem der Fenster des Hotels »Edelweiß« helle Flammen schlugen und dichte Rauchwolken aufstiegen. Über Stock und Stein und über schmale Felswege rasten wir abwärts, in den Ohren das Gebimmel der Feuerglocke vom Obergurgler Kirchturm. Im Dorf wimmelte alles durcheinander. Dorfbewohner, Hotelgäste, Leute vom Film, Schauspieler, alle schleppten Wasser in Eimern und Kannen, um es im zweiten Stock des Hotels in die Glut zu schütten. Hier oben lag Paul Mays Schneideraum, in dem einige tausend Meter Nitrofilm explodiert waren. So ziemlich alles, was bisher gedreht worden war und auf großen Rollen auf den ersten Rohschnitt wartete, war in die Luft gegangen und hatte alles Brennbare drum herum erfasst. Es stank fürchterlich, und wir konnten kaum etwas sehen. Wo war Paul May?

Er saß mitten in diesem Chaos und kraulte mit verbundenen Händen seinen angesengten Spitzbart. Die erste Filmrolle, die in Flammen aufgegangen war, hatte er mit beiden Händen durchs Fenster geworfen, danach rannte er wohl ums nackte Leben. Jetzt saß er fast teilnahmslos zwischen verbrannten Stühlen und Betten, Tischen, Schränken und heruntergerissenen Vorhängen. Die bemühte Ortsfeuerwehr gestaltete aus alldem eine Orgie aus Dreck, Mörtel, Ruß und Wasser. Wesentliche Teile der zweiten Etage waren verwüstet, das Wasser lief durch die Decken in den ersten Stock. Der beißende Rauch ließ die Augen tränen, bei vielen war es wohl auch die bittere Erkenntnis, dass die Arbeit von Wochen umsonst war, in einer Sekunde vernichtet.

Trotz der Katastrophe saßen wir am Abend, nachdem das Feuer gelöscht war, alle zusammen und beratschlagten, wie wer wem und mit was helfen konnte. Jeder wollte seinen Beitrag leisten, das Desaster so erträglich wie möglich zu halten. Und alle waren bereit, den Verlust durch gesteigerte Arbeit wettzumachen, ohne an ihren Vorteil zu denken. Vielleicht entstand in dieser Nacht bei mir der Wunsch, selbst irgendwann so einem Team anzugehören – als Schauspieler, nicht als Zahlenstratege am Schreibtisch.

Lore Frisch, der ich meine Beziehung zu Paul May und damit eine entscheidende Wende in meinem Leben verdanke, hat sich wenig später in einer verzweifelten Lage, mit der sie allein nicht fertig wurde, das Leben genommen.

Paul May musste bemerkt haben, dass mein Wunsch, vor die Kamera zu gehen, größer war, als anonym die Fäden im Hintergrund zu ziehen.

»Du musst irgendwo eine kleine Rolle in einem Film übernehmen, ganz egal, wo und bei wem. Hauptsache, ich kann sagen, dass du schon mal vor einer Kamera gestanden hast! Ich bring dich sonst bei keinem Verleih durch.«

Also legte er bei der Süddeutschen Bergland Filmproduktion ein gutes Wort für mich ein. Der Produzent hieß Adam Napoleon Schneider, sein österreichischer Partner war Dr. Kurt Hammer, und beide wollten dem berühmten Paul May den Gefallen tun. Die zwei hatten gerade einen Film begonnen, der den überzeugenden Titel haben sollte: *Wenn ich einmal der Herrgott wär*. Als Hauptdarsteller waren verpflichtet: Hans Holt, Gisela Fackeldey, Gustl Gstettenbauer, Charly König und die junge Elisabeth Stemberger. Dazu kam ein völlig unbekannter Schauspieler aus Deutschland: Joachim Fuchsberger. Meine Gage betrug tausendzweihundert Mark plus Spesen und Hotel. Gedreht wurde auf einem wunderschönen Bauernhof in Bad Aussee, im steyerischen Salzkammergut.

Im Hotel »Wasnerin« fand ich eine verbitterte Truppe vor, die seit einer Woche durch Dauerregen zum Nichtstun verurteilt war. Nichts ist gefährlicher und geeigneter für alle nur denkbaren Verwicklungen und Intrigen in einem bunt zusammengewürfelten Team von Schauspielern und Schauspielerinnen als eine Mischung aus Langeweile, trauten Gesprächen am Kamin in einer Zirbelstube, Alkohol und Zimmer auf einem Stockwerk. Der »Zündstoff«, der Zungen wie Sitten gleichermaßen lockerte, hieß »Lubitscher« – heißer Rum in Tee mit viel Zucker. Das Mischungsverhältnis war recht einfach, aber äußerst wirkungsvoll: ein Viertel heißes Wasser, drei Viertel Rum und mindestens vier Stück brauner Zucker.

Ich war erstaunt, wie willkommen ich war, denn eine der beiden Szenen, für die ich unter Vertrag war, konnte auch bei Regen gedreht werden, weil die Aufnahmen in einer Scheune des neben dem Hotel liegenden Bauernhofs vorgesehen waren. Im Buch stand:

»Der Student Sebastian sitzt rittlings auf einem Fass, erkennbar angetrunken, und singt: Im tiefen Keller sitz ich hier – bei einem Fass voll Reben…«

Schon während der ersten Lektüre des Drehbuchs waren mir Bedenken gekommen. Es gibt eine Menge Dinge, die ich nicht kann, aber was ich am besten nicht kann, ist singen! Da wurde ich also in aller Herrgottsfrüh geschminkt, bekam rote Alkoholbäckchen und einen durcheinandergeratenen Scheitel. In diesem Aufzug erschien ich am Set, erwartet vom Regisseur Anton Kutter und der Crew, die alle eines gemeinsam hatten: Sie hatten noch nie etwas von mir gehört, geschweige gesehen. Entsprechend gespannt wartete man auf meine schauspielerische Leistung.

Heute weiß ich, dass es kaum etwas Schwierigeres gibt, als einen Betrunkenen zu mimen. Alkohol hilft da gar nichts. Um eine solche Szene zu spielen, muss man stocknüchtern sein. Der Beste, den ich je betrunken gesehen habe, war der große Paul Hörbiger in unserem gemeinsamen Film *Lumpazivagabundus*.

Jetzt also saß ich kleines Würstchen in einer Scheune, auf deren Dach der Regen trommelte, auf einem Weinfass und sollte singen, beobachtet von mindestens dreißig gespannten Technikern, Beleuchtern, Maskenbildnern, Kameramännern und einem kritischen Regisseur. Mir war fast schlecht vor Aufregung. Was lag näher, als die Regel zu durchbrechen, dass man besoffen spielen muss, aber es nicht sein darf. Der Lubitscher sollte helfen. Nach dem dritten hielt man mein Gelalle für Talent, ebenso wie meine Bemühungen, auf dem Fass die Balance zu halten. Nach der Szene galt ich als relativ begabter Nachwuchsschauspieler.

An einem dieser langen Regentage geschah für mich das »Wunder von Bad Aussee«. Im Hotel überreichte mir der Portier ein Telegramm: »Erwarte Sie zu Probeaufnahmen bei Arnold & Richter spätestens übermorgen in München – Paul May!«

Was für Probeaufnahmen? Er wusste doch, dass ich in Bad Aussee saß und auf die zweite Szene wartete, wenn endlich der Regen aufhörte. Und wieso siezte er mich in dem Telegramm? Gründe genug, mich ans Telefon zu hängen. Was er mir mitteilte, haute mich aus den Schuhen.

»Hast du den Roman ›Die abenteuerliche Revolte des Gefreiten Asch‹ gelesen?«

Natürlich hatte ich. Dieses Buch von Hans-Hellmut Kirst über den passiven Widerstand eines Soldaten gegen die Willkür beim Barras war eine Sensation und ein Bestseller. Deutschland lachte über die Figuren Asch, Kowalski und Vierbein, die die komischsten Abenteuer auf dem Kasernenhof und in den Stuben zu überleben versuchten, indem sie die oft absurden Heeresdienstvorschriften gegen diejenigen ausspielten, die sie damit bis zur Verzweiflung malträtierten.

Ilse Kubaschewski, die allmächtige Chefin der Gloria-Film, hatte die Rechte an diesem Roman gekauft und Paul May mit der Verfilmung beauftragt. Und der bot mir jetzt Probeaufnahmen für die Besetzung *der* Hauptrolle an: den Gefreiten Asch! Zudem hörte ich von Gundel, dass auch sie zu Probeaufnahmen eingeladen war. Mir wurde ganz schwindlig.

»Was ist, wenn ich hier nicht wegkomme?«

»Dann verpasst du eine Chance, wie man sie nur einmal im Leben bekommt! Und noch was – wenn wir uns im Atelier sehen, geht keinen was an, dass wir befreundet sind! Kapiert? Also bis übermorgen bei Arri in der Türkenstraße!«

Produzent Adam Napoleon Schneider las das Telegramm. Was ich ihm erzählt hatte, ließ ihn bedenklich den Kopf schütteln.

»Wenn es weiter so schüttet, können Sie von mir aus fahren, wohin Sie wollen. Wenn es aufhört, fahren Sie nirgendwohin, wir hängen mit unseren Aufnahmen mehr als eine Woche hinterher – haben Sie eine Ahnung, was das kostet?«

Damals hatte ich noch keine und betete inbrünstig, dass das Nass auch weiterhin vom Himmel fallen möge. Der schien mich zu erhören. Am nächsten Tag stürmte es derart, dass keiner mehr vor die Tür gehen konnte. Als dann gemeldet wurde, dass der Pötschenpass, die Hauptverkehrsstraße zwischen Bad Aussee und Bad Ischl, durch Murenabgänge blockiert sei, meinte Schneider, ich könne fahren, wenn ich glaubte, mit meinem Porsche über den Pass zu kommen. Das waren keine Steine mehr, sondern ganze Felsbrocken, die meiner Karriere in den Weg gelegt wurden. Aber Schneider war ein Mensch mit Herz. Nicht nur, dass er mir das Risiko einer Autofahrt über einen verschütteten Pass erlaubte, er fragte sogar den Kollegen Charly König, ob er bereit sei, mich aus Sicherheitsgründen zu begleiten. Und Charly war von der Idee begeistert.

»Dann komm ich aus dem Regenloch, den Betten und den Lubitscher-Gelagen wenigstens mal einen Tag raus!«

Die Fahrt wurde zum Abenteuer. Mein geliebter Porsche tat auf glatter Bahn sein Bestes, aber er war nun mal kein Geländewagen, und so was hätten wir gebraucht. Grabend, schiebend, schaufelnd und fluchend kamen wir mit einem Durchschnitt von ungefähr einem Stundenkilometer voran, bis an einer verschütteten Stelle scheinbar endgültig Schluss war. Links Felsen, rechts ein steiler Abhang, in der Mitte eine Mure. Aus!

»Probieren geht über Studieren«, sagte Charly, der meine Verzweiflung nachvollziehen konnte, dass ich womöglich Probeaufnahmen für den Start zu einer »Weltkarriere« verpassen würde. »Setz dich rein, und versuch, die Spur zu halten. Kleiner Gang, Kupplung schleifen lassen, ich drück auf der Talseite gegen die Wagentür!«

Langsam rutschte der Porsche durch den Schlamm vorwärts. Gegen die seitliche Trift Richtung Tal stemmte sich Charly mit aller Macht und mit Erfolg. Wenn es gelang, den Wagen in der Spur zu halten, hatten wir die Chance, hundert Meter weiter unten wieder auf die geschotterte Straße zu kommen. Als es schließlich geschafft war, hatte Charly zerschundene Hände, einen hochroten Kopf und keinen als solchen mehr erkennbaren Anzug und ich keinen trockenen Faden mehr am Leib.

Gegen Mittag, wir hätten bereits in München sein sollen, sahen wir uns in Lauffen vor einem neuen, scheinbar unüberwindlichen Hindernis. Die enge Ortsdurchfahrt war von der Traun überflutet. Auf jeden Fall zu hoch, um mit einem Porsche durchzukommen. Eine Umgehungsstraße gab es nicht. Den Pass hatten wir geschafft, meinen Wagen zum U-Boot umzufunktionieren würde uns aber wohl kaum gelingen.

»Ich rufe in München an, vielleicht können die Probeaufnahmen für mich verschoben werden?« Meine letzte Hoffnung.

»Die Gloria-Film hat das Studio bei Arri nur für einen Tag«, erklärte Paul May. »Außerdem hat Frau Kubaschewski einen Favoriten für die Rolle. Mit dem mache ich in zwei Stunden Probeaufnahmen. Ein bekannter Name!«

»Wer ist es?«

»Adrian Hoven«, brummte May, »und wenn du bis fünf nicht hier bist, kannst du bleiben, wo du bist!«

»Ich komme – bestimmt!«, schrie ich und hatte nicht die geringste Ahnung, wie das gehen sollte.

Wieder ergriff Charly König die Initiative. Wir hatten gesehen, wie einige Lauffener Bürger mit Kähnen aus ihren Häusern ins Trockene gebracht wurden.

»Wenn wir die Karre dicht kriegen«, sagte er nachdenklich, »könnten wir sie wie einen Kahn da rüberziehen!«

»Blöder Hund«, wollte ich eigentlich sagen, aber dann fiel auch bei mir der Groschen. Viel Wasser würde wohl nicht eindringen, wenn wir die Türen abdichteten. Und wenn, würde ich auch in einer Badewanne weiterfahren, wenn nur der Motor dicht blieb und kein Wasser in den Auspuff lief.

Schaulustige beobachteten, wie zwei Verrückte ihren Porsche zu einem Amphibienfahrzeug umrüsteten, indem sie mit Plastiktüten Türen, den Motorraum und den Auspuff abdeckten. Einige hatten Mitleid und boten ihre Hilfe beim Schieben an. Dann ging alles schneller als erhofft. Bis über die Türausschnitte stand das Wasser und den Helfern und uns bis zu den Knien. Aber die Plastiktüten hielten dicht, wenigstens im Motor und am Auspuff. Der Wagen sprang beim ersten Versuch an, die Zuschauer klatschten Beifall. Wie zur Entschädigung für unsere bisherigen Anstrengungen verlief der Rest der Reise ohne Hindernisse. Gegen 16.30 Uhr rief ich Paul May bei Arri an.

»Wo steckst du?« Er klang ungehalten.

»An der Raststätte Holzkirchen, ich kann in einer halben Stunde im Atelier sein!«

»So lang kann ich ziehen!«

Ab da hielt Charly sich am Armaturenbrett fest. Um 17.10 Uhr fuhren wir in den Hof bei Arnold & Richter in der Türkenstraße ein. Charly war etwas blass um die Nase.

Der dritte Stock des Ateliergebäudes war voller Leute. Neben einer Stahltür brannte ein rotes Licht: »RUHE – AUFNAHME!« Wir wagten kaum zu atmen. Das Licht erlosch, die Tür öffnete sich, heraus kamen Paul und Ille May, in freundlichem Gespräch mit Adrian Hoven. Gott sei Dank fiel mir ein, was Paul May gesagt hatte: »Es geht keinen was an, dass wir befreundet sind!«

Also förmliche Begrüßung.

»Wie sehen Sie denn aus?«, fragte May nach einem abschätzigen Blick auf unsere ramponierten Klamotten. »Lassen Sie sich für die Probeaufnahmen einkleiden!«

Man verpasste mir eine alte Wehrmachtsjacke und ein Blatt Papier mit Dialogen, die ich schnell lernen sollte. Ein Kanapee stand in der Gegend herum, auf das man mich setzte. Neben mir zwei weitere Anwärter auf Weltruhm. Wie sich schnell herausstellte, waren es zwei erfahrene Theaterschauspieler, textsicher, ausdrucksstark. Der eine hieß Hans Clarin und war von den Münchner Kammerspielen, der andere kam aus der Schweiz, vom Baseler Stadttheater: Paul Bösiger. Beide waren für die Rolle »Vierbein« vorgesehen.

May saß neben der Kamera, klein, sehr leise, spitzbartkraulend, hoch konzentriert.

»Den Kopf nach links bitte – nach rechts – schauen Sie direkt in die Kamera – wie heißen Sie?«

Ich musste mich zusammenreißen. Fast war es mir peinlich, meinen Namen zu nennen. Während der Scheidungszeit hatte sich zwischen uns eine Art Wahlverwandtschaft entwickelt, ein Eltern-Sohn-Verhältnis. Irgendwann hatte ich es nicht mehr ausgehalten und den beiden Gundel vorgestellt.

»Das ist die Richtige für dich«, sagten beide, und Ille, die in Gundel sofort eine jüngere Seelen- und Charakterschwester erkannte, setzte hinzu: »Pass auf, dass du bei der nicht unter den Pantoffel kommst!«

Die Warnung kam zu spät und hätte ohnehin nichts genutzt, sehr bald wurde mir klar, wie gut Gundels bestimmende Art für mich war.

Die Scheinwerfer taten jetzt in den Augen weh.

»Ich heiße Joachim Fuchsberger, bin fünfundzwanzig Jahre alt«, beantwortete ich Mays Frage.

»Was machen Sie im Augenblick?«

»Ich sitze in Bad Aussee, bei der Bergland-Film, besoffen auf einem Weinfass und singe.«

May grinste und kraulte.

»Waren Sie Soldat?«

»Ja. Fallschirmjäger.«

»In Gefangenschaft?«

»Auch. Bei den Russen, den Amerikanern und den Engländern.«

Ich begriff. Das Interview vor laufender Kamera sollte mein auf die Rolle zugeschnittener Lebenslauf werden, für die entscheidenden Leute bei der Gloria-Film.

Es folgten einige Dialogszenen mit Hans Clarin und Paul Bösiger.

»Danke – aus. Das war's!«

May verließ das Atelier. Wir standen da und warteten. Das zerrte an den Nerven. Irgendjemand musste jetzt doch irgendwas sagen, uns aus der unerträglichen Spannung erlösen.

Dann kam der unbefriedigende Satz: »Wir werden Sie benachrichtigen.«

Mist! Was sollte ich damit anfangen? Im Treppenhaus traf ich Paul May in Begleitung zweier Herren. Er tat so, als habe er mich bereits wieder vergessen. Ein flüchtiger Gruß zwischen Fremden. Paul war ohne Zweifel der bessere Schauspieler von uns beiden.

Was folgte, waren schlaflose Nächte im Hotel »Wasnerin«. Ein paarmal rief ich an. Paul May war entweder nicht zu erreichen, oder er hatte noch keine Entscheidung. Es regnete weiter, und die Stimmung sank auf den Nullpunkt.

Ich hatte nur eines im Kopf: die Chance, die Hauptrolle in einer Trilogie über die Vorkriegs- und Kriegszeit in Deutschland zu spielen, als Zeitzeuge glaubhaft darzustellen, was den »Führer« und seine Generäle dazu bewogen hatte, Deutschland gegen den Rest der Welt und uns alle in den Untergang zu hetzen. Eine Rolle, für die es Millionen von Zeitzeugen gab. Alle, die während der fünfeinhalb Jahre des Zweiten Weltkriegs an den Fronten gutgläubig mit ihrem Leben das schuldig gewordene Vaterland verteidigten, in blindem Gehorsam oder aus Todesangst taten, was man ihnen befahl.

Und was tat ich? Ich saß im verregneten Bad Aussee und sollte irgendwann auf der Alm mit schmachtendem Blick meiner Angebeteten selbst gepflückte Blumen in den verlockenden Ausschnitt ihres kleidsamen Dirndls stecken. Die Zeit des Wartens machte mich langsam verrückt.

»Ich muss die Kubaschewski davon überzeugen, dass ich für die Rolle keinen gut aussehenden, bekannten Star brauche, sondern einen völlig unbekannten Zeitzeugen, der selbst erlebt hat, was er spielen muss. Nur so werden sich Millionen anderer mit dieser Figur identifizieren«, sagte Paul May, als ich ihn endlich erreichte. »Bis jetzt hat sie sich immer noch nicht entschieden. Du musst Geduld haben!«

Ein strahlender Tag, wie es ihn nur nach einem langen Regen gibt, der die Luft von allem Schmutz gereinigt hat, lag über dem Ausseer Land. Der Dachsteingletscher leuchtete in der Sonne, die gegenüberliegenden Gipfel des Toten Gebirges ragten wie ein Scherenschnitt in den Himmel.

Das Team fuhr in bester Laune zum Motiv am nahe gelegenen Grundlsee. Ein Schloss, direkt am Ufer des Sees, sollte der attraktive Hintergrund für meine erste Liebesszene mit Elisabeth Stemberger werden.

Eigentlich waren alle enttäuscht. Das Schloss war ziemlich heruntergekommen, Fenster waren eingeschlagen, die Wände bröckelten, Türen hingen schräg in den Angeln. Das Gemäuer hätte besser zu einem Gespensterfilm gepasst als zu unserem romantischen Schmachtfetzen.

Aber die Lage war atemberaubend schön. Den Platz am linken hinteren Ufer des Grundlsees hatte der österreichische Industrielle Jean Roth, der Kanonen und Granaten für Kaiser Franz Joseph produzierte, im Jahr 1884 ausgesucht, um dort für seine Geliebte und sich ein Jagdschloss bauen zu lassen.

Ein viele tausend Quadratmeter großer Park umgab Schloss Grundlsee. Es wirkte düster, fast drohend mit seinen übereinandergetürmten Steinquadern und dem steil aufragenden Turm. Fast hatten wir den Eindruck, als würden die Menschen in der Gegend diesen Ort meiden.

Architekt und Bühnenarbeiter hatten eine Ecke zum See für unsere Aufnahmen hergerichtet, Hauptmotiv war ohnehin die herrliche Landschaft. Viele geheimnisvolle Geschichten erzählte man sich vom Schloss am Grundlsee und vom Ort Gössl, durch den man zum dahinter liegenden Toplitzsee kommt. Die ganze

Gegend spielte eine bis heute nicht ganz klare Rolle in den letzten Tagen des Zweiten Weltkriegs.

Jean Roth, der Erbauer des Jagdschlosses, trauerte um seine jung verstorbene Geliebte, blieb einsam auf dem Schloss und hinterließ keine Kinder. Seinen Besitz am See vermachte er einem Neffen. Öffentliche Aufmerksamkeit erfuhr Schloss Grundlsee erst wieder in der Nazizeit, als Propagandaminister Joseph Goebbels seine Frau und seine sechs Kinder hier einquartierte, um sie vor den immer stärker werdenden Bombenangriffen auf die Reichshauptstadt zu schützen.

Magda Goebbels war bei der Bevölkerung geschätzt und geachtet. Ihr Mann, der dämonische Einflüsterer von Hitler und lautstarke Einpeitscher des »Dritten Reiches«, kam nur selten zu Besuch in diese Idylle. Erst gegen Ende des Krieges, als die Götterdämmerung angebrochen war, als Berlin und andere deutsche Städte in Schutt und Asche versanken, holte Goebbels seine Familie zu sich in das von ihm mitverschuldete Inferno. In der unterirdischen Festung der Reichskanzlei fanden sie ein unrühmliches Ende: Die russischen Eroberer entdeckten die Überreste, vergiftet, verbrannt, ausgelöscht, in der Nähe ihres geliebten »Führers« Adolf Hitler.

Während der letzten Wochen des »Dritten Reiches« war Schloss Grundlsee das Hauptquartier des SS-Führers Kaltenbrunner. Man erzählt sich noch heute die wildesten Geschichten, zum Beispiel, dass in den Kellerräumen und in unterirdisch angelegten Bunkern Schätze ungeahnten Ausmaßes versteckt seien oder dass dort die Druckmaschinen für die gefälschten Pfundnoten ihre Arbeit getan hatten, mit denen die Währung Englands ruiniert werden sollte.

Noch viel dramatischer war das Geschehen am Toplitzsee, zwanzig Gehminuten vom Grundlsee entfernt. Gesäumt von hohen Felswänden, nahezu unzugänglich von allen Seiten und daher für die geheime Staatspolizei und SS-Spezialeinheiten bei Tag und Nacht kontrollierbar, wurde die ganze Gegend um den

See herum zu einer Art Alpenfestung, zum Versuchsgelände für geheime neue Waffen. In der fast unermesslichen Tiefe des Sees fanden all die Dinge, von denen sich die Nazis nicht trennen wollten, ihr letztes Versteck. Auch Hitlers Tagebücher sollen im Grundlsee versenkt worden sein.

Nicht viele Überlebende gab es in der Gegend um den Grundlsee und den Toplitzsee, und die wenigen, die bereit waren, mit mir über die letzten Tage des »Dritten Reiches« und die Hirngespinste einiger Figuren dieser zwölf Jahre zu reden, ergingen sich in geheimnisvollen Andeutungen, nicht beweisbaren Vermutungen und schieren Behauptungen, nicht selten nur, um sich wichtig zu machen.

Natürlich interessierte mich das alles viel mehr als die kleine, unwichtige Filmrolle. Umso intensiver dachte ich an Kirsts Roman-Trilogie, die sich genau mit dieser bitteren Realität des »Tausendjährigen Reiches« auseinandersetzte.

Die Liebesszene und der Rest meiner Rolle in *Wenn ich einmal der Herrgott wär* waren abgedreht, und Paul May meldete der Gloria-Film, dass ich einigen Erfolg bei der Arbeit gehabt hätte. Ilse Kubaschewski gab schließlich nach, ich bekam die Rolle des Gefreiten Asch und geriet in eine Art Taumel. Dazu kam, dass Gundel einen derart guten Eindruck bei den Mays hinterlassen hatte, dass die Gloria-Film sie für mehrere Jahre unter Vertrag nahm. Für *08/15* wurde sie für die Rolle der Ingrid Asch verpflichtet – meine Schwester.

Lange vor Beginn der Dreharbeiten verbrachten wir die meiste Zeit im Haus der Mays. Dort lernte ich einen der berühmtesten Schriftsteller der damaligen Zeit kennen, Ernst von Salomon. Paul May hatte ihn als Drehbuchautor verlangt. Wir alle kannten sein faszinierendes Buch, den Bestseller *Der Fragebogen*. Es ging darin um den Umgang der Siegermächte mit dem geschlagenen deutschen Volk und den oft seltsamen Antworten, die die Menschen im von den Alliierten zusammengestellten Fragebogen für die Entnazifizierung der Bevölkerung im Westen des ehemaligen Deutschen Reiches gaben. Ernst von Salomon wurde wegen Beihilfe zum Mord an Reichsaußenminister Walther Rathenau im Jahr 1922 zu fünf Jahren Zuchthaus verurteilt. In seiner Zelle schrieb er die Romane *Die Geächteten* und *Kadetten*, nach Verbüßung seiner Strafe wurde er einer der meist beschäftigten Drehbuchautoren der Ufa. In dieser Zeit war er mit einer Halbjüdin liiert, die er vor den Naziherrschern schützte. Sie hieß Ille Gotthelf. Nach dem Krieg heiratete sie Paul May. Der wiederum war der Sohn von Peter Ostermeyer, dem Mitbegründer der Bavaria-Film Gesellschaft in Geiselgasteig bei München.

Im Laufe der Vorarbeiten und Besprechungen zu *08/15* – zu dieser Zeit hieß das Buch von Kirst noch *Die abenteuerliche Revolte des Gefreiten Asch* – wurde aus Gundels und meiner Beziehung zu den Mays eine Art Wahlverwandtschaft. Natürlich kam ich mit meinen Zweifeln, ob ich der Aufgabe in dem Riesenfilm gewachsen wäre, immer wieder zu den beiden. Ich war ja kein Schauspieler, hatte keinerlei Rüstzeug für diesen Beruf.

»Lass das meine Sorgen sein«, sagte May jedes Mal, wenn mir bei der Lektüre des Buches wieder angst und bange wurde, »ich weiß, dass du kein Schauspieler bist, aber ich bin der beste Regisseur!«

Natürlich war ich nur allzu gerne bereit, ihm das zu glauben. Ernst von Salomon bestärkte mich in diesem Glauben und machte mir Mut. Ständig fragte er mich aus über meine Erlebnisse als Rekrut in der Ausbildungszeit. Jedes Detail wollte er wissen, ließ nicht locker, bis mir Dinge einfielen, die ich eigentlich längst verdrängt oder vergessen hatte. Inzwischen stand fest, dass aus der Trilogie auch drei Filme werden sollten: *08/15*, *08/15 im Krieg* und *08/15 bis zum bitteren Ende*.

Der erste Teil war der Zeit bis zum Kriegsbeginn im September 1939 gewidmet, der zweite Teil dem erbarmungslosen Kampf an der Ostfront, der Wandlung der Siege der deutschen Kampfverbände nach Stalingrad, dem Beginn des Rückzugs an allen

Fronten, den ersten Widerstandsversuchen deutscher Offiziere und der dritte Teil dem Ende Deutschlands und den Erlebnissen der überlebenden Hauptfiguren in Gefangenschaft.

May war der Meinung, eine junge Truppe von ungedienten Studenten samt einer beachtlichen Riege junger, unverheirateter Schauspieler sei wohl schwieriger zu hüten als ein Sack Flöhe. Um uns zu bändigen, hatte er der Produktion aufgetragen, dieses Problem wie beim Militär zu lösen – indem sie den ganzen Haufen kasernierte. Das war leichter gesagt als getan. Bald schon stand fest, dass der Film so gut wie keine Unterstützung bekommen würde, weder vom Staat noch vom Bundesgrenzschutz. Das bedeutete, dass wir für die Aufnahmen keine Kaserne zur Verfügung gestellt bekamen. Es musste also eine ganze Anlage gebaut werden. Was sich anbot, waren die überdimensional großen Ateliers des Bildhauers und Architekten Josef Thorak in Baldham im Osten Münchens. Drum herum wurden aus Mannesmann-Stahlrohren Gerüste aufgebaut, mit Sackleinen bespannt und als Kasernenbau täuschend echt bemalt.

Die Soldaten für diese Kaserne wurden nach einer größeren Werbekampagne in Privathäusern in der Wohnsiedlung Baldham untergebracht. Sicher spielte auch die Überlegung eine Rolle, dass die Vermieter einen beruhigenden Einfluss auf die jungen, lebenshungrigen Untermieter ausüben würden.

Gundel und ich setzten alles daran, bei einer netten Familie in einem Siedlungshäuschen unterzukommen, in zwei kleinen Zimmern unterm Dach. Die Produktion sah das nicht besonders gerne, und wir durften uns nicht auf unsere Freundschaft mit dem Regisseur berufen. Aber schließlich setzten wir uns durch, mit dem Argument, dass wir uns als Verlobte betrachteten. Vermutlich zu unserem eigenen Schutz und zur Wahrung der Moral hatte irgendjemand die Verbindungstür zwischen beiden Zimmern mit einem Kleiderschrank verstellt. Es bedurfte beachtlicher Anstrengungen meinerseits, jeden Abend oder spätnachts ohne auffallende Geräuschentwicklung dieses vermaledeite Möbel so weit zu verrücken, dass ein schmaler Spalt den Weg zum Glück freigab.

Auf dem »Dienstplan«, so nannten wir die tägliche Disposition, stand vornehmlich »Exerzieren«, das heißt, hundertzwanzig ungediente Studenten oder Komparsen mussten erst mal lernen, wie sich ein Soldat, also die Steigerung vom zivilen Menschen, zu benehmen hat: gehen und stehen, mit dem Karabiner K98 hantieren, Grüßen eines Vorgesetzten. Ein Unterfangen, das den militärischen Berater Peter Jakob manchmal zur Verzweiflung brachte.

Dabei ging etwas für mich Erschreckendes vor sich: Kaum dass die Uniformen mit unterschiedlichen Rangabzeichen verteilt waren, änderte sich der Umgang der Komparsen untereinander schlagartig. Die Gefreiten sonderten sich von den gemeinen Soldaten ab, die Unteroffiziere von den Gefreiten, die Wachtmeister von den anderen Unteroffizieren und die Offiziere von allen anderen. Plötzlich herrschte die Hierarchie wie zu Barraszeiten. Einige vergaßen, dass sie in einem Film spielen sollten. Einer davon war ein Kollege aus Österreich, der den »Spieß« spielen sollte, den Hauptwachtmeister, auch »Mutter der Kompanie« genannt. Er nahm seine Rolle derart ernst, dass schon nach kurzer Zeit keiner mehr mit ihm sprach, und stolzierte selbst in der Freizeit in der Gegend herum, als gehörte ihm der ganze Laden.

Die Publicity-Maschine für den Film war angelaufen. Kirsts Buch erschien in einer westdeutschen Illustrierten als Fortsetzungsroman, das Interesse der Medien an unserem Film wurde täglich größer.

Die Münchner *Abendzeitung* beschäftigte damals den ersten Kolumnisten, Hannes Obermaier alias »Hunter«, für mich bis heute der Beste seiner Zunft. Obermaier hatte eine geniale, aber nicht ganz ungefährliche Idee: Er wollte mit der Hauptfigur des Films, dem Gefreiten Asch, also mir, und ihm als Obergefreitem in voller Uniform in der Münchner Innenstadt auftauchen.

»Mal sehen, was passiert«, sagte er.

Bevor wir loszogen, wurden wir darauf hingewiesen, dass auf das Tragen der alten Wehrmachtsuniform mit Hoheitsadler und Rangabzeichen, gar noch mit Seitengewehr und Karabiner, nach dem alliierten Militärgesetz die Todesstrafe stand.

Den Karabiner ließen wir weg, aber das Bajonett baumelte am Koppelschloss, der Reichsadler mit Hakenkreuz prangte auf der Brust und am Käppi, die Rangabzeichen am Ärmel: ein silberner Winkel für den Gefreiten, ein Doppelwinkel für den Obergefreiten. So erschienen wir eines Tages am Stachus und stellten uns genau in die Mitte des großen Platzes, nicht zuletzt, weil dort ein Polizist den damals noch recht spärlichen Verkehr regelte.

»Pass auf«, sagte Obermaier, »den fragen wir, wo die Meldestelle für Fronturlauber ist.«

Im Gleichschritt marschierten wir auf den verdatterten Polizisten zu, knallten die Hacken zusammen, salutierten vorschriftsmäßig und stellten unsere Frage. Der Mann hatte offensichtlich gedient, fühlte sich schlagartig in die Zeit zurückversetzt, erwiderte unseren Gruß, ließ Verkehr Verkehr sein und schnarrte zurück: »Meldestelle für Fronturlauber? Tut mir leid, Kameraden, ich bin hier selber ortsfremd!«

Wir hatten alles andere als das erwartet, hielten uns aber eisern unter Kontrolle. Von überall waren versteckte Kameras auf uns gerichtet. Also: Hand an den Rand der Kopfbedeckung, Kehrtwendung, im Gleichschritt zurück über den Platz auf den Gehsteig. Dort blieb eine nicht mehr ganz taufrische Kriegsbraut am Arm eines amerikanischen Soldaten wie angewurzelt stehen und starrte uns an: »Mei, was is jetzt des? Mei is des schee, unsere Landser san wieder da!«

Ganz aufgeregt versuchte sie ihrem GI, dem die Sache nicht ganz geheuer schien, zu erklären, wer oder was wir waren. Der verstand überhaupt nichts, starrte nur auf unsere Seitengewehre und wäre sicher nicht überraschter gewesen, wenn wir ihm erklärt hätten, dass er unser Gefangener sei und er sich auf der Stelle zu ergeben hätte.

Sichtlich erleichtert nahm er zur Kenntnis, dass wir ihn mit seiner Veronika ziehen ließen. Dass sie sich an seinem Arm immer wieder nach uns umdrehte und beglückt den Kopf schüttelte, mag ihm wohl weniger gefallen haben.

Nächste Station war die Schillerstraße am Hauptbahnhof. Hier befanden sich beliebte Verstecke für die ebenso beliebte wie verbotene *fraternisation*, die im Jahr 1954 aber nicht mehr ganz so streng überwacht und verfolgt wurde. In den einschlägigen Bars staunten die Kunden nicht schlecht, als wir auftauchten. Die Amerikaner hatten meist schon einen im Tee und reagierten auf derartige Provokationen recht aggressiv. Wenn sie merkten, dass ihre »Fräuleins« ihr Augenmerk auf andere männliche Wesen richteten, konnten sie schnell handgreiflich werden und ihre Rechte auf Gegenleistung für amerikanische Lebensart verteidigen.

»What the hell is going on? Are you looking for trouble?«

Einige, vor allem die, denen die Damen weggelaufen waren, um uns zu bewundern, machten sich kampffertig, kamen immer näher, umkreisten uns wie die Geier. Hannes Obermaier hielt es für angebracht, die Lage zu entschärfen, und zückte seinen Presseausweis.

»Wir machen einen Film über die deutschen Soldaten. Er heißt *08/15*, das bedeutet auf Englisch *SNAFU*!«

Die kampfbereiten GIs fingen an zu lachen. *SNAFU* bedeutet *Situation normal – all is fucked up*. Also sinngemäß das Gleiche wie *08/15*. Der Begriff kam aus der Waffenkunde. Zwischen 1908 und 1915 wurde das Maschinengewehr entwickelt, das im ersten Jahr des Ersten Weltkriegs als Standardwaffe eingeführt wurde. Mit »*08/15*« bezeichnete man alles, was genormt war, was immer gleich blieb, alles, was über einen Kamm geschoren wurde, von der Heeresdienstvorschrift bis zum Kantinenfraß. Das verstanden die GIs und wurden spendabel. Sie luden uns zu Drinks ein und wollten genau wissen, wie mein Seitengewehr aussah und wie es zu benutzen war. Unglücklicherweise hatte mein mitgeführtes Exemplar die erst später eingeführte Sägeklinge für den Nahkampf von Mann zu Mann. Die Reaktion der Amis war etwas bedenklich.

»Jetzt gehen wir ins Hofbräuhaus!«, meinte Obermaier.

Wir hätten es nicht tun sollen. Beim Eintritt in die fast volle Bierhalle entstand eine bedrückende Stille. Dann kam vereinzelt Beifall auf, der sich von Tisch zu Tisch fortpflanzte, immer stärker wurde und die Blaskapelle auf dem Podium schließlich dazu verführte, den »Badenweiler Marsch« zu intonieren – Hitlers Lieblingsmarsch.

Das rief nun doch einige auf den Plan, die unseren Auftritt alles andere als komisch fanden. Mit Maßkrügen, die in Bayern nicht selten auch als Schlagwaffe dienen, kamen sie bedrohlich auf uns zu, sodass wir es für geraten hielten, unser Heil in der Flucht zu suchen.

»Ihre Ausweise bitte!«, sagte eine strenge Stimme hinter uns. »Kriminalpolizei! Kommen Sie mit, und machen Sie keine Schwierigkeiten!«

Das war auch keineswegs unsere Absicht. Der Zivilist musterte uns streng. Neben ihm stand der Verkehrspolizist, den wir nach dem Weg gefragt hatten. Der Zivilist blickte den Verkehrspolizisten an, der nickte. Wir waren identifiziert. Nähere Angaben über den Grund der Verhaftung machten sie nicht, vermutlich war ihnen die Sache zu heikel. Obermaiers Presseausweis half diesmal nichts, auch keinerlei Versuch unsererseits, das Geschehen zu erklären.

»Das können Sie alles den Kollegen auf dem Präsidium erzählen! Jetzt kommen Sie erst mal mit zum Stachus, wo Sie mit Ihrem Unsinn den Polizisten belästigt haben!«

Stramm, wie sich das für ehemalige Angehörige der Wehrmacht gehörte, marschierten wir zwischen Kriminal- und Verkehrspolizist zurück zum Stachus, über die Kreuzung auf die Verkehrsinsel, hinein in das Häuschen, das als Dienstraum für Straßenbahnpersonal diente.

Verhör, Erklärungen, Presseausweis, Zweifel, Anruf im Polizeipräsidium.

»Ihre Angaben zu Ihren Personalien scheinen ja zu stimmen. Hannes Obermaier, Journalist, Joachim Fuchsberger, Rundfunksprecher, Schauspieler.«

Nach einigen weiteren Fragen ein erneuter Anruf im Präsidium.

»Jawohl«, sagte der Kriminalbeamte und nickte dienstbeflissen, dann noch mal: »Jawohl, ich weiß Bescheid!«

Er legte auf und betrachtete uns nachdenklich.

»Meine Herren, ich habe Anweisung, Sie zu belehren und danach auf freien Fuß zu setzen. Allerdings haben Sie sich unverzüglich, ohne weiter öffentliches Ärgernis zu erregen, auf das Gelände Ihrer Filmproduktion zu begeben. Vorher haben Sie diese Uniform auszuziehen, mit der Sie gegen das alliierte Militärgesetz verstoßen haben. Sie müssen mit einer Anzeige rechnen.«

Die Anzeige war uns ziemlich egal, aber wie sollten wir dem strengen Hüter des Gesetzes klarmachen, dass wir ohne Uniform vermutlich noch mehr öffentliches Ärgernis erregen würden – in langen grauen großdeutschen Wehrmachtsunterhosen?

Das sah er schließlich ein und schlug eine Art Kompromiss vor: Er begleitete uns zum nahe gelegenen Polizeipräsidium in der Ettstraße. Dort würde man sicher die Verantwortung von seinen Schultern nehmen.

Auf dem Polizeipräsidium wurde aus dem Elefanten glücklicherweise bald eine Mücke. Natürlich berichtete die Presse ausführlich über unsere Komödie, die belacht wurde. Das Verfahren gegen uns wurde zunächst dem wirklichen Sachverhalt entsprechend »entpolitisiert«. Der mit Todesstrafe belegte Vorwurf, vorsätzlich gegen das alliierte Militärgesetz gegen Waffenbesitz und Verherrlichung nazistischer Embleme verstoßen zu haben, wurde stufenweise abgemildert, das Verfahren wurde schließlich ganz eingestellt.

181

Beim Film stellt man sich hin, verzieht das Gesicht, küsst die schönsten Frauen und bekommt dafür noch einen Haufen Geld. Diese weitverbreitete Meinung war gründlich korrigiert, nachdem wir ein paar Drehtage hinter uns hatten.

Was in Kirsts Roman der Fantasie des Lesers überlassen bleibt, musste Ernst von Salomon in die Sprache der Bilder übersetzen. Paul Mays Aufgabe war es, die Stimmung vor Ausbruch des Zweiten Weltkriegs, im Sommer des Jahres 1939, wieder erstehen zu lassen, die Euphorie des Schlachtrufs »Führer befiehl, wir folgen dir!« umzusetzen in die kleine Welt unseres Kasernenhofs. Er musste uns in die Stimmung dieser Zeit versetzen. Kasernenhof und Drill, Kantine und Besäufnis, Unterkunft und Drangsal der Soldaten, Latrine und ihre Parolen, Schießplatz und Verlockung mit scharfer Munition. Wir ließen widerspruchslos alles mit uns geschehen, machten alles mit, ohne zu murren. Wir ließen uns einsperren, schleifen, bis uns »das Kaffeewasser im Arsch kochte«, robbten durch Staub und Schlammlöcher, rannten bis zur Erschöpfung. Die Arbeiten an dem Film gingen Tag und Nacht.

Das hermetisch von der Außenwelt abgeschlossene Thorak-Gelände war unser Zuhause. Die gewaltigen Hallen, in denen Hitlers Bildhauergigant seine überdimensionalen Helden- und Götterfiguren geschaffen hatte, die das Nürnberger Reichsparteitagsgelände zieren und auf den Autobahnen die Herrlichkeit des »Dritten Reiches« demonstrieren sollten, wurden die Dekorationen für den Film, wurden zur Kantine, in der in original Wehrmachts-Gulaschkanonen das Essen für bis zu fünfhundert Mitarbeiter bereitet wurde. Im Außenbereich wurde eine Lichtung in den Wald geschlagen, der das Gelände umgab. Diese Lichtung war unser Exerzierplatz – der »Schleifstein« für die Figur »Schleifer Platzek«, gespielt von Hans Christian Blech.

Die Studenten und Komparsen revidierten sehr bald ihre Meinung über das Lotterleben beim Film. Für wenig Geld mussten sie sich Dinge gefallen lassen, die ihnen die reine Freude an der Filmerei gründlich verdarben.

Die Öffentlichkeit und die Medien diskutierten währenddessen heftig die Frage, ob dieser Film denn nötig, ja ob er überhaupt zu verantworten sei. Die einen meinten, er verherrliche den schlimmsten Teil deutscher Geschichte, die anderen vertraten die Ansicht, es sei Zeit für eine schonungslose Abrechnung mit unserer jüngsten Vergangenheit. Jedenfalls hatten viele der Verantwortlichen Angst, es könnte ähnliche Reaktionen geben wie bei der Premiere des weltberühmten Filmes *Im Westen nichts Neues* nach dem Antikriegsroman von Erich Maria Remarque. Damals wurden die Vorführungen in den Kinos durch Stinkbomben und laute Proteste gestört.

Deutschland stand nach wie vor unter der Kontrolle der alliierten Militärregierungen und hatte seine staatliche Souveränität noch nicht wiedererlangt. Nach wie vor war das Tragen von Uniformen und Hoheitsabzeichen aus der Zeit des »Dritten Reiches« unter Androhung der Todesstrafe verboten. Was würde mit unserem Film bei der Zensur durch die Behörden geschehen?

Es geschah nichts! Statt Protest erlebten wir einen Sturm der Begeisterung. Die Kinos wurden regelrecht gestürmt. Der Film *08/15* hatte das Herz von Millionen deutschen Zuschauern erreicht. Er wurde quasi zur Bestätigung aller Geschichten, die Soldaten ihren Angehörigen erzählt hatten, ob sie wahr waren oder geflunkert. Es war die Bestätigung der Wunschvorstellung von so vielen geschundenen und gedemütigten Soldaten, die sich angeblich gegen Kadavergehorsam und Willkür von Vorgesetzten gewehrt hatten. Mit dem unbekannten Gefreiten Asch hatten sie plötzlich eine Symbolfigur.

Die Sorge der Fachleute, dass der Film niemals an seine literarische Vorlage heranreichen würde, erwies sich im Fall von *08/15* als unbegründet. Mit der dramatischen Umsetzung des Romans in Bilder war es Regisseur, Autor und Darstellern gelungen, die Vorstellungen der Leser sogar noch zu übertreffen.

Die Premiere fand im Stachus Filmtheater in München statt. Alles, was mitgewirkt hatte, war anwesend. Paul May und Ilse

Kubaschewski hatten mich in Anbetracht meiner beruflichen Vorbelastung als Conférencier – heute sagt man Moderator – gebeten, die Premierenrede zu halten und die Kollegen auf der Bühne vorzustellen. Eine große Ehre, doch bei diesem Anlass zitterten mir die Knie.

Der Abspann lief. Schon hier, während die Namen noch über die Leinwand flimmerten, gab es Bravo-Rufe und Applaus. Als die letzte Fanfare von Rolf Wilhelms Musik verklungen war und der Vorhang sich schloss, brach ein Jubelsturm los. Es dauerte eine Weile, bis mich die begeisterten Zuschauer zu Wort kommen ließen. Einzeln stellte ich die Mitwirkenden vor, jeder bekam Bravo-Rufe. Da sah ich plötzlich Mario Adorf in der zweiten Reihe sitzen, an der Seite einer attraktiven, jungen Dame. Wieso war er nicht bei uns oben auf der Bühne? Gerade noch hatten die Zuschauer schallend gelacht über seine großartige Szene mit dem ungeliebten »Spieß«.

»Mario, was machst du da unten?«, rief ich ihm zu. »Komm rauf, und nimm deinen verdienten Applaus entgegen. Meine Damen und Herren – Mario Adorf!«

Das war der Beginn einer Freundschaft, die über ein halbes Jahrhundert gehalten hat.

Jetzt stand er auf der Bühne des Stachus-Kinos in München, in einer Reihe mit Paul Bösiger, Peter Carsten, Reinhard Glemnitz, Gundula Korte, Eva-Ingeborg Scholz, Helen Vita, Rainer Penkert, Hans Elwenspoek, Emmerich Schrenk und vielen anderen. Über Nacht wurden wir jungen Schauspieler zu »Stars«, will sagen, wir wurden populär. Aber wir konnten immer noch etwas lernen von den arrivierten Kollegen wie Hans Christian Blech, O. E. Hasse und dem wundervollen Wilfried Seyferth.

Wo immer wir in unterschiedlichen Besetzungen zur Premiere auftraten, die Begeisterung hielt an, in Essen, Düsseldorf, Stuttgart, Berlin oder Frankfurt. Hierher kam auch der viel beschäftigte Theaterschauspieler Wilfried Seyferth zur Premiere, der gerade im nahe gelegenen Wiesbaden einen Film drehte. Die Vorführung war wieder ein rauschender Erfolg, anschließend trafen wir uns noch im Café Hauptwache zu einer kleinen Nachfeier. Wilfried Seyferth, der im Film den Major Luschke spielte, war nur auf einen Sprung mitgekommen.

»Ich muss früh raus, die holen mich morgen früh um sechs zur Maske ab – und mit Sprudel feiert man nicht so lustig.«

Deshalb verabschiedete er sich auch früher. Peter Carsten und ich begleiteten ihn noch vor die Tür, um seinen neuen Porsche zu bewundern, auf den er zu Recht stolz war. Dann fuhr er los.

Kurz nach Mitternacht brachen auch wir auf. In der Halle des Hotels »Frankfurter Hof« kam uns der Empfangschef entgegen, auffallend blass um die Nase.

»Wir haben einen Anruf von der Polizei erhalten. Jemand von Ihnen soll sofort dorthin kommen, ein Unfall.« Und dann versagte ihm fast die Stimme. »Herr Seyferth ist tot!«

»Das kann nicht sein«, sagte Peter Carsten, »wir haben uns doch erst vor einer halben Stunde von ihm verabschiedet!«

»Der Unfall war vor zehn Minuten, auf der Landstraße nach Wiesbaden.«

Wir wollten es einfach nicht glauben. Wilfried Seyferth tot? Dieses Energiebündel? Das Knollengesicht? So hieß er bei seinen Soldaten, die ihn nicht nur respektierten, sondern sogar liebten.

»Kann einer von Ihnen gleich zur Polizei fahren?«

Der Portier riss mich aus meinen Gedanken. Wilfried Seyferth war mein bewunderter Kollege, und er war auch der Ehemann meiner Filmpartnerin Eva-Ingeborg Scholz, die nicht zur Premiere nach Frankfurt gekommen war. Mir war klar, dass es meine Pflicht war, ihr diese schreckliche Nachricht zu überbringen. Auf dem zuständigen Polizeirevier herrschte die lähmende Tristesse der frühen Morgenstunde. Man war freundlich zu dem bekannten Jungstar, aber ebenso skeptisch über den Verlauf des Premierenabends.

»Hatte Ihr Kollege viel getrunken?«

»Im Gegenteil, er wollte sehr früh weg, wegen seiner Dreharbeiten in Wiesbaden.«

»Wissen Sie, ob er irgendwelche Sorgen hatte?«

»Warum fragen Sie?«

»Er ist auf gerader Strecke, ohne Bremsspuren, ohne jeden Gegenverkehr, mit hoher Geschwindigkeit auf einen Baum gefahren. Er war wahrscheinlich sofort tot.«

Der Beamte dachte wohl, Wilfried Seyferth sei absichtlich gegen den Baum gefahren.

Nachdem ich ihm keinerlei Auskünfte geben oder Hintergründe nennen konnte, holte er aus einem Schrank in der Ecke des kahlen Raumes die Hinterlassenschaft von Knollengesicht Major Luschke.

»Sie kennen die Ehefrau des Verunglückten?«

»Sie ist meine Partnerin im Film.«

»Warum war sie bei der Premiere nicht dabei?«

»Das weiß ich nicht.«

»Wann werden Sie ihr die Sachen ihres Mannes überbringen?«

»Heute Nachmittag in München.«

»Dann unterschreiben Sie bitte hier.«

Es war schon hell, als ich endlich wieder im »Frankfurter Hof« in meinem Zimmer saß – und heulte. Was war geschehen? Der Jubel des Erfolgs hatte sich plötzlich in eine traurige Leere verwandelt. Wir hatten einen unserer Besten verloren, von jetzt auf gleich, ohne Vorwarnung. Wilfried Seyferth war nicht mehr. An einem Baum zerschellt. War er eingeschlafen? Hatte er einen Schwächeanfall im Auto erlitten, vielleicht einen Herzinfarkt?

Auf dem Tisch lag die Tüte mit seinen Habseligkeiten: seine Brieftasche, seine Geldbörse, die Armbanduhr, ein Schlüsselbund, die ich seiner Frau würde überbringen müssen.

»Ihr habt wohl wie die Verrückten gefeiert?«

Eva-Ingeborg Scholz war aggressiv und ungerecht in ihrer Verzweiflung, als ich am Nachmittag vor ihr stand. Die Polizei hatte sie bereits telefonisch vom Unfall ihres Mannes informiert.

»Da ruft mich einer an und teilt mir kurz und bündig mit, dass mein Mann tot ist. Dass es ihm leid tut, hat er gesagt, sonst nichts. Nur, dass du mit seinen Sachen kommen und mir erzählen würdest, wie das passieren konnte!«

Ich übergab ihr die Tüte, dabei riss es uns beide. Wir verloren einfach die Fassung. Ich war wenig geübt im Trösten von Witwen, hoffte aber, es würde ihr helfen, wenn ich ihr klarmachte, dass ihr Mann sich absolut korrekt verhalten hatte und dass Peter Carsten und ich ihn noch zu seinem neuen Auto begleitet hatten.

»Dann wart ihr die Letzten, die ihn lebend gesehen haben?« Irgendwie schien sie das zu trösten.

Warum Wilfried Seyferth auf gerader Strecke auf einen Baum am Straßenrand prallte, wird wohl ein Rätsel bleiben. Schön wäre es, wenn er wenigstens mit dem tosenden Beifall in den Ohren in den Tod gefahren wäre.

Wir paradierten in Reih und Glied über die Boulevards der Premierenstädte der Bundesrepublik und ließen uns feiern – und fotografieren. In allen Blättern war irgendein Bericht oder eine Geschichte aus oder über *08/15*, die Hauptdarsteller waren populäre Figuren, und man interessierte sich in zunehmendem Maße für deren Privatleben. Besonders das Geschwisterpaar Ingrid und Herbert Asch wurde zum Freiwild für die Fotografen, nachdem die herausgefunden hatten, dass wir im Leben alles andere als Geschwister waren, sondern ein Liebespaar. Natürlich hatten sie keine Ahnung, dass Gundel und ich uns schon lange vor dem Film kannten, also erfanden sie die romantische Geschichte, dass uns der Film zusammengebracht habe.

Einer mit dem Spitznamen »Major Pit«, der eigentlich Pit Seeger hieß, war besonders beharrlich. Eines Tages teilte er uns mit, dass er einen Artikel mit Titelbild über uns an eine Illustrierte verkaufen könnte. Er machte die Fotos in unserer Wohnung. Kurze Zeit später rief er an und verkündete stolz: »Ich habe den Titel verkauft. Allerdings hat die Sache einen Haken. Ich habe der Redaktion gesagt, dass ihr heiratet!«

Gundel sagte nur: »Dann brauchen wir einen Trauzeugen!«, rief kurz entschlossen unseren Freund Kurt Wilhelm an und fragte ihn: »Wann hast du Zeit?«

»Wozu?«

»Wir müssen heiraten!«

»Am Donnerstag um drei!«

Also versprachen wir uns am Donnerstag, dem 2. Dezember 1954 um drei Uhr vor dem Standesbeamten im Gräfelfinger Rathaus, dass wir uns lieben und achten würden, bis dass der Tod uns scheidet. Kurt Wilhelm unterschrieb.

Pit Seeger war so aufgeregt, dass er vergaß, einen neuen, vollen Film einzulegen. Mitten in der Zeremonie ging ihm der Film aus, und unter allgemeiner Heiterkeit tauschten wir die Ringe ein zweites Mal. Wir nahmen es als gutes Omen.

Die allgemeine Erwartungshaltung, was die Dauer unserer Ehe betraf, war ungewöhnlich zurückhaltend. Optimisten billigten uns ein Jahr zu. *Voilà!* Aber wir geben beide gerne zu, dass wir im hohen Alter erstaunt, dankbar und glücklich sind, den Ehrentitel »viertlängst verheiratetes Paar im Showbusiness« zu tragen, und zwar weltweit.

Die Zeit des jungen Ruhmes war aufregend schön. Gundel, die eine fast unglaubliche Ähnlichkeit mit der großen Kristina Söderbaum hatte, bekam deswegen als Erste einen langjährigen Starvertrag von der Gloria-Film.

Dann sollte der alte Emil-Jannings-Film *Der letzte Mann* neu verfilmt werden, unter der Regie von Dr. Harald Braun. Er bot mir die Rolle eines jungen, forschen, skrupellosen Rechtsanwalts an, der eine junge Hotelerbin beflirtet, um an ihr Erbe zu kommen. Diese junge Erbin war Romy Schneider mit ihren hinreißenden sechzehn Jahren. Ihren Beschützer, den Chefportier des Hotels und Freund ihrer verstorbenen Eltern, spielte der große

Hans Albers. Der nahm seine Rolle derart ernst, dass er mich persönlich für das gleiche Schwein hielt wie den erbschleichenden Rechtsanwalt, den ich nie gespielt hätte, hätte ich geahnt, welche Folgen das haben würde.

Albers hatte seinen Schützling Romy und mich in einem Zimmer zu überraschen, wo wir in trauter Zweisamkeit Champagner tranken.

»Geh sofort auf dein Zimmer!«, herrschte er sie an, was mich, den Vermögensverwalter und Erbschleicher, in Rage versetzte. Ein Wort gab das andere, am Schluss der Szene sollte Albers die Beherrschung verlieren und mir ins Gesicht schlagen. Geplant und geprobt war eine saftige Ohrfeige. Albers hatte sich jedoch eine eigene Version zurechtgelegt. Er machte eine Dublette daraus, will heißen, er schlug vorwärts und rückwärts zu. Dabei trug er an der Schlaghand einen breiten, flachen Ring. Das tat weh. Um das Ganze noch unangenehmer zu machen, hatte er beschlossen, nach den beiden Schlägen seinen Text zu vergessen, sodass die Szene wiederholt werden musste.

»Tut's weh?«, fragte er.

Natürlich wollte ich mir vor meiner jungen Partnerin Romy keine Blöße geben.

»Nein, Herr Albers, hauen Sie ruhig zu!«

Das war reine Angabe. So blöd ist man halt, wenn man jung und karrieregeil ist. Und er schlug zu, alles in allem an die zehn Mal. Also hatte ich zwanzig saftige Ohrfeigen hinter mir, als der Kameramann, der großartige Richard Angst, die Szene abbrach, von seinem Kamerasitz herunterstieg und mich aus nächster Nähe betrachtete.

»Wir müssen aufhören«, sagte er. »Herr Fuchsberger hat Mumps. Ich kann ihn so nicht mehr aufnehmen, er ist plötzlich doppelt so dick!«

Dabei warf er einen vorwurfsvollen Blick in Richtung Superstar Hans Albers. Die Dreharbeiten wurden unterbrochen, in der Garderobe versuchte man es mit kühlenden Tüchern und

Echt Kölnisch Wasser. Das verbrauchte auch Albers literweise. Da er sehr leicht schwitzte, gab ihm sein Garderobier vor jeder Aufnahme ein mit Kölnisch Wasser getränktes Fensterleder, das Albers sich aufs Gesicht legte. Die Kühle des verdunstenden Alkohols hielt ihn für die Minuten der Aufnahme trocken. Dieses Verfahren wandte man jetzt in der Garderobe an mir an, vielleicht half es auch gegen Schwellungen?

Es klopfte an der Tür. Draußen stand Albers' Garderobier Otto, ein Faktotum in der Branche.

»Herr Albers bittet Sie, in seine Garderobe zu kommen!«

Wenn der große Albers bitten ließ, war es für einen kleinen Nachwuchsschauspieler ratsam, der Einladung zu folgen.

Die große Stargarderobe war mit Blumen geschmückt. Albers hatte sich in einen kleidsamen Morgenmantel geworfen. Er stand an einem kleinen Tisch, auf dem ein Sektkühler mit einer Champagnerflasche stand. Daneben zwei Gläser.

Wenn ich nun eine Art Entschuldigung erwartet hatte, konnte davon keine Rede sein. Ich blieb in der Tür stehen. Albers sah mich und mein verquollenes Gesicht lange an, dabei schnaufte er wie ein Walross, was er immer tat, wenn er sich konzentrieren musste.

»Wollen wir uns wieder vertragen?«

Kein »Es tut mir leid, das wollte ich nicht« oder etwas Ähnliches, was man als Entschuldigung hätte werten können. Er nahm die Flasche aus dem Kühler, füllte ein Glas und kam damit auf mich zu. Dabei grinste er meine dicken Backen an. In seinen riesigen wasserblauen Augen lag etwas, das wenigstens so aussah, als täte ihm leid, was er sah. Ich nahm das Glas. Er schenkte sich selbst ein und hob mir sein Glas entgegen.

»Prost – und gute Besserung!«

Dagegen war kein Kraut gewachsen, der alte Mime hatte sich selbst besiegt und mich besänftigt. Was ihn nicht daran hinderte, andere Späße mit mir zu treiben, für die er bei erfahreneren Kollegen bekannt und gefürchtet war.

Bei Großaufnahmen auf ihn behielt er beispielsweise grundsätzlich seine Position vor der Kamera bei, als ob man seine Füße einbetoniert hätte. Bei den Gegenschüssen, also bei der Großaufnahme auf den Partner, hatte er sich eine List angewöhnt, mit der er seine Position während des Dialogs so lange veränderte, bis er fast wieder mit dem Gesicht zur Kamera stand. Nur wenige Kameramänner trauten sich, ihn zu korrigieren, und Kollegen schon gar nicht. Ich musste mir daher eine List ausdenken, um ungestört zu meinen ohnehin raren Großaufnahmen zu kommen.

Als Albers sich in einer Szene schon wieder halb zur Kamera gedreht hatte, unterbrach ich die Aufnahme. Eine Ungeheuerlichkeit für einen jungen Schauspieler.

»Bitte entschuldigen Sie, aber ich fürchte, Herrn Albers ist nicht gut!«

Es war totenstill im Atelier. Ich musste irgendetwas sagen.

»Ich glaube, Herr Albers hat die Balance verloren. Ich hatte Angst, er kippt um!«

Nach mir die Sintflut, dachte ich, jetzt bricht ein Unwetter über mich herein. Nichts dergleichen. Albers grinste.

»Das werden Sie nicht erleben, junger Mann!«, sagte er, und wir drehten weiter. Er hat sich nicht mehr gedreht in den wenigen Aufnahmen, die wir miteinander hatten. Aber es war Frieden zwischen uns. Und er nahm es mir nicht mehr persönlich übel, dass ich ihn laut Drehbuch zum Toilettenmann im Hotel degradieren musste. Vielleicht war er auch nur eifersüchtig, weil die entzückende Romy Schneider deutlich erkennen ließ, dass ihr Partner ihr nicht ganz unsympathisch war.

So war es ganz normal, dass man mich zu ihrem »Aufpasser« beförderte, was hieß, dass ich auch in der Freizeit dafür sorgen sollte, dass der kleine Star auf keine dummen Gedanken kam. Es gab schon einige im Team, die hinter vorgehaltener Hand meinten, da hätte man den Bock zum Gärtner gemacht. Doch dass ich dagegen immun war, lag auf der Hand. Gerade mal ein paar Monate verheiratet mit einer der reizvollsten und schönsten jungen Schauspielerinnen im Land, der man den schmeichelhaften Spitznamen »Der Schlaganfall« verliehen hatte, beschäftigten mich ganz andere Dinge: Zur Zeit unserer Dreharbeiten am *Letzten Mann* war Gundel nämlich Gast bei den Filmfestspielen in Locarno. Und was wusste ich, wer meinem Schlaganfall dort den Hof machte?

Eines schönen Sonntagmorgens hatte ich Romy versprochen, mit ihr zusammen zum Baden nach Rottach-Egern an den Tegernsee zu fahren. Sollte Romy tatsächlich für mich geschwärmt haben – an diesem Tag ging jegliche Achtung für mich flöten, und das kam so:

Aus dem etwas tieferen Teil des Brasserbads am See ragte ein fünf Meter hoher hölzerner Sprungturm. Romy sagte nichts, aber es war irgendwie spürbar, dass sie erwartete, dass ich da hinaufkletterte und den Sprung in die Tiefe wagte. Das mit dem Wasser wäre ja gegangen, aber ich hatte ein anderes Problem. Seit meiner Kindheit habe ich eine unüberwindliche Abneigung gegen Fische, nein, eigentlich gegen alles, was aus dem Wasser kommt. Fachleute meinen, es sei eine Mischung zwischen einer Allergie und einer Idiosynkrasie. Bekomme ich auch nur eine winzige Menge von Fischeiweiß in den Körper, schwellen meine Atemwege innerhalb kürzester Zeit derart an, dass ich Gefahr laufe zu ersticken. Das passierte mir einmal auf einer Jacht im Mittelmeer, und nur die rasche Reaktion meines Sohnes, der die Gefahr erkannte und mich an Land und ins Krankenhaus brachte, rettete mir damals das Leben.

Jetzt stand ich auf dem Sprungturm, fünf Meter über dem Tegernsee, bereit, mich mit geschwellter Brust in die Tiefe zu stürzen, um einem Teenager zu imponieren. Es kam nicht dazu. Ein Sonnenstrahl fiel in das klare Wasser unter mir, und in diesem Sonnenstrahl tummelte sich ein Schwarm winzig kleiner Fische. Keiner war größer als ein paar Zentimeter, aber groß genug, um mich mit Panik zu erfüllen. Mit blieb nichts anderes übrig, als den Rückzug anzutreten, die Leiter am Sprungturm hinunter. Dort stand mit großen Augen Romy.

»Warum bist du nicht gesprungen?«

Eine berechtigte Frage.

»Weil ich vor den Fischen da drinnen Angst habe!«

Zuerst dachte sie wohl, ich machte einen Witz. Dann schien sie zu begreifen, dass es mir ernst war, und fing an zu lachen. Ganz offensichtlich hielt sie mich für ein Weichei, und in so was verknallt man sich nicht.

Der Film wurde für mich alles andere als ein Erfolg. Schmerzhaft wurde mir klar, dass man eben nicht ungestraft alles spielen kann, wenn es nur gut gespielt ist. Im Gegenteil, je glaubwürdiger eine böse Rolle gespielt wird, umso mehr identifiziert das Publikum den Schauspieler mit dieser Rolle. Das haben Gerd Fröbe und Mario Adorf nach ihren meisterhaft gespielten Rollen in *Es geschah am helllichten Tag* oder *Nachts, wenn der Teufel kam* erfahren müssen. Man ging ihnen aus dem Weg, zog Kinder auf die andere Straßenseite, und Kollegen wurden gefragt, ob die beiden in Wirklichkeit auch solche Ungeheuer seien wie im Film. Dabei hätte keiner von beiden auch nur einer Fliege etwas zuleide tun können.

Mir hat man nach dem Film vorgeworfen, ich sei falsch, berechnend und ein »typischer Erbschleicher« und hätte dem Liebling der Nation sicher viel Böses angetan. Erfreulicherweise war das Gegenteil der Fall. Nicht nur Romy und ich, sondern die Familien freundeten sich miteinander an. Romy wurde dann als »Kaiserin Sissi« zum absoluten Superstar an der Seite des unnachahmlichen Karlheinz Böhm als Kaiser Franz Joseph.

Romy war umwerfend natürlich und den Ränken und Intrigen der Filmbranche, die manchmal einem Haifischbecken gleicht, kaum gewachsen. Dafür war Hans Herbert Blatzheim als ihr Manager umso gewiefter. Romy war nach ihrer Mutter Magda Schneider, ihrem Vater Wolf Albach-Retty und ihrer

Großmutter Rosemarie Albach die dritte Schauspielergeneration in der Familie und hatte alles, was an Begabung in dieser Dynastie vorhanden war, in sich vereint. Ein Talent, wie man es nur ganz selten trifft. Trotz alldem blieb sie in ihrem Wesen so unkompliziert, dass jeder sie liebte und verehrte. Ihre Art zu spielen und ihre Rollen mit Leben zu erfüllen wurde bewundert, von Kollegen ebenso wie von Regisseuren und Produzenten.

Auch später, als sie bereits ein Weltstar war und mit allem, was gut und teuer war, zusammenarbeitete – Alain Delon, Lucino Visconti, Michel Piccoli, Vittorio De Sica, um nur einige wenige zu nennen –, war sie immer noch so, wie ich sie kennengelernt hatte. Natürlich hatte sie an Erfahrung gewonnen, vor allem durch Scheußlichkeiten, im Beruf wie im Privatleben. Ihre Seele zerbrach, als ihr Mann, Harry Mayen, Selbstmord beging und ihr geliebter Sohn David Christopher mit vierzehn Jahren auf grausame Weise ums Leben kam.

Im Jahr 1965 drehten Romy und ich unabhängig voneinander jeder einen Film in Rom. Die Produktionen brachten uns zufällig im selben Haus unter. Wir staunten nicht schlecht, als wir uns im prächtigen »Palazzo al Velabro«, einer alten römischen Villa mit riesigen Räumen am Foro Romano, über den Weg liefen. Ich denke heute noch mit Gänsehaut daran zurück, als ich bei meiner Ankunft entdeckte, wer außer mir noch in diesem Luxusschuppen wohnte. Ganz oben mit Dachterrasse hauste Vittorio De Sica, unter ihm Rod Steiger aus den USA, im Stockwerk darunter residierte Romy, und im Erdgeschoss hatte man Gundel und mich einquartiert. Nur einmal traf ich vor dem Haus Rod Steiger, der in seine Limousine einstieg und mich keines Blickes würdigte, obwohl ich ihm ein freundliches *Good morning* bot. Vermutlich wollte er einer erwarteten Autogrammbitte entkommen. Die anderen Weltstars bekam ich nie zu Gesicht. Aber Romy.

Wenn sie am Abend müde von den Dreharbeiten nach Hause gebracht wurde, klingelte sie manchmal bei uns und fragte, ob wir nicht in der Osteria um die Ecke einen Teller Spaghetti essen wollten. Oft war ich schockiert über das, was sie mir an solchen Abenden erzählte: wie man sie ausnützte, sich an ihr bereichern wollte, ihre Gutmütigkeit missbrauchte und sie verletzte.

Die Aktivitäten ihres Stiefvaters veranlassten sie gar dazu, jeden Kontakt zu ihm unversöhnlich abzubrechen, noch über seinen Tod hinaus. Zu seiner Beerdigung in Köln erschien sie nicht, und das war wahrscheinlich auch besser so.

Beerdigungen sind bekanntermaßen beliebte Veranstaltungen in Filmen und Fernsehserien, emotionale Höhepunkte in meist trivialen Geschichten. In Wirklichkeit liegen bei Beerdigungen Tragödie und Komödie so dicht beieinander, dass es nur einer winzigen Kleinigkeit bedarf, damit die Veranstaltung in eine der beiden Richtungen tendiert.

Das Begräbnis von Hans Herbert Blatzheim wurde eine groteske Veranstaltung. Der Andrang auf dem Friedhof war gewaltig. Tausende waren zum Friedhof hinausgewandert, in der Hoffnung, möglichst viele Prominente in tiefstem Schmerz zu sehen, vor allem ihre geliebte Romy. Dass der Friedhof für Schaulustige gesperrt war, kümmerte die kreischende Masse wenig. Sie sprengte die schlecht verschlossenen Tore, stürmte über die Gräber auf die gemessen hinter dem Sarg schreitende Trauergemeinde zu und hielt jedem, den sie erkannte, laut schreiend Autogrammpostkarten oder einen Fetzen Papier zur Unterschrift unter die Nase, eine unheimliche Art von Grabschändung.

Die feierliche Beerdigung wurde zur Absurdität, der man hilflos gegenüberstand. Was sollte man machen? Die Frevler empört zur Ordnung ermahnen, die erbetene Unterschrift verweigern, einfach weiter hinter dem Sarg hermarschieren und so tun, als ob das Ganze nicht geschähe, oder ganz einfach traurige Miene zum bösen Spiel machen und mit vorwurfsvollem Blick den Namen auf das setzen, was sie einem unter die Nase hielten?

Im Anschluss an dieses wenig feierliche Tohuwabohu lud Magda Schneider, Romys Mutter, uns Trauergäste zum Leichenschmaus in Blatzheims berühmtes Lokal »Bastei« am Rheinufer in Köln ein. Die weiß gedeckten Tische waren auf eine Art Bühne ausgerichtet. Dort standen auf einem ebenfalls weiß gedeckten Tisch ein Magnetofon und ein Mikrofon. An der Wand hinter dem Tisch prangte ein überlebensgroßes Foto des Verstorbenen und vor einer Stunde zu Grabe Getragenen.

Gesprächsthema zu Rhein-Riesling und kleinen Häppchen war natürlich der seltsame Verlauf der Beerdigung. Plötzlich, zwischen Vorspeise und Hauptgericht, durchschritt ein Mann gemessen den Raum und steuerte auf die Bühne zu. Dort machte er sich kurz zu schaffen, prüfte durch mehrmaliges Klopfen, ob das Mikrofon eingeschaltet war. Schließlich drückte er den Startknopf am Magnetofon und verließ eiligen Schrittes die Bühne.

Es wurde still im Raum, man hätte die berühmte Stecknadel zu Boden fallen hören können. Aus den Lautsprechern kam ein Räuspern und dann laut und klar die Stimme des toten Hans Herbert Blatzheim.

»Liebe Familie, liebe Freunde und alle anderen, die da sind. Ich hoffe, ihr habt wat Jutes zu trinken und zu essen bekommen und sitzt jetzt fröhlich zusammen, um auf mein Wohl zu trinken!«

Es blieb totenstill im Raum. Wer hatte je erlebt, dass ein Toter, den man gerade in die Grube gesenkt hatte, eine Rede an die Trauergemeinde hielt? Nur mein Tischnachbar grinste.

»Typisch Hans Herbert«, sagte er, »der hatte schon immer solche Späße drauf!«

Kaum hatte sich die Trauergemeinde von dem Schock erholt, spendete sie dem makabren Scherz begeisterten Applaus. Von diesem Leichenschmaus war noch lange die Rede – nicht nur in Köln.

Seitdem habe ich Schwierigkeiten, bei Beerdigungen den nötigen Ernst aufzubringen. Vielleicht sogar dem Tod selbst gegenüber? Wir sind uns ja schon einige Male recht nahe gekommen. Oft habe ich gehört, wie Menschen davon berichteten, was sie gesehen, gehört und empfunden hätten, als sie schon auf der Schippe des Gevatters saßen. Die einen hörten Glocken, die anderen die Posaunen von Jericho, wieder andere sahen gleißendes Licht, hörten, wie ihre Namen gerufen wurden. Ich halte es nach verschiedenen Begegnungen dieser Art eher mit dem kürzlich verstorbenen australischen Medien-Tycoon Kerry Packer, der nach einem längeren Herzstillstand reanimiert und einige Zeit danach von einem jungen Reporter zu seinem Erlebnis »auf Leben und Tod« befragt wurde.

»*Believe me, boy*«, antwortete er auf die Frage, ob er die Ewigkeit bereits gesehen habe, »*I tell you there is fucking nothing over there!*«

Vielleicht hat mich die überzogene Religiosität meiner Mutter zu meiner Abneigung gegen die, wie ich sie nenne, »institutionalisierte Religion« gebracht, mit der Kirche als Macht- und Drohinstrument und Dogmen, die nicht mehr glaubhaft sind.

Meine Abkehr vom bildlich dargestellten »Allmächtigen« geschah im Krieg. Die Kirche weihte nicht nur die Waffen, sondern auch die, die mit ihnen töteten. Vor jedem Kampfeinsatz segnete ein Feldgeistlicher unser mörderisches Handwerk, und wir wussten, dass auf der anderen Seite genau das Gleiche geschah. Wir alle töteten also mit dem Segen Gottes? Der Allmächtige lenkte die Bomber, die ihre tödliche Last über unschuldigen Frauen und Kindern ausleerten? Der Allmächtige duldete das Grauenvolle, das sich Geschöpfe, nach seinem Vorbild und von ihm erschaffen, gegenseitig antaten? Das konnte und wollte ich nicht glauben.

»Das tut nicht Gott, sondern das tun die Menschen!« war oft die Rechtfertigung für diese Scheußlichkeiten.

Alle, die ich gefragt habe, warum Gott in seiner Allmacht seine missratenen Geschöpfe nicht zur Vernunft bringen konnte, sind mir eine Antwort schuldig geblieben. Ich meine, wer das, was wir als Gott bezeichnen, nicht in sich fühlt, wird es nicht begreifen können. Gott ist nicht als veredelter Rauschebart in Michelangelos Deckengemälde in der Sixtinischen Kapelle zu finden. Und keine Mutter wird begreifen, dass sie sich durch die

Geburt eines Kindes »befleckt« haben soll. Andererseits halte ich die Kirche für eine Institution, berufen dazu, den Menschen auf Erden Halt und Orientierung zu geben. Was mich so bedenklich stimmt, ist das »Bodenpersonal«, dem sich viele blindlings anvertrauen und dabei vergessen, dass auch die nur Menschen sind, einschließlich des höchsten Repräsentanten, dessen Unfehlbarkeit anzuerkennen ich, ungeachtet der ehrenwerten Person, meine unüberwindlichen Schwierigkeiten habe.

Freunde baten mich vor einigen Jahren, Taufpate ihrer Tochter zu werden, wozu ich gerne bereit war. Doch die Kirche lehnte ab, da ich keiner Religion angehöre. Beim Taufakt in der Kirche unserer Gemeinde wetterte der Zelebrant plötzlich gegen all die Ungläubigen und versprach uns die ewige Verdammnis und die Höllenqualen des Fegefeuers. Hätte meine Frau mich nicht zurückgehalten, ich hätte den Diener des Herrn noch während der Zeremonie zur Rede gestellt und mir seine Drohungen verbeten.

Jahrzehnte später, im Jahr 2006, spielte ich in München in dem Theaterstück *Der Priestermacher* einen alten Priester, der seinen Widerspruchsgeist aufgegeben hat und nur noch fromme Sprüche absondert. Dieser alte Priester gerät an einen jungen Seminaristen, einen Rebellen, der selbst Priester werden möchte. Nach den Vorstellungen hörte ich immer wieder: »Wenn alle Priester so wären wie Sie in dem Stück, würden wir gerne jeden Sonntag in die Kirche gehen!« Sollte das den Priestern nicht zu denken geben?

Auf Wolke sieben

Seit meiner Kindheit war Fliegen mein Traum. Seit ich als Junge an Bord der gewaltigen Do X gewesen war, seit ich als Siebenjähriger zum ersten Mal in einer ME-108-Taifun mitfliegen durfte, seit ich Ernst Udet mit seinen atemberaubenden Kunststücken im offenen Doppeldecker gesehen hatte – seit diesen Tagen wollte ich fliegen lernen. Am 5. Mai 1955 war es endlich so weit. Nach den Segelflugstunden in München und in der alpinen Segelfliegerschule in Zell am See in Österreich bekam ich endlich meine Privatpilotenlizenz mit der Nummer 213, geflogen und geprüft in der Fliegerschule Bayernadler am alten Münchner Flugplatz Riem. Mein Fluglehrer Dr. Hajo Pirner war ein ausgezeichneter Privatpilot, aber auch zu allen Streichen bereit.

Eines Tages landete ich nach einer Reihe von vorgeschriebenen Flugfiguren vorschriftsmäßig in einem angegebenen Feld auf dem Graslandeplatz in München-Riem. Hajo Pirner kam mir entgegen und reichte mir etwas ins Cockpit.

»Das ist deine Lizenz, du hast, ohne es zu wissen, eben die Prüfung geflogen und bestanden. Gratuliere! Steig aus, dass wir dir den Arsch versohlen können!«

Erst jetzt bemerkte ich noch einige andere Herren, die sich im Hintergrund hielten. Einer löste sich nun aus der Gruppe und kam auf die Maschine zu. Der Propeller lief noch.

»Bevor Sie aussteigen, würde ich gerne noch ein paar Minuten mit Ihnen fliegen und die Gefahreneinweisungen durchgehen, dann haben Sie das auch schon hinter sich!«

Wir flogen los, gewannen die für Gefahrensimulationen vor-geschriebene Höhe, und los ging's.

»Überlassen Sie mir den Steuerknüppel«, sagte der Prüfer von hinten, »ich werde ein paar Fehler einbauen, die Sie korrigieren müssen!«

Er riss den Steuerknüppel mit einem Ruck nach hinten. Die zweisitzige Piper gebärdete sich wie ein wild gewordener Mustang und stieg fast senkrecht nach oben, wobei sie rapide an Geschwindigkeit verlor, einen Moment still in der Luft stand, um sich dann rückwärts zu überschlagen. Das muss ausgesehen haben wie ein missglückter Looping. Dann fing sie an zu »trudeln«, und da wird einem doch verdammt mulmig. In dem Moment weiß man einfach nicht mehr, wo oben und unten ist. Diesen nicht ungefährlichen Zustand beendet man so schnell wie möglich am besten damit, dass man sich mit dem ganzen Körper nach vorne wirft, den Knüppel bis zum Anschlag nach vorne drückt und das Flugzeug in den Sturzflug zwingt, um durch die zunehmende Geschwindigkeit wieder Druck auf die Ruder zu bekommen.

»Nicht schlecht«, sagte der Prüfer hinter mir, »jetzt machen wir was ganz Feines!«

Im nächsten Moment standen wir auf dem Kopf. Es ging rasend schnell abwärts, aber der Boden unter uns bewegte sich in eine Richtung, die ich noch nicht kannte. Das Gefühl im Magen, oder wo ich sonst noch eines hatte, auch. Und dann flogen wir auf dem Rücken.

»Versuchen Sie mit einer Rolle um hundertachtzig Grad wieder in die Normalfluglage zu kommen.«

Das war wahrlich leichter gesagt als getan, aber mit seiner Hilfe gelang mir eine Rolle, die allerdings eher einer verunglückten Bratwurst glich. Der verbale Vergleich mit einer solchen, oder überhaupt mit etwas Essbarem, wäre mir in diesem Augenblick alles andere als gut bekommen.

»Gehen Sie in den Sinkflug über, und bereiten Sie eine Notlandung vor!«

Das hatte ich zwar schon mit Hajo Pirner geübt, konnte jetzt aber nicht mit der Heimtücke des Prüfers rechnen. So wie ich es gelernt hatte, ging ich mit circa einem Meter pro Sekunde runter. Plötzlich, ohne jede Vorwarnung, drückte der Mensch den Knüppel bis zum Anschlag nach vorne. Sturzflug. Die Schnauze der ächzenden Piper zeigte in Richtung Landebahn, aber weit außerhalb des gewohnten Landesektors.

»Stellen Sie den Motor ab, und simulieren Sie eine Notlandung. Landen Sie in der Mitte des ersten Sektors auf der Graspiste!«

Der war mit Fähnchen abgesteckt. Das Problem war, dass wir schon über diese Fläche hinaus und noch viel zu hoch waren. Also mit abgestelltem Motor im steilen Sinkflug zurück. Drei Spiralen links, bei fünfhundert Metern mit dem Wind ausholen, um gegen den Wind in das abgesteckte Quadrat zu slippen. »Slippen« nennt man eine ziemlich vertrackte Stellung des Flugzeugs, um auf kurze Distanz mit niedriger Geschwindigkeit auf einer kleinen Fläche zu landen. Dort muss es möglichst schnell zum Stehen kommen. Das geht nur, wenn man das Seitenruder ganz in eine Richtung tritt und das Querruder in die entgegengesetzte Richtung drückt. Wenn das richtig gemacht wird, geht ein Flächenflugzeug im Seitenflug wie ein Fahrstuhl nach unten. In sehr geringer Höhe richtet man die Ruder wieder gerade und landet mit niedriger Geschwindigkeit auf engstem Raum.

Als meine Piper endlich stand, hatte ich Schweiß auf der Stirn.

»Im Ernstfall hätten Sie überlebt, wenn das Gelände für eine Notlandung so flach gewesen wäre wie der Flugplatz. Das wär's. Merken Sie sich genau, was Sie gemacht haben. Damit könnten Sie auch auf einem Fußballplatz runter!«

Diesen Satz habe ich mir für den Rest meiner Fliegerei gemerkt. Bei jedem Flug war die ständige Beobachtung der Landschaft unter mir nach einer Möglichkeit für eine eventuelle Notlandung für mich oberstes Gebot.

Am Ende dieses Tages schmiedeten Hajo Pirner und ich einen teuflischen Plan, mit dem wir meine arme Gundel schockieren wollten.

»Sag ihr, du fliegst morgen deine Prüfung und sie soll als Maskottchen dabei sein. Und dann baust du richtige Scheiße.«

Blöderweise fand ich das lustig. Am nächsten Tag kam Gundel mit mir nach Riem, fuhr mit Hajo Pirner zum Startplatz und beobachtete das Ritual der Pilotenprüfung. Das Flugplatzpersonal, soweit es in den Ablauf der Prüfung involviert war, war eingeweiht und spielte mit, einschließlich der Lotsen im Tower und der Flugkontrolle auf dem Boden.

»Du gehst auf sechshundert Meter, drehst nach links, fliegst im Downwind hinter dem Tower vorbei bis Platzende, drehst nach links und beginnst den Landeanflug. Ich will, dass du genau auf den Punkt im ersten Quadrat kommst und nur einmal aufsetzt. Dann muss die Mühle stehen. Klar?«

»Klar!«

»Dann los!«

Gesagt, getan. Ich flog nach rechts statt nach links, korrigierte und drehte eine vorschriftswidrige Steilkurve in Richtung Tower, statt hinter dem Tower flog ich vorne vorbei, den Platz entlang, nahm da schon Gas weg und verlor viel zu viel an Höhe, verschwand hinter der Platzbegrenzung, gab wieder Gas, um zu steigen, kam ganz knapp über den Wall, wurde zu schnell, überflog das vorgeschriebene Quadrat, slippte außerhalb auf die Wiese zu und landete »am Donnerstag«. So nennt man eine Landung, bei der das Flugzeug nach dreimaliger Bodenberührung mit Hüpfern in die Luft – Montag, Dienstag, Mittwoch – am Donnerstag endlich unten bleibt.

Gundel stand während dieser Katastrophe neben Hajo Pirner, der sich unflätig über meine Dusseligkeit äußerte.

»Was treibt dieser Idiot eigentlich? Ich hab ihm doch alles ganz genau erklärt. Wir haben das alles bis zum Erbrechen geübt, und jetzt baut der so eine Scheiße!«

»Vielleicht ist er nervös?«, versuchte die entsetzte Gundel mich zu verteidigen.

»Ach was, nervös«, brüllte Pirner, »der Kerl spinnt, der ist meine größte Enttäuschung! Bisher dachte ich immer, er sei einer meiner besten Schüler. Die gucken doch alle zu. Der blamiert mich bis auf die Knochen. Na, der kann was erleben, wenn er runterkommt!«

Gundel litt. Auch ich hatte ihr immer erzählt, dass Pirner mit mir zufrieden war.

In Erwartung dessen, was Pirner machen würde, rollte ich nach der Landung zurück zum Startplatz, drehte das Flugzeug in Startposition und öffnete die Haube. Pirner kam wutentbrannt auf mich zu, neben ihm die aufgeregte Gundel.

»Soll ich noch mal…?«

Weiter kam ich nicht.

»Stellen Sie den Motor ab, und steigen Sie aus!« Er brüllte wie am Spieß. »Was haben Sie denn da für eine Scheiße zusammengeflogen?«

Der zog vielleicht ein Register! Auf einmal siezte er mich sogar, obwohl wir längst Freunde waren. Ich spielte den Zerknirschten. Das schien ihn noch mehr in Rage zu bringen. Als ich wortlos neben der Maschine stand, legte er los: »Sie haben mich blamiert! Alle werden sie über uns lachen, vom Tower bis zur Bodenkontrolle. Was ist denn bloß in Sie gefahren? Sie haben sich da oben wie ein Vollidiot aufgeführt!«

Jetzt übertreibt er aber, dachte ich, vor allem, als ich sah, dass Gundels Lippen anfingen zu beben.

»Jetzt mäßigen Sie sich mal etwas, Herr Doktor Pirner! Schön, ich habe Mist gebaut, aber beleidigen lasse ich mich nicht!«

Pirner aber war in seinem Element.

»Beleidigen?«, brüllte er. »Sie haben sich selbst beleidigt mit Ihrer Glanzleistung. Die Prüfung haben Sie versaut!«

Gundel war den Tränen nahe. Das war allerdings nicht vorgesehen.

»Dann scheren Sie sich zum Teufel. Für mich sind Sie ein ebenso miserabler Lehrer, wie ich ein Idiot für Sie bin. Das war's dann wohl!«

Gundel stand neben mir und fasste meine Hand.

»Bitte benimm dich jetzt«, sagte sie leise, »das ist eine Charakterfrage. Versuch's halt später noch mal!«

Jetzt tat sie mir unendlich leid.

»Hajo, lass es gut sein«, bat ich meinen Freund und Fluglehrer. Der griff grinsend in die Tasche.

»Na, dann will ich mal nicht so sein«, sagte er und warf mir die am Vortag erworbene Lizenz zu.

Jetzt war Gundel empört.

»Herr Doktor Pirner, das dürfen Sie nicht. Mein Mann hat die Prüfung nicht bestanden, also dürfen Sie ihm die Lizenz heute noch nicht geben!«

Pirner und ich waren sprachlos. Mit dieser Wendung hatten wir nicht gerechnet. Es bedurfte einiger Gläser in der Zirbelstube des Flughafens, um Gundels Zorn über die Verlade zu besänftigen.

Damals wurde mir klar: Mit Gundel musste man vorsichtig umgehen. Bei allem Sinn für Humor, den »Dammerl«, wie man in Bayern sagt, ließ sie nicht mit sich machen. Ich glaube, das spürten auch ihre Partner. Und trotzdem war uns beiden nie ganz wohl, wenn wir uns aus beruflichen Gründen trennen mussten. Das kannte ich aus meiner ersten Ehe, darauf konnte ich gut verzichten.

So setzten wir uns eines Tages zusammen und überlegten, wie wir unsere gemeinsame Zukunft gestalten wollten.

»Wenn wir eine Familie gründen, gebe ich meine Karriere sofort auf!«

Diese klare und entschiedene Einstellung meiner Frau war mir fast unheimlich. Auf jeden Fall brachte sie mich in eine Situation, von der ich nicht wusste, ob ich ihr gewachsen war. Konnte ich das von ihr verlangen? Auch wenn sie es freiwillig anbot? Welche Verantwortung hatte ich zu übernehmen, wenn sie sich »opferte«!

»Das ist kein Opfer«, sagte sie, »das ist der einzig mögliche Weg für ein harmonisches Familienleben in einer ziemlich verrückten Welt. Und wenn wir ein Kind wollen, erst recht!«

Gundel stammt aus einer berühmten Künstlerfamilie und wusste, wovon sie sprach. So war die Entscheidung längst gefallen, als sich unser Sohn ankündigte. Thomas Michael kam am 5. August 1957 in unsere Welt und veränderte sie.

Am Hochzeitstag hatte ich zu Gundel gesagt: »Ich glaube, ich kann ein Leben lang gut für dich sorgen und auch für die Kinder, wenn uns welche beschieden werden. Sollten wir irgendwann mal kein Geld mehr haben, dann ist es deine Schuld!«

Welche Verantwortung habe ich damals auf ihre Schultern geladen. Aber es war gut so. Gundel hat unser Vermögen verwaltet und vermehrt. Sie hatte immer ein besseres Gespür für Geld als ich und hat sich von Anfang an als hervorragende Organisatorin erwiesen. Sie konnte geschickter mit Handwerkern und deren Rechnungen umgehen, verstand die vertrackte Steuererklärung leichter als ich und ging geübter mit Hammer und Schraubenzieher um. Bei mir endeten das Auswechseln einer Glühbirne oder ähnliche handwerkliche Tätigkeiten unter Umständen in einem Blutbad. Also ließ ich es lieber sein. Dafür konnte ich recht gut kochen. Es scherte uns einen Dreck, ob jemand sagte, Gundel hätte die Hosen an und ich die Schürze. Das stimmte, und wir fühlten uns wohl. Bis heute übrigens.

Immer wieder werden wir nach dem Rezept für unsere glückliche Ehe gefragt. Wenn ich es mir leicht mache, antworte ich, es seien die vier großen »Vs«: Verstehen – Vertrauen – Verzeihen – Verzichten. Das hört sich einfach an. Versetzt man sich in die jeweiligen Situationen, in denen diese Vs gebraucht werden, wird einem jedoch ganz schnell klar, wie schwierig das ist. Kann man den Partner vorbehaltlos verstehen, egal, was er tut? Kann man vorbehaltlos vertrauen, gleich, was geschieht? Kann man ohne Zurückhaltung verzeihen, was immer der andere getan hat? Und ist man stark genug, auf vieles zu verzichten, was Spaß macht, wo einen das Fell juckt oder starke Gefühle locken?

Ich bin weit davon entfernt, den Moralapostel spielen zu wollen, aber, verdammt noch mal, viele machen es sich einfach zu leicht. Als wir vor dreiundfünfzig Jahren heirateten, war eine regelrechte Hochzeitswelle losgebrochen. Die Nachkriegsjahre waren vorbei, und junge Menschen dachten an eine gemeinsame Zukunft. Wir konnten beobachten, wie leichtfertig mit dem umgegangen wurde, was vorher als die große Liebe in die Gegend posaunt wurde. Wie wenig Respekt man füreinander aufzubringen bereit war, und wie leichtfertig man sich wieder voneinander trennte.

Für uns gab es ein Mittel, das uns davor bewahrte, unsere Liebe aufs Spiel zu setzen. Da Gelegenheit bekanntlich nicht nur Diebe, sondern auch Liebe macht, haben wir beschlossen, uns nicht räumlich zu trennen. Wo immer ich zum Filmen in der Welt unterwegs war, die Familie war dabei. Wo es nicht ging, habe ich abgesagt.

Irgendwann war die Frage zu entscheiden, ob ich dem Ruf des damals mächtigsten Agenten Hollywoods, Paul Kohner, nach Amerika folgen sollte.

»Ich mach dich zum internationalen Star«, versprach er, »du musst nur bedingungslos machen, was ich dir sage!«

»Und was wäre das?«

»Du musst jedes Buch akzeptieren, das ich dir vorschlage!«

»Auch so einen Mist wie *Van Ryans Express* – den Quatsch, wo Frank Sinatra allein gegen fünftausend deutsche Fallschirmjäger eine Schlacht gewinnt?«

»Auch das, wenn es in mein Konzept passt!«

»Was sonst noch?«

»Du darfst nur mit Leuten verkehren, die wir für dich aussuchen. In Hollywood ist der Umgang mit den falschen Leuten tödlich!«

Beim nächsten Gespräch mit Paul Kohner erklärte ich ihm so höflich wie möglich, dass wir uns dafür entschieden hätten, lieber als große Fische in einem kleinen Teich herumzuschwimmen denn als ganz kleine in einem Meer. Das war das Ende meiner Hollywood-Ambitionen. Ob ich es bereut habe? Eigentlich nein. Und erst recht nicht, nachdem ich gesehen habe, wie es Kollegen drüben erging.

Was uns in Amerika beeindruckt hatte, waren die Schulen, das lockere Verhältnis, das dort zwischen Lehrern und Schülern herrschte. Damals waren Blutbäder, die durchgedrehte Schüler in ihren Klassen oder auf dem Schulhof anrichteten, noch unbekannt. Zu Hause in München hatte unser Sohn, damals zehn Jahre alt, von der Grünwalder Volksschule auf das Harlachinger Albert-Einstein-Gymnasium gewechselt. Irgendwie schien ihm das nicht zu bekommen. Er wurde unlustig, war blass, stocherte nur im Essen herum.

»Was ist los mit dir?«, wollte ich wissen, als er eines Tages plötzlich anfing zu heulen.

Er erzählte mir eine Geschichte, die ich kaum glauben konnte. Weil er ein paar Vokabeln nicht aufsagen konnte, stellte ihn sein Lateinlehrer in die Ecke, mit dem Gesicht zur Wand, und ließ ihn für den Rest der Stunde nicht mehr am Unterricht teilnehmen.

Ich knöpfte mir den Lehrer vor, und es stellte sich heraus, dass dieser Mensch »Kinder aus Grünwald nicht mochte«, wie er sagte. Ich erklärte ihm dafür unmissverständlich, dass ich »Pädagogen« dieser Art nicht mochte. Logisch, dass die akademische Ausbildung unseres Sohnes am Harlachinger Gymnasium ein abruptes Ende fand.

Gar nicht weit entfernt, in der Harthauser Straße, hatte auf einem riesigen Grundstück des einstigen Hitler-Stellvertreters Rudolf Heß die Munich International School ihr Domizil aufgeschlagen. Bald saßen wir dem Headmaster gegenüber und trugen ihm den Wunsch vor, unseren Sohn in seine Obhut zu geben.

Er führte uns durch das Gebäude, und wir waren begeistert, vor allem über den erkennbar lockeren und ungezwungenen Ton zwischen Lehrern und Schülern, wie wir das bereits in den USA erlebt hatten.

Während wir durch die Gänge der Schule geführt wurden, kreuzte ein gut aussehender junger Mann unseren Weg.

»Wie ich höre, wollen Sie Ihren Sohn zu uns bringen? Das wäre sehr schön, dann würde ich sein Musiklehrer. Gestatten: Stanley Brown.«

Der Mann gefiel mir auf Anhieb. Ich erklärte ihm, dass wir ziemlich sicher seien, dass er der Musiklehrer unseres Sohnes werden würde.

Mister Stanley Brown schien nicht sonderlich erstaunt. Er lächelte mich freundlich an und meinte: »Übrigens möchte ich Ihnen sagen, dass ich der vierte Mann Ihrer ersten Frau bin!«

Später wechselte die Schule von Harlaching in ein altes Gutsschloss nach Percha, oberhalb des Starnberger Sees. Thommy entwickelte sich großartig. Nicht nur, dass er bereits nach wenigen Monaten perfekt Englisch sprach. Wenn wir ihn auf ausgedehnte Reisen zu Filmarbeiten mitnehmen wollten, gab der Headmaster sein Einverständnis, unter der Voraussetzung, dass Gundel den Lehrstoff mitnahm und Thommy unterrichtete. Die Schulleitung vertrat die Ansicht, dass er auf diesen Reisen mehr lernen könne als im Klassenzimmer. Und so war es. Schon bald wurde er unterwegs für uns zu einer Art »Road Manager« und organisierte unseren Tagesablauf. Kein Wunder, dass er seine Schule und ihre Lehrer liebte und bis heute Kontakte zu Menschen in der ganzen Welt hat.

Sieben Tage Frist, recht aufwendig produziert von Luggi Waldleitner, wäre eigentlich nicht sonderlich erwähnenswert, wenn ich mit diesem Film nicht zwei besondere Ereignisse verbinden würde. Er kostete mich fast ein Bein und brachte Gundel und mich in die Sowjetunion.

Der Film erzählt die Geschichte eines Kriegsverbrechers, der sich in die Nachkriegszeit gerettet hatte und sich als Lehrer in einem Internat versteckt hielt. Conrad (Conny) Georg spielte diese Rolle in seiner zurückhaltenden Art. Seine Gefährlichkeit kam nur in seiner messerscharfen Stimme zum Ausdruck. Horst Tappert und ich waren mit von der Partie. Tappert als investigierender Kriminalbeamter, ich als Lehrerkollege, der mit dem Kriegsverbrecher befreundet ist, ohne dessen Vergangenheit zu kennen.

Bei Außenaufnahmen im tiefsten, bitterkalten Winter in Sankt Peter-Ording an der Nordsee spielten wir eine Verfolgungsszene. Ich sollte versuchen, einen weggelaufenen Schüler wiederzufinden. Nicht im Drehbuch stand, dass ich bei den Aufnahmen in einen zugefrorenen Abwassergraben voller Exkremente einbrach und mir an einem Stück Eis, das messerscharf durch meinen Schuh drang, den rechten Fußballen aufschnitt.

Die Wunde wurde an Ort und Stelle verbunden, aber leider nicht desinfiziert. Zwei Tage später im Studio begann mein Bein heftig zu schmerzen und schwoll so stark an, dass mir der Stiefel vom Fuß geschnitten werden musste. Der Notarzt stellte eine satte Blutvergiftung fest und meinte, eine Operation sei dringend erforderlich. Das nächste Krankenhaus war in Buchholz. Während der Abtransport noch organisiert wurde, stieg das Fieber bedenklich, ich reagierte nicht mehr. Gundel setzte sich in höchster Sorge mit unserem befreundeten Hausarzt in München in Verbindung, der wiederum erfuhr, dass man im Krankenhaus in Buchholz bereits die Amputation meines Unterschenkels vorbereitete.

Statt nach Buchholz brachte man mich auf Veranlassung unseres Münchner Freundes umgehend ins Universitätskrankenhaus Eppendorf. Als ich dort eingeliefert wurde, war ich bereits ohne Bewusstsein.

Es dauerte fast drei Wochen, bis sicher war, dass mein Fuß gerettet werden konnte, und ich bin meinen Ärzten unendlich dankbar, dass ich heute noch auf zwei Beinen auf der Erde stehe.

Die Geschichte des Films war offenbar für die damalige Sowjetunion von so großer Bedeutung, dass *Sieben Tage Frist* eine Einladung zu den Filmfestspielen 1969 nach Moskau bekam. Die Aufführung fand in großem Rahmen im Festsaal des Kreml statt. Als Gäste der russischen Staatsregierung wurden wir nach allen Regeln der Kunst verwöhnt.

Die Vorführung war ein beachtlicher Erfolg, sie wurde mit Standing Ovations der vielen Tausend im prachtvollen Saal belohnt. Conny Georg, Luggi Waldleitner und ich nahmen den Applaus vom Rang aus entgegen und bedankten uns ebenfalls mit Händeklatschen, nachdem man uns vorher freundlich darauf hingewiesen hatte, dass dies so üblich sei.

Wir waren untergebracht im »Russia«, in einer Luxussuite, in der alle modernen Kommunikationsmittel vorhanden waren, aber nicht ein einziges funktionierte. Auf dem Flur vor unserer Suite saß rund um die Uhr an einem Tisch eine äußerst wohlproportionierte »Damenringkämpferin« – wenigstens sah sie so aus –, deren Funktion uns unklar war. Sollte sie für unser Wohl sorgen oder uns bewachen? Vermutlich beides.

Im Restaurant hatten wir unsere liebe Not mit der russischen Speisekarte. Eine englische oder gar deutsche gab es nicht. Wir bekamen irgendwie und irgendwann eine undefinierbare Speise, die nach langem Radebrechen als »Wiener Schnitzel« bezeichnet wurde, glaubten das Gericht aber schließlich als eine Art Kohlroulade zu erkennen. Zumindest aßen wir das Zeug als solche.

Rasch hatten wir uns angewöhnt, den Bedienungen statt Trinkgeld Kugelschreiber zukommen zu lassen, die wir aus Deutschland mitgebracht hatten. Sie notierten die Bestellungen nämlich stets mit einem Stummel, der kaum länger als zwei oder drei Zentimeter war. Das westliche Mitbringsel wurde mit kaum zur

Schau gestellter Freude entgegengenommen, beschleunigte den Service aber ungemein – und wurde nicht selten mit einem nicht bestellten Glas Wodka belohnt.

Kugelschreiber waren aber auch auf Moskaus Straßen die einzige Möglichkeit, ein Taxi zu stoppen. Zwei Bleistifte in der erhobenen Faust brachten jedes Taxi mit quietschenden Reifen am Straßenrand zum Stehen.

Interessant waren unsere kurzen Ausflüge mit der wundervollen Moskauer U-Bahn. Im Gedränge nahmen die Moskauer Bürger sehr schnell wahr, wo wir herkamen. Aus Germanski. Aber sie wollten es genauer wissen.

»*Nemetzki* Ulbricht – o *Nemetzki* Adenauer?« war die Standardfrage. Wahrheitsgemäß erklärten wir, »Nemetzki – Deutsch Adenauer« zu sein, und ernteten jedes Mal nicht nur begeisterte Zustimmung, sondern wurden auf plötzlich frei gewordene Sitzplätze gezwungen.

Staatliche Organe, die einem sonst eher eine leichte Gänsehaut verursachten, zeigten sich unseren Wünschen gegenüber ausgesprochen aufgeschlossen. Eines schönen Vormittags stand ein riesiges schwarzes Cabriolet vor dem Hotel, mit einem sprachkundigen Fahrer. Vielleicht ein KGB-Mann? Er sagte lächelnd, man habe gehört, ich würde so gerne Filmaufnahmen der Sowjetmetropole mit meiner privaten Schmalfilmkamera machen. Ob wir bereit seien für eine Stadtrundfahrt durch Moskau?

Wir fuhren auf dem für Staatskarossen vorbehaltenen weißen Mittelstreifen unbelästigt durch den schon damals regen Verkehr auf Moskaus Prachtstraßen. Der Fahrer erklärte uns die wundervolle Stadt mit sichtlichem Stolz, wobei er immer wieder ausdrücklich die Vorteile des sozialistischen Systems betonte, dessen stolzer Bürger er sei. Ich stand aufrecht im bewunderten Gefährt, meine kleine Super-8-Kamera vor der Nase, und filmte, was mir vor die Linse kam, bestaunt von allen anderen Verkehrsteilnehmern.

Zum offiziellen Programm gehörte eine Fahrt auf den schnellen Meteor-Gleitbooten auf der Moskwa. In einer langen Kolonne wurden die ausländischen Teilnehmer des Moskauer Filmfests zu den Booten gefahren. Der übrige Verkehr war durch rote Ampeln gesperrt, wir hatten freie Fahrt, sicher zum Ärger aller anderen.

Auf den schnellen Turbinenschiffen genossen wir eine unbeschreibliche Gastfreundschaft. Da bogen sich die Tische unter den Köstlichkeiten der einheimischen Küche, die auf wertvollem Porzellan serviert wurden. Dazu gab es Wodka eimerweise. An diesem Abend begegnete mir auch der damalige Kulturminister der Deutschen Demokratischen Republik. Er suchte ganz offensichtlich das Gespräch mit mir. Vielleicht wusste er ja von den Schwierigkeiten, die ich fast jedes Mal hatte, wenn ich mit dem Wagen durch die »Zone« nach Berlin unterwegs war, und zwar seit einem kleinen Eklat am Grenzübergang Hof-Naila. Die DDR-Posten hatten damals einen schlechten Tag und ich wohl auch. Im strömenden Regen sollte ich alle Koffer zur Kontrolle in eine Bretterbude tragen. Gundel war damals gerade hochschwanger, und ich maulte natürlich wegen dieser Schikane. Wahrscheinlich wollten sie gerade deshalb ein Exempel statuieren und zeigen, wer die Macht hatte. Meine arme Frau musste das ausbaden. Sie durfte nicht im Wagen sitzen bleiben, sondern musste zu Fuß einige hundert Meter bis zum Schlagbaum am anderen Ende der Kontrollzone durch den Regen laufen. Mir schwoll der Kamm.

»Ist das eine sozialistische Errungenschaft, hochschwangere Frauen durch so ein Sauwetter laufen zu lassen?«

Bevor die Sache weiter eskalierte, geschah etwas völlig Unerwartetes. Gundel näherte sich einem Schilderhäuschen, aus dem plötzlich ein russischer Wachtposten trat. Er spannte einen Schirm über ihr auf und begleitete sie den Rest des Weges bis zum Schlagbaum. Dort wartete er mit der Kalaschnikow über der Schulter und hielt den Schirm über sie, bis ich sie endlich erlösen konnte.

Ich konnte einfach das Maul nicht halten: »Nehmt euch ein Beispiel an eurem sozialistischen Bruder-Soldaten!«, gab ich den DDR-Grenzsoldaten noch mit. »Der weiß wenigstens ein bisschen was über Anstand und Höflichkeit!«

Während meiner Erzählung rutschte der Repräsentant für Kultur im Arbeiter- und Bauernstaat langsam, aber sicher immer weiter unter den Tisch. Unsere Konversation über die Unterschiede der Ufa und der Defa verlallte zunehmend und endete für den Genossen Minister recht unrühmlich auf den Planken des sowjetischen Turbinenboots.

Der Glaspalast war strahlend hell erleuchtet. Seine Exzellenz, der deutsche Botschafter, hatte die Filmleute zu einem »gemütlichen Abend« hierher eingeladen. Die Gemütlichkeit bestand darin, dass sich die russischen Gäste sofort ihrer Jacken entledigten. Nicht weil es zu heiß gewesen wäre, nein, ich glaube, sie wollten unsere Aufmerksamkeit auf ihre blütenweißen, gestärkten und mit messerscharfen Bügelfalten versehenen Nylonhemden mit überwiegend kurzen Ärmeln lenken. Die meist vollbusigen Damen waren in Feinseidiges gehüllt und trugen kleine Blumengestecke am Dekolleté. Etwas größere Blumengebinde zierten die langen Tische.

»Ich empfehle eine gewisse Zurückhaltung in der Konversation«, erklärte der Botschafter, »in den Blumengestecken könnten Mikrofone verborgen sein!«

Wir nahmen das eher amüsiert als erschreckt zur Kenntnis. Und da er gerade dabei war, Verhaltensregeln aufzustellen, fügte der Botschafter noch hinzu: »Ihre Damen werden zum Tanz aufgefordert werden. Es ist hier üblich, die Aufforderung dankbar zu akzeptieren. Ablehnung wird leicht als persönliche Kränkung empfunden, was zu unliebsamen Situationen führen kann.«

Gundel sah dem Abend nach dieser Erklärung mit leicht gemischten Gefühlen entgegen, da sie mit einem absoluten Nichttänzer verheiratet ist. So gab es für sie nicht die geringste Möglichkeit, einer Fremdaufforderung durch familiären Dauertanz zuvorzukommen. Es kam, wie es kommen musste. Gundel hatte die Aufmerksamkeit eines recht kräftigen, fröhlichen Genossen im weißen Nylonhemd, mit kurzen Ärmeln und Krawatte erregt. Er verneigte sich an unserem Tisch, sagte etwas auf Russisch und deutete auf Gundel. Der Botschafter übersetzte.

»Der Genosse bittet um die Ehre, mit Ihnen, Frau Fuchsberger, tanzen zu dürfen.«

So setzte Gundel ihr charmantestes Lächeln auf, erhob sich, ging um den Tisch herum und landete in den offenen Armen des schon nicht mehr ganz nüchternen Sowjetbürgers.

Nur kurze Zeit später stand meine Frau wieder an unserem Tisch, mit hochrotem Kopf. Ihre Augen sprühten vor Zorn.

»Warum hat denn keiner von euch aufgepasst? Kaum war ich mit dem Kerl auf der Tanzfläche, wurde er zudringlich und wollte mich küssen. Ich hab ihm meinen Ehering gezeigt und gesagt, dass ich verheiratet bin, aber der lachte nur. Ich musste mich mit einem Bein gegen den Türrahmen stemmen, damit er mich nicht aus dem Saal zerren konnte!«

So weit wollten wir die Völkerverständigung dann doch nicht gehen lassen. Der einzig mögliche Protest war, dass wir beschlossen, den »gemütlichen« Abend im Glaspalast sofort zu verlassen.

Höhepunkt unseres Besuchs war eine Autobusfahrt zum Roten Platz mit Besichtigung des Begründers der Sowjetunion, Lenin, in seinem gläsernen Sarg im Mausoleum an der Kremlmauer. Trotz Abzeichen am Revers, Ausweis und Kennzeichen als Staatsgast mussten wir uns in eine endlose Schlange einreihen, die sich auf mit weißen Strichen vorgezeichneten Bahnen quälend langsam in Richtung des rötlichen Granittempels vorwärts bewegte. Gardisten in Paradeuniformen beobachteten jede Bewegung in der Menge mit Argusaugen. So auch mich, als ich, völlig unbeabsichtigt, mit meinem rechten Fuß auf den weißen Strich geriet. Ein Soldat marschierte in einer Art angedeutetem Stechschritt schnurstracks auf mich zu, sah völlig durch mich hindurch und drückte mich mit seiner Kalaschnikow sanft in die mir erlaubte Position innerhalb der Markierung zurück. Ich dachte, es sei angebracht, mich zu entschuldigen. Der Gardist zeigte jedoch keinerlei Reaktion. Ich wies auf mein Abzeichen am Revers hin – keine Reaktion. Ich versuchte es mit einem Lächeln, in Missachtung der Tatsache, dass man im näheren Umkreis des »Großen Toten im Tempel« den nötigen Ernst zu demonstrieren hatte. Keine Reaktion. Stumm machte er eine Kehrtwendung, sicherlich überzeugt, dass der Frevler es kein zweites Mal wagen würde, auf den Strich zu treten. Immerhin hatte er es verstanden, mich während der ganzen Szene nicht eines einzigen Blickes zu würdigen.

Der Weg nach unten in den Raum, in dem der einbalsamierte Leichnam des Weltverbesserers lag, führte über Treppen aus geschliffenem und poliertem Granit, vorbei an reglosen Offizieren der Armee, die wie Marionetten die sich langsam vorwärts bewegenden Besucher mit immer gleicher, langsamer Armbewegung zum Weitergehen aufforderten. Es war gespenstisch. Endlich standen wir vor dem gläsernen Schrein – und waren tief beeindruckt.

Trotz der feierlichen Atmosphäre konnte ich mich des Gefühls nicht erwehren, dass unzählige Augen registrierten, welche Reaktion wir zeigten. War eine Verneigung angebracht? Ich beobachtete, wie sich unsere Vorgänger verhielten, und entschied mich dann für ein kurzes Neigen des Kopfes in Richtung des blassgelben Lenin.

Die frische Luft, die über den Roten Platz strich, brachte nach dem Rückweg über die engen Treppenstufen des Mausoleums spürbare Erleichterung. Die Gruppe im Bus sprach wenig, alle standen noch unter dem Eindruck des gerade Erlebten.

Als ich aus dem Fenster sah, traute ich meinen Augen nicht. Normale Fußgänger auf dem Roten Platz schienen allesamt von einer Wodka-Party zu kommen. Sie lachten, hauten sich auf die Schenkel und bewegten sich leicht hüpfend in verschiedene

Richtungen. Dabei zeigten sie immer wieder nach oben in den leeren sowjetischen Himmel.

Erst im Hotel erfuhren wir, was da los gewesen war. Die Menschen in Moskau hatten die Übertragung der Mondlandung der Amerikaner im Fernsehen gesehen. »*The Eagle has landed...*« war in der Sowjetunion angekommen, und die Menschen waren von den Bildern der Oberfläche unseres Erdtrabanten so fasziniert, dass die, die ein Fernsehgerät hatten, denjenigen, die keinen solchen Luxus ihr Eigen nennen konnten, vorspielten, was sie gesehen hatten.

Leider begegneten wir auf dieser Reise keinem der »großen Genossen« des Weltreichs, keinem Generalsekretär der KPdSU und keinem Genossen Außenminister. Sehr interessant für Gundel und mich war jedoch die Offenheit der uns zugeteilten Dolmetscherin. Es dauerte vielleicht eine Stunde und kostete uns zwei Wodka und eine Tüte mit im Devisen-Shop des Hotels gekauften Toilettenartikeln, um sie zu einer Konversation über den üblichen Rahmen hinaus zu bewegen. Was dabei herauskam, war erstaunlich. Plötzlich schien sie alle vorher praktizierte Vorsicht zu vergessen.

»Wir haben in Russland bei der Revolution 1917 unsere Intelligenz ermordet. Davon haben wir uns bis heute nicht erholt. Was helfen uns denn die Atomwaffen und dass wir die Ersten im Weltraum waren, wenn wir normalen Menschen nichts kaufen können und um unser tägliches Essen stundenlang anstehen müssen? Glaubt ihr, es gefällt uns, wenn Gäste aus dem Ausland kommen, und es wird ihnen vorgegaukelt, dass es in der UdSSR alles gibt, was das Herz begehrt? Ihr geht in die nur für euch reservierten Geschäfte und könnt für Devisen alles kaufen – und wir stehen draußen und sehen zu!«

Sie hatte sich richtig in Rage geredet. Auf einmal schien ihr bewusst zu werden, dass das, was sie sagte, sicher nicht im Sinne ihrer staatlichen Auftraggeber war, und sie sah uns an, als wollte sie sagen: »So, nun könnt ihr mich verpfeifen, wenn ihr wollt!«

Ich nahm sie in den Arm und sagte etwas, wie ich nachher fand, wirklich Dummes: »Es wird sicher bei euch auch wieder besser!«

Sie lächelte nur und schüttelte den Kopf. Das war 1969. Was ist seitdem nicht alles geschehen!

Im November 2005 hatten wir die Ehre, den ehemaligen Generalsekretär der KPdSU und Parteivorsitzenden Michail Gorbatschow zu treffen. Im Rahmen einer großen Feierstunde in Leipzig zeichnete er als Präsident der World Awards zehn ausgewählte Frauen mit dem Women's World Award aus. Am Vorabend gab er einen Empfang für die Preisträgerinnen und deren Laudatoren, zu denen ich gehörte. Als er Gundel sah, widmete er sich uns länger, als vermutlich vorgesehen gewesen war. Seine Dolmetscherin übersetzte mit erstauntem Blick, was er zu Gundel sagte, wobei er sie an beiden Armen festhielt: »Sie erinnern mich an meine geliebte Frau Raissa!«

Dabei sah er ihr lange ins Gesicht und lächelte. Ich konnte nicht anders, ich musste ihm einfach sagen, was mir am Herzen lag, ohne Rücksicht darauf, wie er das auffassen würde.

»Herr Präsident, bitte erlauben Sie mir zu sagen, dass ich Sie für den größten Politiker der Gegenwart halte. Sie haben die Welt aus einem permanenten Trauma erlöst und aus Feinden Freunde gemacht.«

»Feinde, die gar keine waren«, erwiderte er und forderte die Dolmetscherin auf, mir zu sagen, dass ich nicht so übertreiben solle. »Beide Seiten hatten nur verlernt, die Sprache zu verwenden, mit der man sich verständlich machen kann. Wir müssen wieder lernen, miteinander zu sprechen, statt uns ständig gegenseitig zu drohen!«

Das gefährliche »zweite Bein«

Im Gegensatz zu vielen meiner Kollegen hatte ich eigentlich nicht den Drang nach einem »zweiten Bein«, nach einem anderen Broterwerb neben der Schauspielerei, falls das launische Publikum mir seine Gunst entziehen sollte. Bei mir lief es so gut, dass ich mir diesbezüglich keine Gedanken machte. Und doch ging der Kelch nicht an mir vorüber.

Es geschah etwas Entsetzliches: Einer der beiden Besitzer der Fliegerschule Oberwiesenfeld bei München, die mir gut bekannt waren, war mit seiner Frau und einem befreundeten Ehepaar bei einem Urlaubsflug nach Spanien abgestürzt. Alle vier waren auf der Stelle tot. Sein Partner sah sich nicht in der Lage, die Fliegerschule allein weiterzuführen, suchte nach einem anderen Betätigungsfeld und verfiel auf die Idee, in Immobilien zu machen – zusammen mit mir.

Der Immobilienmarkt boomte in den Sechzigerjahren, also gründeten wir gemeinsam eine Maklerfirma, die auf Provisionsbasis Grundstücke in München vermittelte und verkaufte. Die Sache hatte allerdings mindestens zwei Haken: Erstens hatte ich nicht die geringste Ahnung von diesem Geschäft, und zweitens war abzusehen, dass ich wohl nur selten im Betrieb anwesend sein würde.

In der vornehmen Münchner Prannerstraße, gleich hinter dem Hotel »Bayerischer Hof«, fanden wir geeignete Büroräume und richteten sie aufs Feinste her. Am Hauseingang prangte ein wundervoll poliertes Messingschild mit unseren Namen, der

Aufgang zur ersten Etage war mit feinem Teppich ausgelegt. Die zu erwartenden Kunden sollten eine vertrauenerweckende Atmosphäre vorfinden. Wir hatten alles. Das Einzige, was noch fehlte, waren eben diese Kunden.

Eines Tages kam tatsächlich einer, ein gestandener Mann, Produzent von Fertighäusern. Die Bayerische Staatsregierung habe ihn an uns verwiesen, er suche ein großes Grundstück für ein neues Zweigwerk.

Wir waren zunächst misstrauisch, doch der zuständige Beamte bestätigte die Empfehlung, wir bedankten uns und wurden aktiv. Als wir glaubten, gefunden zu haben, was wir suchten, präsentierten wir ihm bereits sieben Tage später eine beeindruckende Strecke von Luftaufnahmen.

Äußerlich ließ er sich kaum anmerken, was er von unserem Material hielt. Dann drehte er sich plötzlich um.

»Meine Herren, was ich da sehe, entspricht genau unseren Vorstellungen. Wollen Sie den Auftrag übernehmen?«

Und dann überraschte er uns mit einem Vorschlag, der uns fast die Luft nahm.

»Ich möchte Ihnen die Generalvertretung für meine Fertighäuser anbieten. Sie vermitteln die Grundstücke und Bauplätze für alle Häuser, die wir nach Bayern liefern. Sind Sie interessiert?«

Natürlich waren wir das! Wir wurden uns handelseinig und glaubten, einer verheißungsvollen Zukunft entgegenzublicken.

Aus meiner Düsseldorfer Zeit hatte die Freundschaft zu einem Mann überdauert, der inzwischen ein sehr erfolgreicher Architekt war und im Westen Münchens ein beachtlich großes Areal gekauft hatte, mit der Absicht, dort eine Trabantenstadt mit Hochhäusern hochzuziehen. Doch inzwischen waren die Baubestimmungen geändert worden, das Gelände durfte nur noch mit kleinen Einfamilienhäusern bebaut werden. Als wir davon erfuhren, war uns klar, dass dieses Grundstück ideal wäre für unsere Fertighäuser. Wir nahmen Kredite bei mehreren Münchner Banken auf und kauften das Gelände. Damit begann das Verhängnis.

Schlechte Wetterbedingungen ließen das Grundwasser in diesem Jahr ansteigen, und alles, was bis dahin an Fundamenten begonnen oder halb fertig war, stand mittendrin. Ein Katastrophe! Mein Partner begann, den Überblick über die Finanzen der Firma zu verlieren, und ich war so blauäugig, dass ich glaubte, was er mir erzählte, wenn ich mich bei meinen seltenen Besuchen im Büro nach dem Stand der Dinge erkundigte.

Ich weiß nicht, wie lange das so weitergegangen wäre, hätte nicht Gundel, mit ihrem sicheren Gespür für Gefahren und ihrer Menschenkenntnis, der ganzen Sache irgendwann nicht mehr getraut. Sie hatte das Gefühl, dass Gelder ausgegeben wurden, die die Firma gar nicht hatte.

Eines Tages erschien sie mitsamt Anwalt im Büro und verlangte von meinem verschreckten Partner Auskunft über die Lage der Firma. Das Ergebnis war so, dass sie einen Fachanwalt um Hilfe bat. Der hörte sich das Debakel an und schüttelte nur den Kopf.

»Können Sie uns helfen?«

»Das kann ich jetzt noch nicht sagen, ich muss die Unterlagen studieren und brauche noch einige mehr. Aber wie ich das im Moment sehe, steckt die Karre wirklich im Dreck!«

Zu der Zeit drehte ich in Almería den Film *Der letzte Mohikaner*. Gundel hatte ihren Besuch angekündigt, und ich stand am Flugplatz in Málaga, um sie abzuholen. Natürlich spürte ich die Spannung.

»Was ist los?«, fragte ich beunruhigt.

»Wir sind pleite!«

»Wie – pleite?«

»Total!«

Und sie erzählte auf dem Weg zurück nach Almería, was sie in München inzwischen veranlasst und mithilfe des Anwalts durchgesetzt hatte.

»Ich hab den Laden gestoppt.«

Die Rückfahrt nach Almería verlief recht still. Ich war zutiefst unglücklich, vor allem über das traurige Gesicht meiner Gundel neben mir. Hatte ich ihr nicht versprochen, ein Leben lang für sie und unseren Sohn zu sorgen? Jetzt standen wir da, mit Schulden bis zum Hals und vermutlich auch bald auf der Straße.

Am Abend saßen wir auf dem Balkon meines Hotelzimmers und sahen über den Hafen hinaus aufs Meer.

»Was machen wir jetzt?«, fragte ich.

Gundel sah mich an. Ihre Augen wurden hart.

»Du machst weiter deine Filme und bringst möglichst viel Geld nach Hause, ich halte dir den Rücken frei und kümmere mich um die Abwicklung der Firma.«

Aber so einfach war das nicht. Vor allem mussten wir darauf achten, dass das Debakel nicht an die Öffentlichkeit kam. Sonst wäre es mit meiner Karriere wohl vorbei gewesen.

Auch ein anderes Kapitel in meinem Leben nahm ein Ende. Ein Flug mit meinem Sohn Thomas nach Reichenhall wäre beinahe böse ausgegangen. Ein herrlicher Föhntag mit einer Sicht bis in die Ewigkeit. Wie ein Scherenschnitt lag die Alpenkette da. Die Seen unter uns glitzerten wie flüssiges Silber. Wer denkt am Steuer eines kleinen Privatflugzeugs, an einem Tag wie diesem, schon an NATO-Tiefflugzonen? Niemand. Aber wir waren gerade in einer, kurz vor der Landung in Reichenhall.

Die Klappen waren schon draußen, die Geschwindigkeit entsprechend gering, als ein Starfighter im Tiefflug direkt auf uns zuraste und in vielleicht zwanzig Metern Entfernung an uns vorbeidonnerte. Wir kamen in seinen Sog und fingen bedenklich an zu wackeln. Nur mit Mühe ließ sich die Cessna im Anflug halten, und ich war kreidebleich, als die Maschine endlich heil am Boden war. In der Fliegersprache nennt man das einen »Near-Miss«, und das ist so ziemlich das Beschissenste, was einem widerfahren kann. Die Erholungspause in Reichenhall dauerte so lange, dass sich das Wetter dramatisch verschlechterte. Ein Gewittersturm ging über dem Platz runter, in dem sich einige Maschinen auf den Rücken legten. Thomas und ich hängten uns an die Flächen unserer Cessna und versuchten erfolgreich, das gleiche Schicksal zu verhindern.

Nach dem Gewitter hingen die Wolken sehr tief, und ich hielt es für geboten, in Sichthöhe der Autobahn zu folgen, um heil nach München zurückzukommen. An diesem späten Nachmittag ging meine Fliegerlaufbahn abrupt zu Ende. Wir rollten vor den Hangar, stiegen aus, gingen direkt zur Flugleitung, und dort legte ich meine Lizenz auf den Tisch.

»Das war mein letzter Flug«, sagte ich, und keiner wollte es glauben. Es blieb dabei.

Ein paar Wochen später kam ein Angebot der ndF für einen Fernsehfilm: *Heißer Sand*, nach dem Roman von C.C. Bergius.

Es geht darin um einen Piloten, der an einem Wettbewerb um den ersten Nonstop-Flug von Marrakesch nach Lagos teilnimmt und irgendwo in der Wildnis abstürzt. Er ist verletzt, überlebt aber dank der Hilfe eines kleinen Affen, von dem er sich abschaut, wie man von Blättern und Wurzeln leben kann. In seinem Heimatort gilt er als verschollen und wird nach einiger Zeit offiziell für tot erklärt. Seine Firma findet einen neuen Piloten, seine Frau einen neuen Mann.

Nach einem Jahr kommt er in seiner selbst zusammengebastelten Maschine wieder zurück. Mit der Welt, die er zu Hause vorfindet, kommt er nicht zurecht. Er geht zurück in die Wüste und stirbt.

Warum ich das erzähle? Es ist eine traurige Geschichte. Die Arbeit am Film in Marokko war gut, meine Partnerin war die wundervolle Andrea Jonasson. Die größte Herausforderung war die Arbeit rund um die Uhr mit dem kleinen Berberaffen. Bald schon war klar, dass es da nichts zu türken gab. Ich musste einfach ständig mit dem Tier zusammen sein, es an mich gewöhnen.

Manchmal dachte ich, ich würde das nicht schaffen. Der kleine Kerl war völlig verängstigt, sprang in meinem Zimmer herum und riss mal ein Bild von der Wand, eine Vase vom Tisch oder schiss vor lauter Angst dorthin, wo es ihn gerade überkam. Kein Wunder, dass das arabische Personal, das eine völlig andere Einstellung zu Tieren hatte, Anstoß an der Tatsache nahm, dass es die Exkremente des Affen beseitigen oder die Schäden reparieren musste, die er angerichtet hatte. Man legte mir anonyme Warnungen aufs Bett, aber was sollte ich machen? Natürlich ging die Arbeit vor.

Eines Tages wollte ich frühmorgens hinaus an die frische Luft und nach meinem Affen sehen, der vor der Tür angekettet war. Da lag mein kleiner, drolliger Partner – erstochen! Die Drohungen waren zur traurigen Gewissheit geworden. Bis heute habe ich das Hotelpersonal in Verdacht, dem die ganze Zeit über einfach unverständlich blieb, wie man ein Tier, noch dazu einen Affen, behandeln konnte wie einen Menschen. Auch mich ließen sie ihren Abscheu spüren und gingen mit mir, dem »Affenfreund«, demonstrativ schlechter um als mit dem übrigen Team.

Im wahrsten Sinne des Wortes war guter Rat teuer. Sehr teuer! Produzent Professor Wolf Schwarz, der Gentleman des deutschen Films, entschied, dass ein Suchteam einen neuen Berberaffen auftreiben sollte, irgendwo im Atlasgebirge. Affen gab es genug, aber war es möglich, einen zu finden, der genau so aussah und mit dem man dort weiterdrehen konnte, wo die Arbeit mit dem Erstochenen so grausam endete? Kaum vorstellbar. Trieb man keinen passenden Nachfolger auf, mussten alle Szenen wiederholt werden. Ein gewaltiger Aufwand, den die Versicherung möglicherweise nicht decken würde.

Aber kaum zu glauben: Das Team fand zwei Exemplare, völlig wild und bei ihrer Ankunft in Marrakesch ganz verstört. Alle Hoffnungen richteten sich auf meine Fähigkeiten als Dompteur und Affenvater. Oh Gott! Am Anfang schien es aussichtslos, überhaupt festzustellen, welches der beiden Tierchen besser geeignet wäre. Beide waren absolut unzugänglich und verkrochen sich in die hintersten Ecken meines Zimmers. Alles, was für das

Hotelpersonal bisher so schwierig zu begreifen gewesen war und den offenen Hass der für mein Zimmer Zuständigen entfacht hatte, geschah jetzt nicht nur in gesteigertem Maße, sondern auch in doppelter Auflage. Nur durch erheblichen finanziellen Aufwand, Bakschisch genannt, konnte ich sie dazu bringen, die größten Verwüstungen zu beseitigen. Für Schäden wie zerrissene Vorhänge, zerbrochene Lampen und heruntergefallene Gardinenstangen kam die Produktion auf, für Kratzer und Bisswunden an Händen, Armen und am Rücken war der Hotelarzt zuständig. Ich litt entsetzlich. Nach heftigen Bemühungen war die Arbeit nach zwei Wochen so weit gediehen, dass ich meinte zu wissen, welcher der beiden Affen in der Lage wäre, seinen ermordeten Kollegen zu ersetzen.

Der kleine Kerl setzte sich brav auf meine Schulter und sah mit großen, angstvollen Augen zu, wie dicht vor unseren Köpfen die Klappe geschlagen wurde und der »Clapperboy« die Nummer der Szene schrie. Er zuckte, aber er blieb sitzen und nahm regen Anteil an allem, was ringsumher geschah. Der Erfolg wurde angemessen gefeiert. Man hätte fast glauben können, mein »Primatenkollege« begreife, dass er die Hauptfigur in dem Theater war. Dass er ein Er war, hatte ich inzwischen festgestellt und auch, womit ich ihn locken und gefügig machen konnte. Entgegen der ursprünglichen Annahme, dass ein Affe keiner Erdnuss widerstehen kann, wollte er davon nichts wissen. Höchster Genuss waren für ihn geschälte Apfelschnitze und Bananen. Sie mussten zusammen mit kleinen Schokoladenstückchen auf einem Teller serviert werden, mit dem er, wenn er leer war, so lange auf den Tisch klopfte, bis jemand kam und ihn neu füllte oder bis er zerbrach. Die Arbeit machte täglich mehr Spaß, und der kleine Künstler wurde der Liebling der Produktion.

Das Ende der Dreharbeiten nahte und damit die letzte Szene. Der Affe und ich im glühend heißen Sand der Sahara, der erbarmungslosen Sonne schutzlos ausgeliefert, der Tod durch Verdursten unausweichlich. Um meinem »affigen Kameraden« und

(oben) Mein erster Weltstar bei *Heut' abend:* Mit Harry Belafonte am 2. Dezember 1980.
Foto: Bayerischer Rundfunk/Foto Sessner

(unten) Heut' abend mit Vicco von Bülow (alias Loriot), 1982.
Foto: Bayerischer Rundfunk/Foto Sessner

(oben) Heut`abend mit Max Schmeling, 1983.
Foto: Bayerischer Rundfunk/Foto Sessner

(unten) Heut' abend mit Thomas Gottschalk, 1984
Foto: Bayerischer Rundfunk/Foto Sessner

(oben) Heut' abend mit Liv Ullmann, 1984.
Foto: Bayerischer Rundfunk/Foto Sessner

(unten) Heut' abend mit Karl Lagerfeld, 1985.
Foto: Bayerischer Rundfunk/Foto Sessner

(oben) Heut' abend mit Alice Schwarzer, 1985.
Foto: Bayerischer Rundfunk/Foto Sessner

(unten) Heut' abend mit Boris Becker, 1988.
Foto: Bayerischer Rundfunk/Foto Sessner

ben) Heut' abend mit Hape Kerkeling, 1989.
Foto: Bayerischer Rundfunk/Foto Sessner

(unten) Heut' abend mit Sabine Christiansen, 1989.
Foto: Bayerischer Rundfunk/Foto Sessner

(oben) Heut' abend mit Marcel Reich-Ranicki, 198
Foto: Bayerischer Rundfunk/Foto Sessner

(unten) Heut' abend mit Günther Jauch, 1990.
Foto: Bayerischer Rundfunk/Foto Sessner

ben) Mit Gundula nach der dreihundertsten und zugleich letzten Sendung von *Heut' abend* am ... Januar 1991.
Foto: Bayerischer Rundfunk/Foto Sessner

nten) Mit Maestro Leonard Bernstein nach einem Konzert in München.
Foto: unbekannt

Hafenrundfahrt mit dem damaligen
Bundespräsidenten Richard von Weizsäcker,
Sydney, 1993.
Foto: Bundesregierung

Motorrad-*mustering*:
Als Viehtreiber im Outback, Queensland, 1989.
Foto: privat

(rechts) Der Boss von Greenwood Productions: Gundel in Aktion, 1991. Foto: privat

(rechte Seite oben) Das Greenwood-Team im Schaufelbagger, Australien, 1991. Foto: privat

(unten) Einer der gewaltigen *Road Trains* in einer Wiegestation, Queensland, 1991. Foto: privat

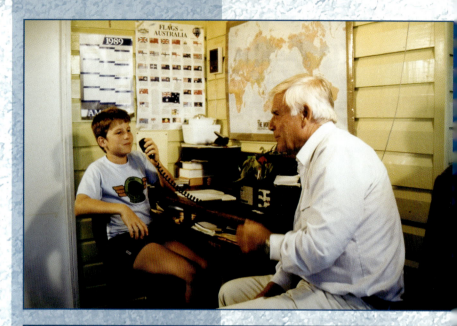

(oben) Besuch der *School of the Air:*
Schüler im Outback von Queensland, 1991.
Foto: unbekannt

(unten) Briefkastenparade, Queensland, 1993.
Foto: privat

Glücklich in Tasmanien, im Hintergrund der Derwent River, 1993. Foto: privat

(oben) Bereit zu einer *corroboree:*
Ein Aborigine-Stamm im Northern Territory,
1994. Foto: privat

(unten) Blinder Aborigine in der Missionsstation
Hermannsburg, um 1994. Foto: privat

(oben) Mit Natalie Imbruglia auf dem Prominentenrennen vor dem Grand Prix von Melbourne, 1999. Foto: privat

(links) Vor dem Sydney Opera House, am Circular Quay, 2000. Foto: privat

Der Priestermacher, 2001. Foto: Winfried Rabanus

mir dieses Schicksal zu ersparen, sollte ich laut Drehbuch unser beider Leben mithilfe einer Pistole ein schnelles Ende setzen.

»Ton ab!«

»Ton läuft!«

»Kamera!«

»Kamera läuft!«

»Schlussklappe!«

»Action!«

Meinem kleinen Kumpel nahm ich das Halsband ab. Er setzte sich brav auf die Decke, die ich auf dem Boden ausgebreitet hatte, seine Augen waren auf mich gerichtet. Jetzt zog ich die Pistole aus dem Halfter, lud durch und entsicherte die Waffe. Da wurde der Kleine unruhig. Er fing an zu fiepsen und mit den Zähnen zu klappern. Ich spürte seine Angst und spielte die Szene etwas schneller. Irgendwie ahnte ich, dass das Tier das nicht mehr lange mitmachen würde.

Langsam, ganz langsam wandte ich mich dem Affen zu, legte die Waffe an und zielte auf ihn. Im selben Moment schrie der Kleine herzergreifend, sprang ein-, zweimal hoch, drehte sich um und suchte schreiend das Weite. Unaufhaltsam raste er in die Wüste hinein, dem sicheren Tod entgegen, und verschwand hinter der nächsten Düne.

Große Ratlosigkeit. Sollten wir den Spuren im Sand folgen, um ihn zurückzuholen? Der Kameramann hatte ihn die ganze Zeit groß im Bild gehabt, sein Geschrei, seine Hüpferei, bis zu dem Moment, als er abhaute.

»Dann ist doch alles okay«, meinte der Regisseur, »wir nehmen die Einstellung bis dahin, wo der Affe auf und ab hüpft, gehen groß auf Blacky, der die Pistole hebt und schießt. Großaufnahme auf sein trauriges Gesicht, dann eine Einstellung direkt in die gleißende Sonne, ganz langsamer Schwenk zurück, Blacky kniet und häuft mit seinen Händen Sand auf einen kleinen Hügel, auf den er das Halsband seines erschossenen Freundes legt.«

Das leuchtete nicht nur allen am Set auf Anhieb ein, sondern das war, mit dem, was wir an Ort und Stelle noch dazudichteten, sogar ein guter, wenn auch verdammt sentimentaler Schluss. Ich zog mir die Decke, auf der sich gerade das Drama abgespielt hatte, über den Kopf und legte mich in den heißen Sand. Wind blies eine Sandwolke über das Häufchen Elend – langsam erschien der Schlusstitel – ENDE.

Wir suchten nach Beendigung der Dreharbeiten an diesem Tag natürlich noch nach dem Äffchen und fanden es nach mühsamem Marsch durch den Wüstensand im Zelt einer Beduinenfamilie. Die armen Menschen waren vollkommen verschreckt, als eine Horde wild gestikulierender Weißer in Uniformen in ihre Behausung einbrach, und der Dolmetscher hatte seine liebe Mühe, den Beduinen klarzumachen, das wir nach einem Affen suchten.

Als der Film im Fernsehen lief und später auf verschiedenen Kanälen wiederholt wurde, kam immer wieder die Frage auf: »Was geschah mit dem goldigen Äffchen? Hat Fuchsberger das arme Tier wirklich erschossen?«

Ob ich im Anschluss den qualvollen Tod durch Verdursten erleiden musste, interessierte kein Schwein.

In all diesen Wochen und Monaten ging das Drama um die Firma weiter. Eines Tages kam unser Anwalt mit der Idee, dass ich für eine Firma Werbung machen sollte, um damit Geld zu verdienen. Der Gedanke gefiel mir ganz und gar nicht. Werbung war bis dato unter meiner Würde gewesen.

»Es wird Ihnen nichts anderes übrig bleiben, wenn Sie nicht alles verlieren wollen. Wenn ich bei Ihren Gläubigern mit dem Angebot für einen guten Werbevertrag auftauche, drücken sie uns vielleicht nicht gleich die Kehle zu!«

Eine Woche später kam er mit der Nachricht, dass sich die Firma in der Glockengasse in Köln für mich interessierte. Der Generaldirektor persönlich wollte mich kennenlernen. Zwei Wochen später saßen mein Anwalt und ich in der Vorstandsetage in Köln.

»Am besten, Sie überlassen das Reden mir, wenn es um Konditionen geht«, sagte der Anwalt.

Das war mir nur recht. Ich hatte ja nicht die geringste Ahnung von Werbeverträgen. Was verlangte man dafür? Welche Bedingungen durfte man stellen, ohne den so sehr gewünschten Erfolg zu gefährden?

»Ihr Anwalt hat uns mitgeteilt, dass Sie bereit seien, im Fernsehen für unser Produkt zu werben«, eröffnete der Generaldirektor das Gespräch. »Warum?«

War das vielleicht eine Fangfrage? Hat der große Boss schon von meiner Pleite gehört?

»Da muss ich weit zurückgehen«, erwiderte ich, »bis zur Geburt meiner Brüder. Wenn meiner Mutter während der Schwangerschaft übel wurde, gab sie Echt Kölnisch Wasser auf ein Tuch und hielt sich das vor die Nase. Dieser Geruch nach Orange oder Zitrone begleitet mich bis heute.«

Der Generaldirektor lächelte zufrieden.

»Bei meinem zweiten Film, *Der letzte Mann*, mit Hans Albers und Romy Schneider, kam ich wieder mit dem Duftwasser in Berührung. Hans Albers schwitzte sehr im Studio und musste zwischen den Aufnahmen mit Tüchern, die mit Echt Kölnisch Wasser getränkt waren, regelrecht trockengelegt werden.«

Der Generaldirektor lachte, und mein Anwalt warf mir einen aufmunternden Blick zu.

»Haben Sie noch mehr solcher Geschichten auf Lager?«

»Ich kann welche erfinden!«

Er sah nachdenklich auf einen Notizblock, der vor ihm lag. Dann schien er einen Entschluss zu fassen.

»Wir geben im Jahr viele Millionen für Werbung aus, aber wir wünschen uns neue Ideen.«

»Darf ich mir eine Bemerkung erlauben?«, warf ich ein. »Ich sehe Ihre Spots oft im Fernsehen. Ihre Figuren sind ältere Menschen, die ihr Produkt auf ein Tuch tröpfeln, um sich das mit vornehm abgespreiztem kleinem Finger unter die Nase halten. Sie sollten sich vielleicht eher junge Leute als Zielgruppe vornehmen, die manchmal wie die Wiedehopfe stinken und sich Ihr Produkt viertelliterweise über den Kopf schütten, bevor sie sich dem anderen Geschlecht nähern.«

Das schien dem Generaldirektor zu gefallen. Er blinzelte dem Anwalt zu.

»Ich denke, wir sollten darüber nach einem guten Essen weiterreden.«

Er hielt seine Besucher für würdig, sie in einem kleinen Speisesaal in der Vorstandsetage zu bewirten. Wie eine Ewigkeit kam mir die Zeit vor, bis er endlich die Tafel aufhob.

»Zeigen Sie keine Regung!«, raunte mir mein Anwalt zu, als der Generaldirektor für einen Augenblick den Raum verließ. »Wenn es um die Honorierung geht, überlassen Sie das Thema mir!«

»Könnten Sie sich vorstellen, eine Konzeption zu entwickeln, die Geschichten zeigt, wie Sie sie vorhin erzählt haben?« Damit nahm der Generaldirektor den Faden von vorhin wieder auf. »Spots von einer Minute oder auch länger, mit einem Anfang und einem Ende, nicht nur über das Produkt, sondern Geschichten, die man mit Echt Kölnisch Wasser erleben kann?«

»Aber sicher!«, antwortete ich spontan. »Wie wäre es mit einer Prügelszene im Atelier, bei der so richtig die Fetzen fliegen? Die Kamera fährt auf den Darsteller zu, dabei wird ihm mächtig heiß, der Schweiß fließt in Strömen. Der Garderobier kommt mit einer Flasche Duftwasser, schüttet den Inhalt auf ein Tuch, wirbelt es ein paarmal durch die Luft und legt es dem Schauspieler aufs Gesicht. Der holt tief Luft und sagt sinngemäß: ›Das tut gut und macht frisch für die nächste Szene! Ich weiß nicht, was Sie nehmen, ich nehme in solchen Fällen eben Echt Kölnisch Wasser.‹«

Der Generaldirektor sah mich nur an.

»Wie stellen Sie sich Ihre Honorierung vor?«

Da war sie, die alles entscheidende Frage. Ich sah, wie verabredet, zu meinem Anwalt hinüber. Der tat so, als sei er gerade mit etwas anderem beschäftigt. Schließlich zuckte er die Schultern und grinste.

»Ich mache Ihnen einen Vorschlag«, sagte der Generaldirektor und nannte eine durchaus interessante Summe.

Eingedenk der Vorstellung meines Anwalts, was wir als absolutes Maximum herausholen könnten, muss ich wohl etwas nachdenklich ausgesehen haben. Es war vielleicht das einträglichste Gesicht, das ich je gemacht habe.

»Ich meine pro Spot und denke dabei an eine erste Staffel von zwölfen!«

Es war, als ob in meinem Hirn eine Rakete geplatzt sei. Was hatte mein Anwalt gesagt? Keine Reaktion zeigen! Pokerface!

»Das ist eine gute Basis«, erwiderte ich. »Aber lassen Sie mich bitte erst eine Konzeption entwickeln. Sie bekommen von mir ein paar Vorschläge, und dann sagen Sie, ob Ihnen die Ideen gefallen.«

Die Verabschiedung war fast herzlich. Der Herr Generaldirektor begleitete uns bis zum Aufzug. Mein Anwalt kannte wohl solche Situationen aus seiner Tätigkeit als Justiziar einer großen Bauunternehmung. Daher schüttelte er nur den Kopf und legte den Zeigefinger an die Lippen, als ich im Aufzug etwas sagen wollte. Auch im Foyer blieb er stumm und ging zügigen Schrittes aus dem Haus. Erst als wir auf dem Firmenparkplatz in den Wagen stiegen, sagte er: »Ich gratuliere. Sie kommen mit einem kleinen Vermögen nach Hause. Ihre Frau wird sich freuen.«

Beim Gedanken an meine Frau in München fingen meine Knie an zu zittern. An der nächsten Telefonzelle musste ich anhalten und ihr sagen, was geschehen war. Meine Nerven waren zum Zerreißen gespannt gewesen, und diese Anspannung löste sich jetzt in Tränen der Erleichterung auf.

Die Reaktionen in München waren erfreulich. Die größte Bank, die uns bereits alle Kredite gnadenlos gekündigt hatte, wollte wieder mit uns ins Geschäft kommen. Wir lehnten dankend ab. Die Haupthilfe kam von einem Direktor und Vorstandsmitglied einer anderen bayerischen Bank, der in unserer Nachbarschaft wohnte. Er fand glücklicherweise einen Weg, wie wir schließlich aus unserer finanziellen Misere herauskamen und unser Haus retten konnten.

Der Werbevertrag kam zustande, die erste Serie war gedreht, und das Haus in der Glockengasse zu Köln vergab den Auftrag für zwei weitere Serien von je zwölf Spots, eine europäische und eine weltweite. Wir durften uns die Drehorte selber aussuchen, drehten in Edinburgh, in Madrid, in London, Paris, Rio de Janeiro, New York und Hongkong und lieferten Spots ab, die von Millionen von Fernsehzuschauern belacht und gelobt wurden.

Beruflich war das eine außerordentlich interessante Erfahrung, wieder einmal etwas Neues, von dem ich eigentlich keine Ahnung hatte. Der Erfolg der Spots war die eine Seite, die andere war die Tatsache, dass wir wieder frei atmen konnten.

Nach der dritten weltweiten Staffel waren die Banken der Meinung, dass man eine Kuh nicht schlachten sollte, die noch Milch gibt. Das Wichtigste von allem war aber, dass unser guter Name erhalten blieb.

WIR RUFEN DIE JUGEND DER WELT

Rom, Via Veneto, später Nachmittag, »Café de Paris«, Espresso, dösiges Wohlbehagen.

Wie eine Büffelherde stampfte eine Gruppe erregt diskutierender Männer, ein paar Damen waren auch dabei, an mir vorüber. Vorneweg ging der Münchner Oberbürgermeister Hans-Jochen Vogel, die Nachhut bildete Rolf Gonther, der Sportkolumnist der Münchner *Abendzeitung*.

Rolf Gonther blieb einen Augenblick überrascht an meinem Tisch stehen.

»Was machst du denn hier?«

»Ich hab gerade drehfrei und trinke einen Kaffee. Und Ihr?«

»Wir haben gerade eine sehr erfolgreiche Präsentation der Münchner Olympiabewerbung hinter uns. Jetzt gehen wir alle ins *Piccolo Mondo*. Komm doch mit!«

»Was soll ich da?«

»Mit uns feiern! Der OB würde sich bestimmt freuen!«

Der freute sich wirklich, als ich ihn begrüßte.

»Darf ich gratulieren, Herr Oberbürgermeister?«

»Ja und nein. Die Präsentation hätte nicht besser ankommen können, und trotzdem werden wir die Spiele nicht bekommen!«

»Warum denn nicht?«

»Weil der gesamte Ostblock auf die Sowjetunion hört, und die wollen was anderes.«

Ich weiß nicht, welcher Teufel mich ritt, als ich mich sagen hörte: »Herr Oberbürgermeister, ich wette, dass München die Spiele bekommt!«

Noch immer sehe ich uns alle mindestens zwanzig Zentimeter über dem Boden schweben, als wenig später Avery Brundage im »Hotel Excelsior« an der Via Veneto in Rom verkündete: »Das IOC hat nach langen Überlegungen die Spiele der XX. Olympiade 1972 vergeben an ... die Stadt München.«

Am Abend, im römischen Hotel »Steigenberger«, war die Stimmung entsprechend.

»Sie werden mein Maskottchen!«, erklärte mir Hans-Jochen Vogel.

Vielleicht war auch ihm bewusst, dass wir keinen Wetteinsatz vereinbart hatten? Vielleicht hat er mich deshalb dem NOK-Präsidenten Willi Daume als Chefsprecher für die Spiele 1972 vorgeschlagen? Wer weiß. Jedenfalls wurde ich, was man später mal »Die Stimme der Spiele in München« nennen sollte.

Naturgemäß verstand ich von Olympia nichts, sah aber den Aufgaben, die langsam Kontur annahmen, mit großer Spannung entgegen. Bei den Sitzungen wurde immer deutlicher, dass der Stadionsprecher eine Schlüsselfigur war. Er war der Einzige, der über Mikrofon Zugang zu den siebzigtausend Zuschauern hatte. Und dieser Mensch war ich.

Bei den Sicherheitsberatungen im Komitee wurde so ziemlich alles durchgedacht, was Menschen an Scheußlichkeiten aushecken können. Von Demonstrationen über Sitzstreiks, von Protestkundgebungen bis zur Störung des Ablaufs der Sportwettbewerbe, nichts blieb unbeachtet, und für jede nur denkbare Möglichkeit wurde ein Gegenkonzept ausgearbeitet. Das ging von Bonbonkanonen über Harpunennetze bis zu dressierten Hunden und besonders geschulten Einheiten von hübschen Politessen. Wer Bonbons vom Boden aufhebt, die Karnevalskanonen in die Menge geschossen haben, demonstriert nicht weiter; wem eine hübsche Politesse eine Blume entgegenstreckt, der wird seine Aggressionen vergessen; und wem beim Angriff auf irgendeine Gruppe im Stadion ein Netz übergeworfen wird, sodass er darunter zappelnd gefangen wird, der ist kampfunfähig.

»Und was machen wir, wenn das olympische Dorf überfallen wird?«

Das Undenkbare, das Unvorstellbare, was der Polizeipsychologe Dr. Georg Siebert, vermutlich in einer schlaflosen Nacht oder während eines Albtraums, befürchtet und jetzt in der Sitzung ausgesprochen hatte, sollte am 5. September 1972 grausame Wirklichkeit werden.

Mit den Bauarbeiten am Olympiapark verschwand der Flugplatz Oberwiesenfeld, keineswegs aber die Erinnerung an die Zeit der Cessnas, Swifts, Pipers, Bückers und Boelkows, mit denen ich die Freiheit über den Wolken genossen hatte, zumindest damals, als ich anfing zu fliegen. Neunzig Prozent des Luftraums über Deutschland waren damals frei, und man flog durch die Gegend, wie man wollte. Heute ist es genau umgekehrt, jeder Meter in jede Richtung wird jede Sekunde streng überwacht.

Es tat weh zu sehen, wie die alten Gebäude am Rande des Flugfelds und die Baracken der Fliegerschule mit Bulldozern dem Erdboden gleichgemacht wurden. Andererseits war es faszinierend zuzuschauen, wie das olympische Dorf langsam Gestalt annahm und das Stadion mit dem gewaltigen Zeltdach aus dem Boden wuchs. Ich erinnere mich an den Tag, als ich zur ersten Pressekonferenz auf die Baustelle eingeladen wurde. Der verantwortliche Bauleiter versammelte einige hundert Journalisten zu einer Sightseeingtour. Die ersten Ränge der Tribünen waren schon zu erkennen, gewaltige Kräne ragten in den bayerischen Himmel und drehten sich um sich selbst. Sonst gab es noch nicht allzu viel zu bestaunen.

Diesen Eindruck hatten wohl auch einige Journalisten. Ein besonders skeptischer Vertreter der Zunft nahm sich ein Herz und fragte:

»Da fehlt ja noch 'ne Menge. Ist Ihnen bewusst, dass die Eröffnung am 26. August stattfinden soll?«

Carlo Merz, an den die Frage gerichtet war, stutzte einen Augenblick, sah lächelnd in die Runde der gespannt wartenden Journalisten und erwiderte:

»Ja, aber erst am Nachmittag!«

«Bis zur Eröffnungsfeier am 26. August 1972 vergingen die Monate wie im Zeitraffer. Rund um die Uhr wurde gebohrt, gebaggert, gemauert, gemalt, gesät und gedacht. Zum Beispiel daran, wie viele Athleten wie lange brauchen, um beim Einmarsch der Nationen, nach einer genau dafür arrangierten Musik, ihren Platz auf dem beheizten Rasen des ersten Zelt-Olympiastadions der Architekten Behnisch und Partner zu finden.

Kurt Edelhagen, der Chef der damals bekanntesten Jazz-Bigband, wurde mit der Lösung dieses Problems beauftragt. Er fand heraus, dass die Taktzahl 130 für Menschen die lockerste Art der Fortbewegung bringt. Also beauftragte er drei seiner Musiker, Peter Herbolzheimer, Dieter Reith und Arc van Royen, mit dem Arrangement eines Medleys für den Einzug der über zwölftausend Athleten.

Tagelang marschierte ich mit der Stoppuhr in der Hand an der Spitze einer Bundeswehrkompanie nach diesem Rhythmus rund um die Bahn, um nach der Marschgeschwindigkeit die Zeit für meine Ansagen herauszufinden.

»Sie sind verantwortlich für das gesprochene Wort im Stadion«, erklärte mir Willi Daume, der allmächtige Präsident des Nationalen Olympischen Komitees. Mir war sehr schnell klar, wie das gemeint war: Ich war verantwortlich dafür, *wie* das gesprochene Wort über die Lautsprecher kam, aber *was* gesprochen wurde, bestimmte einzig und allein er. Bis auf den olympischen Eid, der stand fest. Wer den Eid für die Athleten sprechen sollte, stand irgendwann ebenfalls fest: Es war die Leichtathletin Heidi Schüller.

Bei den ersten Sprechproben im fertigen Stadion stellte sich heraus, dass bei normalem Sprechtempo ein vielfacher Echoeffekt entstand. Was auf den Betonrängen aus den Lautsprechern ankam, war unverständlicher Wortsalat. Es dauerte lange und war schwierig, das richtige Tempo zu finden. Die gesprochenen Sätze, manchmal nur Wörter, musste ich klar voneinander trennen, damit sie sich nicht überlappten. Diese Sprechweise erzeugte eine ungewöhnliche, theatralische Wirkung, gegen die ich mich zunächst wehrte, aber es gab keine andere Möglichkeit. Letztendlich meinte Willi Daume: »Das passt sehr gut zur Feierlichkeit des Augenblicks!«

So saß ich einen ganzen Tag lang mit der attraktiven Sprinterin Heidi Schüller vor dem Mikrofon und übte mit ihr diese Sprechweise für den olympischen Eid. Sie machte es hervorragend. Und zu Hause übte ich immer wieder den Beginn meiner Moderation, zur Einstimmung der Siebzigtausend im Stadion: die antike griechische Formel für »Ekecheiria«, den Gottesfrieden.

Natürlich war ein Jahr vor den Spielen der genaue Ablauf der Eröffnungsfeier noch nicht bekannt. Aber wie auch immer dieses Fest ablaufen würde, ich hatte die Idee, meine Aufgabe in drei Sprachen zu erfüllen: auf Deutsch, Englisch und Französisch. Englisch ging sehr gut, aber Französisch hatte ich nie gelernt. Also belegte ich kurzentschlossen einen Crashkurs an einer berühmten Sprachschule im schönen Nizza. Er sollte fünf Wochen dauern und war ganz auf den Zweck zugeschnitten, in meinem Fall also auf Sport.

Es war wie chinesische Folter. Sieben junge Damen waren im zweistündigen Wechsel bemüht, mir die Geheimnisse der französischen Sprache beizubringen. Vierzehn Stunden am Tag redeten sie auf mich ein, verbesserten, ließen mich nachsprechen, schüttelten manchmal den Kopf, versuchten mich bei meiner Ehre zu packen. Es war mir verboten, auch nur ein einziges Wort in meiner Muttersprache zu Hilfe zu nehmen, es war verboten, auch wenn es überhaupt nicht mehr weiterging, ein Wörterbuch zu Hilfe zu nehmen, ja nicht einmal mit meiner Frau durfte ich offiziell am Abend am Telefon Deutsch sprechen. Das hatte ich zwar unterschrieben, scherte mich aber den Teufel darum.

Irgendwann war ich mit den Nerven am Ende. Mitten im Unterricht platzte mir der Kragen, ich fing an, unflätig auf Deutsch zu fluchen und meine Lehrerin, die mich mit schreckgeweiteten Augen anstarrte, zu beschimpfen. Als mir klar wurde, dass sie kein Wort verstand, wurde ich noch wütender, und es fiel mir nichts Dümmeres ein, als den kleinen Tisch, auf dem die Hefte und Bücher und andere Zeugnisse meiner sehr beschränkten Begabung für diese wundervolle Sprache lagen, zu packen und umzuwerfen, einschließlich Mikrofon und Aufnahmegerät. Nach dieser Demonstration männlicher Hilflosigkeit verließ ich den Raum, diese Folterzelle, und sorgte dafür, dass die Tür unsanft ins Schloss knallte.

Am Tag der Verabschiedung gab es eine Feier, eine sehr lustige Feier, bis zu dem Moment, da ein Tonaufnahmegerät auf den kerzenbeleuchteten Tisch gestellt wurde. Dann hielt die Leiterin der Schule eine kleine, launige Rede, während der die Kolleginnen schon anfingen zu glucksen. Dass sich ihre Blicke dabei auf mich richteten, ließ mich Böses ahnen.

Die Leiterin drückte auf den Knopf, und klar und deutlich vernahmen alle die letzte Minute des Unterrichts, bevor ich meinen Anfall bekam. Plötzlich hörte mein französisches Gestammel auf und ging nahtlos in flüssiges Deutsch über.

»Jetzt langt's!«, war da zu hören. »Und du blöde Kuh kannst mich mal – ich hab die Schnauze voll – macht euren Dreck allein weiter – ich geh nach Hause. Ihr habt hier doch nicht mehr alle Tassen im Schrank – das hält ja kein Schwein aus!«

Eine Tür fiel krachend ins Schloss. Dann war Stille. Und genau die Lehrerin, der ich diese Szene geliefert hatte und die angeblich kein Wort verstanden hatte, begann jetzt zu applaudieren, wobei sie mich freundlich anlächelte und in perfektem Deutsch sagte: »Herr Fuchsberger, das war eine meiner interessantesten Unterrichtsstunden hier im Institut!«

Zurück in München, erstattete ich Willi Daume Bericht.

»Ich glaube, ich kann meinen Job in drei Sprachen machen!«, verkündete ich nicht ohne Stolz.

Der Präsident sah mich an, atmete tief durch und sagte dann: »Haben Sie schon mal die Satzung des IOC gelesen?«

Ich hatte nicht.

»Da steht klar und deutlich, dass der offizielle Sprecher ausschließlich in der Sprache der gastgebenden Stadt sprechen darf!«

Wie ein geprügelter Hund schlich ich von dannen. Die ganze Schinderei war umsonst gewesen. Daume muss Mitleid mit mir gehabt haben. Bevor ich das Zimmer verließ, sagte er: »Aber vielleicht könnten Sie vor Beginn des offiziellen Teils den Leuten was erzählen. Ein paar interessante Einzelheiten über die Organisation, ein bisschen was Menschliches. Dabei können Sie ja zeigen, was Sie in Nizza gelernt haben.«

Endlich war es so weit. Der 26. August des Jahres 1972 war ein strahlender Tag. Seit zwei Stunden saß ich in der gläsernen Sprecherkabine unter dem gewaltigen Zeltdach. Jetzt hatte ich siebzigtausend Zuschauer vor mir und erzählte ihnen in drei Sprachen, wie viele Brötchen jeden Tag für das olympische Dorf gebacken wurden, und wie viele Eier die Hühner legen mussten, bevor sie ihr Leben für Suppe oder gebraten auf dem Teller lassen mussten. Das kam an.

Dann wurde es ernst. Über die Kopfhörer kamen die Anweisungen aus allen Richtungen. Die Musik im Stadion wurde langsam ausgeblendet. Die vielen Menschen im ausverkauften Stadion und über eine Milliarde an Rundfunkgeräten und Fernsehschirmen weltweit warteten auf den Beginn der Spiele der XX. Olympiade 1972 in München.

Leise, unhörbar fast, begann eine Stimme einen Ton zu singen. Dieser Ton, der wie ein Gebet klang, wurde von einem mehrstimmigen Chor aufgenommen. Nach einem Crescendo brach er plötzlich ab. In die bewegte Stille hinein ertönten die Worte:

Haltet fest an dem alten Brauch –
Bewahrt Euer Land –
Vom Kriege haltet Euch fern
Und gebt ein Zeichen der Welt
für brüderliche Freundschaft,
Wenn die Zeit der vierjährigen Spiele
herannaht.

Die Stimme wackelte nicht. Das Sprechtempo war genau richtig. Nach wenigen Minuten wusste ich, dass ich da oben in meiner Glaskanzel gerade den Höhepunkt meines fünfundvierzigjährigen Lebens feiern durfte. Ein unbeschreibliches Glücksgefühl überkam mich – um mich herum erging es wohl allen so. Wir strahlten uns an, hoben die Daumen: Wir haben es geschafft!

Das Konzept der »heiteren Spiele« funktionierte. Eine Woge von Farben leuchtete von den Rängen im Stadion, und laute Begeisterung dröhnte in den blauen Himmel über der geputzten Isarmetropole.

Die Musik des Orchesters Kurt Edelhagen versetzte die Zuschauer vom ersten Augenblick an in eine Art Euphorie. Erkannten sie eine Melodie, sangen sie mit. Vierunddreißig Jahre später erinnerte mich die Stimmung während der Fußballweltmeisterschaft im Jahr 2006 wieder stark an die Atmosphäre der Spiele von 1972.

Eine Nation nach der anderen wurde begeistert begrüßt, marschierte salutierend und winkend an der Ehrentribüne vorbei, fand ihren Platz auf dem kurz geschnittenen, in der Sonne grün leuchtenden Rasen. Vergessen waren alle Ängste und Bedenken, vergessen waren die Sicherheitsmaßnahmen, alle waren in einem Glückstaumel. Fröhliche Kinder in bunten Kleidern säumten das Oval, keine martialischen Figuren in Uniformen oder gar mit Waffen waren zu sehen. Ein Orkan der Begeisterung brach los, als der letzte Fackelträger, der neunzehnjährige Günther Zahn, unter Sphärenklängen und anschwellendem Wirbel der dicht aneinandergereihten Pauken auf der Tartanbahn zu der steilen Treppe in der Mitte der Gegengeraden lief, das olympische Feuer hinauftrug und die Flammenschale entzündete.

Die obligatorischen Tauben, fünftausend an der Zahl, wurden aus den Körben entlassen, stiegen in die Luft, kreisten über dem Stadion. Einige fanden den Weg nicht unter dem Dach heraus in den Himmel, flatterten hektisch über den Köpfen der Zuschauer und setzten sich schließlich verstört auf die Stützen des Zeltdachs.

Feierlich trugen die acht Goldruderer von Mexiko die weiße olympische Fahne durch das weite Rund – und irgendwann sprach Bundespräsident Gustav Heinemann die kurze, vom IOC vorgeschriebene Formel: »Ich erkläre die Olympischen Spiele München 1972 zur Feier der XX. Olympiade der Neuzeit für eröffnet!«

Wir lagen uns in den Armen, besoffen vor Glück. Es war geschafft. Wir tanzten auch ohne Sekt in der Glaskabine unter dem Dach. Es war nichts passiert! Die Spiele von München standen unter einem guten Stern. Wir waren sicher, dass wir schon mit der Eröffnungsfeier erreicht hatten, was alle IOC-Präsidenten den gastgebenden Städten und den Organisatoren bei der Schlussfeier zuriefen: »*Thank you all for the best games ever!*«

5. September 1972, morgens gegen 4 Uhr. Unbemerkt kletterten acht Terroristen über den unbewachten Zaun des olympischen Dorfes. Was danach geschah, ist so oft und so unterschiedlich geschildert worden, dass es viele Versionen über die Katastrophe gibt, die an diesem Tag über die »heiteren Spiele« von München hereinbrach. Ich will keine neue hinzufügen, sondern über diesen schwarzen Tag nur so berichten, wie ich ihn erlebt habe.

Am Vormittag des 5. September fuhr ich am Kontrolleingang des Stadions vor. Um 10 Uhr war die Probe für die Abschlussfeier angesetzt.

Bisher war ich es gewohnt, mit einem fröhlichen Winken am

Wachmann vorbeizufahren und mir irgendwo auf dem Gelände einen Parkplatz zu suchen. Nicht an diesem Tag. Plötzlich war da bewaffneter Bundesgrenzschutz und kontrollierte jeden, der rein oder raus wollte. Was ich hörte, wollte ich nicht glauben: Es hieß, Mitglieder der palästinensischen Terrororganisation »Schwarzer September« hätten das Quartier der israelischen Athleten im Dorf überfallen und Geiseln genommen. Zwei der Geiseln seien erschossen worden.

An die dreitausend Tänzer warteten pünktlich um 10 Uhr auf der Tartanbahn darauf, dass ihnen der Regisseur, Professor August Everding, damals Generalintendant der Münchner Staatstheater, über Funk mitteilte, wie sie sich im Tanz drehen sollten. Für Mitteilungen über Mikrofon an alle im Stadion war ich zuständig. Beide wurden wir angewiesen, ständig in der Leitung des Krisenstabs auf Empfang zu bleiben.

Nur sehr wenig drang aus dem olympischen Dorf bis zu uns ins Stadion. Wir bekamen lediglich mit, dass sich sehr viele wichtige Leute darum bemühten, das Geschehen in den Griff zu bekommen. Da war der eigentlich Zuständige, Polizeipräsident Dr. Manfred Schreiber, da war Bundesinnenminister Hans-Dietrich Genscher, da war der bayerische Innenminister Bruno Merk, auch Ministerpräsident Franz Josef Strauß meldete sich zu Wort. Den ganzen Tag über versuchten alle, mit den mit Kapuzen verhüllten Terroristen zu verhandeln und die Geiseln freizubekommen. Vergeblich.

Da drüben im Dorf ging es offenbar um Leben und Tod, im Stadion wurde zu fröhlicher Musik und Peitschengeknall getanzt, bis in den Abend hinein. Als es zu dämmern begann, erhielten wir die Anweisung, auf Kommando die Lichter aller vier Flutlichtmasten zu löschen. Die Geiselnehmer hätten verlangt, dass man sie mitsamt den Geiseln in Hubschraubern ausfliege, zu einer Lufthansa-Maschine, die auf einem der Militärflugplätze im Raum München, entweder Fürstenfeldbruck oder Neubiberg, bereitgestellt werden sollte. Von dort wollten sie die

Bundesrepublik Deutschland mit unbekanntem Ziel unbehelligt verlassen.

Als der Befehl zum Löschen der Flutlichter schließlich kam, war es stockdunkle Nacht. Die Schutzschalter der Scheinwerferkombinationen an der Spitze der Masten erzeugten beim schnellen Löschen ein infernalisches Geräusch. Es klang wie Maschinengewehrfeuer. Danach war es still im Stadion. Natürlich wussten inzwischen alle, die da unten auf Fröhlichkeit machten, was geschehen war. Jetzt standen sie im Dunkeln und hörten auf die anschwellenden Motorengeräusche der im Dorf startenden Hubschrauber.

Everding und ich saßen am höchsten Punkt im Stadion und sahen als Erste die Lichter der Helikopter hinter der Silhouette der Häuser auftauchen. Langsam flogen sie an uns vorbei, verschwanden in der Dunkelheit. Wohin? Was mochte sich in diesem Augenblick an Bord der Hubschrauber abspielen?

Das NOK, die Stadt, das Land Bayern, die Bundesrepublik Deutschland und die Menschen in aller Welt diskutierten seit den frühen Morgenstunden, ob die Spiele nach dem ungeheuerlichen Geschehen weitergehen oder abgebrochen werden sollten. Die Meinungen gingen heftig auseinander. Die einen vertraten die Ansicht, dass die Spiele aus Gründen der Pietät abgebrochen werden müssten. Die Gegenmeinung war, dass man sich den Terroristen nicht beugen dürfe.

Auch wir, der enge Kreis der Organisatoren für die Eröffnungs- und Schlussfeier, diskutierten diese Frage und kamen zur einhelligen Meinung, dass die Spiele nicht abgebrochen werden sollten.

Um 15.38 Uhr wurden die Spiele der XX. Olympiade 1972 in München offiziell unterbrochen. Wann sie weitergehen würden, wusste zur Stunde niemand. Es stand lediglich fest, dass am folgenden Mittwoch, dem 6. September, um 10 Uhr mit einer Trauerfeier im Olympiastadion der Opfer gedacht werden sollte.

Nachdem die Hubschrauber mit den Terroristen und ihren Geiseln ausgeflogen waren, sagte Everding auch den restlichen Probengang im Stadion für diesen Abend ab. Ich ging ins Büro des NOK in der Saarstraße. Dort herrschte vollständige Ungewissheit über das, was nun passieren würde. Daume war auf einer Geheimsitzung mit IOC-Präsident Avery Brundage und den anderen Offiziellen im Hotel »Vier Jahreszeiten«. Es gab eine Funkverbindung nach Fürstenfeldbruck, wo die Hubschrauber inzwischen gelandet waren. Die widersprüchlichsten Meldungen jagten einander und verunsicherten alle noch mehr, die ohnehin schon wie wild gewordene Hummeln herumsausten.

In diesem Chaos kam es dann, spät am Abend, zu einer der schlimmsten Falschmeldungen in diesem Drama. Olympia-Pressesprecher Hans (Johnny) Klein verkündete vor der versammelten Presse die Nachricht, die über eine Presseagentur verbreitet wurde: Alle Geiseln seien unverletzt befreit worden und in Sicherheit.

Der Jubel war unbeschreiblich. Für einen Augenblick atmete die Welt auf – aber nur für einen Augenblick. Ich rief Gundel an, um ihr zu sagen, dass ich nach Hause käme. Wir waren glücklich.

In diesem Moment kam über Funk die Nachricht, dass auf zwei Terroristen, die die Lufthansa-Maschine kontrollierten, das Feuer eröffnet worden sei. Die Scharfschützen waren jedoch ungünstig positioniert, abgesehen davon, dass sie im gezielten Feuer auf Menschen völlig ungeübt waren. Die Folgen dieser Panikentscheidung waren entsetzlich. Die überlebenden Terroristen zündeten Handgranaten und warfen sie in die Helikopter, in denen die immer noch gefesselten Geiseln auf ihren Sitzen kauerten. Am Ende des lang anhaltenden Feuergefechts lagen sechzehn Menschen tot in ihrem Blut. Fünf Terroristen, zehn Geiseln und ein Münchner Polizist.

Schuldzuweisungen hat es viele gegeben, doch eines war auch für Außenstehende erkennbar: Was da über die Spiele in

München hereingebrochen war, war so ungeheuerlich, dass niemand, wirklich niemand diesem Verbrechen bisher unbekannter Dimension gewachsen war oder gar die Übersicht über das Geschehen hätte behalten können. Jeder versuchte sein Möglichstes – mit unzureichenden Mitteln und ohne Erfahrung auf dem jungen Gebiet des Terrorismus.

Nach einer durchwachten Nacht war ich gegen 8.30 Uhr des 6. September im Stadion, um mich auf die für 10 Uhr angesetzte Trauerfeier vorzubereiten, ohne jede Ahnung, was ich zu sagen oder zu tun hatte. Im VIP-Bereich lief ich von einem Ende zum anderen hin und her, um endlich jemanden zu treffen, der mir sagen konnte, was geschehen sollte. Endlich kam Willi Daume. Er schüttelte den Kopf, nahm mich väterlich an den Schultern.

»Blacky, heute Nacht hat man uns die Seele aus dem Leib geschossen.«

»Was soll ich sagen, wenn die Feier beginnt?«

»Ich weiß es nicht. Der IOC-Präsident hat sich jede Entscheidung vorbehalten.«

»Sind Sie einverstanden, dass ich kommentiere, was ich sehe?«

»Ja.«

Nie zuvor habe ich einen so mächtigen Mann so traurig gesehen. Sein Lebenswerk lag in Trümmern, er war vom Olymp ungebremst in den Orkus gestürzt.

Der Weg aus dem VIP-Bereich über die steilen Betonstufen bis unter das Zeltdach war mühsam und dauerte eine gute Viertelstunde. Inzwischen war es 9.40 Uhr. Auf dem Rasen waren alle versammelt, die den Opfern die letzte Ehre erweisen wollten. In der Nacht hatte man eine Bühne für zwei große Orchester errichtet, die den musikalischen Rahmen der Trauerfeier gestalteten.

Von oben aus der Glaskanzel konnte ich nur schwer erkennen, wer unter den Trauergästen auf dem Rasen und auf der Ehrentribüne war. Stand jemand auf und begab sich ans Mikrofon, versuchte ich, denjenigen zu identifizieren, und sagte ihn an. Der letzte Redner war IOC-Präsident Avery Brundage. Es dauerte lange, bis er den entscheidenden Satz sagte: »*The games must go on!*« – Die Spiele müssen weitergehen.

Die Spiele gingen weiter, aber es waren nicht mehr die heiteren Spiele. Die Jubelstürme für die Goldmedaillen unserer Heide Rosendahl, des Speerwerfers Klaus Wolfermann und der erst sechzehnjährigen Ulrike Meyfarth waren noch in aller Ohren. Ulrike Meyfarth hatte noch am Abend des 4. September mit einer Höhe von 1,92 Metern nicht nur die Goldmedaille, sondern auch den Weltrekord im Hochsprung für Deutschland errungen und die Zuschauer in einen Taumel der Begeisterung versetzt. In der Nacht brach das Unheil über den Traum von den heiteren Spielen herein.

Die Spiele gingen weiter, das schon. Aber über allem lag nun ein Schleier der Trauer und der Angst vor weiteren Attentaten. Natürlich gab es irgendwelche idiotischen Trittbrett-Möchtegern-Attentäter, Wichtigtuer, die mit anonymen Anrufen nicht nur Schrecken, sondern jedes Mal auch umfangreiche Aktivitäten provozierten.

Das ging so bis zum Tag der Schlussfeier, von der keiner so recht wusste, ob sie nur tragisch-traurig, halb traurig, halb heiter-traurig oder wie werden sollte. Die Meinungen prallten heftig aufeinander. Es gab auch Stimmen, die forderten, dass die Schlussfeier ganz ausfallen solle. Das ging schon allein deshalb nicht, weil ja die Insignien für die nächsten Spiele an Montreal übergeben werden mussten.

Endlich hatten alle Beteiligten einen Kompromiss ausgehandelt, und die Schlussfeier begann, wie die Eröffnungsfeier, mit meiner Stimme: »Die Spiele der XX. Olympiade 1972 in München haben heiter begonnen – sie enden ernst!«

Selbst die Farben der Trachtler schienen grauer als bei der Eröffnung. Eigentlich hatten wir alle ein ungutes Gefühl bei dieser Veranstaltung. Würden noch einmal irgendwelche Wahnsinnigen versuchen, ihre Botschaft auf ähnlich grausame Weise in die Welt zu schießen?

Ein Programmpunkt nach dem anderen lief ohne Zwischenfall ab. Was ich zu sagen hatte, war knapp und im Ton der Situation angemessen. Einer der Höhepunkte sollte das Einholen der olympischen Fahne werden. Die acht Goldmedaillenruderer vom Mexiko-Achter, die die Fahne gebracht hatten, sollten sie nun wieder aus dem Stadion tragen.

Ein einziger Spot sollte die Fahne am Mast auf ihrem Weg nach unten begleiten. Dazu mussten alle Flutlichter gelöscht werden.

Wie wir bereits von den Proben wussten, war das Löschen der Flutlichtmasten mit einem Geräusch verbunden, das wie Feuerstöße aus einem Maschinengewehr klang. Es war also unerlässlich, dass ich die über siebzigtausend Zuschauer im Stadion darauf vorbereitete.

»Meine Damen und Herren! Die olympische Fahne wird nun eingeholt und von unseren acht Goldmedaillengewinnern aus dem Stadion getragen. Dazu werden wir alle Flutlichter löschen und die Fahne nur mit einem Scheinwerfer begleiten. Die Schutzschalter der Flutlichtmasten erzeugen beim Abschalten ein Geräusch wie von Maschinengewehren. Bitte erschrecken Sie nicht!«

Es war ein bewegender Augenblick, als die olympische Fahne von den acht Ruderern durch das Marathontor getragen wurde, wo sie den Blicken der Zuschauer im Stadion und der Millionen an den Bildschirmen entschwand.

Irgendwann anschließend gab es eine seltsame Unruhe im Bereich der Ehrentribüne, die ich mir nicht erklären konnte. Links und rechts außerhalb meiner Sprecherkabine nahmen Uniformierte und Zivilisten Telefone von den Gabeln, hörten einen Moment zu und sahen sich danach erschrocken und ratlos an. Ich hatte keine Ahnung, was da vor sich ging. Etwas sehr Ernstes musste es wohl sein. Hektische Aktivität war auf allen Plätzen zu spüren.

Auf der Ehrentribüne erschienen die in dezentes Blau gekleideten Sicherheits- und Polizeibeamten und forderten offensichtlich die Ehrengäste und deren Begleitungen auf, die Tribüne zu
verlassen. Dabei drängten sie eindeutig zur Eile. Dass ich nicht
wusste, was da gespielt wurde, machte mich höchst nervös. Außerdem saßen meine Frau und unser Sohn direkt neben dem
Ehrengastbereich. Wenn schon alle VIPs abgezogen wurden, bestand vielleicht eine Gefahr, der ich meine Familie auch nicht
ausgesetzt wissen wollte.

Aus den Augenwinkeln sah ich, dass August Everding, der
links vor mir saß, von seinem Regiepult aufstand und sich mir
zuwandte. In der Hand hielt er ein Stück Papier, mit dem er we-
delte und das er ein paar Sekunden später an die Glasscheibe der
Kabine hielt. Ich las: »Zwei nicht identifizierte Flugobjekte im
Anflug auf das Stadion – möglicherweise Bombenabwurf –, sag,
was du für richtig hältst!« Das Papier war gezeichnet mit den
Initialen MS – Manfred Schreiber.

Jetzt brauchte ich Beistand. Als Erstes öffnete ich die Tür zu
meiner Kabine, die von innen immer verschlossen sein musste,
damit kein Unberechtigter Zutritt zum Sprecher oder zum Mikrofon hatte, und bat Everding herein. Was sollte ich tun? Von
anderen Ereignissen im Sport war mir bekannt, wozu Menschen
in der Lage sind, wenn sie vor Freude außer sich geraten und
nicht mehr wissen, was sie tun. Was würde die Folge sein, wenn
ich nach allem, was geschehen war, jetzt durchgeben würde:
»Meine Damen und Herren, bitte verlassen Sie so schnell wie
möglich das Stadion, aber behalten Sie Ruhe!«

Ich wusste, dass die Tore des Olympiastadions wegen des Zu-
schauerandrangs geschlossen worden waren und nicht so schnell
geöffnet werden konnten. Außerdem standen immer noch Tausende draußen, die keinen Einlass mehr gefunden hatten. Die
Vorstellung allein war schrecklich. Nach einer solchen Durchsage
würde möglicherweise eine Panik ausbrechen, die Menschen
würden sich gegenseitig tottrampeln.

»Was würdest du mir raten?«, fragte ich August Everding.
Er sah mich an und schüttelte den Kopf.

»Ich nehme an, ich würde nichts sagen!«, antwortete er.

Wir hatten keine Zeit, diese alles entscheidende Frage ausführlich zu diskutieren. Das Leben unzähliger Menschen stand auf dem Spiel. Trotzdem rasten mir Gedanken durch den Kopf: Mache ich eine Durchsage, verursache ich eine Panik, und wenn die angekündigten Flugzeuge dann doch nicht kommen, bin ich mitverantwortlich, wenn es dabei Tote gibt. Mache ich keine Durchsage, und die Angreifer kommen und werfen Bomben, bin ich dann auch verantwortlich, weil ich die Menschen nicht gewarnt habe?

Keine Ahnung mehr, wie lange ich für die Entscheidung brauchte. Everding machte mir Mut und unterstützte meinen Entschluss, keine Durchsage zu machen. Fragen Sie mich nicht, was mein Motiv war, so zu handeln. Vielleicht war es Feigheit, vielleicht die Hoffnung, dass nicht sein konnte, was nicht sein durfte.

»Geh zurück an deinen Regieplatz«, sagte ich zu Everding, »und danke für deine Hilfe!«

»Ich bleibe jetzt neben dir sitzen, und wenn sie kommen und Bomben schmeißen, fliegen wir beide hier oben als Erste in die Luft.«

Was um uns herum geschah, entzog sich unserer Kenntnis. Die Ehrenloge war fast leer. Warum dieser Vorgang keine Reaktionen unter den Zuschauern hervorrief, ist mir bis heute nicht klar. Die Räumung der Ehrentribüne konnte ja von allen beobachtet werden. Aus aufgeregten Telefongesprächen hörten wir durch die offene Tür von nebenan, dass Verteidigungsminister Georg Leber auf der Hardthöhe in Bonn den sofortigen Einsatz einer Nachtjägerstaffel von Starfightern angeordnet hatte, um den Luftraum über dem Stadion zu sichern.

Da unten auf der Bahn und auf dem Rasen lief währenddessen die gedämpfte Show der Schlussfeier weiter. Keiner der vielen tausend Mitwirkenden wusste etwas von unserer Not da oben im Glaskasten. Everding und ich saßen einfach da und warteten, was nun passieren würde. Und plötzlich tat es einen Schlag. Wir duckten uns und hofften, dass wir zusammen mit den siebzigtausend Zuschauern glimpflich davonkommen würden. Aber es waren nur zwei Starfighter, die im Tiefflug über das Stadion hinwegdonnerten. Viele Zuschauer hielten das wohl für einen geplanten Programmpunkt.

Die beiden unbekannten Flugobjekte erwiesen sich später als harmlose Luftverkehrsteilnehmer, die sich geringfügig verflogen hatten und in die sogenannte ADIZ (Air Defense Identification Zone) eingedrungen waren und damit den Alarm ausgelöst hatten.

Das Ende der Spiele der XX. Olympiade war da, die Fahne war an den Bürgermeister von Montreal übergeben. Avery Brundage, dessen letzte Amtshandlung bei seinen letzten Spielen als IOC-Präsident – der Ruf an die Jugend der Welt, sich in vier Jahren in Montreal zur Feier der XXI. Olympiade wieder zu treffen – sehr emotional geriet, beschloss die Spiele in München. Viele der Athleten, die sich im Stadion versammelt hatten, ließen es sich nicht nehmen, beim Auszug doch noch zu tanzen und wenigstens für diesen Augenblick zu vergessen, dass München sicher als das tragischste Ereignis in die Geschichte der Olympischen Spiele eingehen würde.

In diesem traurigen Augenblick, da sich die Tore des Olympiastadions schlossen, konnte ich nicht ahnen, dass ich achtundzwanzig Jahre später in einem neuen Olympiastadion, auf der anderen Seite der Erde, meinen Landsleuten als Kokommentator über eine Eröffnungsfeier berichten würde.

SEID UMSCHLUNGEN, MILLIONEN

»Was machen Sie eigentlich am liebsten? Fernsehen, Film oder Theater?«

Diese Frage kommt immer wieder, und ich gebe immer die gleiche Antwort: »Fragen Sie einen Vater von drei Kindern, welches er am liebsten hat?«

Natürlich sind es drei verschiedene Dinge, obwohl man immer das Gleiche tut, nämlich »schauspielern«. Aber man tut es auf verschiedene Weise. Die unterschiedlichen Formate verlangen unterschiedliche Darstellungen, besonders auf der Bühne. Damit auch der Zuschauer in der letzten Reihe so viel wie möglich von dem mitbekommt, womit sich die Mimen da oben abquälen, bedarf es großer Gesten, lauter Sprache und eines gewissen Sprechrhythmus. Trotzdem kommt es immer wieder vor, dass bei leiseren Szenen Unruhe im Parkett oder auf dem Rang entsteht, und manchmal fordert ein Zuschauer auch ungeniert, dass wir lauter sprechen sollen. Das liebe ich besonders. Auch andere, manchmal recht unbekümmerte Lautabsonderungen aus dem Zuschauerraum wie Husten, Räuspern oder Niesen sind höchst unwillkommene Störungen, die den Fluss einer Vorstellung beeinträchtigen können. Und trotzdem, nichts in unserem Beruf ist so stimulierend wie der direkte Kontakt mit den Zuschauern und deren Reaktionen auf das, was da oben auf der Bühne geschieht.

In einem Filmatelier herrschen völlig andere Gesetze. Die Abfolge der Szenen richtet sich nach den Dekorationen, die in riesigen Hallen aufgebaut sind. Je mehr Platz diese Dekos einnehmen, desto schneller versucht der Regisseur, alle Szenen dort abzudrehen, um Platz für neue Dekorationen zu schaffen. Das bedeutet für die Schauspieler, dass sie oft mit dem Ende der zu spielenden Geschichte beginnen und mit dem Anfang aufhören müssen. Oder wir spielen eine Szene in einem Zimmer, die sich außerhalb dieser Dekoration fortsetzt, aber erst nach einigen Tagen oder Wochen. Das erfordert die Gabe, sich emotional in die Szene zurückzuversetzen. Kinofilm ist ein Mosaik, zusammengesetzt aus vielen einzelnen Teilchen, die später im Schneideraum zu einer fortlaufenden Handlung montiert werden.

Es ist schon so, dass man mitten in einem Spielfilm manchmal denkt: Warum tue ich mir das an? Die zerrissenen Szenen, vielleicht mit einem Regisseur, den man auch nicht für das Gelbe vom Ei hält, in einem Film, dessen Drehbuch einen nur teilweise begeistert oder nicht mal das. Dann kommt das Werk nach einem halben Jahr oder noch später in die Kinos, zu einer Zeit, wo sich niemand für das Thema des Films interessiert, weil aktuelle Ereignisse mehr Aufmerksamkeit erregen. Schuld am Misserfolg sind dann natürlich immer die Hauptdarsteller, und sie werden dafür bestraft, indem man sie nicht mehr engagiert. Kaum ein Spruch in der Filmbranche ist so wahr wie der: »Du bist immer nur so gut wie dein letzter Film!« Womit natürlich gemeint ist, wie viel er eingespielt hat. Es kann der größte Mist sein – Hauptsache, er macht an der Kasse Kohle.

In einer Fernsehshow weiß man gleich, woran man ist, vorausgesetzt, es ist eine Liveshow. Und davon habe ich ein paar Hundert abgeliefert. Aber das bedeutet höchsten Stress. Beim Kinofilm habe ich es viel einfacher. Da gibt es ein Drehbuch mit Gags, von denen man hofft, dass sie gut sind, und die Verantwortung verteilt sich auf viele Schultern.

Ich hatte das große Glück, bei meinen *Auf los geht's los*-Sendungen beim Südwestfunk ein Team und einen Regisseur zu haben, wie man sie sich besser nicht wünschen kann. Dr. Dieter Pröttel, von der ersten Sendung an mein Wunschregisseur, hat mir in den vielen Jahren der Samstagabend-Livesendungen ein Gefühl der absoluten Sicherheit gegeben. Was immer auch passierte, bis zum totalen Stromausfall wenige Minuten vor einer Eurovisionssendung, er verlor nie die Fassung, hatte immer einen lockeren Spruch auf der Zunge. Als wirklicher Profi nahm er das Ganze nie ernster, als es wirklich war. Andererseits war er unbeugsam in puncto Qualität. Jeder im Studio wusste, dass man ihm kein X für ein U vormachen konnte, dass er immer wusste, wovon er sprach. Unproduktives Herumgerede gab es nicht, es wurde konzentriert gearbeitet. Es war ungeschriebenes Gesetz: Bevor wir am Donnerstag mit den Proben für eine Show am Samstagabend anfingen, gab es in der Halle für das gesamte Team einen Umtrunk, meist Wein und Brezeln. Dieter Pröttel sagte ein paar Worte, dann bat ich den ganzen Haufen um Unterstützung für die nächste Sendung. Jeder Einzelne, der an der Millionenshow beteiligt war, gab sein Bestes, jeder war gleich wichtig, egal an welcher Position. In mehr als hundert Shows gingen wir füreinander durchs Feuer.

Die Redaktion, Dieter Pröttel, mein Berater Eckhart Schmidt und ich waren ständig auf der Suche nach neuen Elementen für die Show, um sie interessant und lebendig zu halten und nicht in Routine zu erstarren. Weltstars zu bekommen war anfangs sehr schwer, schlicht und einfach, weil sie unbezahlbar waren. Und ihnen die Gelegenheit zu geben, für sich und ihr neues Produkt, ein Buch, eine Schallplatte, einen Film zu werben, war nicht nur verpönt, sondern schlicht unerwünscht. Wir waren so ziemlich die Ersten, die damit anfingen, sich darüber hinwegzusetzen.

Man staunte, als ich nach und nach Berühmtheiten wie Sean Connery, Barbra Streisand, Alain Delon, Robert De Niro, Peter Fonda und viele andere präsentierte. Sie kamen nicht für unerschwingliche Gagen, sondern dafür, dass sie zeigen konnten, was sie der Welt zu bieten hatten. Die Streisand hatte gerade ihren Film *Yentl* produziert, für den sie auf einen Golden Globe oder die Nominierung für einen Oscar hoffte. Beide Auszeichnungen für den Film blieben ihr versagt, entsprechend groß war ihre Bereitschaft, alles für die Promotion zu tun. Wir waren hin und weg, als ihre Zusage kam. Für mich war es schon lange ein Wunschtraum gewesen, die Streisand mit ihrer Musik und ihrer Stimme in meiner Show zu haben.

Irgendwann in einer Mittagspause klopfte es an der Tür meiner Hotelsuite. Vielleicht war es der Page mit Autogrammwünschen, die an der Rezeption abgegeben worden waren? Ich öffnete und erstarrte. Vor mir stand Barbra Streisand, hinter ihr zwei Türme von Bodyguards.

»*I'm Barbra Streisand*«, sagte sie und lächelte mich an.

Sie hätte sich nun wirklich nicht vorzustellen brauchen. Ich bat sie herein.

Es ging darum, dass sie jetzt gleich in der Halle einen Licht- und Soundcheck machen wollte. Das Team machte aber gerade Mittagspause.

»Ich möchte nur sehen, wo die Scheinwerfer für mich hängen«, erklärte sie. »Wissen Sie, mit einer Nase wie meiner ist man nie zufrieden!« Dabei deutete sie auf ihr wirklich überentwickeltes Riechorgan.

Als ich mit »der Streisand« die Halle betrat, wurde es einen Moment lang ganz still, dann fing irgendeiner von meinen hundertzwanzig Leuten an zu klatschen, ein paar anerkennende Pfiffe kamen auch. Die Streisand lachte.

»Sie wissen, dass ich in Ihrer Show nicht singen werde?«

»Ja, leider. Aber der Regisseur hat eine Idee, die Ihnen hoffentlich gefällt.«

Sie sah mich schräg von der Seite an.

»Wir wollen ihr Lied ›Pappa‹ aus dem Film zuspielen und Sie dabei mit mehreren Kameras in verschiedenen Einstellungen beobachten.«

Jetzt war ich in Gefahr. Ich hatte eine Idee Dieter Pröttels ausgeplaudert. Wenn sie ihr aus unerfindlichen Gründen nicht gefallen sollte, wäre sie verdorben.

»*That is wonderful!*«, sagte die Streisand nur. Den Stein, der mir vom Herzen fiel, hörte sie nicht.

Mit Licht und Ton war sie zufrieden und zeigte es auch. Wieder einmal machte ich die Erfahrung: Je größer der Star, desto professioneller war dessen Bereitschaft, auf unsere Vorschläge einzugehen. Problematisch war immer nur das Management. Die kamen oft mit grotesken Wünschen für ihre Schützlinge. Das ging von besonderen Einrichtungen der Garderoben über die Anzahl bereitstehender und gekühlter Champagnerflaschen bis hin zu Plakaten an allen Bäumen auf dem Weg des Stars vom Flughafen bis zur Halle und ähnliche Verrücktheiten.

Nicht selten kam es dabei zu einer Art Machtprobe mit den Agenten. Natürlich landete dieser Quatsch bei mir, nachdem ich auf dem Engagement bestanden hatte. »Das hast du nun davon«, stand oft in den Augen der gequälten Redakteure zu lesen.

Der Ausweg aus solchen Situationen war meist relativ einfach. Wenn es mir zu bunt wurde, stellte ich die Manager in der Dekoration für alle gut hörbar vor die Wahl: Entweder, sie kooperierten, oder wir würden den Auftritt aus dem Programm nehmen. Meist herrschte dann blankes Entsetzen, denn natürlich wussten die, wie wertvoll ein Auftritt in einer Liveshow vor zwanzig Millionen Zuschauern war. Zum Äußersten kam es daher nie.

Die Show entwickelte sich geradezu zu einer Kultsendung und hatte die höchsten Einschaltquoten. Aber immer schielten wir natürlich auf die anderen großen Samstagabend-Sendungen, wie zum Beispiel Hans-Joachim Kulenkampffs großartige Show *Einer wird gewinnen*. Worum ich ihn beneidete, war sein Butler Martin am Schluss jeder Sendung. Kulenkampff wollte damit den unerwünschten Unfehlbarkeitseffekt des Showmasters abschaffen. Die Idee einfach zu klauen ging nicht, obwohl das in dieser Branche nichts Ungewöhnliches ist. Wir mussten uns also etwas Eigenes einfallen lassen, etwas Spektakuläres.

Die Idee dazu kam meiner Redakteurin Helga Thiedemann

und mir bei einem Besuch in Hollywood. Die vier siegreichen Kandidaten aus *Auf los geht's los* hatten eine Reise nach Amerika gewonnen, genauer gesagt, eine Einladung von Universal City, verbunden mit einem Besuch im Büro des großen Alfred Hitchcock. Das war wirklich etwas ganz Außergewöhnliches.

Der Besuch bei Universal City war schon aufregend genug. Wir sahen uns dem schrecklichen *Weißen Hai* von Zahn zu Zahn gegenüber, wir überschlugen uns im Bus in einer zu Tal rasenden Lawine, wir sanken mit einer zusammenbrechenden Brücke in die Tiefe, wir sahen, wie sich das Rote Meer teilte. Trotz dieser gewaltigen und perfekten Hollywood-Technik – der Clou war die Begegnung mit Alfred Hitchcock, der wir alle entgegenfieberten.

Der Meister residierte in einem eigenen Bungalow auf dem Gelände der Universal Studios. In seinem Vorzimmer harrten wir gespannt der Dinge, die da kommen würden. Zunächst kam seine Sekretärin, die auch schon aussah wie ein Filmstar.

»Mr. Hitchcock freut sich auf Ihren Besuch, er bereitet sich noch etwas vor!«

Dann beugte sie sich zu mir herunter und sagte leise: »Er wollte von mir wissen, ob Sie gut aussehen.«

»Was haben Sie ihm gesagt?«

Sie lächelte und ließ die Frage unbeantwortet.

Alfred Hitchcock bereitete sich auf unseren Besuch vor? Als wir ungefähr eine Stunde später in sein Arbeitszimmer geführt wurden, das eigentlich eher ein Saal war, wurde mir schlagartig klar, was damit gemeint war.

Scheinwerfer strahlten aus allen Ecken, Mikrofone waren an Galgen im riesigen Raum verteilt, die Fenster waren abgedunkelt. Hinter einem Schreibtisch von einer Größe, wie ich noch nie vorher einen gesehen hatte, saß die lebende Legende Hitchcock in perfektem Make-up und begrüßte uns in perfektem Deutsch.

»Willkommen in Hollywood und in Universal City. Ich hoffe, Sie hatten eine gute Reise!«

Dieser Mann überließ nichts, aber auch gar nichts dem Zufall. Er hatte seine eigene Kamera-Crew und seinen Oberbeleuchter an den Set gerufen, damit er im Deutschen Fernsehen optimal erscheinen würde.

Auf dem Schreibtisch war eine stattliche Anzahl Bücher aufgetürmt, mit den Titeln nach vorne, sodass wir sie gut lesen konnten. Es waren vornehmlich Geschichtsbücher über Deutschland, einige Bücher über die deutsche Kochkunst und Bücher über die verschiedenen deutschen Weinanbaugebiete. Und ohne lange zu »fremdeln«, fing der Meister an, über seine Zeit in Deutschland zu erzählen. Dabei erinnerte er sich an Namen von Beleuchtern im Bavaria-Studio ebenso klar wie an den Oberkellner im Hotel »Vier Jahreszeiten« in München und an den Wein, den der ihm serviert hatte. Sogar den Rechnungsbetrag für sein Dinner hatte er noch im Kopf!

Er interessierte sich für jeden meiner Kandidaten, wollte wissen, mit welcher Leistung sie die Reise über den Atlantik zu ihm gewonnen hatten, und von mir wollte er wissen, wie viele Filme ich gedreht hatte. Zu meiner größten Überraschung und Freude kannte er *08/15*, den er großartig fand.

Er schenkte uns eine ganze Stunde. Schließlich holte er aus einer Schublade seines Schreibtischs einen Stapel festes Papier, zeichnete sein berühmtes Konterfei mit einem Tuschestift und setzte seinen Namen darunter. Jeder von uns bekam solch ein wertvolles und persönliches Geschenk.

Am nächsten Tag hatte er für Helga Thiedemann und mich etwas ganz Besonderes arrangiert. Wir durften eine Insel besuchen, auf der berühmte »Tierpensionäre« ihr verdientes Gnadenbrot bekamen. Die Insel war eine Luxusherberge für »tierische Stars«, mit denen die Filmgesellschaften Millionen verdient hatten, für die »Lassies«, die »Furys«, die »Flippers« und was da sonst noch alles kreuchte und fleuchte.

Genau da kam uns die Idee, die bei *Auf los geht's los* wie eine Bombe einschlug. So wie Kulenkampff seinen Butler Martin hatte, so sollte es bei mir ein Affe sein, ein lustiger Schimpanse, der mir künftig am Ende jeder Sendung aus einem Brief, den er mir brachte, die Leviten lesen würde. In dem Brief sollten all meine Fehler und Unzulänglichkeiten während der Sendung aufgelistet und mit entsprechend frechen Kommentaren versehen sein. Schon auf dem Rückflug kugelten wir uns hoch über dem Atlantik vor Lachen, was wir mit dem Schimpansen alles anstellen würden. Das Problem würde nur sein, so ein Wundertier zu finden.

Über eine Tieragentur erfuhren wir, dass ein bekannter Dompteur und Angehöriger der berühmten Zirkusdynastie Althoff einen Tierpark unterhielt, in dem er Tiere für besondere Aufgaben trainierte. Also nichts wie hin. Wir trafen einen Mann, der genau wusste, was er wollte, und der genau wusste, was wir wollten. Nach zähem Ringen meinte er: »Ich glaube, ich hab da was für Sie. Charly, einen noch jungen, sehr umgänglichen Schimpansen. Ich habe schon eine Menge Arbeit und Geld in ihn investiert. Er hat seine Eigenheiten, ist sehr intelligent und sucht sich genau aus, zu wem er freundlich ist und wen er nicht mag.«

»Und wie finden Sie heraus, ob er mich mag?«

»Indem ich Sie jetzt zu ihm bringe und euch miteinander bekannt mache!«

Bei unserer Ankunft saß Charly in einer Ecke seines Käfigs und war mit einer Banane beschäftigt. Aber unsere Gegenwart schien ihn zu interessieren. Irgendwie konnte ich mich des Eindrucks nicht erwehren, dass er mir besonders oft und lange ins Gesicht sah. Ob die Grunzlaute Zustimmung oder Ablehnung bedeuteten, konnte auch Althoff nicht mit Sicherheit sagen.

»Um das festzustellen, müssen Sie rein zu ihm!«

»In den Käfig? Allein?«

Mir war etwas mulmig. Charly war doch um einiges größer als der kleine Berberaffe aus *Heißer Sand*.

Althoff lachte.

»Natürlich allein! Wenn ich mitgehe, konzentriert er sich auf mich. Er soll Sie beschnuppern. Ich bleibe in der Nähe, falls ihm etwas missfallen sollte. Dann kann er nämlich unangenehm werden.«

»Was heißt das?«

»Na ja, er beißt!«

Angesichts der Hauer, mit denen Charly gerade seine Banane zerlegte, beschlich mich ein höchst ungutes Gefühl.

Also versuchte ich erst einmal von außen mit ihm zu »kommunizieren«. Wiederholt rief ich leise seinen Namen und tat so, als ob wir uns schon lange kannten. Charly blieb beharrlich in seiner Ecke, drehte sich aber mit dem ganzen Körper in meine Richtung.

»Jetzt will er imponieren«, sagte Althoff. »Drehen Sie sich auch voll zu ihm, und sprechen Sie etwas lauter. Er muss Sie als ›Alpha-Affe‹ anerkennen! Er muss das Gefühl bekommen, dass Sie stärker sind als er!«

»Und wenn er das Gefühl nicht bekommt?«

»Dann haben wir mit Zitronen gehandelt!«

Als ich nun Charlys Namen lauter sprach und ihn dabei ständig fixierte, gab der Schimpanse ein paar Töne von sich, von denen Althoff behauptete, es seien erste Zeichen von Anerkennung und Zustimmung. Tatsächlich empfand ich diesen Augenblick als den Höhepunkt meiner Karriere.

Was aber würde geschehen, wenn jetzt die Käfigtür für mich einen Spalt geöffnet wurde und ich Charly gegenüberstehen würde – ohne Gitter zwischen uns?

»Probieren geht über Studieren«, war Althoffs lakonische Bemerkung. Das Herz schlug mir bis zum Hals. Dann geschah etwas Unglaubliches: Charly hielt mir mit ausgestrecktem Arm seine halb angefressene Banane entgegen.

»Nehmen Sie sie«, sagte Althoff eindringlich von draußen, »er scheint Sie zu mögen und will es damit zeigen. Er will seine Banane mit Ihnen teilen!«

257

Ganz langsam bewegte ich mich auf Charly zu und streckte meine Hand nach der Banane aus. Dabei sprach ich ganz normal mit ihm.

»Hallo Charly! Ich bin Blacky! Wir sollen zusammenarbeiten, im Fernsehen, und jetzt wollen sie wissen, ob wir zueinanderpassen. Was meinst du?«

Glauben Sie mir, ich kam mir keineswegs blöde vor bei diesem Dialog. Denn es wurde einer. Je näher ich Charly kam, desto lebendiger wurde er, gab Laute von sich, fletschte das gewaltige Gebiss, schien aber nicht unfreundlich. Und dann stand er auf. Er war nicht besonders groß. Vielleicht war das in diesem Augenblick gut für mich. Ich stellte mich vor ihm in Positur, sah von oben auf ihn hinab und legte mit leichtem Druck meine Hand auf seinen Kopf. Er ließ es geschehen.

»Was soll ich jetzt machen?«, wollte ich von Althoff wissen.

»Nichts! Setzen Sie sich hin, am besten in seine Ecke, und reden Sie weiter auf ihn ein. Zucken Sie nicht zurück, wenn er Sie berührt, egal wo. Er will Sie erkunden.«

Charly erkundete mich recht intensiv, mit der Nase, mit Händen und Füßen, er testete meinen Anzug, griff in die Taschen und stellte enttäuscht fest, dass auf meinem Kopf keine knackigen Läuse zu finden waren. Bei dieser Prozedur versuchte ich so oft wie möglich, ihn zu berühren, seine Hand zu nehmen, ihn zu streicheln, ihm den Arm um die Schultern zu legen. Er ließ es sich gefallen. Nach einer Stunde, vielleicht auch länger, schienen wir Freunde geworden zu sein.

»Gehen wir in meinen Wohnwagen, dort können wir in Ruhe über alles reden«, sagte Althoff, »und Charly nehmen wir mit!«

Nach kurzer Zeit war klar, dass wir gefunden hatten, was uns in Hollywood in den Sinn gekommen war. Charly war genau der Richtige. Jetzt war der SWF an der Reihe, das Finanzielle zu regeln. Wie selbstverständlich setzte sich der Affe während der Verhandlungen neben mich auf Althoffs Couch, nahm Kekse aus meiner Hand und wollte aus meiner Tasse Tee trinken. Natürlich ließ ich ihn gewähren, Althoff sah es mit Vergnügen.

»Er hat Vertrauen zu Ihnen, er erkennt Sie an.«

Danach war es Sache der Kreativabteilung im Team, den Schimpansen so wirkungsvoll wie möglich einzusetzen. Die Ideen sprudelten nur so. Charly sollte so etwas werden wie mein Alter Ego. Das hieß auch, dass er das gleiche Outfit bekam wie ich: die gleichen Anzüge, die gleichen Hemden, die gleichen Krawatten, die gleiche Brille.

Die ersten Ergebnisse waren atemberaubend. Charly sah umwerfend aus und benahm sich saukomisch. Er fing an, mir die Show zu stehlen, und bestätigte die alte Schauspielerangst: Tritt niemals mit Tieren oder Kindern auf, sie spielen dich an die Wand!

Natürlich musste ich mich ständig mit Charly beschäftigen, mit ihm zusammen sein, wo immer es ging. Das führte zu teilweise grotesken Situationen. In den Hotels, in denen das Team untergebracht war, saß er immer neben mir, angezogen wie ich. Beim Essen, an der Bar, in der Lobby. Inzwischen hatte er mich so gut »studiert«, dass er alles nachmachte, was ich tat. Las ich Zeitung, griff er sich auch eine und blätterte um, wenn ich es tat. Er nahm mit spitzen Fingern seine Teetasse und trank, wenn ich es tat. Setzte ich meine Brille auf, verlangte er nach seiner, für ihn originalgetreu nachgebaut, nur ohne Glas.

Man stelle sich vor, eine Gruppe amerikanischer Touristen, gerade nach langem Flug aus den Staaten eingetroffen, kommt müde im Hotel an, und jeder will auf sein Zimmer. Aber da sitzt im Foyer ein seltsames Paar, trinkt Tee und knabbert Kekse – ein Schimpanse und ein relativ seriös aussehender Herr, beide gleich angezogen, und scheinen sich in ihrer jeweiligen Sprache bestens zu unterhalten.

Besonders amüsant waren unsere gemeinsamen Autofahrten. Charly hatte jedes Mal eine Riesenfreude, wenn er angezogen auf dem Beifahrersitz saß, angeschnallt, mit Kopfbedeckung und

Brille. Seine Freude wollte er unbedingt allen anderen Verkehrsteilnehmern mitteilen. Standen wir an einer Ampel dicht neben
einem anderen Auto, nahm Charly sofort den Kontakt auf. Nachdem er mir die Scheibe auf seiner Seite jedes Mal vollsabberte,
ließ ich das Fenster, wenn er im Wagen saß, offen. Er lehnte
sich dann weit hinaus und streckte seinen langen Arm nach dem
Gefährt neben uns aus, was nicht wenige Fahrer so erschreckte,
dass sie losfuhren, obwohl die Ampel Rot zeigte.

Charly und ich waren ein Herz und eine Seele, wenn man das
in dem Fall so sagen darf. Bis er mir eines Tages, während einer
Probe zu *Auf los geht's los*, total verändert vorkam. Das sonst so auf-
merksame Tier war auf einmal völlig unkonzentriert und wollte
partout nicht tun, was ich von ihm verlangte. Es zog ihn unwiderstehlich zum Pianisten des Orchesters. Tiertrainer Althoff beobachtete seinen Zögling sehr aufmerksam und kam nach einigen
Kraftanstrengungen meinerseits, Charly im Zaum zu halten, zu
mir.

»Charly ist bockig und will nicht gehorchen«, erklärte ich.

Da drückte mir Althoff einen Knüppel in die Hand und sagte:
»Er probiert gerade aus, wer der Stärkere von euch beiden ist.
Wenn er das nächste Mal nicht gehorcht und anfängt zu maulen,
hau ihm damit eine über den Kopf!«

Ich war sprachlos. Das konnte doch wohl nicht ernst gemeint
sein.

»Doch«, sagte Althoff, »wenn er merkt, dass er der Stärkere ist,
kriegst du ihn nie wieder dazu zu gehorchen!«

Ich sah mich um. In der Halle waren an die zweitausend Menschen, die den Proben aufmerksam folgten. Und es war nur allzu
deutlich, wie sehr die Leute dieses possierliche Tier liebten.

»Wenn ich Charly vor den vielen Zuschauern mit dem Knüppel auf den Kopf haue, muss ich noch vor der Sendung auswandern. Die zeigen mich doch sofort beim Tierschutz an!«

»Wenn du's nicht machst, und zwar sofort, an Ort und Stelle, da, wo er den Gehorsam verweigert, ist er für den Rest seiner Tage für die Arbeit verdorben. Ich krieg ihn nie wieder hin.«

»Mach du das doch, nach der Probe!«

»Das geht nicht! Nach der Probe weiß er nicht mehr, wofür er bestraft wird, und schon gar nicht, warum ich ihn schlage. Bei mir hat er den Gehorsam ja nicht verweigert!«

Das sah ich zwar ein, aber es änderte nichts an meiner Einstellung. Zum nächsten Auftritt hatte Charly sich etwas beruhigt, und ich dachte, die Gefahr sei vorüber. Althoff aber blieb skeptisch.

»Lass ihm ja nichts mehr durchgehen«, mahnte er eindringlich.

Nächste Probe. Unser Auftritt. Charly an meiner Hand. Musik brauste auf. Charly blieb stehen, ließ sich von mir nicht weiter in Richtung Bühnenmitte ziehen, sondern zerrte mich in Richtung Orchester und Pianist, den er ununterbrochen fixierte, und fabrizierte dabei irgendwelche brünftigen Töne. Ich gab nach, Charly setzte sich vor dem Pianisten auf den Hintern und himmelte ihn an. Das Orchester fing an zu lachen, Dieter Pröttel unterbrach die Probe. Ohne Musik ließ Charly sich in die Mitte führen. Ab und zu drehte er sich jedoch um und suchte den Pianisten. Ich war verzweifelt. Wie sollte das am Abend in der Liveshow gehen?

Einige Tausend in der Halle, die Eurovisionsfanfare als Erkennungsmelodie, die Show begann. Auftritt Blacky und Charly, das Orchester Erwin Lehn swingte in den schönsten Tönen, dann kam der Klavierpart. Charly blieb stehen, drehte den Kopf in Richtung Orchester und begann zu grunzen. Ich versuchte ihn weiterzuziehen, er wehrte sich. In meiner Verzweiflung fing ich an, mit ihm zu reden, er maulte zurück, die Zuschauer begannen zu lachen, weil sie dachten, das gehöre zur Show. Immer heftiger zog mich Charly in Richtung Pianist, immer heftiger versuchte ich dagegenzuhalten, ihn zur Bühnenmitte zu bringen. Dann passierte es. Ich hatte nichts in der Hand, um mich als Alpha-

Affe durchzusetzen, aber er hatte seine natürliche Waffe, nämlich sein enormes Gebiss – und keinerlei Angst vor einer »Menschenschutzorganisation«. Charly biss zu, meine Hand blutete, aber irgendwie gelang es mir, ihn für den Rest der Show einigermaßen im Zaum zu halten. Es war sein letzter Auftritt.

Althoff hätte mich am liebsten erwürgt. Er war stocksauer und behauptete, dass er mit diesem Tier nie wieder arbeiten könne. Es war auch kein besonderer Trost für ihn, als ich meinte, es gebe da eine Insel in der Nähe von Hollywood, auf der verdiente Tierstars ihren Lebensabend verbringen könnten.

Charly, schmerzlich vermisst, wurde durch ein kleines Affenmädchen ersetzt. »Bärbel« war jedoch nicht in der Lage, die Gunst der Zuschauer so zu erringen wie der Star Charly, und so dauerte das Intermezzo nur kurze Zeit. Und ehrlich gesagt, hatte ich auch genug von diesem »Affentheater«.

Auf los geht's los stieg unaufhaltsam in der Zuschauergunst. Plötzlich waren wir mit unserem »A-Z-Spiel« die Nummer eins der Samstagabend-Unterhaltung im Deutschen Fernsehen. Das brachte Vor- und Nachteile. Nachdem der Erfolg bekanntlich viele Väter hat, fingen plötzlich Leute an, sich um die Show zu kümmern, die wenig vom schwierigen Fach der Unterhaltung verstanden. Da schieden sich natürlich die Geister.

»Das ist doch völliger Unsinn, was ihr da macht«, meinte beispielsweise eines Tages nach einer sehr erfolgreichen Folge von *Auf los geht's los* der neue Programmdirektor des Südwestfunks. Ihm gefiel die Steigerung mit viel Prominenz und Top-Acts aus der Welt des großen Showbusiness am Schluss der Sendung nicht, obwohl Tausende von Zuschauern klatschten und trampelten vor Begeisterung. Er war zudem nicht sehr begeistert, als ich ihm, auch im Namen meiner Mitstreiter, klar und deutlich zu verstehen gab, dass er von dem, was wir taten, unserer Meinung nach keine Ahnung hatte. Ab da war eine ersprießliche Zusammenarbeit kaum noch möglich.

Er fand eine andere, vielleicht angenehmere Beschäftigung im Medienbereich, und sein Nachfolger Dr. Dieter Stolte war nun wieder das genaue Gegenteil. Programmerfahren und mit allen Tücken des schwierigen Berufes aus seiner Zeit beim ZDF vertraut, war er unser Rückhalt, wenn wir von den Kritikern Dampf bekamen. Als es mal wieder ziemlich dicke kam, ließ er mich zu sich bitten.

»Machen Sie sich keine Sorgen, und lassen Sie sich nicht unterkriegen. Ich stärke Ihnen den Rücken. Machen Sie weiterhin die Show so gut wie möglich – und außerdem, mir gefällt sie!«

Na, das war ein Programmdirektor, wie man ihn sich nur wünschen konnte!

»Wer hat denn am härtesten zugeschlagen?«, fragte er weiter.

»Ein Münchner Kritiker von der *Süddeutschen*, Eckhart Schmidt.«

»Dann werden wir den Herrn zu einer Pressekonferenz in München bitten und ihm nahelegen, dass er uns seine Meinung persönlich kundtut.«

Während der Pressekonferenz lächelte Dieter Stolte den Kritiker an und meinte: »Warum kommen Sie nicht mal zu einer Sendung vor Ort? Wir laden Sie ein, bei der redaktionellen Gestaltung und bei den Proben in der Halle mitzumachen. Wäre das nicht interessant für Sie zu sehen, wie so eine Riesensendung zustande kommt?«

Eckhart Schmidt fand das interessant und kam. Er war begeistert, hatte eine Reihe guter Ideen und war von Stund an für lange sechzehn Jahre, neben meiner Frau, mein engster Berater. Nicht nur bei *Auf los geht's los,* auch bei *Heut' abend* und bei *Ja oder Nein.*

Auf los geht's los war so erfolgreich, dass sich verschiedene Sender um die Koproduktion bemühten. Die Zusammenarbeit mit anderen Sendern war jedes Mal etwas problematisch, da natürlich immer mehr Köche mitkochen und ihre eigenen Zutaten zum Rezept beisteuern wollten. Nach dem Prinzip *never change a*

263

winning team wehrten wir uns manchmal diplomatisch, manchmal aber auch recht drastisch gegen solche Versuche, eigene Programmvorstellungen mit Gewalt durchzusetzen, wenn die Qualität uns nicht überzeugte.

Damals begann meine heftige Gegenwehr gegen die allgemein verbreitete Ansicht der Sender-Machthaber: Qualität kann nur geduldet werden, wenn dadurch die Einschaltquote nicht sinkt. Eine sträfliche Einstellung, wie ich finde, zumindest wenn sie durch die öffentlich-rechtlichen Sendeanstalten vertreten wird. Im Falle der Privaten ist es ethisch und moralisch auch nicht gerade bewundernswert, aber immerhin durch die Tatsache verständlich, dass sie sich nicht über Gebühren finanzieren können. Wie weit die Verantwortlichen dabei »die Hosen herunterlassen«, ist deren Geschmack überlassen, wobei oft erkennbar wird, dass sie wenig bis keinen haben. Dass aber die Öffentlich-Rechtlichen ohne Not inzwischen oft den gleichen Schund durch die Röhren blasen, ist meiner Meinung nach unentschuldbar. Die Verantwortung dafür reicht man gerne einfach weiter an die Zuschauer. Die sind schuld am seichten Programm! Wir geben ihnen ja nur, was sie wollen.

Aber halt! Seit wann wissen die Menschen, was sie wollen? Wenn sie es wirklich wüssten, sähe die Welt vielleicht anders aus. Ich bezweifle, dass ein normaler Fernsehzuschauer beurteilen kann, unter welchen Bedingungen Programme entstehen und nach welchen Gesichtspunkten Entscheidungsträger ausgesucht werden. Wer zwingt uns zu konsumieren, was uns die Medien vorsetzen? Sind es Handlanger mächtiger Interessengruppen? Bestimmen Rechner und Buchhalter über die Qualität von Sendungen, oder sind es vielleicht Werbeagenturen, die mächtige Sponsoren vertreten und über deren Budgets verfügen und schon bei der Entstehung und Vorbereitung von Sendungen sagen, wo es langzugehen hat?

In den Jahrzehnten meiner Tätigkeit, vornehmlich für die ARD, hatte ich das Glück, an entscheidenden Wendepunkten meiner Karriere Männern zu begegnen, die keinen Zweifel daran ließen, was sie wollten und was sie nicht wollten. Es waren nicht viele, ich kann sie an einer Hand abzählen. Zu ihnen gehörte Dieter Stolte, Fernsehdirektor des Südwestfunks, Christof Schmid, Hauptabteilungsleiter Unterhaltung beim Bayerischen Fernsehen, und Wolf Feller, Fernsehdirektor des Bayerischen Rundfunks. Da gab es kein Hickhack, kein »Vielleicht« oder »Mal sehen«. Bei ihnen bedeutete »Ja« Ja und »Nein« Nein. Man wusste präzise, woran man war, und hing nicht permanent irgendwo zwischen Baum und Borke. Und an allererster Stelle stand da mein Wunschregisseur, ohne den ich die Sendung nicht zu diesem Erfolg hätte bringen können. Dieter Pröttel war der ruhende Fels in der Brandung, er verlor nie seine Ruhe und seinen Humor und war für mich so eine Art »Überlebensversicherung« in diesem verdammt harten Live-Geschäft.

Mitte der Siebzigerjahre, also eigentlich recht spät, entdeckte ich meine Liebe zum Theater. Mit dem Tournee-Unternehmen Landgraf zog ich mit zwei Stücken durch die Lande: *Indiskret* und *Der Wendepunkt*. Die erfolgreiche Tournee musste jedoch eines Tages jäh abgebrochen werden. Ich hatte beim morgendlichen Schwimmen im Pool meiner Freunde Karl-Heinz und Rosi Delil in ihrem Haus in Köln plötzlich die Orientierung verloren und mir eine klaffende Wunde an der Stirn zugezogen. Irgendetwas war ganz und gar nicht in Ordnung. Im Krankenhaus stellte man nach kurzer Untersuchung und Blutabnahme eine infektiöse Hepatitis A und B fest und wollte mich sofort aus dem Verkehr ziehen. Man kann sich vorstellen, was für ein Schock das für alle Beteiligten war. Mittendrin mussten sämtliche Vorstellungen abgesagt, die Theater verständigt und die Kollegen nach Hause geschickt werden. Eine mittlere Katastrophe.

Gundel überwand ihre Abneigung, am Steuer großer Autos zu sitzen, und erklärte sich bereit, uns beide die fünfhundert Kilometer heim nach Grünwald zu kutschieren. Sie tat es in selbst auferlegter, atemberaubender Geschwindigkeit von hundertvierzig Stundenkilometern. Ich schlief im Fond und kam nur selten zu mir.

Für die Behandlung solcher Krankheiten kam in München, wie wir erfuhren, nur ein Arzt infrage: der Münchner »Leberpapst« Professor Josef Eisenburg, Oberarzt am Münchner Klinikum Großhadern. An der Anmeldung bedauerte man höflich, dass der Wunderdoktor derzeit nicht zur Verfügung stehe, er sei selbst krank. Trotzdem blieb mir keine Wahl, eine halbe Stunde später lag ich isoliert in einem Krankenzimmer und fühlte mich ziemlich beschissen.

Der moderne Klinikkomplex war 1974 in Betrieb genommen worden, aber einige Abteilungen waren noch nicht funktionstüchtig. Dazu gehörte unter anderem die Küche, deren Kapazität gerade mal für sechshundert Personen ausreichte. Entsprechend schmeckte das Essen.

»Aber wir haben eine nette Küche auf der Station«, sagte die Schwester, »da können wir Ihnen was aufwärmen.«

Gundel besuchte mich täglich und sammelte in den vor mir liegenden vier Monaten an die viertausend Kilometer Fahrleistung zwischen Grünwald und Großhadern. Natürlich plagte mich der Gedanke, dass die Tournee auf Eis lag, aber das half ja nun alles nichts.

»Sie brauchen schöne Gedanken«, sagte ein Psychotherapeut und verschrieb gegen das unerträgliche Hautjucken einen Inder, der mir mit einer langen Stielbürste den Rücken schrubbte. Dieses Jucken war eine Folter, die mich manchmal fast in den Wahnsinn trieb. Alles juckte. Jeder Quadratzentimeter der Haut, es juckte in den Augen, unter den Fingernägeln, zwischen den Zehen.

»Sie müssen das gedanklich unterdrücken, einfach nicht daran denken!«, meinte der Therapeut.

Wenn das so einfach gewesen wäre! Manchmal wünschte ich mir ein Säurebad. Der Inder mit seiner langen Bürste war die einzig wirkliche Erleichterung. Ansonsten konnte ich auch nach vier Wochen in den Augen der Ärzte keinen Hoffnungsschimmer erkennen. Die Zeitungen mutmaßten bereits, wann die Tournee wohl weitergehen würde, und wenn ja, mit wem? Fotografen versuchten, irgendwie an ein Foto von mir zu kommen. Einer kam sogar auf die Idee, mittels einer Leiter zu meinem Fenster hinaufzuklettern und mich im Bett zu fotografieren. Das Foto erschien überall. Einige einschlägige Blätter trugen die für mich beruhigende Überschrift: »Er ringt mit dem Tode.«

Es war keine gute Zeit, die Familie machte sich Sorgen. Ich mir auch, nachdem die Stationsärztin, gänzlich undiplomatisch, auf den einzigen Stuhl in meinem Zimmer niedersank, die Hände vor die Augen schlug und stöhnte: »Was sollen wir denn nur machen? Sie sterben uns unter der Hand weg!«

Das war nach fast zwei Monaten Klinikaufenthalt nicht sonderlich aufbauend. Freund und Kollege Peter Frankenfeld lag zur gleichen Zeit im Norden in einer Klinik. Wir machten uns telefonisch gegenseitig Mut. Weihnachten kam näher.

»Zu den Feiertagen bin ich draußen!«, sagte Peter. »Und du versprichst mir, dass du auch mit deiner Familie zu Hause feierst!«

Ich war mir da nicht so sicher. Meine behandelnden Ärzte sahen das auch nicht. Gundel bekam Angst und setzte alle Hebel in Bewegung, damit wir endlich Kontakt zu diesem Dr. Eisenburg bekämen. Ein befreundeter Arzt aus Regensburg versprach, sich mit ihm in Verbindung zu setzen.

Es war später Abend, gegen 23 Uhr. Die Stille wurde nur durch das Klappern der Holzpantinen unterbrochen, auf denen die Nachtschwestern durch die Gänge eilten. Was ich noch über den Stationslautsprecher hören konnte, war die Unterhaltung der Patienten eine Etage höher. Einer schilderte seinem Zimmerkollegen gerade sein Leid: »Jetzt bin ich schon drei Wochen hier, und meine Frau ist mit dem Hund allein zu Hause. Was weiß ich denn, was sie so treibt? Dem Hund trau ich ja – aber meiner Frau…?«

Die Tür zu meinem Zimmer öffnete sich leise. Es war bis auf die Nachtbeleuchtung stockdunkel.

»Wie geht es Ihnen?«

Ich versuchte zu erkennen, wer da mit mir sprach.

»Ich weiß, es ist schon spät, aber mein Freund aus Regensburg hat gemeint, es sei dringend!«

Die Stimme kam näher. Am Fußende sah ich die obere Hälfte eines Mannes in einem weißen Kittel, die untere Hälfte blieb vom Bett verdeckt.

»Ich bin Professor Eisenburg, der Oberarzt auf dieser Station. Es geht Ihnen schlecht, habe ich gehört. Ich bin zwar selbst seit einiger Zeit krank. Trotzdem will ich sehen, ob ich Ihnen helfen kann.«

Ich hatte keine Ahnung, wieso, aber ich wusste von der ersten Sekunde dieser Begegnung, dass dieser Arzt mein Leben retten würde.

Etwas anderes kam noch hinzu. Max Grundig hatte mir den damals größten und leistungsstärksten Radioapparat neben das Bett stellen lassen.

»Damit kannst du rund um die Uhr die ganze Welt abhören!«

Das tat ich – und hörte eines Tages eine Stimme und einen Song über AFN, die mich geradezu elektrisierten und aus meiner Apathie rissen: »*I just want to stop*« von Gino Vanelli.

Dieser Song hat mich reaktiviert, hat mir plötzlich den verlorenen Lebensmut zurückgebracht und mir die Kraft gegeben, genau das Gegenteil von dem zu tun, was der Titel des Songs sagte. Nein, ich wollte nicht aufhören! Ich wollte auf einmal wieder leben und raus aus dem verdammten Krankenhaus.

Josef Eisenburg tat das Seine. Er pumpte mich mit Cortison voll, stärkte meine Psyche, hielt sogar die gut gemeinten Vorschläge von vielen Menschen, die mir schrieben, keineswegs für abwegig.

»Was wirklich hilft, und was Ihnen guttut, das weiß nur der liebe Gott!«

Ich wollte ihm nicht widersprechen oder ihm sagen, dass ich seiner ärztlichen Kunst mehr vertraute als dem »lieben Gott«. Nachdem er mir sogar meine geliebte Tabakspfeife wieder genehmigte und eine Dose köstlichen Davidoff-Tabak als Geschenk mitbrachte, wäre ich vermutlich auch aus dem Fenster gesprungen, wenn er das für heilsam gehalten hätte. In langen Gesprächen erfuhr ich, dass er tief religiös war. Meine ebenso klare Ablehnung war für ihn sichtlich schmerzlich, aber er respektierte meine Argumente.

Innerhalb von drei Wochen, Weihnachten stand vor der Tür, hatte er mich von unter siebzig Kilo auf gute fünfundachtzig hochgepäppelt.

»Wenn Sie weiter so gut reagieren und mitarbeiten, können Sie Weihnachten vielleicht zu Hause feiern.«

Unbeschreiblich der Tag, als Gundel und Thommy mich abholten, mich langsam zum Wagen geleiteten und dort wie eine zerbrechliche Ware vorsichtig auf den Rücksitz bugsierten. Unbeschreiblich der Moment, als ich die Schwelle unseres Hauses in Grünwald überschritt, das wiederzusehen ich nicht mehr erwartet hatte. Rotz und Wasser habe ich geheult, ich konnte nichts dagegen machen. Warum auch? Ein tiefes Gefühl der Dankbarkeit gegenüber all den Menschen, die mir durch diese schwere Zeit geholfen hatten, erfüllte mich.

Dass ich das alles wirklich überstanden oder, besser gesagt, überlebt hatte, wurde mir erst klar, als ich wenige Wochen nach der Entlassung eine neue Folge von *Auf los geht's los* moderierte. Die Zuschauer bereiteten mir einen so herzlichen Empfang, dass ich mich meiner Tränen nicht schämte.

»Was möchten Sie denn gerne machen?«, fragte mich eines Tages Dr. Christof Schmid, der Fernseh-Unterhaltungsboss des Bayerischen Rundfunks. In diesem Moment wusste ich, dass sich in der nächsten Minute eine Schicksalsfrage für mich entscheiden würde.

Wir – Hans Hirschmann, Unterhaltungschef beim Südwest-funk, Christof Schmid und ich – saßen an diesem Nachmittag zusammen, um eine mögliche Koproduktion von Südwestfunk und Bayerischem Rundfunk bei *Auf los geht's los* zu besprechen. Der BR hatte an der Show, so wie sie war, nichts auszusetzen, eigentlich ungewöhnlich für solche Art von Verhandlungen, und wollte gerne einsteigen.

»Wir freuen uns, dass wir da mitmachen können«, sagte Christof Schmid, »und dass Sie damit teilweise zu Ihrem Heimatsender zurückkommen!«

»Darüber freue ich mich auch«, erwiderte ich, »wenn es auch immer noch nicht genau das ist, was ich eigentlich machen möchte!«

Seit Jahren hatte ich mit Neid die amerikanische Talk-Szene im Fernsehen beobachtet. Da waren ein paar Superstars am Werk, die ich bewunderte. Genau so etwas wollte ich machen, hatte aber bisher bei jedem neuen Vorstoß in den Programmdirektionen nur ein mitleidiges Lächeln und den Hinweis geerntet, das das in Deutschland nicht gehe, weil die Zuschauer das nicht wollten.

»Ich würde gern eine Talkshow machen!«, beantwortete ich jetzt die klare Frage von Christof Schmid.

»Na, dann machen Sie die doch bei mir!«

Sollte das ein Witz sein?

»Ganz im Ernst! Wie viele Sendungen wollen Sie denn machen?«

Jetzt war mir klar, dass mich der sympathische Mann wohl verscheißern wollte.

»Na, so an die dreißig im Jahr!«

Wenn schon rumblödeln, dann richtig, dachte ich.

»Einverstanden, bei uns im dritten Programm. Wann wollen Sie anfangen?«

Jetzt schaltete sich Hans Hirschmann in unser Gespräch ein: »Wenn Sie das ernst meinen, Herr Kollege, dann macht der Südwestfunk mit!«

Es war wie im Traum, fast zu schön, um wahr zu sein. Sollte mein Wunsch wirklich in Erfüllung gehen? Sollte ich wirklich die Chance bekommen, zumindest zu versuchen, meinen großen Vorbildern David Frost in England, Johnny Carson in Amerika und vor allem Dick Cavett nachzueifern? David Frost, später von Queen Elizabeth II. geadelt, war sicherlich unerreichbar. Er trat an drei Abenden hintereinander mit drei verschiedenen Sendungen vor sein Publikum: *Frost on Friday, Frost on Saturday* und *Frost on Sunday*. Die Sendungen waren thematisch sehr unterschiedlich, von hochgestochen bis volkstümlich, aber alle brillant vom Meister geleitet. So weit waren wir in Deutschland noch nicht. Aber mit einer Sendung, wie Dick Cavett sie machte, weniger journalistisch, eher unterhaltend, konnte ich mir einen Erfolg vorstellen.

Wir fieberten alle der ersten Show entgegen. Live, mit vielen Gästen und unterschiedlichen Themen. Das Studio in München-Unterföhring war ausgesprochen gemütlich hergerichtet, mit Thonet-Stühlen und kleinen Tischen, und bis auf den letzten Platz ausverkauft. *Heut' abend* war uns als Titel für die Sendung eingefallen und sollte, nach Übernahme ins erste Programm, für zehn lange Jahre »Die Talkshow der ARD« werden. Die Übernahme ins erste Programm war auch die Geburtsstunde von »Greenwood productions + publications GmbH«, zur Geschäftsführerin wurde Gundula Fuchsberger bestellt.

Natürlich wünscht man sich für die ersten Sendungen besonders attraktive Gäste – Aufreger, solche, die noch nicht auf allen Kanälen abgenudelt worden sind. Zu der Zeit waren die Zeitungen gerade voll mit Berichten über ein Konzert, das Superstar Harry Belafonte im Circus Krone in München geben sollte. Wir waren wie elektrisiert. Ob es uns wohl gelingen würde, ihn in die neue Talkshow zu bekommen?

Was uns sein Management zunächst erlaubte, war mein Besuch bei einer Probe im Circus Krone. Ich musste allein kommen und selbstverständlich ohne Kamera und Mikrofon. Die Security fing mich schon am Eingang ab und geleitete mich in die oberste Reihe des leeren Krone-Baus, weit genug weg vom Star unten auf der Bühne, den ich möglicherweise hätte stören können. Harry Belafonte probte intensiv mit nur wenigen Musikern, hauptsächlich Percussions, und einem Back-up-Chor von drei Damen in Schwarz. Was er gerade sang, kannte die ganze Welt: »Matilda«.

Plötzlich hob er die Hand vor die Augen, als blende ihn ein Scheinwerfer. Er hatte mich entdeckt, die einsame Figur da oben in der letzten Reihe.

»*Excuse me – the gentleman up there – may I ask what you are doing here?*«

Ich stand auf und wollte mich vorstellen. Er rief jedoch mit seiner heiseren Stimme auf Englisch: »Bitte kommen Sie runter, ich kann Sie von da oben nicht hören!«

Geduldig wartete er, bis ich schließlich vor ihm stand. Ich war ja nun schon einigen Stars dieses Kalibers begegnet, aber der war etwas Besonderes. Der Mann war groß, athletisch, eine Persönlichkeit, die Respekt einflößte.

»Also, was machen Sie hier?«

Ich stellte mich auf Englisch vor und erklärte ihm, dass ich ihn zu unserer neuen Show einladen wollte.

Er sah mich einen Augenblick irritiert an.

»Wie heißen Sie gleich?«

»Blacky Fuchsberger, Sir.«

»Vergessen Sie das Sir – ich heiße Harry! Und Ihr Vorname ist wirklich Blacky?«

»Ja, Sir – Harry«, erwiderte ich.

»*Well*«, sagte Harry Belafonte und grinste breit, »*I think we ›blacks‹ must stick together!*« – Wir Schwarzen müssen zusammenhalten.

Damit war das Eis gebrochen. Nach der Probe wollten wir die Einzelheiten besprechen.

Jetzt saß ich in der ersten Reihe und sah zu, wie der Weltstar arbeitete. Leise, mit einem Lächeln, ständig in Bewegung, im Rhythmus der Musik, die er mit seinen Musikern und dem Chor probte. Nur selten unterbrach er, gab Anweisungen mit seiner heiseren Stimme, machte Scherze, es wurde gelacht. Nach einer Stunde entließ er seine Musiker.

»Erklär mir deine Show«, forderte er mich auf, als wir in seiner Garderobe saßen.

Nach einer halben Stunde kam der erlösende Augenblick.

»*I think, I'm doing the show*«, sagte er, und ich musste mich zurückhalten, um nicht gleich an Ort und Stelle einen Luftsprung zu machen.

Es stellte sich heraus, dass er genau zehn Tage älter war als ich. Mit seiner Frau Julie war er fast so lange verheiratet wie Gundel und ich. Unsere Söhne waren gleich alt. Wir hatten also eine Menge Gemeinsamkeiten, was uns einander schon bei diesem ersten Gespräch sehr nahebrachte. Wir schienen auf der gleichen Frequenz zu senden und zu empfangen.

Am Tag der Sendung war der Andrang im Studio in München-Unterföhring gewaltig. Weltstars in einer deutschen Talkshow waren damals etwas Außergewöhnliches, und ich gebe zu, dass ich einigermaßen nervös war. Vor allem beschäftigte mich die Frage, ob das mit dem zweisprachigen Interview klappen würde. Ich würde die Fragen zuerst auf Deutsch stellen, für die Zuschauer, dann auf Englisch wiederholen, für den Gast. Seine Antwort würde ich wiederum für die Zuschauer ins Deutsche übersetzen. Eine langwierige Angelegenheit. Es klappte, weil die Zuschauer begierig waren zu hören, was Harry Belafonte zu sagen hatte.

Wir näherten uns nun der unausweichlichen Rassenfrage, von der ich wusste, dass sie heikel war.

»Hattest du am Anfang deiner Karriere Schwierigkeiten wegen deiner Hautfarbe?«

»Ja, aber nicht so sehr, solange ich in Clubs unter Schwarzen blieb. Schwieriger wurde es, als ich bekannter wurde. Und gefährlich war eine Situation, die sich ereignete, als ich nach dem Film *Carmen Jones* sehr populär wurde.«

Sein freundliches Lächeln war plötzlich verschwunden, seine Augen wurden hart und schienen auf einmal durch mich hindurchzusehen, fokussiert auf etwas, was er hinter mir sah.

»Da war die Geschichte mit meinem Freund Sidney Poitier«, begann er. »Eine Organisation, die gegen Rassendiskriminierung im Süden kämpfte, bat mich, ihr einen ziemlich hohen Geldbetrag persönlich zu bringen, den mir jemand übergeben würde. Ich sagte zu, fragte aber Sidney Poitier, ob er mich begleiten würde. Ein solches Unternehmen konnte damals unter Umständen gefährlich werden. Der Ku-Klux-Klan würde, wenn er von solchen Transaktionen erfuhr, versuchen, sie mit allen Mitteln zu verhindern. Sidney war damals bereits ein Weltstar. Also dachte ich mir, dass der Klan sich wahrscheinlich nicht trauen würde, zwei solche Kaliber umzubringen. Sidney fragte nicht lange, warum, und sagte zu.

Mit einer ziemlich dicken Geldtasche im Wagen machten wir uns also auf den Weg nach Süden. An einer der wenigen, weit verstreut liegenden Tankstellen hielten wir an.

Ich ging zur Toilette, Sidney blieb im Wagen. Als ich gerade die notwendigen Handgriffe tat, hörte ich hinter mir ein metallisches Klicken, und eine Stimme sagte leise: ›Wenn du hier pinkelst, Nigger, schieß ich dir eine Kugel in den Kopf.‹

Ich erstarrte vor Angst und drehte mich langsam um. Vor mir stand ein Sheriff in voller Uniform. Er sah mich hasserfüllt an, und ich wusste, der Mann scherzte nicht. Also drückte ich mich mit einer Entschuldigung an ihm vorbei, ging so schnell ich konnte zum Wagen und fuhr mit dem erstaunten Sidney davon.

›Was ist los?‹, wollte er wissen.

Ich erzählte ihm die Geschichte von Anfang an. Er war nicht besonders amüsiert, aber wir blieben trotzdem Freunde. Den Rest der Reise überstanden wir schadlos. Situationen dieser Art gab es viele in unserem Land.«

Harry und ich freundeten uns an. Während eines seiner Besuche in München bat er mich, ihm die Stadt zu zeigen, und wir bemühten uns, ihn an die Stellen zu bringen, die Touristen normalerweise nicht zu sehen bekommen. Dazu gehört die Auer Dult, ein wundervoller Markt rings um die Mariahilf-Kirche in der Au.

Als wir Harry von seinem Hotel abholten, mussten wir lachen. Er hatte sich mit Schiebermütze, Schal und dunkler Sonnenbrille regelrecht vermummt, um nicht auf Schritt und Tritt erkannt und aufgehalten zu werden.

»Wir zeigen dir einen Platz, an dem viele Menschen viele Dinge kaufen und verkaufen. Vielleicht findest du etwas Nettes für deine Frau!«

»Okay, da kann ich ja gleich mal sehen, wie populär du bist«, grinste er. »Geh du einfach zehn Meter vor Gundel und mir her, ich will sehen, ob dich die Leute überhaupt erkennen!«

Gesagt, getan. Harry sah und hörte allerdings nicht, dass ich den Leuten, wenn sie mich erkannten, sagte: »Zehn Meter hinter mir kommt Harry Belafonte, mit Schiebermütze, Brille und Schal, der gibt gern Autogramme!«

Im Nu waren Harry und Gundel von begeisterten Fans umringt, und Harry machte gute Miene zum bösen Spiel.

»*You bastard*«, sagte er nur, als ich neben ihm erschien und meinte: »Jetzt weißt du, wie populär ich bin!«

Bei *Heut' abend* lernte ich viele beeindruckende Menschen kennen, die erstaunliche Geschichten aus ihrem Leben erzählten, aber auch einige, bei denen offensichtlich war, dass sie es mit der Wahrheit nicht so genau nahmen. In dreihundert Folgen in zehn Jahren hatte sich *Heut' abend* zur Talkshow der ARD gemausert und gilt heute noch als Vorbild.

In *Heut' abend* griff Harald Juhnke André Heller an, der sich seinerseits kritisch über Franz Josef Strauß geäußert hatte. In *Heut' abend* erlebten die Zuschauer Gäste, die vorher geschworen hatten, niemals in einer Talkshow aufzutreten. Max Grundig zum Beispiel, der mir in einem Vorgespräch deutlich zu verstehen gab, dass wir uns vor der Kamera duzen sollten, wie eben im Privaten auch.

Vor der Kamera hatte er das wohl vergessen. Auf meine erste Frage: »Warum hast du deine Meinung über Talkshows geändert?«, antwortete er: »Weil Sie mich dazu überredet haben, Herr Fuchsberger.«

Ich dachte, wenn ich ihn bei der nächsten Frage wieder duzte, würde ihm unsere Vereinbarung schon wieder einfallen. Aber nein, er blieb beim »Sie«, und ich blieb beim »Du«, was mir den Ruf grober Unhöflichkeit einbrachte.

Die großartige Aenne Burda hatte sich nach langem Drängen und Überzeugungsarbeit endlich bereit erklärt, zu *Heut' abend* zu kommen. Ihre Söhne, Hubert, Franz und Frieder, waren nicht gerade begeistert und sagten es auch.

»Ihr wisst doch, dass ich eure Mutter verehre, ich werde ihr bestimmt nichts Böses tun oder sie kompromittieren«, versuchte ich zu überzeugen.

»Das wissen wir«, sagten die Burda-Söhne. »Wir haben auch keine Angst vor dem, was du sagst, nur vor dem, was unsere Mutter sagt!«

Aenne Burda bestand darauf, dass ich sie nach ihrem Alter fragte.

»Du weißt doch, wie ungezogen das wäre«, sagte ich, »man fragt eine Dame nicht nach ihrem Alter!«

»Aber ich will das! Die Leute wollen das und sollen es wissen.«

Was blieb mir übrig? An einer passenden Stelle fragte ich also nach ihrem Alter. Ein Raunen ging durchs Studio.

»Ich weiß, dass man das nicht tut«, sagte ich, »aber Frau Burda besteht darauf, dass ich sie frage, wie alt sie ist.«

»Ja, des stimmt«, sagte sie mit ihrem leicht badisch-württembergischen Akzent, »ich will, dass Sie wissen, dass ich fünfundsiebzig bin, und sehen, dass man auch im Alter noch viel arbeiten kann. Natürlich weiß ich auch, dass ab jetzt jeder Tag ein Geschenk vom lieben Gott ist.«

Aenne Burda war in ihrem Element und erntete stürmischen Beifall.

Andere Highlights bei *Heut' abend* waren die Fliegerin Elly Beinhorn und der Schwergewichts-Boxweltmeister Max Schmeling. Eine der ergreifendsten Sendungen war sicher die mit der großen Schauspielerin Liv Ullmann. Sie war damals schon als internationale Botschafterin für UNICEF weltweit im Einsatz gegen die Not der Kinder. Liv Ullmann hat eine ganz besondere Ausstrahlung von Mütterlichkeit und Fraulichkeit, die sie in ihren Rollen so überzeugend einzusetzen wusste. Von der ersten Sekunde ihres Auftritts an hatte sie die Herzen der Zuschauer gewonnen. Sie erzählte wenig über ihre Arbeit, kam lieber ziemlich schnell auf ihr Engagement für UNICEF zu sprechen. Sie sprach immer langsamer und immer leiser, als sie erzählte, wie bei ihrem Besuch im Sudan ein Kind in ihren Armen starb. Es war totenstill im Studio, die Zuschauer vergaßen fast das Atmen. Liv Ullmann saß vor mir mit geschlossenen Augen, als halte sie noch immer das tote Kind in ihren Armen.

Dann sah sie mich an und fragte: »Möchtest du nicht auch für uns, für UNICEF, für die Kinder in der Welt arbeiten?«

Ich nickte nur, und Liv Ullmann gab mir die Hand. Es war wie ein Ritterschlag. Im Frühjahr 1984 wurde ich vom Deutschen Komitee für UNICEF zum ersten Botschafter der Bundesrepublik Deutschland ernannt. Ich bin es noch heute und werde es bleiben, solange meine Kräfte reichen.

Für die Erlaubnis, nach neun Jahren die letzte Sendung von *Auf los geht's los* ganz in den Dienst von UNICEF stellen zu dürfen, bin ich dem Südwestfunk und der ARD sehr dankbar. Mit der Hilfe von UNICEF kam eine ganz außergewöhnliche Besetzung für die Sendung zusammen. Weltstars wie Danny Kaye, Peter Ustinov, Giulietta Masina, die Kessler-Zwillinge und viele andere traten in den Dienst der Sache. Am Ende der zweieinhalbstündigen Sendung waren etwas über fünf Millionen D-Mark auf das Konto von UNICEF eingegangen!

Was sollte nach *Auf los geht's los* kommen? Eine der erfolgreichsten Fernsehsendungen war Robert Lembkes *Was bin ich?*. Über dreißig Jahre lang war sie ein Quotenhit gewesen. Lächerliche fünf Mark verschwanden in einem Sparschwein als Preis für den zu erratenden Kandidaten. »Welches Schweinderl hätten S' denn gern …?« und »Machen Sie eine entsprechende Handbewegung …!« – diese beiden Sätze kannte die ganze Nation.

Robert Lembke, mein Chef über viele Jahre, nicht nur beim Bayerischen Rundfunk, sondern indirekt auch bei den Olympischen Spielen 1972, war im Januar 1989 gestorben. Ein Allroundgenie hatte die Medienszene verlassen und eine schmerzliche Lücke hinterlassen.

Eines Tages rief mich Wolf Feller, der Fernsehdirektor des Bayerischen Rundfunks, an und überraschte mich mit einer Idee, die mich fast umwarf.

»Du musst die Sendung von Robert Lembke weitermachen!«

Vor Schreck ließ ich um ein Haar den Telefonhörer fallen. Niemand würde sich ungestraft in Lembkes Sessel setzen können. Der Schuh schien mir einfach zu groß.

Wolf Feller aber wollte das nicht akzeptieren und ließ nicht locker. Mit Engelszungen versuchte er, mir seine Idee schmackhaft zu machen.

»Dann muss aber die Besetzung des Rateteams geändert werden«, forderte ich.

»Und das Konzept!«

»Auch – und wir brauchen einen anderen Titel.«

Schließlich einigten wir uns auf »Ja oder Nein« als Titel für die Sendung.

»Und wer soll ins Rateteam?«

»Alice Schwarzer«, entgegnete ich und dachte: Jetzt springt er dir gleich durchs Telefon ins Gesicht.

»Okay! Alice Schwarzer frage ich selbst. Wen noch?«

Die endgültige Zusammensetzung des Rateteams war ein richtig gelungener Wurf. Von links nach rechts saßen mir schließlich auf der Bühne gegenüber: Alice Schwarzer, Sepp Maier, Vera Rußwurm und Thomas Hegemann. Gebündelte Intelligenz verbunden mit köstlichem Humor. Die Sendung wurde ein Erfolg und lief über fünfzig Mal.

Unter dem Kreuz des Südens

Ich bin Schwabe. Als solcher unterliege ich dem diesem Volksstamm angeborenen Fernweh. Ein unstillbarer Drang nach draußen bestimmt unser Handeln. Was sagt man uns Schwaben sonst noch nach? Sparsamkeit, Fleiß und unseren ausgeprägten Dialekt. »Wir können alles, außer Hochdeutsch«, behauptet ein gelungener Fernsehspot. Nach sechzig Jahren Düsseldorf sprach meine selige Mutter immer noch unverfälschtes Schwäbisch. Mir war keineswegs entgangen, dass sich meine rheinischen Freunde immer ein Lachen verkniffen, wenn sie bei uns zu Hause den oft bizarren Sprichwortergüssen meiner Mutter ausgeliefert waren. Ich versuchte deshalb unter größten Mühen, meinen badisch-schwäbischen Dialekt so schnell und so gründlich wie möglich abzulegen. Dass ich ihn durch einen betont rheinischen Singsang ersetzte, störte mich weniger, den sprachen ja die meisten.

Die beiden anderen deutschen Mundarten, die ich schätze, sind Hessisch und Sächsisch. Und was ich uneingeschränkt liebe, aber nie mehr so ganz sprechen lernen werde, ist Bayerisch – obwohl ich nunmehr seit 1949 in Bayern lebe.

Es war denn auch die Begegnung mit einem waschechten Sachsen, die das Leben meiner Familie verändern sollte.

Im Haus des Filmstars Luise Ullrich – eigentlich Luise Gräfin Castell-Rüdenhausen – waren wir zu einem Empfang zu Ehren eines Ehepaars aus Australien geladen. Etwas abseits in einem Ohrensessel saß ein netter älterer Herr um die siebzig und betrachtete lächelnd das Gewusel um sich herum. Irgendetwas zog mich zu ihm hin. Er war klein, korpulent, glatzköpfig, seine Kleidung war von erlesenem Geschmack. Er sah mich freundlich an. »Ich bin Erich Glowatzky aus Sydney«, erklärte er in breitem und unverfälschtem Sächsisch. »Ich kenne Sie aus dem Fernsehen!«

Auf einem Hocker, eine andere Sitzgelegenheit bot sich im Moment nicht, saß ich quasi zu seinen Füßen und hörte mir an, was er mir unaufgefordert erzählte. Plötzlich waren wir in ein sehr persönliches Gespräch vertieft, und ich vergaß alles um mich herum.

Er berichtete, dass er seit 1935 in Sydney lebte, seit er als Schiffsingenieur mit einem deutschen Frachter nach Australien gekommen und dort hängen geblieben war. In einer Zeitung hatte er ein Inserat entdeckt, in dem eine Firma einen Spezialisten für Dichtungen suchte. Als Schiffsingenieur hielt er sich auf diesem Gebiet für kompetent und bewarb sich. Er bekam den Job und machte in der Firma seinen Weg. Bei Ausbruch des Zweiten Weltkriegs sollte er, zusammen mit Tausenden anderen deutschstämmigen Auswanderern, irgendwo in einem Lager im Outback interniert werden. Aber seine Tätigkeit als Dichtungsfachmann wurde plötzlich »kriegswichtig«, nachdem die Firma auf die Produktion von Gasmasken umgestellt worden war. So entging Erich Glowatzky der Internierung.

Nach dem Krieg gründete er ein Stahlbauunternehmen, mit dem er für deutsche Präzisionsarbeit bekannt wurde. So bewarb sich Glowatzkys Firma um einen Auftrag, den die Regierung von New South Wales ausgeschrieben hatte: Es ging um den Bau einer breiteren Auffahrt zur Sydney Harbour Bridge. Glowatzky bekam den Zuschlag, baute Anfang der Fünfzigerjahre den Cahill Expressway in kürzester Zeit und wurde dadurch berühmt und reich.

»Wenn Se mal nach Australien kommen, rufen Se mich an«, sagte Erich Glowatzky beim Abschied, und diese Einladung ging mir nicht mehr aus dem Sinn.

Auch eine junge Dame aus dem Freundeskreis unseres Sohnes, Isabel Biggs, Tochter eines englischen Kapitäns der Handelsmarine, war nach Australien ausgewandert und schrieb uns begeisterte Briefe, denen sie nicht selten Fotos beilegte, um zu zeigen, wie schön es in ihrer neuen Heimat war.

»Nun bin ich seit einem halben Jahr hier«, schrieb sie eines Tages, »habe einen guten Job bei der Lufthansa gefunden und sitze an einem Schreibtisch in der oberen Etage des Lufthansa-Hauses in der Macquarie Street, mit einem unbeschreiblich schönen Blick auf den Botanischen Garten, das Musikkonservatorium und die Rückseite des berühmten Opernhauses am Bennelong Point. Jeden Morgen komme ich von der anderen Hafenseite mit der Fähre zum Circular Quay. Das Wasser ist blitzsauber, die Menschen sind meist fröhlich, auch wenn's mal regnet, was selten genug passiert. Wenn ich in der Nacht, nach Überstunden im Büro, mutterseelenallein zum Hafen hinuntergehe, um die letzte Fähre zu erwischen, drehe ich mich nicht mal mehr um, wenn ich Schritte hinter mir höre, so sicher fühle ich mich hier. Aber was soll ich Euch lange erzählen – am besten, Ihr kommt einfach mal her und seht selber, wie schön es hier ist.«

Gundel und ich fingen ernsthaft an zu überlegen, ob es eine Möglichkeit gab, das Nützliche mit dem Abenteuer einer Reise um die halbe Welt zu verbinden. Vielleicht könnten wir unsere Talkshow drüben verkaufen? SBS, der ethnische Fernsehkanal, sendete in mehr als fünfzig Sprachen. Eventuell konnte der unsere Sendung für die deutschen Zuschauer brauchen, vielleicht würde ich auch neue Ideen für meine Samstagabend-Show bekommen.

Eines Abends war Elly Beinhorn, die Legende der frühen deutschen Luftfahrt, Heldin meiner Jugendjahre und Frau des Formel-1-Rennfahrers Bernd Rosemeyer, Gast bei *Heut' abend*. Ihre Erzählungen waren so faszinierend, dass ich noch während der Sendung beschloss, eine weitere Stunde mit ihr zu produzieren.

Sie war als erste Frau mit einem kleinen Eindecker um die Welt geflogen und 1932 unter dem Jubel Tausender von Zuschauern auf dem noch kleinen Ascot Airfield, dem heutigen »Kingsford Smith Airport« in Sydney gelandet. In der Menge stand auch eine junge australische Flugschülerin, voller Bewunderung für den Fliegerstar aus Deutschland: Nancy Bird.

Bei den Gesprächen mit Elly Beinhorn erwähnten Gundel und ich ganz nebenbei, dass wir planten, demnächst nach Australien zu reisen. Impulsiv, wie Elly war, rief sie eine Freundin in Sydney an. Es war ihr australisches »Pendant«: Nancy Bird. Sie war inzwischen als Pilotin und Mitbegründerin der berühmten »Flying Doctors« in die australische Luftfahrtgeschichte eingegangen.

»Da kommen Freunde von mir nach Sydney, bitte kümmere dich doch ein bisschen um sie!«

»Gern«, erwiderte Nancy und vergaß unsere Namen in der nächsten Minute. Also suchte sie Hilfe bei dem einzigen Bekannten, von dem sie wusste, dass er deutscher Abstammung war und eine Wohnung in München hatte: Erich Glowatzky.

»Na ja«, meinte der auf Australisch-Sächsisch, »wie ich das letzte Mal drüben war, hab ich den Fuchsberger getroffen, bei der Luise Ullrich. Könnte der das sein?«

»Genau, das ist er!«, sagte Nancy erleichtert und wiederholte den Namen auf Englisch: »Fucksberger! Ich wusste doch, der Name klang ein bisschen unanständig…«

Eines Abends klingelte das Telefon bei uns zu Hause in Grünwald. Späte Anrufe kann ich nicht ausstehen. Entsprechend unfreundlich klang mein »Hallo…?«.

»Hier ist Erich Glowatzky aus Sydney«, kam eine sächsische Stimme vom anderen Ende der Welt. »Ich höre grade, dass Sie nach Sydney kommen! Großartig! Wann landen Sie?«

Ich war verdattert und verstand überhaupt nichts.

»Grade vor ein paar Minuten hat mich Nancy Bird angerufen, die Freundin von Elly Beinhorn«, sächselte er weiter.

Ich begriff immer noch nichts.

»Elly hat Nancy angerufen und ihr gesagt, dass einer vom Film kommt, um den sie sich kümmern soll. Nancy hatte aber den Namen vergessen und hat mich gefragt, ob ich einen vom Film in Deutschland kenne. Und da kam ich drauf, dass Sie das sein müssten!«

Das durfte doch nicht wahr sein!

»Wenn Sie wissen, wann Sie kommen wollen, rufen Sie mich an, damit ich alles vorbereiten kann!«

Das war ein Ding. War es Zufall, oder ist so etwas Fügung?

»Was meinst du?«, fragte ich Gundel. »Fliegen wir?«

Auch wenn man es gewöhnt ist, sich ständig irgendwo herumzutreiben – eine Reise um den halben Erdball ist kein Wochenendausflug. 1982 war man noch gute dreißig Stunden unterwegs, um von Frankfurt oder London über Kuala Lumpur oder Hongkong oder Bankok oder Singapur nach Sydney zu kommen. Die verschiedenen Möglichkeiten heute sparen auf dieser Strecke gute acht Stunden Zeit ein.

Wir fühlten uns wohl an Bord, genossen den Service und waren gespannt, was uns erwarten würde. Die letzte Stunde des Fluges war besonders aufregend. Die Sonne ging über dem »fünften Kontinent« auf und beleuchtete unter uns kahle, unendlich weite rote Wüste. Dazwischen ein paar ausgetrocknete Löcher, möglicherweise ehemalige Seen, aus fast vierzehntausend Metern Höhe schwer zu erkennen. Kein Baum, kein Strauch, kein Wald, keine Straßen, keine Bahnlinien, nichts! Rote Erde ohne Ende. Selbst nach weiteren dreißig Minuten Flug, immerhin mit fast tausend Stundenkilometern, änderte sich nichts an dem Bild da unten. In Europa hätte der Jumbo bereits mehrere Grenzen mit völlig unterschiedlichen Landschaften überquert.

Eine halbe Stunde noch bis Sydney. Die Landschaft im Bullaugenausschnitt hatte sich total verändert. Da waren jetzt dunkelgrüne Wälder, über denen ein seltsamer blauer Schleier lag.

Die Karte im Bordmagazin klärte uns auf: Wir flogen gerade über die Blue Mountains im Nordwesten der Metropole Sydney. Später erfuhren wir, dass der blaue Schleier durch den Austritt ätherischer Öle aus den Millionen von Bäumen kommt.

Die Bebauung wurde dichter, einige schnurgerade Straßen durchzogen die Landschaft, kleinere und größere Seen reflektierten das Licht der aufgehenden Sonne zu uns nach oben, als ob jemand mit Spiegeln einen Willkommensgruß heraufschickte.

»Guten Morgen, Australien!«, flüsterte ich durchs Fenster nach unten.

»Was sagst du?«

Gundel schob die Augenklappe hoch und blinzelte verschlafen in die Kabine.

»Wie lang brauchen wir noch?«, wollte sie wissen.

»Eine halbe Stunde, dann haben wir's geschafft!«

Der Anflug von Norden her über die Stadt war atemberaubend. Links und rechts lag sie da, die Perle im südlichen Pazifik, die Vier-Millionen-Metropole, die man nicht zu Unrecht als eine der schönsten Städte der Welt bezeichnet. Port Jackson, der Hafen von Sydney, war auch zu dieser frühen Morgenstunde schon sehr lebendig. Fähren und große Frachtschiffe zogen weiße Linien durch das tiefblaue Wasser, dazwischen die Heckwirbel der überschnellen »Jet-Ferries«, die die *early birds*, die Frühaufsteher, zum Geldverdienen in die Stadt brachten.

Die Boeing 747 landete fast auf die Minute pünktlich auf der ins Wasser gebauten Landebahn des internationalen Flughafens von Sydney. Nach einunddreißig Stunden hatte uns die Erde auf der anderen Seite des Globus wieder. Was würde uns erwarten?

Zunächst erwarteten uns, auch um diese frühe Stunde, auffallend freundliche Zollbeamte, zumindest solange die Ankömmlinge die vorher ausgegebenen Formulare wahrheitsgemäß ausgefüllt und unterschrieben hatten.

Es war Juli, also im australischen Winter des Jahres 1982. Die Temperaturen waren natürlich nicht mit unseren zu vergleichen.

Ein schöner Wintertag brachte es immerhin noch auf fünfzehn bis zwanzig Grad Celsius, und die meisten Australier sind, was Kleidung betrifft, recht abgehärtet und ohnehin weniger formell als wir Europäer. Weißes, kurzärmeliges Hemd, im Geschäftsbereich allerdings mit Krawatte, kurze Hose mit Knie- oder überhaupt keinen Strümpfen sowie die abenteuerlichsten Ausführungen von Sandalen. Für unsere Augen und für unseren Geschmack immerhin gewöhnungsbedürftig. Inneraustralische Flüge tritt der waschechte »Aussie« auch schon mal gerne barfuß an.

Nachdem sich die gläsernen Türen, die den Zollbereich von der erwartungsfrohen Menge trennten, geöffnet hatten, sahen wir uns solcherart gekleideten Australiern gegenüber, die in der riesigen Ankunftshalle auf ihre Lieben warteten. Unter ihnen stachen drei Figuren durch ihre Aufmachung sofort heraus: Erich und Edith Glowatzky sowie eine zierliche ältere Dame mit einem Korb wundervoller Kamelienblüten in verschiedenen Farben. Und dann umarmte uns australische Gastfreundschaft. Nancy Bird hatte sogar Tränen in den Augen, oder zumindest im linken, was im Gegensatz zu der sonoren Stimme stand, mit der sie uns begrüßte.

»*I hope you had a good flight?*«

Sie sagte das so, als hätte sie selbst die Maschine gesteuert, mit der wir gerade an die zehntausend Kilometer zurückgelegt hatten.

Jetzt aber, gegen 5.30 Uhr, zeigten die Glowatzkys erst einmal, was australische Gastfreundschaft bedeutet.

»Ihr müsst doch hungrig sein nach dem langen Flug?«

Für das Gepäck hatte Erich Glowatzky ein Taxi reserviert. Es ging zum »Sebel Townhouse«, einer Luxusabsteige für Künstler. Sie lag in einer Seitenstraße im Rotlichtviertel von King's Cross, einer Art Reeperbahn – nur gefährlicher, wie man uns erklärte.

Erich hatte ein Champagnerfrühstück arrangiert, bei dem er uns seine Pläne für die nächsten Tage unterbreitete.

»Morgen Abend haben wir in unserem Haus in Killara einen Empfang für euch organisiert. Der Präsident des Saarländischen Landtags und der deutsche Generalkonsul kommen auch. Übermorgen wird Nancy euch die Stadt zeigen, und sicher werdet ihr morgen, auf unserer Party, ein paar interessante Einladungen bekommen.«

Da saßen wir nun in aller Herrgottsfrüh auf der anderen Seite des Globus in einem Hotel, in dem das Personal schon um diese Zeit überaus freundlich war, betreut von einem alten Migrantenehepaar und einer VIP-Vertreterin des fünften Kontinents, und fühlten so etwas wie aufkommende Liebe auf den ersten Blick.

Der folgende herrliche Tag bestätigte dieses Gefühl. Eine Brise vom Pazifischen Ozean stieg uns in die Nase. Die Luft war wie Seide, die Menschen freundlich – es gefiel uns, was wir sahen, hörten und rochen: der Hafen von Sydney, die Stadt, die Skyline, der Centre Point, das Opernhaus und der »Coathanger«, die beiden Wahrzeichen von Sydney, sicherlich eine der schönsten Städte der Welt.

Der Abend im noblen Bungalow von Erich und Edith Glowatzky hielt mehr, als der Hausherr versprochen hatte. Das stattliche Haus war von einem exotischen Garten mit Pool umgeben. Alles war festlich beleuchtet und durchzogen von köstlichen Düften, teils vom Barbecue, teils von Blüten und Sträuchern wie zum Beispiel meterhohem Lavendel. Die Atmosphäre zeugte von Wohlstand und vom Geschmack eines sicherlich hoch bezahlten *interior decorator*. Die Stimmung war unbeschwert fröhlich – und laut. Untrügliches Erkennungszeichen australischen Wohlbehagens und guter Laune ist die Lautstärke, wie wir rasch lernten.

Es waren Künstler geladen, große, uns noch völlig unbekannte Namen aus allen Medienbereichen, aber auch Geschäftsleute, Politiker und Diplomaten, und es war erkennbar, welchen gesellschaftlichen Rang unsere Gastgeber innehatten. Da der Empfang für uns stattfand, waren alle bemüht, uns davon zu überzeugen, welche Ehre uns da zuteil wurde. Und es hagelte Einladungen. Jeder wollte uns etwas Gutes tun, uns verwöhnen, uns etwas Besonderes zeigen. Meine Jackentasche beulte sich bald ob der Fülle von Visitenkarten, einfache, doppelte, gedruckte, geprägte, in Schwarz-Weiß, in Farbe und in Gold.

Eine besonders schöne gehörte dem Generalkonsul der Bundesrepublik Deutschland für New South Wales und Queensland, Dr. Gottfried Pagenstert. Der Mann war eine stattliche Erscheinung, groß, schlank, grau meliert. Fast noch bemerkenswerter war seine Frau Elena: eine faszinierende norditalienische Schönheit, die sehr amüsant in mindestens fünf Sprachen parlierte.

Schon am nächsten Tag holte uns Seine Exzellenz zu einer ausgedehnten Stadtrundfahrt ab. Er erklärte uns die Bedeutung der über vierhundert Stadtteile, die in einem ständigen Wettstreit miteinander liegen. Einmal im Jahr wird die Rangfolge in den großen Tageszeitungen veröffentlicht, wonach sich Mietpreise und Verkaufswert der Immobilien richten.

In Australien ist der Stadtteil, in dem man wohnt, eine Art Statussymbol. Eine veränderte Einkommenssituation zeigt sich zuerst an der Art, wo und wie man wohnt. Normalerweise nimmt der Mieter oder Besitzer einer Wohnung beim Auszug so gut wie nichts mit, lässt Vorhänge und Lampen, wo sie sind, und sorgt dafür, dass am *inspection day*, an dem interessierte Nachfolger die künftige Bleibe besichtigen können, dieselbe einladend nach frischem Brot und Kaffee duftet.

Seit Jahrzehnten rangiert auf dieser Stadtteilliste Point Piper als die unbestrittene Nummer eins. Hier liegen die Villen und Paläste der Reichen, natürlich am Wasser des Port Jackson – und am besten zu besichtigen vom Deck eines der unzähligen Schiffe aus, die in langsamer Fahrt das Millionärsparadies abfahren und über Lautsprecher Größe, Wert und Besitzer kundtun. Gottfried Pagenstert zeigte uns dieses Eldorado von der Straßenseite her. Nicht weniger imposant, mit großzügigen Auffahrten und prächtigen Parkanlagen.

Point Piper ist ohne Zweifel etwas Besonderes. Allein die Geschichte, wie der Stadtteil zu seinem Namen kam, ist erzählenswert. Irgendwann zu Beginn des 19. Jahrhunderts landete, nach acht Monaten stürmischer Überfahrt über die Weltmeere, Kapitän John Piper mit seiner Mannschaft im Hafen von Port Jackson und ließ eines seiner Rettungsboote zu Wasser, um sich an Land rudern zu lassen. Auf halbem Weg entdeckte er den nackten Körper einer Schwimmerin. Sie muss den Kapitän in seiner Galauniform mit so entsetzten Augen angesehen haben, dass John Piper seinen Matrosen befahl, sofort kehrtzumachen. Keiner sollte es wagen, sich nach der Frau umzudrehen, sonst würde er ihn kielholen lassen.

Die Dame war die Frau von Lachlan Macquarie, dem Gouverneur der britischen Kolonie New South Wales, der als der Begründer Australiens gilt. Zum Dank dafür, dass sich Kapitän John Piper wie ein Gentleman benommen hatte, verfügte der Gouverneur, dass die ganze Bucht in Zukunft den Namen Point Piper tragen sollte.

Ob Captain John Piper den persönlichen Dank der Lady entgegennehmen konnte, ist nicht bekannt – und wenn die ganze Geschichte nicht wahr sein sollte, so ist sie zumindest gut erfunden.

Über Watson's Bay mit dem weltberühmten Fischrestaurant »Doyle's« kutschierte Gottfried Pagenstert uns müde gewordene Touristen in Richtung Residenz des Generalkonsuls, die natürlich ebenfalls in Point Piper lag.

»Meine Frau erwartet Sie zum Tee!«

Elena Pagenstert zeigte sich hocherfreut über unseren Besuch und war die perfekte Gastgeberin. Süßes Gebäck sowie ausgesuchte Delikatessen waren aufgetischt. Die Anrede »Frau Generalkonsul« ließ sie nicht gelten.

»Lassen Sie das, ich bin Elena – und Sie beide sind wohl Blacky und Gundel?«

Irgendwann sah ich auf die Uhr und erschrak. Wir hatten uns

so angeregt unterhalten, dass sich unser Besuch zum Tee bereits weit über eine Stunde ausgedehnt hatte. Also suchte ich nach einem guten Abgang, wie sich das gehört.

»Das kommt nicht infrage!«, beschied uns Elena. »Ich bin Italienerin! Jetzt gibt es erst mal ein paar ordentliche Spaghetti!«

Also blieben wir, und zwar bis weit nach Mitternacht.

Sydney war für uns wie ein Traum. Was uns am meisten begeisterte, war die Freundlichkeit der Menschen. Hielten wir in der Vier-Millionen-Stadt irgendwo einen Augenblick inne, um uns etwas anzusehen, blieb garantiert plötzlich jemand neben uns stehen und fragte auf Englisch: »Sucht ihr was? Kann ich euch helfen?«

Selbstverständlich verfuhr ich mich auf unserer ersten Fahrt im Mietwagen gründlich. An einer Ampel drehte ich das Fenster herunter und fragte den Nachbarn nach dem rechten Weg. Der hörte meinen Akzent, sah mich kurz lächelnd an und meinte nur: »*Follow me!*« Damit preschte er davon. In Sydney prescht man gerne. An der nächsten Ampel wollte ich die Gelegenheit nutzen und mich wenigstens bedanken.

»Das ist sehr nett von Ihnen! Ich hoffe, Sie haben den gleichen Weg?«

»Nein, aber es macht mir Spaß«, war die verblüffende Antwort, und wieder preschte er voran.

An der Stelle, wo sich unsere Wege trennten, hielt er kurz, zeigte mir eine Einbahnstraße, die uns direkt nach Elizabeth Bay bringen würde, und fuhr mit einem freundlichen »*Have a nice time in Sydney, mate!*« davon.

Drei Wochen hatten wir für unsere erste Reise nach Australien geplant. Doch schon in der ersten Woche wurde klar, dass die Zeit kaum reichen würde, um auch nur die wichtigsten Attraktionen von Sydney kennenzulernen. Es erwies sich als ein Segen, dass sich unsere Gastgeber mit Rat und Tat mehr oder weniger rund um die Uhr um uns kümmerten.

Elena Pagenstert und Nancy Bird lösten sich als Fremdenführerinnen ab und »verkuppelten« uns regelrecht mit dieser Stadt. Wieder einmal, wie schon so oft, wenn wir für längere Zeit an einem Ort waren, der uns besonders gut gefiel, spielte ich mit dem Gedanken, dort sesshaft zu werden. Gundels Einspruch kam normalerweise immer gleich und sehr bestimmt: »Nix da, wir gehen nach Hause, wo wir hingehören!«

Hier in Sydney klang es auf einmal anders: »Jetzt sind wir ja erst ein paar Tage hier. Mal sehen, wie's weitergeht.«

Am Ende der drei Wochen stand für uns auf jeden Fall fest: Wir würden im nächsten Jahr wiederkommen.

Im Jahr darauf, 1983, zogen wir auf Einladung von Elena und Gottfried Pagenstert in das Gästezimmer der Residenz des Generalkonsuls ein.

»Fühlt euch wie zu Hause!«, sagte Elena und meinte es auch so, wie wir sehr schnell konstatierten. Wir konnten uns tatsächlich wie Familienmitglieder fühlen. Der Generalkonsul war wenig zu sehen, er war permanent unterwegs durch sein Riesenreich, die beiden Bundesstaaten New South Wales und Queensland. Beide sind um ein Mehrfaches größer als Deutschland. Wenn er da war, versuchte er vergeblich, meine Begeisterung für Besuche in deutschen Clubs zu wecken, wo Schuhplattler oder andere landsmannschaftliche Bräuche dargeboten werden. Wir waren jedoch viel mehr an der Lebensart der Australier und der Ureinwohner interessiert. Elena opferte uns ihre kostbare Zeit, um unseren Wissensdurst zu befriedigen.

Eines Tages – Gundel und ich gingen mal wieder durch den hinreißend schönen, nahe gelegenen Botanischen Garten – nahm mich meine geliebte Frau unvermittelt bei der Hand und fragte: »Wäre es nicht schön, wenn wir uns hier was kaufen würden?«

Ich hätte fast einen Luftsprung vollführt.

»Es wäre großartig, aber was und wo?«

»Fragen wir Elena und Gottfried oder Erich und Edith!«

Elena war sofort Feuer und Flamme, als wir ihr von unserem Vorhaben berichteten.

»Ab morgen fahre ich euch durch die verschiedenen Stadtteile, die infrage kommen. Natürlich wäre es hier, in Point Piper, am schönsten.«

»Aber auch am teuersten«, wagte ich zu bemerken.

Ab sofort sahen wir keine Wolkenkratzer mehr, keine Parks und Resorts, sondern konzentrierten uns auf Apartments, Wohnungen und die vielen wunderschönen kleinen Stadthäuser aus den Anfangsjahren der Kolonie. Sie sind aus Sandstein gebaut und haben Balkone mit kunstvoll geschmiedeten Eisengeländern und prachtvollen Blumenkästen.

Eines frühen Morgens trommelte Elena an die Gästezimmertür.

»Bitte aufstehen, schnell anziehen, da ist eine Wohnung auf dem Markt, ganz in der Nähe. *Waterfront!!!*« Sie klang aufgeregt. »Und heute ist *inspection day* – wir müssen sofort los!«

Tatsächlich fuhren wir nur um zwei Ecken, passierten den berühmten Royal Yacht Club und hielten hundert Meter weiter links vor einer großen schneeweißen Villa mit einem schwarzen Walmdach.

»Es ist die Wohnung im Erdgeschoss«, erklärte Elena begeistert. »Mit Garten zum Wasser hin!«

Offensichtlich war das Anwesen früher die Stadtvilla einer wohlhabenden Familie gewesen. Später wurde der Besitz geteilt, die untere Wohnung wurde verkauft und bekam einen Seiteneingang. Dort erwartete uns der Makler. Beim Eintreten traf uns fast der Schlag. Alles war grün! Der Boden, die Wände, die Vorhänge, die Decke – alles grün.

»Das braucht viel weiße Farbe«, sagte Gundel leise und hielt sich an mir fest.

Doch der Blick aus dem Panoramafenster entschädigte uns für diese grüne Hölle: Vor uns lag der Hafen, Jachten segelten vorbei, Jet-Fähren zogen hohe weiße Heckwellen nach sich, riesige

Containerschiffe bahnten sich ihren Weg in Richtung Industriehafen. Direkt vor uns lag Shark Island, eine kleine, kreisrunde, mit Palmen bewachsene Insel mit einem Landungssteg. Es sah aus wie eine überdimensionale Postkarte, kitschig und wunderschön. Eine leichte Brise trieb kleine Schaumkronen über die Wellen, und darüber lachte die Sonne. Allein der Gedanke, man könnte unter Umständen jeden Morgen beim Frühstück dieses Bild inhalieren, machte fröhlich. Gundels Händedruck wurde immer fester. Sie schien Feuer gefangen zu haben. Auf jeden Fall entsprach das Objekt unserem Spruch in solchen Situationen: »Bei der Suche nach einer Wohnung oder einem Haus beachte drei Bedingungen: Location – location – location! Lage, Lage, Lage!«

Auch Elena und ihr Mann fanden, dass dieses »halbe Haus« eigentlich genau richtig für uns sei. Nun fehlte nur noch die alles entscheidende Stellungnahme von Erich Glowatzky. Er kam, sah und nickte.

»Des koofste, da verlierste kein Geld«, sagte er auf Sächsisch, und damit war der Kauf besiegelt. Der Rest war Formsache. Plötzlich waren wir Eigentümer einer Wohnung an einer der vornehmsten Adressen der Weltstadt Sydney.

Bevor wir zurück nach Deutschland mussten, wollten wir zeigen, dass wir nicht nur dankbar für die Hilfe waren, die uns in Sydney zuteil geworden war, sondern dass wir ernste Absichten hatten, beruflich hier tätig zu werden, und dafür die wichtigsten Leute kennenlernen wollten.

»Gebt eine Einladung«, schlugen die Pagensterts vor, »wir stellen unser Haus zur Verfügung!«

Das war mehr als großzügig.

»Nein, das können wir nicht annehmen«, entgegneten Gundel und ich. »Es sollen an die hundertfünfzig Gäste werden. Ein guter Einstand.«

»Wie wäre es dann mit der Reception Hall im Opernhaus?«

Das war's! Wenn schon, denn schon! Grundig Australien stellte uns mehrere der größten Fernsehgeräte zur Verfügung, die wir im Saal verteilten. Auf jedem der Monitore sollte ein anderer Film von mir laufen. Die Gäste sollten sehen, »mit wem sie es zu tun hatten«.

So liefen am fraglichen Abend im Sydney Opera House auf den großen Bildschirmen verschiedene Produktionen, von *Auf los geht's los* bis zu *Heut' abend*, und zeigten der ahnungslosen Schar erlauchter Gäste, was ihr Gastgeber eigentlich machte.

Der Abend war vorbereitet worden wie ein diplomatischer Staatsempfang. Die Pagensterts und wir standen nebeneinander am Eingang und begrüßten die Gäste.

Nach hundertfünfzig geschüttelten Händen und der Versicherung: »*How nice to meet you – we wish you a pleasant evening!*«, wussten wir, wie anstrengend solche diplomatischen Empfänge sein können. Schon bald sahen wir, dass die Gäste in Gruppen vor den Fernsehgeräten standen und sich interessiert ansahen, was da über die Bildschirme flimmerte.

»Ich glaube, das hat geklappt!«, sagte Gottfried Pagenstert, »mit der Einladung dürftet ihr in die Sydney-Society aufgenommen sein.«

Und so war es.

Als wir im nächsten Jahr wieder in Sydney einliefen, verwandelten wir die »grüne Hölle« in ein lichtdurchflutetes weißes Paradies, durch Spiegeleffekte optisch vergrößert, mit einem atemberaubenden Blick über das Wasser des Port Jackson, in dem die Segeljachten zu Dutzenden ihre Regatten fuhren. Natürlich gab es bei der Einweihungsparty auch einige wenige kritische Anmerkungen, zum Beispiel, dass wir von der berühmten Harbour Bridge nur das nördliche Ende sehen konnten. Der volle Blick auf die Brücke, den »Kleiderbügel«, wie sie von den Einheimischen genannt wird, gilt in Sydney als Statussymbol. Auf diesen Blick sollten wir noch zwanzig Jahre warten, aber das ist eine andere Geschichte.

294

Unsere Australienaktivitäten hatten sich in Deutschland herumgesprochen. Von überall kamen Fragen zum fünften Kontinent. Australien schien für viele eine besondere Faszination zu haben, was nicht selten zu völlig falschen Vorstellungen von einem Schlaraffenland führte, in dem Milch und Honig fließen. Australien ist alles andere als das. Allerdings bot das Land damals wie heute Chancen für Leute mit Ideen und solche, die sich vor keiner Arbeit scheuen. Europäische Hybris funktioniert nicht. Wer kommt und meint, alles besser zu können, gerät schnell ins Abseits. Irgendwelche Abschlusszeugnisse oder Titel gelten nicht mehr als das Papier, auf dem sie stehen.

Um die Weihnachtszeit des Jahres 1987 begann Sydney sich auf ein Ereignis vorzubereiten, dessen Feierlichkeiten alles bisher Dagewesene übertreffen sollten: der zweihundertste Jahrestag der Ankunft der »First Fleet« unter dem Kommando des britischen Captains Arthur Phillip am 26. Januar 1788. Mir kam die Idee, André Heller, der gerade mit seinen riesigen Feuerwerksspektakeln *Theater des Feuers* und *Sturz durch Träume* in Lissabon und Westberlin Millionen von Menschen begeistert hatte, zu fragen, ob er so etwas vielleicht auch in Sydney machen könnte. André war begeistert und sprühte sofort vor Einfällen.

»Wir lassen die First Fleet von 1788 noch mal in den Hafen von Sydney einfahren, aber diesmal nicht übers Wasser, sondern am Himmel!«

Das klang großartig. Dem damaligen *Lord Mayor*, dem Oberbürgermeister von Sydney, gefiel die Idee, und er schickte einen Vertreter nach Wien, um das Projekt in der Heller-Werkstatt zu diskutieren. Gleichzeitig wurde unser Wohnzimmer in Sydney zu einem kleinen Vorführraum umfunktioniert. Vor dem großen Fenster zum Hafen stand wieder einer der großen Monitore. Auf ihm konnten die Gäste sehen, welche Wirkung Hellers Feuertheater vor der Hafenkulisse haben würde.

Der Abend war ein voller Erfolg, die Begeisterung der Anwesenden während der Vorführung wurde immer größer.

»Ich werde dafür sorgen, dass ihr die Unterstützung der Navy bekommt«, sagte Admiral Griffiths, der pensionierte Kommandant des damals einzigen australischen Flugzeugträgers, »Pontons und alle Wasserfahrzeuge, die ihr braucht. Kostenlos natürlich!«

»Was glauben Sie, was das kosten wird?«, wollte Stephen Hall, der Direktor des populären alljährlichen »Sydney Festival«, von mir wissen.

»Kommt auf die Verhandlungen an«, erwiderte ich. »Wenn wir das Merchandising bekommen, kostet es die Stadt wahrscheinlich gar nichts.«

Zur Vermarktung des Projektes gehörten nämlich so einträgliche Dinge wie der Verkauf von Anstecknadeln, die gleichzeitig als Zugangsberechtigung zum Hafengelände gelten sollten, Programme für die geschätzten rund zwei Millionen Besucher sowie Lizenzen für alle, die während des Spektakels irgendetwas verkaufen wollten, von der Bratwurst bis zum Regencape.

Nur einer schien die allgemeine Begeisterung nicht zu teilen: Stephen Hall. Nach Beendigung der Vorführung sagte er lange Zeit gar nichts. Kein gutes Zeichen. Und dann bemerkte er in die allgemeine Begeisterung hinein: »Das ist ja alles ganz schön und gut, aber ich sehe da ein Problem. Wir können unmöglich das größte Spektakel unserer Zweihundertjahrfeier von zwei Ausländern veranstalten lassen: Mister Heller ist Österreicher, Mister Fuchsberger ist Deutscher. Die Zweihundertjahrfeier der Stadt Sydney sollte ein australisches Ereignis werden!«

Peinliche Stille herrschte im Raum.

»Ich habe da einen jungen Mann aus bester Familie«, fuhr er fort.

»Und an welche Funktion denken Sie bei diesem jungen Mann?«, wollte ich wissen.

»Wir könnten seinen Namen als Ideenträger benutzen. Die Familie würde das sehr begrüßen!«

»Und mein Partner André Heller würde mich mit Recht in den Hintern treten!«, entgegnete ich.

Die anwesenden Honoratioren verfolgten gespannt den Verlauf des nun folgenden Schlagabtausches.

»Wollen Sie denn nicht einsehen, dass eine derartige Veranstaltung am australischen Feiertag ein rein australisches Ereignis sein muss?«, fuhr Hall fort.

»Nein, das sehe ich nicht ein, denn alle Zulieferungen und die gesamte Pyrotechnik kämen aus Australien. Angenommen, einer der kulturellen Höhepunkte der Zweihundertjahrfeier wäre eine Ausstellung von Picasso, würden Sie dann auch den Namen Ihres jungen Mannes aus guter Familie unter die Exponate setzen?«

Vielleicht war das etwas zu heftig. Mister Hall war mir auf die Füße getreten, ich trat zurück. Ein paar Minuten später verließ er die Gesellschaft.

Er war mächtig genug, unsere schöne Idee zu kippen. Sollte meine Unbeherrschtheit dazu geführt haben, so bereue ich es nicht. Schließlich spendierte der Millionär Allan Bond ein normales Feuerwerk. Wie schade!

Mir wurde bewusst, dass es auch in Australien »menschelt« und dass auch hier nationale Interessen vertreten werden. Der Satz, den ich so häufig hörte: »Ja, wenn du Australier wärst, wäre das kein Problem…«, brachte mich schließlich auf den Gedanken, unsere Bindung an dieses Land zu vertiefen, indem wir eine ständige Aufenthaltsgenehmigung, eine *Permanent Residency*, beantragten. Ein schwieriges Unterfangen. Die Genehmigung gilt für jeweils fünf Jahre und erlaubt es dem Inhaber, jede Arbeit im Land anzunehmen, Grundbesitz zu erwerben, ein Geschäft zu betreiben oder den Führerschein zu machen. Außerdem muss man drei der fünf Jahre zusammenhängend im Land bleiben, wenn man die Genehmigung nicht wieder verlieren möchte, und das war in unserem Fall ja nicht möglich. Trotzdem bekamen wir das wertvolle Papier.

Je länger wir uns mit den Gegebenheiten unserer zweiten Heimat befassten, desto klarer wurde uns, dass auch auf der anderen Seite der Erde die Bürokratie das Leben weitgehend bestimmt.

Und trotz der unglaublichen Freundlichkeit der Menschen sind auch in Australien an sich als deutsche Untugenden bekannte Charaktereigenschaften wie Neid und Missgunst keineswegs unbekannt. Das bekamen wir schon bald in unserem Haus zu spüren.

Die über uns wohnenden Nachbarn, ein Geschwisterpaar, gehörten leider zu der Sorte von Menschen, die andere nicht gerne in Frieden leben lassen. Nach außen hin sehr freundlich, versäumten sie keine Gelegenheit, uns klarzumachen, dass wir Fremde waren. Der Streit eskalierte schließlich, als wir beschlossen, an unseren Hausteil eine Terrasse zur Hafenseite hin anzubauen. Nach anfänglichem Zögern eröffneten sie uns, dass sie damit nicht einverstanden seien.

Damit begann ein Grabenkrieg, der sich in vielen kleineren und größeren Piesackereien äußerte. Was immer wir taten, fand das Missfallen unserer Nachbarn, die gerne darauf hinwiesen, dass sie länger dort wohnten als wir, also ein gewisses Gewohnheitsrecht hätten.

Das waren vielleicht die ersten bitteren Tropfen im Kelch unserer Begeisterung für Australien. Mit Sicherheit aber begannen damit die ersten Überlegungen, ob die Wunulla Road in Point Piper unsere letzte Station bleiben würde.

Zwei Mäntel kälter

Während sich die Zeit in Australien mehr und mehr zu einem aufregenden Abenteuer in einer anderen Welt entwickelte, brauten sich zu Hause dunkle Wolken zusammen. Beruflich geriet die Arbeit zu einer Art Wechselbad. Die einen tadelten meine »verbalen Entgleisungen« in den Samstagabend-Shows, die anderen hielten mich für einen »Softie« bei den Talkshows. Plötzlich kümmerten sich auch *Spiegel* und *Stern* in schmerzlicher Weise um meine Unzulänglichkeiten und machten mir damit das Leben ziemlich schwer.

Das Ende von *Auf los geht's los* kam unaufhaltsam näher. Besonders die negative Beurteilung der Sendung durch die sogenannten Entscheidungsträger tat mir und dem Team weh. Im Lauf der Jahre waren wir zu einer Familie zusammengewachsen. Zu dieser Familie gehörten bei den jeweiligen Koproduktionen auch die Teams des SDR, des WDR und des BR. Nicht wenige sagen heute noch, dass die Arbeit für *Auf los geht's los* die schönste Zeit ihres Berufslebens gewesen sei. Ein schöneres Kompliment gibt es nicht. Wir waren ein eingeschworener Haufen, es gab keinen festgelegten Arbeitsbeginn und kein Arbeitsende, bevor nicht getan war, was getan werden musste. Wenn es sein musste, arbeiteten wir auch rund um die Uhr. Jeder, der dabei war, war gleich wichtig, wurde gehört, und seine Ratschläge wurden akzeptiert, wenn sie gut waren.

»Bei uns gibt's keine Phrasenkiller« war die Devise, jeder durfte sagen, was er dachte – und das war gut so!

Wenn ich heute Gast in großen Sendungen bin, sehe ich diesen familiären Zusammenhalt leider nicht mehr. Man kommt zusammen, macht, was von einem erwartet wird, und geht in den meisten Fällen danach sang- und klanglos wieder auseinander. Wie schade!

Währenddessen wuchs in Sydney die Vorfreude auf die Zweihundertjahrfeier, und die Spannung, was zu diesem Ereignis wohl alles erfunden und erdacht werden würde, stieg ins Unermessliche. Der Fantasie schienen keine Grenzen gesetzt, die Vier-Millionen-Stadt machte sich selbst besoffen.

Nachdem unsere Flügel so herb gestutzt worden waren, hielt sich unser Engagement etwas in Grenzen. Nicht als aktive Mitfeierer, sondern als kritische Zuschauer würden Gundel und ich am Rande stehen und bemängeln, was uns nicht gefiel. Und das sollte es gewesen sein? Mir kam da eine Idee.

»Wenn wir mit *Auf los geht's los* nicht weitermachen, hätte ich einen Wunsch«, sagte ich eines Tages zu Hans Hirschmann, dem Leiter der Hauptabteilung Unterhaltung-Fernsehen beim Südwestfunk Baden-Baden.

»Und der wäre?«

»Ich würde gerne einen Dokumentarfilm über die Zweihundertjahrfeier von Sydney drehen!«

Hirschmann war nicht nur ein kluger Taktiker, sondern ein lang gedienter und sehr erfahrener Angestellter einer öffentlich-rechtlichen Sendeanstalt. Zuerst reagierte er daher freundlich-ablehnend. Aber, wie man in Bayern sagt: Durchs Reden kommen die Leut zusammen ... Also fanden wir am Ende eine beide Seiten befriedigende Lösung, und der Weg für eine lange und erfolgreiche Dokumentarserie war frei.

Die erste Folge von *Terra Australis* sollte 1988 mit einer Doppelausgabe starten: »Sydney – Perle am Pazifik« – und »Sydney – Eine Stadt feiert Geburtstag«. Entscheidend für die Zustimmung des Südwestfunks war sicherlich unser Vorschlag gewesen, vor

Ort mit einem ortskundigen australischen Team zusammenzuarbeiten.

Unsere vordringlichste Aufgabe war es daher, ein komplettes, erfahrenes Team mit Kamera, Ton, Fahrzeugen und Personal zu finden, mit dem wir durch den fünften Kontinent reisen wollten.

Über eine junge Dame, die unter den Gästen unseres Empfangs im Sydney Opera House gewesen war und sich guter Beziehungen im Medienbereich erfreute, kamen wir an einen mit allen Wassern, auch Hafenwasser, gewaschenen Kameramann, der sich erbot, mit seinen *boys* den Film über die Zweihundertjahrfeier zu drehen.

»Wir drehen, solang es was zu sehen gibt, ob Tag oder Nacht«, erklärte er mir. »Du sagst uns einfach, was du willst! Ist das okay?«

Es war okay, und alles wartete auf den 26. Januar 1988. Der Australia Day ist der Festtag zur Erinnerung an Captain Arthur Phillip, der mit seiner Flotte – elf Schiffe unter Führung seiner *Sirius* – die Einfahrt in den Naturhafen Port Jackson entdeckt hatte. An der Stelle, an der sie landeten, hissten sie die britische Flagge und gaben ihr den Namen »Sydney Cove«, zu Ehren ihres Auftraggebers, des britischen Innenministers Lord Sydney. Die Überlieferung sagt, dass neben Soldaten und Sträflingen auch ein Bulle, vier Kühe, vierundvierzig Schafe und einige Kaninchen an Bord waren.

Am 26. Januar 1988 hatten sich an die siebentausend Schiffe im Hafen von Sydney eingefunden.

»Der Tag, an dem man zu Fuß über den Hafen gehen konnte«, sagten die Sydney-Sider, die so etwas noch nie erlebt hatten. Die größten Kreuzfahrtschiffe aus aller Welt, die schönsten und teuersten Jachten der cleversten Steuerhinterzieher und unzählige mittlere, kleine und kleinste Hobbyboote hatten sich versammelt, um den Nationalfeiertag bei strahlender Sonne in einem der schönsten Häfen der Welt zu feiern.

Unser Boot war auf den Namen *Calypso* getauft und gehörte

zur repräsentativen Ausgabe von Jachten, die die Bosse großer Industrieunternehmen im Land unterhielten. Die *Calypso* trug das Signet des deutschen Unternehmens MAN und wurde meisterhaft vom Boss durch das Gewühl gesteuert. Wir hatten die Pressefahne gehisst, die es uns erlaubte, unbegrenzt hin und her zu manövrieren, um die bestmöglichen Filmaufnahmen für das deutsche Fernsehen zu bekommen. Als Nebeneffekt kam an diesem Tag dazu, dass sich in mir der heftige Wunsch entwickelte, eines Tages selbst die Motorjacht-Lizenz zu erwerben.

Schwer, das Bild zu beschreiben, das sich der Kamera bot, als hinter der Harbour Bridge die voll aufgetakelten *tall ships* aus aller Welt auftauchten und unter der Brücke durchsegelten, teilweise nur mit wenigen Zentimetern Abstand zwischen Mastspitze und Brücke. *Tall ships* sind die alten Segelschulschiffe der Marine der Länder an den Weltmeeren, herrliche Drei- und Viermaster, Repräsentanten der christlichen Seefahrt. Wir konnten nur hoffen, dass es dem Kameramann gelungen war, die Bilder dieses unvergesslichen Tages im Hafen von Sydney angemessen einzufangen.

Als wir den fertig geschnittenen und vertonten Film in einer der Hallen auf dem Gelände der Bavaria Film in Geiselgasteig vorführten, war die Begeisterung einhellig. Sehr zu unserer Freude wurde die Musik unseres Sohnes Thomas gelobt. Er hat bei diesem ersten Film ein besonderes Gespür für die Umsetzung von Bildern in Musik entwickelt.

Der Film hatte in der ARD den erhofften Erfolg, und so wurde die Fortsetzung des Projekts beschlossen. Insgesamt wurden einundzwanzig Folgen von *Terra Australis* gedreht.

Die Folgen drei und vier brachten uns nach Queensland, in den Norden Australiens, sehr schön und sehr heiß. Langsam wurde uns bewusst, wie groß der Erdteil Ozeanien ist. Australien bedeckt eine Fläche, die achtundzwanzig Mal größer ist als die Bundesrepublik Deutschland, mit damals nur achtzehn Millionen Einwohnern. Das ist sicherlich einer der Gründe für die sprichwörtliche Freundlichkeit der Menschen. Wo so wenige

Menschen in einem so riesigen Gebiet leben, tritt man sich weniger auf die Füße, braucht man weniger Ellenbogenmentalität, um sich seiner Haut zu wehren.

Wir drehten mit dem gleichen Team wie in Sydney, der Kameramann war ein geborener »Queenslander«. Während unserer Arbeit im größten Bundesstaat Australiens hatten wir nach einem harten Drehtag, beim gemeinsamen Abendessen im Hotel, ein Gespräch, das ungeahnte Folgen haben sollte.

»Wir arbeiten gerne für Gundel und dich«, meinte der Kameramann. »Sollen wir nicht gemeinsam so was Ähnliches machen wie *In achtzig Tagen um die Welt*?«

Damit hatte er mir einen Floh ins Ohr gesetzt.

»Ich habe eine Idee, über die wir reden müssen«, sagte ich ihm beim Frühstück am nächsten Morgen. »Einen Dokumentarfilm über eine Reise rund um Australien in einer bestimmten Zeit. Wie lange würde so was dauern?«

»Na ja, das haben die Japaner schon mal probiert und sind nach einem halben Jahr gescheitert. Das Problem waren nicht die verschiedenen Zeitzonen bei uns, sondern die verschiedenen Klimazonen. Sie gehen ja bekanntlich von der Antarktis im Süden über den Wendekreis des Krebses bis hinauf an den Äquator. Dabei hast du Temperaturen von minus fünfzig Grad Celsius in der Antarktis bis plus fünfzig Grad Celsius in den Wüsten.«

»Dann wird sich der Plan kaum realisieren lassen.«

Aber der Gedanke war geboren, und einige Jahre später wurde der Traum doch realisiert. In siebenundvierzig Tagen schafften wir mit zwei Range Rovern die Umrundung des fünften Kontinents. Ein weißer Strich auf dem Asphalt im Hafen von Melbourne war die Startlinie, die wir nach siebenundvierzig Tagen und über sechzehntausend Kilometern wieder überfuhren. Damals ein Rekord, von vielen für absolut unmöglich gehalten.

Zunächst aber stand ein Film über den siebten und kleinsten Bundesstaat auf dem Plan: Tasmanien.

Diese Insel am südlichsten Ende von Australien, quasi der

Ausgangspunkt zur Antarktis, wurde uns von allen als etwas ganz Besonderes geschildert. Nicht nur was die Schönheit der Landschaft betraf, eigentlich mehr noch die Eigentümlichkeiten der Menschen, die dort »am Arsch der Welt« lebten, und die Historie der Insel, die mehr als hundert Jahre vor dem australischen Festland entdeckt worden war. Unsere Neugier wurde immer größer. Aber bevor wir uns ernsthaft mit den Vorbereitungen für den Tasmanienfilm beschäftigen konnten, teilte der Südwestfunk mit, dass *Terra Australis* trotz des Erfolgs der ersten vier Folgen aus Geldmangel leider nicht fortgesetzt werden könne. Es war ein Schlag ins Kontor.

Retter in der Not war Wolf Feller, Fernsehdirektor des Bayerischen Rundfunks, der anbot, weitere Folgen als Koproduktion zwischen dem BR und unseren Greenwood Productions zu übernehmen. Der Tasmanienfilm sollte den Anfang machen.

Der erste Schritt war ein kurzes Fax an Monica Graham, unsere Kontaktfrau in Sydney: »Suche ein tasmanisches Team für den Film!«

Als wir drüben ankamen, gab sie uns mehrere VHS-Kassetten mit Filmen von drei Produktionen. Der Film einer tasmanischen Produktion namens Eyelevel begeisterte uns besonders. Acht Tage später holte ich den Inhaber von Eyelevel, einen offenbar in Australien nicht unbekannten Mann, am Flughafen ab, um ihn kennenzulernen. Aus der Begegnung mit Robert Heazlewood sollte eine Freundschaft für den Rest des Lebens werden.

Wir vereinbarten per Handschlag, den Film über Tasmanien zusammen zu drehen, mit Robert Heazlewood als Kameramann, seinem Assistenten Toni Kingston und dem Tonmann Brendon Leonard, einem waschechten Iren, dessen irischer Singsang nur schwer zu verstehen war.

Da es bei Gundel und mir zum Prinzip geworden war, dass keine Entscheidung ohne die Zustimmung des anderen getroffen wurde, war ich gespannt, ob sie genau so positiv auf die Begegnung mit Robert Heazlewood reagieren würde.

»Ich glaube, wir könnten keinen Besseren finden«, meinte sie, »der macht nicht viel Worte, aber von dem, was er gesagt hat, glaube ich ihm jedes Wort!«

Robert hielt, was er versprochen hatte. Die Zusammenarbeit mit ihm und seinem Team erbrachte einen Film über die Insel Tasmanien, der wirklich Aufsehen erregte und der der Anfang einer Reihe von weiteren fünfzehn Folgen über ganz Australien werden sollte. Entgegen dem ursprünglichen Plan, für jedes Bundesland nur ortskundige Teams zu engagieren, blieben wir mit Robert und seinen Leuten bis zum Ende von *Terra Australis* zusammen. Es stellte sich sehr bald heraus, dass es kaum jemanden gab, der Australien besser kannte als er.

Die Dreharbeiten am Tasmanienfilm waren fast euphorisch. Jeden Tag verliebten wir uns ein bisschen mehr in die Insel. Das Klima war kühler, die Luft besser, und die Tage waren weniger hektisch als in der Millionenstadt Sydney.

Wir fingen an zu vergleichen. Mit Robert und seinem Team könnten wir sicherlich die künftigen Filme auch von hier aus organisieren, ohne ständig zwischen Sydney und Hobart hin- und herfliegen zu müssen.

»Könntest du dir vorstellen, hier zu leben?«

»Ja«, antwortete Gundel, »für die Zeit, die wir in Australien sind!«

Wir vertrauten uns Robert Heazlewood an. Er sagte nicht viel, wie es seine Art war, aber in seinen Augen war das gleiche Lächeln, das mir bei der Arbeit zeigte, ob er zufrieden war oder nicht. Am Anfang hatte ich noch die Angewohnheit, vor jeder Einstellung durch die Kamera zu sehen, ob das Bild meiner Vorstellung entsprach, und nach der Aufnahme kontrollierte ich die letzten Meter der Aufzeichnung. Aber das hörte bald auf. Ich wusste, dass Robert und ich die gleiche Vorstellung von Bildern hatten. Ich musste nur in seine Augen sehen. Wenn ich dort das Lächeln entdeckte, brauchte ich keine weitere Bestätigung mehr.

Dieses Lächeln schenkte er uns nun, als er erfuhr, welche Gedanken uns beschäftigten.

»Schön, wenn ihr zu uns kommt«, sagte er, »ihr passt zu uns!« Das ist das größte Kompliment, das einem ein »Tassie« machen kann. Die Idee nahm Formen an. Robert erwies sich als tasmanischer VIP mit besten Beziehungen und Freunden bis in die höchsten Regierungsstellen und entpuppte sich als Meister des »Öffnens von Türen«. Durch seine Vermittlung erhielten wir eine Einladung zu einer Hafenrundfahrt mit einigen Honoratioren der Stadt an Bord der *Egeria*, der Jacht des Marine Board of Hobart. Der Boss dieser hohen Behörde war der ehrenwerte *Master Warden*, Simon FitzGerald. Er gab dem Kapitän die genaue Route der Fahrt an, sodass wir Hobart jeweils aus den besten Winkeln sehen konnten. Besonders gut gefiel uns ein Streifen mit noblen Häusern am Sandstrand des Derwent River.

»Da drüben, das wär was«, meinte Gundel.

»Da ist jeder Quadratmeter besetzt«, erwiderte Robert, »aber es gibt andere Stellen, genau so schön.«

Eine davon sollte ich wenige Tage später kennenlernen, bei Dreharbeiten zu einem Interview mit dem tasmanischen Premierminister Michael Field, das uns Robert vermittelt hatte. Als Motiv hatten wir den Hausberg von Hobart bestimmt, Mount Nelson. Auf dem Gipfel steht noch heute die sorgfältig gepflegte alte Signalstation, die die Schiffe seit der Entdeckung der Insel Mitte des 17. Jahrhunderts sicher in den letzten Hafen vor der Antarktis leitete.

Um 6.50 Uhr stand das Team drehbereit auf dem Gipfel des Mount Nelson. Premier Michael Field war offenbar ein Frühaufsteher, einer, der es immer eilig hat. Maximal neunzig Minuten hatte er uns für das Interview zugestanden, um 9 Uhr musste er im Parlament die erste Sitzung leiten. Aus dem Tal hörten wir das Brummen unseres gemieteten Hubschraubers, der den Premier zu uns auf den Gipfel brachte.

Nach der Landung kam er gleich zur Sache. Die Erklärung,

306

dass ich die Absicht hatte, das Interview mit ihm am Boden zu veranstalten, mit Zwischenschnitten aus dem Hubschrauber, nahm er etwas ungeduldig zur Kenntnis, wobei er demonstrativ auf seine Armbanduhr sah.

»Wir sind drehfertig«, kam die Nachricht von Robert und Toni über Funk aus dem Helikopter, während sie enge Kreise über uns zogen.

Michael Field war von einer Eloquenz, dass wir staunten. Ohne Unterbrechung, ohne »Ööhhs« und »Äähhs« beantwortete er auch Fragen, die ich noch gar nicht gestellt hatte. Der Mann kannte sich in unserem Geschäft aus.

Um Punkt 8.30 Uhr holte sein Chauffeur ihn ab. Früher als gedacht fertig, der Hubschrauber für eine weitere Stunde gebucht und bezahlt, was macht man da?

»Wir könnten ein paar tolle Aufnahmen aus dem Hubschrauber machen«, meinte Robert. »Das Licht ist perfekt, die Luft ist glasklar, die Sonne scheint, und die Genehmigung haben wir auch!«

Es war ein unbeschreibliches Gefühl, als der *chopper* in den blauen Himmel stieg und den Blick auf die ganze Bucht des Derwent River freigab. An diesem Morgen entstand endgültig meine »Hubschrauberaufnahmen-Sucht«, über die bald das ganze Team lachte. Später zeigte sich, dass die Aufnahmen von Sandy Bay, Battery Point, der geschichtsträchtigen Tasman-Brücke, der City von Hobart, den umliegenden Inseln und dem weit sichtbaren Lauf des Derwent River, der auf seinem Weg in den Pazifik gute acht Kilometer breit wird, wirklich spektakulär waren. Die Hubschrauberinvestition hatte sich gelohnt. Die Bilder würden den Film schmücken.

Was mir während des Fluges aber zuerst ins Auge stach, war ein grüner Hügel, eigentlich schon ein Bergrücken, auf dem außer einem fast schlossartigen Klosterbau keine Häuser weit und breit zu sehen waren.

»Das ist das Kloster der Schwestern des Guten Hirten!«, brüllte der Pilot durch die Kopfhörer.

»Das wäre ein Grundstück für mich!«, brüllte ich zurück und meinte, einen guten Scherz gemacht zu haben.

Der Pilot lächelte freundlich und konzentrierte sich darauf, eine enge Kurve um den Hügel der Schwestern zu fliegen.

»Na, dann rede doch mal mit den Nonnen, vielleicht verkaufen die was?«

Tasmanien, eine Insel am Ende der Welt wurde ein Erfolg im Programm der ARD. Zurück in Grünwald, ließen uns die Erinnerungen an die Motive nicht los, und wir freuten uns auf den nächsten Film: eine Reise mit dem »Indian Pacific«, einem Luxuszug, der quer durch Australien fährt und den Pazifischen Ozean im Osten mit dem Indischen Ozean im Westen verbindet. Eine Strecke von fast viertausend Kilometern, ein Projekt, das uns das nächste halbe Jahr beschäftigen würde.

»Würden Sie bitte hier unterschreiben«, sagte der Postbote, »da ham's a Packerl aus Australien!«

Robert Heazlewood schickte uns wahrscheinlich eine VHS-Kassette mit besonders schönen Aufnahmen aus unserem Tasmanien-Film.

Aber es war etwas ganz anderes. Ein Mann namens Freddie Forstner richtete das Wort an uns.

»Ich war bei den Schwestern«, sagte er. »Die sind bereit, an euch zu verkaufen, sie wollen einen Teil ihres Berges parzellieren lassen.«

Freddie Forstner, gebürtiger Ungar, Krokodil- und Schlangenjäger, Journalist, Gastronom und Immobilienmakler, in Bayern aufgewachsen und seither der fanatischste Bayern-München-Fan und Lebenskünstler, war auf der Insel bekannt wie ein bunter Hund.

»Das ist euer Grundstück«, grinste er in die Kamera, die ihn umkreiste und dabei die schönsten Bilder der Umgebung einfing:

der Derwent River, der sich aus dem Inneren der Insel durch die Hügel dem Pazifik entgegenschlängelt, der 1200 Meter hohe Mount Wellington, zu seinen Füßen Hobart mit den alten Häusern in Battery Point und am Salamanca Place, der runde Turm des Wrest Point Hotels, der weiße Nutgrove Beach, Bruny Island, der Leuchtturm »Iron Pot« und die Bergkette von Port Arthur in der Ferne. Robert Heazlewood wusste nur zu genau, was uns gefällt.

»Hier oben kommen die Winde meist aus Süden. Ihr seid also durch den Mount Wellington geschützt, der Blick ist unverbaubar, und wenn ihr zwei Grundstücke nehmt, habt ihr Ruhe vor den Nachbarn. Ich garantiere euch einen fairen Preis von den Nonnen.«

Auch Freddie verstand seinen Job perfekt.

Danach ging alles ziemlich schnell. Im März 1991 erteilten wir über achtzehntausend Kilometer Entfernung hinweg den Auftrag, zwei Grundstücke auf einem Hügel in Tasmanien zu kaufen, den ich nur wenige Sekunden von einem Hubschrauber aus gesehen hatte. Cool – oder total verrückt? Ich war immerhin schon vierundsechzig, Gundel einundsechzig.

»*Well done*«, sagte Robert am Telefon, »ihr werdet es nicht bereuen.«

Freddie Forstner erledigte die Formalitäten für den Kauf. Wir hatten noch nicht so ganz begriffen, was wir da angerichtet hatten. Erst auf dem nächsten Flug nach Sydney beschlich uns ein mulmiges Gefühl. Natürlich hatten unsere Freunde, als sie von unseren Filmplänen auf Tasmanien hörten, uns darauf hingewiesen, dass wir uns für die Zeit dort eben damit abfinden müssten, in einer unkomfortablen Wildnis zu leben, unter Menschen, die man auf dem Festland als *doubleheaded inbreeds* – doppelköpfige Inzüchtler – bezeichnet. Wir würden uns auch schwertun, etwas zu essen zu bekommen. Kurz und gut, wir wurden drastisch auf »den Arsch der Welt« vorbereitet.

Und jetzt würden wir ihnen mitteilen, dass wir sie und Sydney verlassen wollten, um den Rest unseres Australienlebens am Rand der Antarktis zu verbringen.

Was über uns hereinbrach, war eine Mischung aus Entsetzen, Unverständnis, ungläubigem Staunen und Zweifel an unserem bis dato für relativ gesund gehaltenen Menschenverstand. Für all das gibt es den Ausruf: »*O my God!*« Dieses *O my God* ist universal und passt zu jeder Gemütsverfassung. Höchstes Glück – tiefstes Pech, höchstes Entzücken – tiefste Enttäuschung, unerträgliche Spannung – tödliche Langeweile, höchstes Lob – tiefste Verachtung.

»*O my God*, wer geht denn dort unten hin?«

Die ganze Missachtung für den von uns erkorenen neuen Wohnsitz lag in den beiden Worten »dort unten«.

»*O my God*«, meinte Vivienne, eine Galeristin mit betont gutem Geschmack, »wisst ihr denn nicht, dass es dort unten kaum ein gutes Restaurant gibt?«

Carla, Ehefrau eines australischen Admirals, meinte: »Dort unten könnt ihr das Eis für euren Whisky direkt aus dem Pool hacken, wenn ihr so etwas überhaupt haben solltet! *O my God!*«

»Da unten ist es ›zwei Mäntel kälter‹ als hier«, sagte Elena und meinte damit, dass es in Tasmanien immer saukalt sei.

Langsam drängte sich uns der Gedanke auf, dass die Wertschätzung der Festlandaustralier für die tasmanischen Insulaner ungefähr der entsprach, die die Preußen den Bayern entgegenbringen. Es gab auch andere Parallelen. Tasmanien ist flächenmäßig ungefähr so groß wie Bayern, hat aber nur knappe vierhunderttausend Einwohner. Und Tasmanien droht der Bundesregierung in Canberra bei entsprechenden politischen Entscheidungen auch gerne mit dem nie ganz ernst gemeinten Austritt aus der Föderation.

Es schien uns angezeigt, den ersten Sturm der geballten Widersprüche gegen unsere Umzugspläne vorüberziehen zu lassen, indem wir nach der Fertigstellung des Films die Flucht nach Grünwald antraten. Aber auch dort gab es Vorbehalte. Die waren allerdings weniger emotionaler Art, sondern entsprachen eher einer gewissen geschichtlichen und/oder geografischen Unkenntnis.

»Warum, um Himmels willen, geht ihr nach zehn Jahren Australien jetzt nach Afrika?«

Der Frager verwechselte Tasmanien ganz einfach mit Tansania.

Den Vogel aber schoss ein Journalist ab, der in seinem Regenbogenblättchen die Schlagzeile produzierte: »Fuchsberger zieht mit Familie zu Graf Dracula!«

Dieser Erdkundeakrobat hatte Tasmanien kurzerhand nach Transsilvanien in Rumänien verlegt, wo der sagenumwobene adlige Vampir sein Unwesen getrieben haben soll.

»Ihr werdet schon sehen, was ihr davon habt!«, bekamen wir so oder ähnlich immer wieder von unseren Münchner Freunden zu hören. »Warum gebt ihr keine Ruhe?«

Was wir davon hatten, sahen wir bei unserer Rückkehr neun Monate später. Und das verschlug uns den Atem. Wir standen vor dem ehemals grünen Hügel, der jetzt aussah, als habe ihn ein Bombenteppich getroffen. Ein Bauloch neben dem anderen, fertig zur Aufnahme von Betonplatten als Fundamente für ganz ordinäre Siedlungshäuschen. Nichts mehr zu sehen von der Schönheit des parkartigen Geländes, nichts als eine schreckliche Kraterlandschaft.

Die Schwestern des Guten Hirten waren entweder total pleite und sahen keinen anderen Ausweg als den Verkauf ihrer Latifundien, oder sie waren auf den Geschmack des Geldes gekommen und versilberten den ganzen schönen Berg.

Statt eines atemberaubenden, friedlichen Panoramas, einer frischen Brise und dem Geläut der Glocken von Hobart erwartete uns jetzt der Lärm von circa zwanzig Baustellen und mindestens dreißig Baggern, die die Erde der Maulwurfshügel hin und her schoben. Die Straßenführungen waren bereits erkennbar, und zwar so, dass man schon das Geräusch der Schaltvorgänge

311

der Autos zu hören glaubte, die über die sehr steilen Straßen frühmorgens fortfahren und abends zurückkehren würden. Gar nicht zu reden von den Rasenmähern, die dann auf circa zwanzig kleinen Grundstücken die abendliche Freizeit einheulen würden, gefolgt von zwanzig verschiedenen Gerüchen der in diesem Teil der Welt besonders gern und oft benutzten Barbecues.

»Wollten wir das?«, fragte Gundel.

Wir wollten es nicht. Wir waren zurückgekommen, um mit dem Team den Film *Indian Pacific* zu organisieren, wohnten im »Grand Chancellor Hotel« am Hafen, mit einem herrlichen Blick auf den Derwent River und Notgrove Beach in der Ferne, und waren ziemlich sauer.

»Wir brauchen frische Luft«, sagte Gundel mit Blick auf den fernen Sandstrand. »Lass uns dort über alles nachdenken.«

»Wollen wir trotzdem hierher ziehen?«, fragte ich, während wir am Strand entlanggingen.

»Ja«, antwortete Gundel, »aber hier in der Gegend werden wir wohl kaum etwas finden.«

»Also verkaufen wir die Grundstücke oben am Hügel?«

In diesem Moment entdeckte ich etwas: Ein weißes Dach schimmerte hinter einer Düne hervor, die mit Gräsern und ein paar Oleanderbüschen bewachsen war. Es zog mich die drei Meter hoch. Vor mir lag ein wundervoller Garten, an dessen Ende ein schneeweißes Haus stand, ziemlich alt, vielleicht hundert Jahre, Federation-Stil, mit fünf Kaminen auf dem Dach. Und an der Ecke des Hauses entdeckte ich etwas, das mein Herz höherschlagen ließ: ein gelbes Schild, dessen Bedeutung ich gut kannte, denn ich hatte es Tausende Male gesehen. Ich wusste, was daraufstand, auch ohne es auf die Entfernung lesen zu können: *FOR SALE*. Das Haus stand zum Verkauf.

»Komm doch mal bitte hier rauf!«

»Warum denn?«, wollte Gundel wissen, und dann war es still.

»Lass uns Freddie anrufen, der weiß sicher Näheres!«

Den konnte wohl nichts aus der Fassung bringen. Wir berichteten ihm von unserer Entdeckung, und er organisierte sofort einen Besichtigungstermin für den nächsten Tag, einen Sonntag. Wir schliefen nicht besonders gut in dieser Nacht.

»Hoffentlich gefällt es uns nicht, dann haben wir weniger Stress«, meinte Gundel, als wir am nächsten Morgen vor einer blumengesäumten asphaltierten Abfahrt standen, die unter dem überdachten Eingang zu einer schneeweißen Villa endete. Im Hintergrund sahen wir schon eine weite Rasenfläche mit einer Art Bootshaus, und dann kam der Strand.

»Oh Gott, ist das schön«, seufzte Gundel, womit bereits eine Vorentscheidung getroffen war.

Ein recht attraktives Ehepaar empfing uns mit großer Herzlichkeit – und einem brennenden Kaminfeuer an einem eigentlich ziemlich warmen Tag. Tee und Gebäck standen auf dem Tisch vor einem Panoramafenster, das den Blick in den großen Garten freigab. Unsere Augen suchten sich von Zeit zu Zeit, und wir wussten ziemlich bald: Das musste es sein!

Vielleicht hätten wir etwas genauer hinsehen sollen, aber was wir gesehen hatten, reichte für den folgenschweren Entschluss: Das »Weiße Haus von Sandy Bay« sollte unser neues Domizil werden. Freddie trat wieder in Aktion, verkaufte die Grundstücke am Hügel und bereitete die Kaufverträge vor. Innerhalb von zehn Monaten würde das Haus in unseren Besitz übergehen. So verließen wir vorerst die Insel und sahen den Reaktionen unserer Freunde in Sydney mit gemischten Gefühlen entgegen: »*O my God!*«

Die Vorbereitungen für den Indian-Pacific-Film dauerten mehrere Monate und drängten alle Gedanken an den Umzug nach Tasmanien in den Hintergrund. Die ersten vier Folgen von *Terra Australis* hatten Maßstäbe gesetzt, die Erwartung der Zuschauer an die nächste Folge war groß. In Sydney ein- und in Perth wieder aussteigen, damit war es wohl nicht getan. Robert versprach Abenteuer pur. Wir mussten aussteigen, den Zug weiterfahren lassen, drehen und anschließend auf den nächsten Zug in zwei oder drei Tagen warten. Jede Menge organisatorische Fragen waren zu lösen: Konnte das ein Team bewältigen, oder brauchten wir zusätzliche Leute? Brauchten wir eine zweite Kamera? Wo konnten wir in der endlosen Wüste, entlang dem Nullarbor, Flugzeuge oder Helikopter für Luftaufnahmen chartern? Es war ein logistisches Meisterwerk, das Robert da mithilfe der Australian Tourist Commission ablieferte.

An einem heißen Tag verließen wir in Hochstimmung den Bahnhof von Sydney Richtung Westen. In langsamer Fahrt kroch der Indian Pacific wie eine silberne Riesenschlange mit seinen achtzehn Pullmanwagen aus beschichtetem Aluminium die langen Windungen zu den Blue Mountains hinauf. Das Team hatte es sich in den Abteilen bequem gemacht, Robert in einer Einzelkabine mit Bad und Toilette, Brendon und Toni in einer Zweibettkabine, und Gundel und ich bezogen eine doppelt so große Luxuskabine, die gleichzeitig als Besprechungsraum für die Dreharbeiten diente. Dann ging es auf Entdeckungsreise. Wen wollten wir interviewen, wer fuhr bis wohin, was war im Zug interessant?

Schon nach den ersten zweihundert von viertausend Kilometern war klar, dass wir eine Menge Material verdrehen würden: Reisende aus allen Ecken der Welt und sturmerprobtes Zugpersonal, vom Lokomotivführer bis zum Barkeeper und den Bedienungen im Speisewagen, von den Köchen in der unglaublich engen Küche bis zu den Stewards, die mehr wussten, was in den Kabinen vor sich ging, als sie bereit waren, uns zu erzählen. Je länger die Reise dauerte, umso hektischer wurden wir. Es gab so vieles, das noch einzufangen war, draußen und drinnen, bei Tag und bei Nacht.

Draußen zog ab dem zweiten Tag eine immer gleichbleibende Landschaft vorbei, flach wie ein Brett und fast ohne jede Vegetation. Nach Unterbrechungen in Broken Hill und Adelaide näherten wir uns einer Station namens Cook. Dort sollte der Zug zwanzig Minuten Aufenthalt haben, um Wasser und Verpflegung aufzunehmen.

Draußen drohten rund einundvierzig Grad Celsius den Passagieren die Pelle zu versengen, aber ein kleiner, baufälliger Kiosk lockte sie mit Souvenirs. Natürlich drehte Robert im Schweiße seines Angesichts die Menschenschlange vor der Hütte. Außer dem Kiosk gab es noch ein mittelgroßes Haus mit einem Rondell davor. Ein Schild wies das Gebäude als Krankenstation aus. Auf einem Stein inmitten des Rondells war in großen Lettern zu lesen: »*Please get sick while you are here – our hospital needs help!*« Wir hatten bestimmt nicht vor, hier krank zu werden, auch wenn das Hospital Hilfe brauchte. Jeder konnte sich unschwer vorstellen, was ihm blühen würde, wenn er tatsächlich in Cook zurückbleiben musste.

Zu unserer Planung gehörte, dass wir in Cook mit einem Buschpiloten zusammentreffen sollten. Kameramann Robert und sein Assistent wollten den Zug auf der Geraden in der Nullarbor-Wüste von oben filmen, anschließend neben der Bahnlinie landen und wieder zusteigen. Aber erstens kommt es anders…

Der Zugführer wurde unruhig. Bisher hatte er mehr oder weniger bereitwillig unsere Sonderwünsche erfüllt, war langsamer gefahren, wo wir es wünschten, oder hatte an einer Brücke über einen Creek sogar kurz gehalten, damit Robert eine winzig kleine »Lipstick-Kamera« zwischen die Schienen legen konnte, was spektakuläre Aufnahmen ergab.

»In fünf Minuten müssen wir weiter, Proviant und Wasser sind an Bord.«

»Unser Flieger ist noch nicht da, kannst du ein paar Minuten draufgeben?«

Er zuckte nur die Schultern. Nach zehn Minuten baute er sich vor mir auf, und ich wusste, da gab es nichts mehr zu verhandeln.

»Entweder ihr steigt ein und wir fahren los, oder ihr lasst die zwei Männer hier, und die sehen zu, wie sie uns irgendwo auf der Strecke einholen.«

»In Ordnung«, meinte Robert und suchte ein halbwegs schattiges Plätzchen für Kamera und Material. Abstimmung der Funksprechgeräte, Kontrolle der Batterien, großer Abschied. Das größte Risiko war, dass der Pilot nicht kam, was durchaus möglich war. Dann sollten Robert und sein Assistent uns über Funk verständigen, in Cook zwei Tage auf den nächsten Zug warten und mit uns an der nächsten Station, gute tausend Kilometer weiter, also zwei Tage später, wieder zusammentreffen. Klar, dass wir ohne die zwei und ohne Kamera für diese Zeit lahmgelegt wären.

Gundel und ich hingen an beiden Seiten des Zuges aus den Fenstern, sie links, ich rechts. Jeder war mit einem Funkgerät bewaffnet.

»Siehst du was?«, rief ich zu ihr hinüber.

»Nein«, kam es zurück.

Nichts. Der Zug wurde immer schneller, der Lokführer schien ausgerechnet jetzt die Zeit aufholen zu wollen, die wir in Cook verbummelt hatten. Wenn er weiter so dahinraste, konnte uns das Flugzeug nie mehr einholen. Es sollte eine kleine Piper sein, und die schaffte kaum mehr als hundertzwanzig Kilometer in der Stunde.

Gundel und ich wollten schon resignieren und fanden uns wohl oder übel damit ab, dass wir Robert und seinen Assistenten erst nach zwei Tagen wieder bei uns haben würden, als es in unseren Funkgeräten knisterte – und dann hörten wir klar und deutlich Roberts Stimme: »Wir sehen euch, zwei Kilometer vor uns, sieht toll aus, könnt ihr nicht ein bisschen langsamer fahren?«

»Wir werden's versuchen – was habt ihr vor?«

»Wir steigen auf fünfzehnhundert Fuß, fliegen über euch weg, kommen zurück, gehen in den Tiefflug, drehen eine Runde um den Zug, die Passagiere sollen winken, danach landen wir zwei

Kilometer vor euch neben den Gleisen und steigen um. Wir haben nur wenig Sprit, der Pilot will zurück!«

Es klappte wie am Schnürchen. Wir waren selig, dass die beiden wieder heil an Bord waren – und dann wurde uns nachträglich mulmig, als wir Roberts Schilderung der Ereignisse auf der Station Cook hörten.

»Ihr wart kaum aus der Station draußen, da wurde mir klar, dass alle meine Papiere, Drehgenehmigungen, Kreditkarten und vor allem mein Handy im Zug waren«, berichtete er. »Ich konnte weder telefonieren noch irgendwas zu trinken kaufen. Und der verdammte Flieger kam nicht.«

Als die Piper endlich doch kam, erklärte der Pilot, er hätte nicht genug Sprit für den Auftrag und müsse sofort zurück.

»Ich hab ihm gesagt, dass ich ihm das Genick breche, wenn er nicht hinter dem Zug herfliegt«, erzählte Robert. »Er meinte: ›Zwanzig Minuten, mehr nicht!‹ Nach fünfundzwanzig Minuten haben wir euch gesehen, den Rest kennt ihr.«

Vielleicht die interessanteste Station auf dieser Reise waren die Goldminen von Kalgoorlie. Einst galt die unscheinbare Wüstenstadt als »reichste Quadratmeile der Welt«, seit ein gewisser Paddy Hannan, Ire und auffallend klein gewachsen, hier im Juni des Jahres 1893 einen gewaltigen Klumpen Gold gefunden hatte und damit den Goldrausch von Kalgoorlie begründete. Bis zu dreißigtausend Menschen kamen und buddelten, an die neunzig Hotels schossen aus dem Boden, es wurden Zeitungen gegründet und gedruckt, und acht Brauereien versorgten die *digger* mit Gerstensaft. Man kann sich vorstellen, was damals los war, nachdem sich sehr schnell herumgesprochen hatte, dass in dieser Gegend in kurzer Zeit weit über tausend Tonnen Gold aus dem heißen Boden geschaufelt wurden.

Heute werden hier immer noch siebzig Prozent des australischen Goldes aus einer Tiefe von über tausend Metern nach oben gehievt. Kalgoorlie ist nach wie vor eine Art Goldgräberstadt, obwohl es inzwischen kaum mehr als zwanzigtausend Einwohner hat. Die allerdings leben nun nicht mehr nur vom Gold, sondern von weit mehr als einer halben Million Merinoschafe, deren Wolle bald genauso einträglich sein dürfte wie der Strom der Touristen, die sich jedes Jahr in Führungen durch die gewaltigen Minenanlagen am glühend fließenden Gold berauschen. In den umliegenden Hotels und Bordells werden die Besucher entsprechend zur Ader gelassen.

Am Ende der langen Fahrt vom Pazifischen zum Indischen Ozean liegt Perth, *The City of Lights*. So nannte Astronaut Neil Armstrong die Hauptstadt Westaustraliens. Keine Großstadt auf dem Globus liegt so weit von anderen Ansiedlungen entfernt wie Perth, was beim Blick aus dem All deutlich wird. Ein Lichtermeer, von schwarzem Nichts umgeben. Während des Fluges zum Mond hatte die Bevölkerung von Perth der Besatzung von Apollo 11 einen Gruß in den Weltraum geschickt, indem sie in der Nacht die Lichter ein- und ausschaltete.

Die *City of Lights* ist vielleicht die modernste Stadt Australiens. Mehr als eine Million Menschen leben an beiden Ufern des Swan River. Ein Holländer namens Willem de Vlamingh war es, der Ende des 17. Jahrhunderts als erster Europäer die Schwärme schwarzer Schwäne auf dem Fluss bewunderte und ihm diesen Namen gab. Der Goldrausch von Coolgardie und Kalgoorlie brachte der unbedeutenden Ansiedlung am Indischen Ozean Ende des 19. Jahrhunderts die Wandlung zur Stadt. Zur modernen Großstadt wurde Perth erst nach dem Zweiten Weltkrieg – heute ist *The City of Lights* die fünftgrößte Stadt Australiens.

In Tasmanien nahmen die Dinge währenddessen einen unerwarteten Verlauf. Nach Erledigung aller juristischen und finanziellen Einzelheiten kam der Tag des Umzugs von Sydney nach Hobart. Die erste Woche verbrachten wir im Hotel mit Blick auf den Hafen und die Anlegestelle für den Frachter, der das Umzugsgut durch die Bass Strait bis fast vor unsere neue Haustür schaukelte.

Diese neue Haustür entpuppte sich bald als Teil eines über hundert Jahre alten Hauses, in dem so ziemlich alles dem Verfall überlassen worden war. Wo wir hinsahen, Schubfächer aufzogen oder Türen aufmachten, fielen uns Dinge entgegen, die davon zeugten, dass die Vorbesitzer offenbar noch nie etwas von *love and tender care* gehört hatten. Es dauerte nicht lange, bis der Entschluss gefasst werden musste: Das Äußere bleibt unangetastet, im Inneren bauen wir ein neues Haus.

Wände fielen, um große Räume zu schaffen. Querbalken zur Stützung der Decken wurden eingezogen, Badezimmer neu gestaltet, elektrische Rollläden unter das Dach gehievt, eine feste Garage gebaut statt des wackeligen hölzernen Carports.

Der Garten erhielt eine automatische Bewässerungsanlage, das halb abgebrannte Bootshaus wurde zu einer Cabana. Und um die gesamte Nachbarschaft wirklich davon zu überzeugen, dass die Zuzügler aus Deutschland nicht alle Tassen im Schrank hatten, was sie inzwischen vermuteten, bauten wir trotz eigenem Strand vor der Haustür auch noch ein Schwimmbad in den Garten.

Während der Renovierungsarbeiten fanden wir einen Lageplan von 1901, in dem das Grundstück mit dem Namen »Koranui« verzeichnet war. Nach langen Recherchen fanden wir heraus, dass dieser Name aus der Sprache der Maoris stammt, der Ureinwohner von Neuseeland. »Koranui« bedeutet so viel wie »Weisheit«, »Lebenserfahrung«, »Schule des Lebens«. Beim Richtfest tauften wir unser »Weißes Haus von Sandy Bay« deshalb auf den Namen »Koranui«.

Wie lange würden wir hier wohl bleiben?

Anfangs merkten wir deutlich, dass die Einheimischen den Verdacht hegten, unser Umzug aus der Millionenstadt Sydney auf die verschlafene Insel sei lediglich eine Laune, die schnell vorübergehen würde. Aber das erkennbar große Engagement, der Film über Tasmanien und unsere Begeisterung überzeugten sie nach und nach von der Ernsthaftigkeit unserer Aktion. Besonders Freund Robert Heazlewood fing an zu glauben, dass unsere Entscheidung von Dauer war.

»Kannst du dir vorstellen, eine Funktion in unserer Regierung zu übernehmen?«, fragte er mich eines Tages unvermittelt.

»Wie bitte?«

»Ich habe mit dem Wirtschafts- und Tourismusminister Peter Hodgman gesprochen und ihm den Tasmanien-Film gezeigt. Er möchte dich zum *Crown Commissioner* für Tourismus machen.«

»Wie soll das gehen?«

»Du würdest in einer Plenarsitzung des Parlaments vorgestellt und nach erfolgreicher Abstimmung ernannt. Es ist ein Ehrenamt.«

»Und was muss ich tun?«

»Im deutschsprachigen Europa für unsere Insel werben.«

»In Ordnung!«

Mit Robert saß ich in »The Speaker's Corner«, einer für Gäste des Parlaments reservierten Loge, und hörte der Rede des Ministers zu, in der er mich den Parteien empfahl. Die Reaktionen waren zurückhaltend, es folgte eine Fragestunde.

Die erste Frage stellte eine Abgeordnete der Grünen: »Wir wüssten gerne, warum der Gentleman aus Germany Blacky heißt?«

Der Minister konnte die Frage nicht beantworten, und Gäste in der Loge des Speakers durften nicht reden. Also blieb mein Spitzname, dessen sich der Minister in seiner Rede mehrmals bedient hatte, unerklärt und daher suspekt. Und einen »Blacky« aus Germany wollten die tasmanischen Grünen offenbar nicht. Sie stimmten dagegen – vor allem aber, weil sie gegen touristische Aktivitäten auf der Insel waren. Die Liberalen und die Labourabgeordneten waren dafür und hatten die Mehrheit, also war ich am Ende der Sitzung als »Beauftragter der Regierung des Staates Tasmanien« bestätigt.

Durch Presse und Fernsehen wurde die Neuigkeit schnell verbreitet, die »Fuchsberger Family« war in der Gesellschaft des siebten und kleinsten Bundesstaats der konstitutionellen Monarchie Australien angekommen. Wichtig war, was folgte: Mitgliedschaften in den wichtigsten gesellschaftlichen Institutionen der Insel, The Royal Golf Club of Tasmania und The Royal Yacht Club of Tasmania.

Für den Golfclub brauchte ich lediglich ein paar Golfschläger, für den Jachtclub aber eigentlich ein eigenes Schiff. So was findet man am besten im acht Zentimeter dicken *Boat Magazine*. Dort stieß ich auf ein Spezial-Kameraboot namens *Camera Cat*. Es gehörte früher mal dem Fernsehsender Australian Broadcast Corporation (ABC). Die Ausstattung entsprach genau den Erfordernissen für Aufnahmen vom Wasser aus. Nach intensiven Verhandlungen wurde das Boot gekauft und im Hafen von Sydney auf den Frachter *Hobart* verladen, der wöchentlich zwischen Festland und Insel pendelte.

In der Zeit bis zur Ankunft des Frachters büffelte ich für die Bootslizenz auf Englisch. Gundel war mein Coach und mit den Regeln der christlichen Seefahrt bald genauso vertraut wie ich. Die Prüfung vor dem Marine Board of Hobart ging glatt, und ich war gut vorbereitet auf die Ankunft meiner *Camera Cat*. Freunde in der Hafenverwaltung hatten den großen Kran bereitgestellt, um mein Schiff unverzüglich vom Deck der *Hobart* ins Wasser zu setzen.

Doch es folgte eine herbe Enttäuschung.

»Die geht dir unter, sobald sie im Wasser liegt«, warnte ein Freund, der meinen vermeintlichen Luxusdampfer vorsichtshalber noch an Bord der *Hobart* inspizierte. »Die Motoren machen keinen Mucks mehr, der Kahn hat seit Jahren keinen Anstrich erhalten, die Drähte der abmontierten Geräte hängen alle lose in der Gegend herum, und der Rumpf ist bis zur Reling voll Wasser! Mit der kannst du hier keinen Staat machen!«

Da hatte man mich also regelrecht aufs Kreuz gelegt – ach was –, beschissen hatten sie mich. Alle hatten recht, die mich vorher gewarnt hatten. In der Seefahrt kommt man um das Lehrgeld nicht herum.

»Wir setzen sie an Land«, entschied mein Freund. »Bleibt ihr hier. Ich besorge in der Zwischenzeit einen Tieflader, der sie in die nächste Werft bringt.«

Nach zwei Stunden qualvoller Wartezeit sahen Gundel und ich traurig hinter dem entschwindenden Tieflader her, der meine *Camera Cat* für die nächsten drei Monate entführte. Dann bekam ich sie aus der Werft zurück, zusammen mit einer Rechnung, die uns das Wasser in die Augen trieb. Aber jetzt war die *Camera Cat* ein schmuckes, sehr schnelles Boot mit neuen Motoren, neuem Verdeck, neuen Navigationsgeräten und was sonst noch alles gut und teuer war. Sie machte gute vierzig Knoten, schluckte vierzig Liter Benzin pro Stunde und war Gesprächsthema im Royal Yacht Club.

Der Bootsbazillus hatte mich voll erwischt, und es dauerte nicht lange, bis auch ich das Opfer der Zwangsvorstellung wurde: Andere haben bessere, schnellere, größere Boote. Das wollte ich auch. Diesmal suchte ich nicht im Magazin, sondern erlag den Einflüsterungen eines erfahrenen Seemanns und welterfahrenen Seglers.

»Du musst dir ein Boot bauen lassen, nach deinen Plänen, dann hast du wirklich, was du willst!«

Er hätte mir auch eine Drogenspritze verpassen können, die Wirkung wäre die gleiche gewesen. Das Ende vom Lied war ein Katamaran, ein Doppelrumpfboot, mit Flighbridge – einem Oberdeck, von dem aus man das Boot steuern kann –, mit Küche und so ziemlich allem Drum und Dran. Fast ein Jahr dauerte der Bau in einer Reederei in Surfers Paradise in Queensland. Wir konnten den Tag kaum erwarten, bis endlich die Nachricht kam, dass das Boot fertig sei. Es wurde auf der Straße tausendfünfhundert Kilometer bis nach Victoria transportiert und im Hafen von Melbourne zu Wasser gelassen. Blieben also die gefährlichen zweihundert Seemeilen durch die meist stürmische Bass Strait nach Tasmanien, berüchtigt wegen der zahlreichen Opfer bei den jährlichen Hochseeregatten von Sydney nach Hobart. Für dieses

Unternehmen reichten meine Kenntnisse als Kapitän bei Weitem nicht aus. Wer also sollte mein Schiff in den Heimathafen holen?

Alan, der Chefmechaniker des Royal Yacht Club und Einhand-Weltumsegler, stellte eine dreiköpfige Crew zusammen, flog nach Melbourne und übernahm meine *Alles klar* – so sollte sie getauft werden. Die Überfahrt war ihre Feuertaufe, besser gesagt, ihr Härtetest. Endlich, einen Tag später als erwartet, kam der Anruf aus Port Arthur.

»Wir hatten das übliche Sauwetter und hohe Wellen. In Flinders Island sind wir für die Nacht in den Hafen, wir waren zu müde, und die See wurde zu wild. Jetzt liegen wir in Port Arthur. Kommst du?«

Mit Schmetterlingen im Bauch fuhren wir nach Port Arthur. Dort übergab Alan die *Alles klar* dem neuen Schiffseigner und Kapitän in einer kleinen Zeremonie.

»*Take her home*«, sagte er, »du hast ein gutes Schiff!«

Das war der Ritterschlag. Ja verdammt, mir rollten die Tränen runter, und mit leicht zitternden Knien steuerte ich mein neues Schiff aus dem historischen, ältesten Hafen Australiens hinaus in die sanften Wellen des südlichen Pazifik, die letzten Seemeilen bis zur Mündung des Derwent River, flussauf bis Hobart, vorbei am Leuchtturm Iron Pot.

Von weither grüßten der Mount Nelson und der Mount Wellington, es ging ganz dicht vorbei an unserem Haus am Strand von Sandy Bay und vorbei am hohen Rundturm des Wrest Point Hotels in die sichere *berth*, den künftigen Liegeplatz im Royal Yacht Club von Tasmanien.

Als Gundel und ein paar Freunde nach meinem mithilfe von Alan gelungenen Anlegemanöver an Bord kamen, hatte sich ein Traum erfüllt. Was hätte ich mir noch wünschen können?

In Anerkennung unserer Arbeit hatte man uns schon einige Male angeboten, die australische Staatsbürgerschaft anzunehmen. Wir hätten es gerne getan, waren aber auf keinen Fall bereit, die deutsche Staatsbürgerschaft zu verlieren, was nach der deutschen Gesetzgebung die Folge gewesen wäre.

In diesem Zusammenhang kam immer auch die Frage auf: Wo sind wir eigentlich zu Hause? Wir hatten uns auf die Formel geeinigt: Australien ist zu Hause, Deutschland ist die Heimat. Nur manchmal beschlich uns ein seltsames Gefühl. Je länger wir auch auf der anderen Seite der Erde wohnten, desto weniger verstanden wir die Sprache unserer Freunde. Sie vergaßen, dass wir Ausländer waren, nahmen keine Rücksicht mehr, sprachen ihre *slanguage* unbekümmert schnell mit *colloquials*, ihrer Umgangssprache, dass wir oft nicht mehr folgen konnten. Manche dachten deshalb, wir hätten keinen Sinn für ihren Humor, und sahen uns verständnislos an, wenn wir unsere Sprachschwierigkeiten zu erklären versuchten.

In solchen Momenten wurde mir klar, dass ich in Australien als Schauspieler oder Fernsehmoderator wohl kaum ein Bein auf die Erde bekommen würde. Als Produzenten, die viel Geld ausgaben und Arbeitsplätze schufen, waren wir willkommen und fanden Hilfe und Unterstützung für unsere Filme. Und je länger wir als *Permanent Residents* im Land sein durften, desto deutlicher wurde uns bewusst, dass auch Australien kein Schlaraffenland ist, in dem Milch und Honig fließen. Die Australier hatten ebenfalls Sorgen und Beschwerden. Und darüber meckerten sie und machten ihrem Unmut Luft. Wenn man jedoch Augen und Ohren offen hielt, hatte jeder die Chance, etwas Neues anzufangen und Erfolg zu haben.

Unsere Filme waren auch der Grund für die ehrenvolle Einladung des damaligen Bundespräsidenten Richard von Weizsäcker, ihn auf seiner letzten Reise im Amt durch Australien zu begleiten. Auf dem Flughafen von Melbourne war das Empfangskomitee angetreten, als die Maschine der Luftwaffe vor dem roten Teppich ausrollte. Die Begrüßung war sehr herzlich. Marianne von Weizsäcker kam auf mich zu und lächelte.

»Am liebsten würde ich Sie jetzt umarmen«, sagte sie, und ich bedauerte, dass sie es nicht tat – das Protokoll ließ so etwas nicht zu.

Die Protokollabteilung hatte mir die privilegierte Rangfolgenummer fünf zugeteilt, was bedeutete, dass ich ständig in unmittelbarer Umgebung des Bundespräsidenten sein sollte. So auch bei seinem Besuch des Ministerpräsidenten des Bundesstaats New South Wales in Sydney. Ort der Begegnung mit John Fahy war der Kabinettstisch im Parlament. Zum ersten Mal in meinem Leben war ich Zeuge einer Begegnung auf höchster diplomatischer Ebene. Zunächst herrschte andächtige Stille im Raum. Sicher gab es feste Regeln, wer bei einer solchen Begegnung als Erster das Wort ergreift. Hier ergriff es niemand. Meiner unmaßgeblichen Meinung nach hätte der Ministerpräsident den Bundespräsidenten willkommen heißen müssen. Der dachte wohl, dass sein Gast den weit höheren diplomatischen Rang einnahm, und wollte ihm deshalb die Eröffnung des Gesprächs überlassen. Richard von Weizsäcker tat das dann auch, und zwar so, dass mir der Schreck in die Glieder fuhr.

»Mr. Premier« sagte er, »es ist mir eine Ehre, Sie zu den Eröffnungsfeierlichkeiten der Olympischen Spiele 2000 nach Berlin einzuladen!«

Pause. Der Premierminister lächelte.

»Herr Bundespräsident, es ist mir eine Ehre, Sie zu den Eröffnungsfeierlichkeiten der Olympischen Spiele 2000 nach Sydney einzuladen!«

Erleichtert sah ich, wie beide Herren lachten und so taten, als sei die gegenseitige Einladung ein gelungener Scherz. Die Lösung des Rätsels: Beide Städte hatten sich um die Olympiade 2000 beworben.

Nach dem Austausch diplomatischer Höflichkeiten erhob sich die Runde und verließ den Kabinettssaal. Im Foyer warteten die Damen, Marianne von Weizsäcker, Mrs. Fahy und meine Frau. Der Bundespräsident hatte es eilig und marschierte zum Ausgang.

Sein nächster Besuch galt der jüdischen Gemeinde von Sydney. Auch dorthin sollte ich ihn begleiten.

Rasch steuerte ich auf Mrs. Fahy zu.

»Mrs. Fahy, bitte sagen Sie Ihrem Mann, dass Sydney die Olympischen Spiele 2000 bekommen wird. Ich habe nämlich schon mal gewettet, dass die Spiele 1972 München zugesprochen werden. Diesmal bin ich sicher, es wird Sydney sein!«

Nach dieser kühnen Tat rannte ich hinter der Entourage des Bundespräsidenten her und kam gerade noch rechtzeitig, um in den Wagen Nummer fünf einzusteigen, bevor sich die Präsidentenkolonne in Bewegung setzte.

Was mag sich Mrs. Fahy wohl gedacht haben, als ihr Mann wenige Wochen später, bei der entscheidenden IOC-Sitzung in Monte Carlo, von seinem Stuhl hochsprang, nachdem IOC-Präsident Juan Antonio Samaranch bekannt gegeben hatte: »Die Spiele des Jahres 2000 werden vergeben an die Stadt Sydney!«

Premierminister John Fahy dankte mir später in einem sehr freundlichen Brief für meine eingetroffene Voraussage und lud mich zu den Spielen ein. Wer konnte ahnen, dass er in sieben Jahren nicht mehr im Amt sein würde?

In Canberra wurde Bundespräsident von Weizsäcker der bekannteste Vertreter der Aborigines vorgestellt: Mandawuy Yunupinghi, der Sänger der international bekannten Gruppe Yothu Yindi, einer Jazz-Formation, der ausschließlich Ureinwohner angehörten. Mandawuy überreichte dem Bundespräsidenten ein Didgeridoo, das traditionelle Instrument der Aborigines.

Eine bessere Gelegenheit konnte ich nicht finden, um mit einem prominenten Vertreter der Ureinwohner zu sprechen. Ich bat Mandawuy um ein Interview für unseren geplanten Film *Auf den Spuren der Ureinwohner*. Seine Antwort überraschte mich: »Wie viele Tonträger würden wir in Deutschland verkaufen?«

»Viele!«

Er gab nicht nur das Interview, sondern lud das Team auch zu Dreharbeiten auf seinen Besitz am Golf von Carpentaria im äußersten Norden Australiens ein. Aus dieser Begegnung wurde eine bis heute andauernde Freundschaft. Mit Mandawuys Hilfe bekamen wir Drehgenehmigungen für Communities der Aborigines, die sonst absolut tabu waren. Mandawuy hatte die Hoffnung, dass die bevorstehenden Olympischen Spiele in Sydney die Kluft zwischen den seit vierzigtausend Jahren auf dem Kontinent lebenden Ureinwohnern und den erst seit knapp zweihundert Jahren anwesenden Siedlern schließen oder zumindest verkleinern würden. Mandawuy und Yothu Yindi waren eine der Hauptattraktionen bei der Eröffnungsfeier der Spiele 2000. Bei einem erneuten Interview für unseren Film gab sich Mandawuy allerdings enttäuscht:»Die Brücke ist nur halb gebaut. Es gibt zu viele Probleme zwischen den Lagern, es wird mindestens noch eine ganze Generation dauern, sie zu überwinden.«

Die Stadt Sydney fing an, sich während der Vorbereitungen für die Olympischen Spiele zu verändern. Auf der einen Seite überwog die Skepsis, so ein gigantisches Unternehmen wie die Olympischen Spiele in der gebotenen Zeit zu schaffen. Die Optimisten dagegen meinten, endlich könnten sie dem Rest der Welt beweisen, wozu Australier fähig sind.

Wir begannen, mit der Kamera einzufangen, was es uns wert erschien, im Bild festgehalten zu werden. Natürlich waren meine Erfahrungen von 1972 in München dabei sehr hilfreich und öffneten Türen, die uns sonst wahrscheinlich verschlossen geblieben wären. Zum Beispiel zu einem gefürchteten Mann namens Edmund Obiala.

Der »große Ed«, wie er da draußen in Homebush genannt wurde, war polnischer Herkunft, machte Karriere als Bauleiter in einer der großen australischen Baufirmen und wurde auserwählt, als Projektleiter der »Alleinherrscher« zu sein, unter dessen Regie das Olympiastadion in Homebush gebaut werden sollte.

Als ich ihn das erste Mal interviewte, musste ich an Stephen

327

Hall denken und an seine Auffassung in Bezug auf »Fremdarbeiter« bei der Gestaltung australischer Veranstaltungen. Und nun war es ein Pole, der das neue Heiligtum baute, das Glanzstück als Treffpunkt für die Jugend der Welt.

»Was dachten Sie, als Sie wussten, dass die Wahl auf Sie gefallen war?«

»Dass ich keinen anderen Gedanken mehr haben darf, als diese Aufgabe zu meistern, ohne einen Menschen dabei zu verlieren.«

»Haben Sie vielleicht ein Stoßgebet zu den Göttern im Olymp geschickt?«

»Nein, ich habe an jeder Ecke, jedem Pfeiler, jeder Wand, die errichtet wurde, Schilder anbringen lassen: ›Wer hier beim Pinkeln erwischt wird, wird frist- und gnadenlos gefeuert!‹«

Während der fünfjährigen Bauzeit machten wir mehrere Interviews mit Ed Obiala, krochen mit ihm in jeden Winkel, beobachteten den seinerzeit größten Kran der Welt bei der Montage der Dachkonstruktion und waren jedes Mal wieder beeindruckt von der unglaublichen Disziplin der Bauarbeiter und deren Respekt vor »Big Ed«.

Bei unserem letzten Interview, nachdem das hunderttausend Zuschauer fassende Stadion fertiggestellt war, meinte Ed: »Meine Leute haben eine Überraschung für dich!«

Wir standen auf der Haupttribüne. Er flüsterte etwas in sein Funkgerät, grinste mich an und wies mit ausgestrecktem Arm in Richtung der riesigen elektronischen Anzeigetafel.

»Wir nehmen sie heute zum allerersten Mal in Betrieb«, sagte er.

Die Tafel begann zu flimmern, und plötzlich stand da: »*Welcome to Blacky and to all the viewers of German Television ARD.*«

Danke, Ed! Und Hut ab vor deiner Leistung.

»Bist du stolz?«, wollte ich von ihm wissen.

»Wir sind ein halbes Jahr vor der Zeit fertig geworden, haben den Etat um ungefähr zwanzig Millionen unterschritten – und ich habe nicht einen einzigen Mann verloren. Ja, ich bin stolz auf mein Baby!«

Die Eröffnungsfeier war für viele erfahrene Olympioniken die schönste und gelungenste, die sie je mitgemacht haben, ein Fest ungetrübter Freude vor den Augen der Welt. Mein Sohn kommentierte das Geschehen als Kokommentator live für das Schweizer Fernsehen, ich saß für die ARD am Mikrofon.

Heimlich schickte ich ein Stoßgebet zum Olymp: »Ihr Götter, bewahrt Sydney vor dem, was in München geschehen ist!«

FÜR DICH GIBT'S BALD KEINE
ERSATZTEILE MEHR

Zugegeben, ich stehe gern vor einer Film- oder Fernsehkamera, aber ich leide wie ein Hund bei Fotositzungen. Das affige Posieren vor schwarzem, weißem oder blauem Hintergrund in einem Studio ist für mich der Horror. Spätestens nach der dritten Ermahnung des Fotografen, vielleicht etwas freundlicher in die Kamera zu grinsen, verkrampfe ich total und ärgere mich über mich selbst.

»Schickt mir einen Fotografen, den ich während der Aufnahmen nicht sehe!«, forderte ich vom Redakteur der Illustrierten *Gala*, der eine Fotogeschichte über mich machen wollte.

»Das wird wohl nicht gehen«, meinte der. Der Fotograf aber meinte, es ginge. Wir fuhren ins Isartal bei Grünwald.

»Sie machen jetzt einen Spaziergang, und ich verdrücke mich in die Büsche.«

Damit verschwand er und war nicht mehr zu sehen. Ab und an tauchte er plötzlich vor mir auf, wechselte auf die andere Seite des Wanderwegs und verschwand wieder wortlos.

»Ich glaube, wir haben's«, sagte er nach zwei Stunden, »es sind ein paar gute Sachen dabei.«

Als ich die Fotos in der *Gala* sah, war ich selbst begeistert. Schwarz-weiß, ohne jeden Krampf, einfach gut.

Ein paar Wochen später kam ein Anruf aus Rom, von Titanus Film. Der Produzent hatte die Fotos in der Zeitschrift gesehen und bot mir eine Hauptrolle in seinem Fernsehfilm *Il Grande Fuoco* an, der geheimnisvollen Geschichte von Graf Alessio Capilupi, dem Finanzberater des Papstes. In Deutschland hieß der Film *Flammen der Liebe*, meine Partnerin war die wunderschöne Amerikanerin Carol Alt, die es in den Staaten zum Supermodel und in Italien zum Star gebracht hatte. Das Werk erreichte in der ARD hohe Einschaltquoten.

1998 folgten noch zwei weitere Filme für Titanus Film: *Die vier Könige* und *Tristan und Isolde*. Die Rolle des Tristan spielte Ralf Bauer, ein junger, sehr gut aussehender und überdurchschnittlich begabter Schauspieler.

Schon die ersten Aufnahmen in einem alten Schloss bei St. Malo in der Bretagne – der junge Tristan lag sterbend in den Armen seines Onkels, König Marc von Cornwall – begründeten eine sehr emotionale Bindung zwischen dem jungen Talent Ralf Bauer und mir, dem alternden Mimen. Der junge Kollege gab mir das Gefühl, dass die Zeit des »Trau keinem über dreißig…!« vorbei sei.

Der Jugendwahn, in der Werbung wie in den Geschichten, die das Fernsehen und das Kino den Zuschauern glaubten bieten zu müssen, schien zu Ende. Langsam begriffen Produzenten und Autoren, dass sich menschliche Konflikte nicht nur im Bett abspielen, sondern vielmehr durch Mangel an Kommunikation zwischen den Generationen entstehen. Wo bisher in der Werbung fast ausschließlich erotische Motive die Handlung bestimmten, sah man plötzlich wieder ältere Menschen, deren Rat man sich einholte oder die ihren begeisterten Enkeln Bonbons aus der guten alten Zeit in den Mund steckten.

Die Kluft zwischen Jung und Alt schien sich zu schließen. Jetzt lag es an uns Alten, nicht als beleidigte Leberwürste in der Ecke zu schmollen, sondern die Arme weit zu öffnen und all unsere Erfahrungen im schwierigen Beruf des Schauspielers an die Jüngeren weiterzugeben. Dieser Eindruck verstärkt sich bei mir bis heute.

Bei den Aufnahmen in der Bretagne war es bitterkalt, und bald hustete und schniefte das ganze Team.

»Wenn Sie so weitermachen«, sagte der französische Arzt, zu dem mich meine Frau geschleift hatte, weil ich ziemliches Fieber bekommen hatte, »werden Ihre Bronchien bald nicht mehr mitmachen. Wie viele Zigaretten rauchen Sie am Tag?«

»An die zwanzig – und dazu ein paar Pfeifen…!«

»Aber die inhalieren Sie nicht?«

»Nur die ersten Züge…«

Statt weiterer ärztlicher Warnungen zeigte er mir auf den vorher gemachten Röntgenaufnahmen die Stellen, die mich mehr als Worte davon überzeugen sollten, mit der Raucherei aufzuhören, am besten sofort.

Da gab ich zum Schrecken meiner geliebten Gundel den wohl dümmsten Satz meines Lebens von mir: »Lieber sterbe ich früher, als alles aufzugeben, was mir Spaß macht!«

Ab da gab es jedoch keinen Verdrängungsmechanismus mehr. Unwohlsein oder gar Schmerzen empfand ich jetzt bewusster und schrieb sie nicht mehr leichtfertig zu viel Alkohol, zu fettem Essen, zu langen Nächten oder sonstigen Verfehlungen zu. Arztbesuche häuften sich, und die Diagnosen wurden düsterer.

»Sie haben Hautkrebs!«, sagte der Schönheitschirurg in Tasmanien. »Wir schneiden das betroffene Stück am Bein heraus, schälen einen Hautlappen vom Hintern und setzen ihn am Bein ein. Das wird man kaum sehen!«

Ob man das sehen würde, war mir ziemlich egal. Aber dass ich Hautkrebs hatte, war mir nicht egal. Hatte ich mich zu lange der australischen Sonne ausgesetzt? Aber warum hatte ich dann nichts an den Händen, die meist ungeschützt das Steuer meiner Jacht hielten? Und wieso nicht im Gesicht, nach einundzwanzig Filmen in den Wüsten des australischen Kontinents?

Ab jetzt war also Vorsicht geboten. Immer öfter und immer deutlicher kamen die Signale, die da sagten: »Du bist nicht mehr der Jüngste, fang langsam an, kleinere Brötchen zu backen!«

Ein Professor am St.-Vincent's-Krankenhaus in Sydney riet mir: »Du musst lernen, Nein zu sagen! Stell dich jeden Morgen vor einen großen Spiegel, schau dich an, mach eine Verbeugung und sage: ›Das wäre sehr schön, aber danke, nein!‹«

Natürlich befolgte ich diesen Rat nicht.

Alles war so, wie wir uns das nur wünschen konnten. Das Leben auf zwei Seiten der Erde gefiel uns. Um die Sorgen, die wir hatten, konnte uns der Rest der Welt eigentlich nur beneiden. Es war erkennbar, dass ich in irgendeiner Weise mit den Spielen 2000 in Sydney zu tun haben würde. Auf jeden Fall wollten wir dabei sein.

»Es wird nicht einfach sein, während der Spiele dort eine Unterkunft zu finden!«, meinte Gundel, die immer vorausdachte.

Da wir das Haus in der Wunulla Road vermietet hatten, quartierten wir uns für die Zeit der Dreharbeiten für *Terra Australis* im Hotel »Intercontinental« ein.

»Das gesamte Hotel ist für die Zeit der Spiele von NBC gemietet worden. Ich kann euch kein Zimmer geben«, erklärte uns Generaldirektor Wolfgang Grimm auf unsere Nachfrage.

Wir hatten bereits für teures Geld Kartenpakete erstanden, die in den verschiedenen Stadien die besten Plätze garantierten. Eine Art Vorfinanzierung der Kosten der Olympischen Spiele von geschätzten drei Milliarden australischen Dollar.

»Wenn wir keine Zimmer kriegen, können wir vielleicht wenigstens die Karten mit Gewinn wieder verkaufen?« Gundel dachte praktisch. »Oder wir suchen jetzt schon eine Wohnung, damit verlieren wir in Sydney kein Geld, wenn sie eine gute Lage hat.«

O my God! Waren wir denn nicht gerade besonders glücklich mit unserem Haus in Tasmanien?

Wir suchten und fanden – ein Penthouse im Zentrum der Stadt, direkt am Circular Quay, mit atemberaubendem Blick über die Brücke und den Hafen von einer großzügigen Terrasse im 18. Stock aus. Das Gebäude war noch im Rohbau, die Fertigstellung ein Jahr vor den Spielen war aber garantiert. Das war's!

Eines Tages kam eine verlockende Einladung von BMW Australien, am 7. März 1999 das sogenannte Celebrity Race in Melbourne mitzufahren. Das Prominentenrennen für Künstler aller Sparten wird traditionell eine Stunde vor dem »Großen Preis von Australien« ausgetragen. Diesmal sponserte BMW mit siebenundzwanzig Sportwagen vom Typ Z3 das Rennen. Der Einladung beigefügt waren ein Anmeldeformular und der Vordruck für eine Untersuchung beim Vertrauensarzt der Versicherung.

»Was wollen Sie…?«, fragte mich der Arzt ungläubig.

»Ich möchte das Celebrity Race in Melbourne mitfahren!«

»Dann legen Sie sich mal hin!«

Das Ergebnis war zufriedenstellend.

»Trotzdem«, meinte der Doktor, »mit zweiundsiebzig halte ich das für puren Unsinn!«

Ich glaube, meine Frau dachte das Gleiche, sagte es aber nicht so deutlich. Jeden Morgen saß sie mit im Bus, der uns hinausbrachte auf die Rennstrecke. Dort bereiteten uns Instruktoren auf das Rennen vor, machten uns mit allen Schikanen vertraut, die ein Auto aufzubieten in der Lage ist, wenn es bewusst mit Höchstgeschwindigkeit in Situationen gebracht wird, von denen man beim Erwerb des Führerscheins gelernt hat, dass man sie tunlichst meiden sollte.

Mein Instruktor, der Sohn des ehemaligen australischen Formel-1-Weltmeisters Sir Jack Brabham, überreichte mir nach zehn Kurstagen die Rennlizenz für öffentliche Wettbewerbe. Unter respektvollem Beifall meiner Konkurrenten, alle berühmt und keiner über dreißig, steckte ich das Dokument meiner Selbstüberschätzung in den eigens für mich angefertigten Overall, weiß-blau mit BMW-Emblem und der Aufschrift: »Competitor – Racing Team«.

Die letzten Minuten vor der Parade vor hunderttausend Zuschauern im Melbourne Albert Park, einer der schönsten Rennstrecken der Formel 1, die rund um einen See verläuft. Die Fahrzeuge standen dicht hintereinander, Motoren abgestellt, die

334

Fahrer durften die Fahrzeuge nicht mehr verlassen. Die Aufregung drückte auf die Blase. »Wenn Sie Ihr Fahrzeug verlassen, nehmen wir die Nummer aus dem Rennen!«

Also nicht.

Ich stand an siebzehnter Stelle, das Fahrzeug trug die Nummer 27, auf der Windschutzscheibe prangte der Name »Blacky« in großen weißen Lettern. Damit konnte hier allerdings kein Mensch was anfangen.

Vorn wurde das Zeichen zum Anlassen der Motoren gegeben. Langsam erfüllte das Brummen der siebenundzwanzig Sportwagen das Fahrerlager, einige spielten mit dem Gashebel, ich auch. Reine Angeberei. Langsam anfahren, hinein in den Albert Park.

Startaufstellung vor der Haupttribüne. Da BMW das Rennen sponserte, erklang die deutsche Nationalhymne. Gänsehaut. Irgendwo auf einer der Tribünen saß Gundel und drückte mir die Daumen.

Start. Gerangel in der ersten Kurve, einige flogen hier schon raus. Bis ich von hinten ankam, war Platz. Fünf Runden, ich machte zwei Plätze gut, verlor sie wieder und kam als Siebzehnter ins Ziel. Dass mir ein paar junge Damen um die Ohren fuhren, störte meine Freude an der Sache nicht, zeigte aber deutlich, wo inzwischen meine Grenzen lagen.

Die erste Warnung kam bald darauf. Atemnot, nachlassende Spannkraft, zunehmende Müdigkeit, manchmal ein leichter Druck in der Brust oder Ziehen im linken Arm. Zurück in München, wurde klar: Es würden präzise kardiologische Untersuchungen notwendig.

»Wenn es bei Ihnen geht, würde ich Sie am 24. März operieren. Sie brauchen nach unserem Befund drei Bypässe«, erklärte mir der Herzpapst von Großhadern.

Der 24. März 2000 war Gundels siebzigster Geburtstag. Was für ein Geschenk stand ihr da ins Haus?

Der Chirurg lächelte ob meines Einwands. Er schien nicht sonderlich beeindruckt.

»Wollen Sie auch diesmal wieder ein Buch über uns schreiben? Das letzte über Ihren Aufenthalt hier steht noch bei mir im Regal!«

Damit meinte er meinen Bericht über die Erfahrungen, die ich seinerzeit in den Monaten gemacht hatte, während denen ich mit infektiöser Hepatitis in Großhadern gelegen hatte.

»Kommt drauf an, was ich diesmal hier erlebe«, erwiderte ich mit gespieltem Mut. Die Mitteilung, dass bei mir eine Operation am offenen Herzen notwendig sei, stimmte mich nicht gerade fröhlich.

»Keine Angst, bei uns sind Sie bestens aufgehoben!«

Doch erstens kommt es anders...

So lag ich also nackt auf dem Metalltisch, auf dem der sedierte, aber noch bei vollem Bewusstsein befindliche Patient mit höchst unguten Gefühlen den Dingen entgegensieht. Endlich übermannte mich der künstliche Schlaf, aus dem ich einige Stunden später zum Glück wieder erwachte.

In diesem Moment denkt man noch nicht, man versucht lediglich die Umgebung zu erkennen und nimmt wahr, dass man an vielen Schläuchen hängt und dass viele Schläuche aus einem heraushängen. Man möchte etwas sagen und kann nicht, etwas fragen und kann nicht, etwas trinken und darf nicht. Ein wirklich desolater Zustand.

Langsam begann mein Kopf wieder zu arbeiten. Vorbei, wovor ich solche Angst gehabt hatte. Die Brust aufgeschnitten, das Herz freigelegt, ein paar verstopfte Stellen in den Arterien entfernt oder dilatiert, das zersägte Brustbein mit Draht wieder zusammengeflickt – und das war's dann.

Zunächst hatte ich keine Möglichkeit, selbst festzustellen, ob es was gebracht hatte. Das beunruhigte mich am meisten. Die wiederholten Versicherungen von Ärzten und Schwestern: »Alles ist gut gegangen, Sie sind wieder wie neu!« erregten Verdacht.

Mit Macht betrieb ich die Verlegung in ein anderes Kranken-haus, in der Nähe unseres Hauses in Grünwald.

Eines Morgens erschien ein größeres Aufgebot von Ärzten zur Visite. Mit der Zeit entwickelt man ein Gespür für visitie-rende Ärzte, und tatsächlich benahmen sie sich an diesem Mor-gen so, dass ich Unangenehmes ahnte.

»Sie haben sich leider infiziert«, sagte der Chef, »wir müssen Sie nach Großhadern zurückverlegen lassen.«

»Muss das sein?«

»Leider ja, und zwar so schnell wie möglich. Die müssen Sie noch mal aufmachen und den Brustraum desinfizieren.«

Nach der zweiten Operation hielten sie mich in Großhadern für ein Weichei, weil ich ständig über zunehmende Schmerzen in der Brust klagte.

»Heute muss ich Ihnen leider mal richtig wehtun«, sagte eines Morgens der Professor, der die zweite Operation durchgeführt hatte. Er drückte mit beiden Händen auf den Brustkorb – ich jaulte auf wie ein getretener Hund. Der Professor ließ von mir ab, und ich verstand klar und deutlich, was er leise sagte: »Ach du Scheiße …«

»Was heißt das?«, wollte ich wissen.

»Das heißt, dass ich Sie in drei Stunden noch mal operieren muss. Die Verdrahtung um Ihr Brustbein hat sich gelöst – das klafft offen! Keine Angst«, sagte der Chirurg zur ängstlich um ihn versammelten Familie, »die Operation dauert nicht lange.«

Gundel, Thomas, mein Bruder Otmar und seine Frau Erika waren etwas skeptisch. Kein Wunder, nach allem, was sie in den Wochen vorher mit mir durchgemacht hatten.

Ich fühlte den Blick meines Bruders auf mich gerichtet. Seine Augen verrieten, was er dachte: »Ob er das noch durchbeißt?«

Der Chirurg spürte wohl die negative Stimmung.

»Sie können auf den Patienten warten, er wird bald wieder bei sich sein.«

Damit wurde ich aus dem Kreis der Menschen, die mir mein

Leben lang am nächsten standen, weggeschoben. Wieder durch den Vorhang, wieder hinein in den OP mit dem schrecklichen Metalltisch, auf dem sie mir zum dritten Mal den Brustkorb öffnen wollten.

Zum letzten Mal? Später erzählten sie mir, dass es Stunden dauerte, bis sich endlich jemand erbarmte und ihnen mitteilte, dass die Operation beendet und gelungen und ich für die Nacht in der Intensivstation untergebracht sei.

Heute werde ich als Attraktion herumgereicht, wenn ich irgendwo zu einer Röntgenaufnahme erscheine. Der Drahtverhau in meiner Brust scheint Seltenheitswert zu haben.

Drei Bypässe, vier Stents und ein Herzschrittmacher veranlassten meinen Arzt in Australien später zu dem Spruch: »Ab jetzt musst du vorsichtig sein, für dich gibt's bald keine Ersatzteile mehr!«

Die Rekonvaleszenz war mühsam und dauerte lang. Die Zeit in der Rehabilitationsklinik »Lauterbacher Mühle« an den oberbayerischen Osterseen war trotz aller Beschwerden sehr schön, die Patienten wurden perfekt umsorgt. Gundel war Tag und Nacht an meiner Seite. Gedanken an die berufliche Zukunft waren unwichtig. Wir hielten uns an den Händen, dankbar, dass wir uns noch hatten. Lediglich die Olympischen Spiele beschäftigten uns: Würde ich bis zum August 2000 wieder so fit sein, dass ich das Spektakel in Sydney miterleben konnte?

Der innere Friede war abrupt beendet, als der österreichische Regisseur und Theaterleiter Helmuth Fuschl mir ein amerikanisches Theaterstück von Bill C. Davies brachte: *Mass Appeal*. Er wollte es für eine Theatertournee durch Deutschland für mich inszenieren.

»Eine Tournee? Nach drei Herzoperationen tue ich mir das nicht mehr an. Das würde ich nicht aushalten!«

»Dann lesen's wenigstens, damit's wissen, was Sie versäumen!«

Nach wenigen Seiten wusste ich, dass ich das Stück spielen würde – und wenn ich dabei draufging. Selbst in der noch nicht bearbeiteten Fassung bildeten die darin angesprochenen religiösen Probleme die Summe meiner Gedanken über den institutionalisierten Glauben, über die Dogmen der katholischen Kirche, die einst zu meinem Austritt geführt hatten. Seit dem Krieg war mir der Gedanke unerträglich, dass es einen Gott geben sollte, der beiden Seiten seinen Segen erteilte, bevor sie sich gegenseitig umbrachten.

Ein Mitpatient, ein bekannter und erfolgreicher Filmarchitekt, stellte mich eines Tages einem anderen Mitpatienten vor. Es war ein Monsignore, vom Vatikan dazu bestimmt, Priester in Lateinamerika auszubilden.

Er hörte mir aufmerksam zu.

»Glauben Sie, Monsignore, dass wir mit diesem Stück ein Sakrileg begehen? Ist es polemisch oder agitatorisch, ist es ketzerisch oder unwahr?«

»Nichts von alledem«, antwortete der Kirchenmann. »Es ist unangenehm für unsere Kirche, weil es die Probleme, mit denen wir zu kämpfen haben, deutlich macht und beim Namen nennt.«

Da machten Fuschl und ich uns daran, das Stück umzuschreiben, um es den Verhältnissen in Deutschland anzupassen. Übersetzt war es bereits, jetzt ging es um die Dialoge und den Titel. Religion hat in Deutschland einen anderen Stellenwert als in Amerika. Dort hat man kein Verständnis dafür, dass man für die Zugehörigkeit zu einer Religionsgemeinschaft Steuern zahlen muss. Ich gab dem Stück den Titel *Der Priestermacher*. Verlag und Autor waren einverstanden.

Als ich die »Lauterbacher Mühle« verließ, war die deutsche Version fertig. Gundel und ich warteten sehnlichst auf den Tag, an dem uns die Ärzte endlich den langen Flug nach Tasmanien erlaubten.

Ein Angebot des NDR wartete auf uns, während der Olympischen Spiele acht kurze Filme über die Stadt am Rande der Spiele zu produzieren. Wie gut erwies sich unsere Entscheidung, das Penthouse am Circular Quay zu kaufen! Die »Familienproduktion« machte sich auf den Weg nach Sydney und an die Arbeit. Die Filme wurden unter dem Titel *Blacky's Sydney* recht erfolgreich.

Die Spiele ernteten weltweite Bewunderung wegen ihrer perfekten Organisation und wegen der guten Stimmung, bei den Aktiven ebenso wie bei den Zuschauern. Unübertrefflich aber waren die fünfundvierzigtausend freiwilligen Helfer, die »Volunteers«, die mit ihrer Hilfsbereitschaft den Spielen das Herz gaben.

Bei der Schlussfeier sagte IOC-Präsident Antonio Samaranch den Standardsatz, den er in jeder Olympiastadt sagte: »Das waren die besten Spiele aller Zeiten – thank you, Sydney!« In Sydney war ich sicher, dass er es auch so meinte.

Was für ein Jahr, dieses 2000! Von tiefen Depressionen auf verschiedenen Intensivstationen in Deutschland bis zu den Höhen olympischer Euphorie auf der anderen Seite der Erde.

Gegen Ende des Jahres erholten wir uns in unserem weißen Haus am Strand des Derwent River, gingen Hand in Hand lange Wege und dachten darüber nach, wie sich der letzte Abschnitt des Lebens für uns gestalten würde. Gespräche, die Gundel nicht gern führte.

»Jetzt sind wir hier, und ich sorge dafür, dass du wieder auf die Beine kommst!«

Tasmanien, unsere Freunde dort, mein Boot und das weiße Haus Koranui brachten mir schneller als gedacht meine alte Tatkraft zurück.

Zur rechten Zeit kam aus München die Nachricht, dass die Theatertournee *Der Priestermacher* im März 2001 in Siegen im Sauerland beginnen sollte.

Eine wichtige Frage war zu entscheiden: Wer sollte mein Partner werden? Der junge Seminarist, der sich mit dem alten rotweinseligen, der Institution Kirche angepassten Priester streitet? Um Wahrheit im Glauben, um die Ablehnung von Frauen im Priesteramt, die Aufrechterhaltung der Dogmen der katholischen Kirche, um die Verdammung der Homosexualität, das Verbot von Verhütungsmitteln, die Unfehlbarkeit des Papstes und das Beharren auf der Ehelosigkeit von Priestern?

Nach unserer Arbeit an *Tristan und Isolde* kam für mich nur einer infrage: Ralf Bauer. Er würde den streitbaren Geist, die Unschuld und den Mut, gegen Kadavergehorsam und Kuttendemut aufzubegehren, glaubhaft darstellen können.

Die Tournee sollte durch siebzig Städte führen. Ein Mammutunternehmen, das eine gründliche Vorbereitung verlangte. Da wir seit zwanzig Jahren die Zeit zwischen Oktober und März in Australien verbringen, mussten zudem alle Beteiligten für die Proben nach Tasmanien kommen. Als Probenraum stellten wir unsere Bootshaus-Cabana zur Verfügung. Alle waren begeistert, nur die Produzentin, Margit Kempf, wird wohl etwas geschluckt haben, hat es aber nicht gezeigt. Die Proben waren lediglich hin und wieder ein wenig gefährdet durch die Surfer, die direkt vor Ralf Bauers Nase durch die Wellen des Derwent River ritten und seine Aufmerksamkeit in Anspruch nahmen.

Eines Tages meldete sich Premierminister Jim Bacon und wollte wissen, was da in unserem Haus geschah.

»Komm zu einer Probe«, antwortete ich, »wir spielen dir ein paar Szenen aus unserem neuen Stück vor!«

Er nahm die Einladung sofort an und bat darum, auch seine Frau Honey mitbringen zu dürfen. Natürlich waren wir begeistert und hochgeehrt, dass der höchste Mann im Staat Tasmanien sich für unser Stück interessierte.

Aus der Cabana wurde ein kleines, improvisiertes Theater, ein Stuhl ersetzte die Kanzel, von der aus die Predigten gehalten werden sollten.

Dass wir unsere erste Feuertaufe mit einer Kostprobe aus dem *Priestermacher* auf der anderen Seite des Erdballs haben würden, vor einem ehrenwerten Publikum, das kein einziges Wort von dem verstand, was wir da an Seelenpein von uns gaben, war schon außergewöhnlich. Darum waren wir bass erstaunt, First Lady Honey Bacon in Tränen aufgelöst zu sehen, noch bevor wir unsere Szenen beendet hatten.

»Honey, was ist? Warum weinst du? Du hast doch sicher kein Wort verstanden!«

»Ja, schon, aber es klang so traurig …!«

Die Premiere sollte in einer Kirche in Siegen stattfinden. Natürlich sollte es eine katholische Kirche sein, aber der dortige Gottesdiener verweigerte seine Zustimmung. Der evangelische Pfarrer war da weniger päpstlich und nahm uns auf. Ein wahrer Christ.

Nicht enden wollender Applaus und Standing Ovations waren der Lohn für die Anstrengungen der letzten Monate. Bei der anschließenden Premierenfeier gab sich der eingeladene katholische Priester sehr enttäuscht, fast zornig auf sich selbst, dass er sein Haus vor diesem Stück verschlossen hatte.

Mit Ralf habe ich den *Priestermacher* hundertsiebzig Mal gespielt, mit seinem Nachfolger, Pascal Breuer, sind es bis heute dreiundsechzig Vorstellungen geworden. Die Komödien in München bei Margit Bönisch und in Frankfurt bei Professor Claus Helmer waren ständig ausverkauft, und bei allen zweihundertdreiunddreißig Vorstellungen bedankten sich die Zuschauer mit Standing Ovations – ich glaube fast, das ist Rekord.

Natürlich war die Tournee belastet durch meine drei vorangegangenen Herzoperationen. Niemand konnte sagen, ob ich durchhalten würde, aber bald war klar, dass die nachlassende physische Kraft ausgeglichen wurde durch die psychische Kraft, die der Erfolg mit sich brachte.

Trotzdem begann auch bei mir, was sich bei den älteren unserer nach Australien ausgewanderten Freunde deutlich zeigte. Waren sie in jüngeren Jahren überzeugt, nie wieder nach Deutschland zurückkehren zu wollen, änderte sich diese Einstellung mit zunehmendem Alter.

»Hier gehen wir nie wieder weg«, sagten auch wir gern, wenn wir am späten Nachmittag an »unserem« Strand in Sandy Bay beobachteten, wie an einem violett leuchtenden Himmel die Sonne langsam den glitzernden Wellen des Pazifiks entgegensank und hinter dem Horizont verschwand. Und doch kam der Tag, als wir vor dem Feuer des *wood heater* saßen und den Tag überdachten. Gundel hatte Rückenschmerzen von der geliebten Gartenarbeit, ich hatte mal wieder Atemnot und andere Beschwerden.

»Ist das nicht alles ein bisschen zu viel für uns?«, fragte Gundel leise. »Und der Doc hat gesagt, du sollst den schweren Dieselmotoren auf dem Boot nicht zu nahe kommen, weil sie den Herzschrittmacher stören könnten.«

Wir spürten beide, das war der Anfang vom Ende unseres tasmanischen Traums.

»Und was machen wir mit dem Haus?«

Dafür gab es eine nahe liegende Lösung: Die Nachbarn, ein junges Ehepaar, er ein erfolgreicher Börsenmann, hatten schon ein paar Mal die Bemerkung gemacht, unser »Weißes Haus von Sandy Bay« sei ihr Traum.

»Wollt ihr es kaufen?«, fragte ich.

Die Antwort war ein tiefer Seufzer.

»Das können wir uns noch nicht leisten!«

»Wir helfen euch bei den Zahlungsmodalitäten«, bot ich an.

»Wir hätten euch gerne als Nachfolger in unserem Haus.«

Und so geschah es.

Man sagt: Dreimal umgezogen bedeutet so viel wie einmal abgebrannt …! Damit auf dem Seeweg durch die stürmische Bass Strait die wundervollen Biedermeier-Stühle aus Gundels Erbe keinen Schaden nahmen, entschloss sie sich, diese Raritäten Robert Heazlewood zu schenken. Im Penthouse in Sydney, wo wir künftig wohnen wollten, würde es keinen Platz mehr für sie geben. Andere lieb gewonnene Stücke verschenkten wir an unsere

343

Nachfolger. Inzwischen haben sie das Haus abreißen lassen. Alle Nachbarn waren entsetzt, wir wurden nachdenklich, als wir davon erfuhren.

Was zu alt ist, muss weg! Muss Neuem Platz machen! Ganz einfach! Aber ist das tatsächlich so einfach? Offensichtlich nicht. Es fällt auf, dass Politik und Gesellschaft das Alter entdeckt haben. Die Medien kennen derzeit kaum ein anderes Thema: Die demografische Entwicklung in unserem Land, die jetzt schon erkennbare Überalterung und deren gesellschaftliche Folgen. Immer weniger Jugendliche müssen für immer mehr Alte arbeiten und sorgen, die Rente mit siebenundsechzig erregt die Gemüter, die Versicherungen erhöhen die Beiträge bei gleichzeitiger Verringerung der Leistungen, die Pflege derer, die sich nicht mehr selber helfen können, wird zum unlösbaren Problem.

»Geht mich alles nichts mehr an!« Kann man das mit achtzig sagen? Zugegeben, oft möchte man. Man möchte sagen: »Lass sie sich doch die Köpfe einschlagen, wenn sie unbedingt wollen.« Wir haben uns daran gewöhnt, selbst auf dem Fahrrad noch ein Handy mit Navigationssystem zu gebrauchen, um unseren Weg zu finden. Aber für Köpfe, vor allem für junge, gibt es kein Navigationssystem. Sie sind dabei, sich zu verirren oder im Kreis herumzulaufen, die Orientierung ist verloren gegangen. Immer öfter fragen die Jungen uns Alte nach dem Weg, immer öfter höre ich die Frage: »Wie habt ihr das gemacht, als ihr jung wart...?« Die Zeit des dummen Spruches »Trau keinem über dreißig« scheint out zu sein. In ist eher: »Trau keinem unter fünfzig.«

Ich spüre es überall: Die Jugend reicht dem Alter die Hand. Vielleicht haben die Jungen endlich kapiert, dass wir gegeneinander keine Chancen haben, die immer größer werdenden Probleme zu lösen. Miteinander können wir das, was wir alle zusammen angerichtet haben, noch korrigieren – vielleicht.

Ob wir im Garten in Grünwald oder auf der Terrasse in Sydney sitzen und uns Gedanken über die Zukunft machen, die Gegenwart lässt uns nicht aus den Klauen. »Mach weniger!«, sagen die einen. »Machen Sie für uns doch noch das und das und das ...«, sagen die anderen.

Unter diesen »anderen« war eines Tages ein junges Autorenteam, hochbegabt und sehr erfolgreich. Sie boten mir eine Rolle in ihrem Kinofilm *Der WiXXer* an, ein neuer Anlauf, die alten, zum Kult gewordenen Edgar-Wallace-Filme zu persiflieren. Alle bisherigen Versuche dieser Art waren unzulänglich und nicht intelligent genug gewesen, um den alten Filmen das Wasser zu reichen. Deshalb lehnte ich das Angebot ab.

Oliver Kalkove und Bastian Pastewka aber ließen nicht locker. Sie schickten mir eine DVD des fertigen Films nach Sydney mit einem sehr höflichen Appell, meine Voreingenommenheit abzulegen und mir den Film wenigstens anzuschauen.

Gundel und ich waren begeistert von der intelligenten und humorvollen Machart, vor allem aber von der darstellerischen Leistung von Oliver Kalkove, Bastian Pastewka und den anderen Kollegen.

»Wollen Sie im zweiten Teil *Neues vom WiXXer* mitmachen?«, kam die Frage per E-Mail nach Sydney.

»Wenn ihr mir eine gute Rolle gebt, gern!«

Die Begegnung mit der Rat Pack Filmproduktion war eine Offenbarung, ein Jungbrunnen für mich. Die wochenlange Arbeit im Atelier in Prag war etwas, von dem ich schon längst nicht mehr geglaubt hatte, dass ich es noch einmal würde erleben dürfen. Der Höhepunkt war das noble Geschenk von Rat Pack und Constantin Film, die Weltpremiere des Films an meinem achtzigsten Geburtstag in München zu feiern.

Ich habe gelernt, auf meine innere Stimme zu hören, und auf die meiner Frau natürlich. Ob ich Angst habe? Ein bisschen vor der Frage, ob der Motor wieder anspringt, wenn man ihn mal abgestellt hat. Es ist nicht zu überhören, dass er ab und zu merklich stottert.

Im Februar 2007 haben wir Fuchsbergers, nach zweiundzwanzig Jahren in Australien, die Erlaubnis bekommen, die australische Staatsbürgerschaft anzunehmen. Nun haben wir also einen deutschen und einen australischen Pass, und die Frage kam immer wieder:»Wollen Sie nicht für immer in Australien bleiben?«
Die Antwort ist eindeutig:»Nein!«
»Was haben Sie dann noch für Pläne, in Ihrem Alter?«
Eine Frage, die ich nicht beantworten kann. Mit achtzig macht man nicht mehr so viele Pläne. Man hört lieber gelassen zu, was das Leben und die Gesellschaft, in der man zum»demografischen Faktor« geworden ist, denn noch zu bieten haben. Hört mehr in sich hinein als auf das, was von außen kommt.

Gundel und ich erfahren das Gegenteil von dem, was man für den letzten Lebensabschnitt manchmal in stillen, nachdenklichen Stunden befürchtet: allein gelassen zu werden, zur Last zu fallen, geduldetes Übel zu werden. Wir erfahren Hilfsbereitschaft, Zuneigung, Respekt, zu hohen Anlässen Verehrung. Mein achtzigster Geburtstag hat bewiesen, dass Liebe fast auch erdrücken kann.

Ich fühle mich weit davon entfernt, die Bilanz meines Lebens zu ziehen, fühle mich keineswegs am Ende, wenn auch manchmal nicht besonders fröhlich, wenn ich früh am Morgen feststelle, wie schmerzlich es sein kann, die müden Knochen in Schwung zu bringen.

Aber mir wird bewusst, wie dankbar ich sein muss, gegenüber dem Schicksal, das es gut mit mir gemeint hat, und so vielen Menschen, denen ich begegnen durfte. Der erlaubte Umfang dieses Buches reicht nicht aus, diesen Dank gebührend zum Ausdruck zu bringen. Viele werden enttäuscht sein, sich nicht in den Geschichten zu finden oder nicht gebührend gewürdigt zu sein. Verzeiht mir, ich werde es nachholen, vielleicht in meinem nächsten Buch?

Oft denke ich: »Das täte ich noch gerne – da würde ich gerne noch hin…«, aber mir ist klar geworden: Pläne sind nur Wegweiser in eine unbekannte Zukunft, ohne Garantie, auf dem geplanten Weg nicht doch noch zu straucheln, sich zu verirren oder auf die Schnauze zu fallen.

Denn erstens kommt es anders – und zweitens als man denkt!

INHALT

Vorwort	5
Was lange währt	7
Zum Verheizen geboren	40
Zwischen gestern und morgen	90
Gut bei Stimme	109
Drum prüfe, wer sich ewig bindet	142
Einer, den keiner kennt	158
Auf Wolke sieben	199
Das gefährliche »zweite Bein«	218
Wir rufen die Jugend der Welt	231
Seid umschlungen, Millionen	249
Unter dem Kreuz des Südens	280
Zwei Mäntel kälter	299
Für dich gibt's bald keine Ersatzteile mehr	330

*Eigentlich kann er Schauspieler,
die Bücher schreiben, nicht ausstehen ...*

Hilmar Thate
NEULICH,
ALS ICH NOCH KIND WAR
Autobiografie
352 Seiten
Mit 32 s/w-Bildseiten
ISBN 978-3-7857-2250-3

... doch dann veröffentlicht er selbst ein hinreißendes Buch mit einer Fülle an Anekdoten und Geschichten.
Aufgewachsen in den Dreißigerjahren in einem Dorf an der Eisenbahnlinie Halle-Hettstedt, ein Dorfromantiker, der von einer Welt hinter Halle träumt. Den frühen Lebenshintergrund bilden Nazizeit, Krieg, Nachkriegszeit, das Gesellschaftsexperiment DDR, auch die Humanisierung des Theaters. Am Berliner Ensemble entwickelt er eine gestische Spielweise, die zur Auseinandersetzung mit der Wirklichkeit herausfordert.
Wenn Hilmar Thate zurückblickt, dann mit den neugierigen Kinderaugen von einst, die die Welt hinter Halle suchten und später großes Theater entdeckten.

Gustav Lübbe Verlag

»Politiker machen Fehler, die Medien nicht. Sie liegen immer im Trend, denn der Trend sind sie selbst.«

Wolf von Lojewski
DER SCHÖNE SCHEIN
DER WAHRHEIT
Politiker, Journalisten und der
Umgang mit den Medien
256 Seiten
Gebunden mit Schutzumschlag
ISBN 978-3-7857-2147-6

Sind die Medien nur die Boten guter und schrecklicher Nachrichten oder ein Machtfaktor, der sich die aktuelle Wirklichkeit selbst erschafft?
Der Versuch von Politik und Medien, sich gegenseitig zu manipulieren, Journalismus zwischen seriöser Berichterstattung und dem Sog der Unterhaltung – Wolf von Lojewski weiß, wovon er spricht.
Aufschlussreiche Erlebnisse und Anekdoten aus seinem reichen Journalistenleben und scharfe Beobachtungen fügen sich zu einer brillanten Analyse, die zum Nachdenken über den Umgang mit den Medien anregt.

Gustav Lübbe Verlag